人物·Biography

García Márquez

北京世纪文景文化传播有限责任公司　出品

马尔克斯传

García Márquez

[哥伦比亚] 达索·萨尔迪瓦尔 著
Dasso Saldívar

卞双成　胡真才　译

世纪出版集团　上海人民出版社

外祖母特兰基丽娜·伊瓜兰·科特斯
1863 年 7 月 5 日生于里奥阿查，1947 年 4 月 15 日卒于苏克雷。

外祖父尼古拉斯·里卡多·马尔克斯·梅希亚
1864年2月7日生于里奥阿查，1937年3月4日卒于圣玛尔塔。

生前最后时日的外祖父
在阿拉卡塔卡时，一次从楼梯上摔下来受伤，最后死于肺炎。

巴兰卡斯的中心广场
1908年4月，尼古拉斯·马尔克斯和梅达多·帕切科在这里发生龃龉。

巴兰卡斯的一条古老小胡同
1908年10月19日尼古拉斯·马尔克斯
在这里于决斗中杀死梅达多·帕切科。

巴兰卡斯原镇公所
尼古拉斯·马尔克斯在这里向他的朋友托马斯·佩拉埃斯县长投案自首。

弗朗西斯科·哈维尔·罗梅罗将军的故居
这位将军是梅达多·帕切科的叔叔，他在惨剧发生后，收留和保护了特兰基丽娜·伊瓜兰母子们。

加夫列尔·加西亚·马尔克斯的父母
加夫列尔·埃利希奥·加西亚·马丁内斯和路易莎·圣地亚加·马尔克斯·伊瓜兰。

加西亚·马尔克斯的母亲在青年时代

四岁时的加西亚·马尔克斯（摄于阿拉卡塔卡家庭花园的一株哈瓦那花旁）

加西亚·马尔克斯（后排居中）八岁在蒙台梭利学校上一年级时
前排由左至右：妹妹马戈特、利希亚和阿依达，后排：表兄弟爱德华
多·马尔克斯·卡瓦列罗和弟弟路易斯·恩里克。

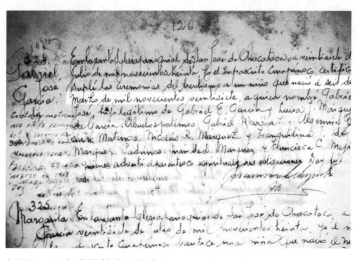

加西亚·马尔克斯的洗礼证书
涂白处可以看出作家生于 1927 年 3 月 6 日。

A. 两棵巴旦杏树
B. 前院
C. 外祖父的办公室
D. 会客室
E. 银匠作坊
F. 秋海棠长廊
G. 餐厅
H. 卧室
I. 食品储藏室
J. 厨房
K. 花园
L. 茉莉树
M. 外祖父母的卧室
N. 置放圣像的房间
Ñ. 存放箱子的房间
O. 庭院
P. 浴室
Q. 蓄水池
R. 木工房
S. 后院或耕地
T. 栗子树
U. 厕所

加西亚·马尔克斯故居的平面图

系建筑学家古斯塔沃·卡斯特利翁、希尔维尔·卡拉瓦略和海梅·桑托斯所绘制。其中D、E、F、G、H、I、J轨迹的设置与《百年孤独》中的房屋布局相同，即死者何塞·阿卡迪奥的血所流经的路线。

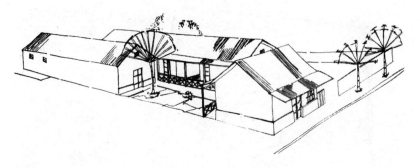

宅院的复制图
三座房屋均为砖头、木料和粗麻布混合构造,屋顶为锌皮和稻草。加西亚·马尔克斯出生在第三座房屋紧靠茉莉树的第一个房间。

这是秋海棠长廊
位于餐厅与银匠作坊(右方)之间,银匠尼古拉斯·马尔克斯在这里制作金质小鱼,形状如右上图所示。

残留的房屋
由左至右：食品储藏室，一个房间及餐厅和秋海棠长廊的一部分。

故居的遗迹

莎拉·马尔克斯的婚礼（1936年12月25日）
这是极为珍贵的室内照片之一。新娘夫妇左边是马戈特·加西亚·马尔克斯，右边是阿依达·加西亚·马尔克斯。

这是一棵木瓜树
到20世纪70年代初，
在它侧旁还长着那棵
著名的栗子树。

几乎所有老房都被推倒建成这种新房
这里如今是加夫列尔·加西亚·马尔克斯纪念馆。

报务员的住宅
位于阿拉卡塔卡教堂的背面。

台桌和古老的电报拍发机
加夫列尔·埃利希奥·加西亚在朋友的帮助下,从这里给在外旅游的女友路易莎·圣地亚加·马尔克斯拍发密码电报情书。

安东尼奥·巴尔博萨医生的住宅和药房
加西亚·马尔克斯生活和创作中两处至关重要的地点。这里是他父亲在恋爱
遭禁期间，给他母亲留信的地点，并从左图房屋的窗户同她会面。

蒙塞尼奥埃斯佩霍大街
左方为药房，右方拐角处是"死人之家"，与马尔克斯·伊瓜兰家相邻。

阿拉卡塔卡的圣约瑟教堂
加西亚·马尔克斯于1930年7月27日在这里接受洗礼，被收为弗朗西斯科·安加里塔神甫的侍童。

卡梅利翁街道
小加比托穿过这里去左前方的蒙台梭利学校上学。

阿拉卡塔卡的火车站
每天上午十一时，火车到站。

联合果品公司的火车残骸

罗莎·埃莱娜·费古松里奥阿查的教师，是她教加西亚·马尔克斯读书写字，并引导他爱上诗歌。

蒙台梭利学校由罗莎·埃莱娜·费古松创建，加西亚·马尔克斯在这里接受学前教育和上小学一年级。

马孔多树

二十世纪一二十年代盛产于这一地区，如今仅在圣玛尔塔雪山脚下幸存不多
几棵了。

马孔多庄园的宅院（1948）
因庭院里有两株粗大的马孔多
树而得名。右边是坎坡·埃利亚
斯·帕伦西亚，即米恰埃尔·帕
伦西亚－罗思的父亲。

马孔多庄园
位于瓜卡马亚尔与塞维利亚之间的塞维利亚河畔。
加西亚·马尔克斯以此为他作品中的神奇小镇命名。

马孔多庄园的新型房屋
后来在它周围建起的村庄也叫马孔多。

通往瓜卡马亚尔和塞维利亚的上行铁路
左边是马孔多庄园，庄园名称以蓝底白字写在一块锡镴牌上，在火车上
即可一目了然。

被称为共和国风格的房屋
这是香蕉种植辉煌时期谢纳加的一座建筑。

深宅大院

阿尔瓦罗·塞佩达·萨穆迪奥在这里度过他的童年，后来创作了以此为书名的长篇小说《深宅大院》。

谢纳加火车站遗址

这座铜像为纪念香蕉工人大罢工而建造，设计者是罗德里戈·阿雷纳斯·贝坦科特。罢工引起大屠杀，是小说《深宅大院》的主题，也是《百年孤独》中的惨烈片段之一。

加西亚·马尔克斯在十三岁时
1940年于巴兰基亚的圣约瑟中学读一年级。

巴兰基亚的圣约瑟中学
1940 年到 1942 年，作家在这里上一二年级。

《青年杂志》
圣约瑟中学校刊，
加西亚·马尔克斯
最初的报道和诗歌
即发表于此。

锡帕基腊的中心广场
位于安第斯山脉脚下。

锡帕基腊国立男子中学旧址
1943年到1946年，加西亚·马尔克斯在此读完他最后四年的课程。

左门进去是学校的小教堂
正前方的门里是图书室,四年的学习期间,加西亚·马尔克斯每天都来这里看书。

学生宿舍的门廊
这是宿舍楼的第三层。

入学登记表
这是中学三年级的登记表。

　　阿多尔佛·戈麦斯·塔马拉
国家奖学金委员会主任，是他帮助加
西亚·马尔克斯取得奖学金读完中学。

诗人卡洛斯·马丁
1944年任锡帕基腊男子
国立中学校长，他向加
西亚·马尔克斯介绍了
鲁文·达里奥的作品。

卡洛斯·胡利奥·卡尔德隆·埃米达
加西亚·马尔克斯的文学老师，他是对
未来作家影响最大的人之一。

梅塞德斯 · 巴尔恰 · 帕尔多
这位"无足轻重的女生"激发了中学生加西亚 · 马尔克斯创作多首"石头与
天空"诗歌的灵感。

国立男子中学1946年
应届毕业生
上两行为教师，下三行
为学生。

中学生加夫列尔·加西亚·马尔克斯

苏克雷码头旧址
位于莫哈纳河下游，该码头后来在《没有人给他写信的上校》和《一件事先张扬的凶杀案》中得以重现。

加西亚·马尔克斯一家在苏克雷市的旧居遗址
在这里，加西亚·马尔克斯写出《枯枝败叶》的第一稿，并在芒果树荫下阅读了大量书籍。

卡耶塔诺·亨蒂莱·奇
门托的住宅
在《一件事先张扬的
凶杀案》中被描写为
受害者圣地亚哥·纳
萨尔的住宅。

卡耶塔诺·亨蒂
莱·奇门托之墓
在苏克雷墓地。

玛丽亚·阿玛莉娅·桑帕约·德·阿尔瓦雷斯（格兰德大妈的原型）的宅第它与卡耶塔诺·亨蒂莱的宅第相邻。

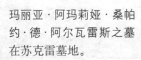

玛丽亚·阿玛莉娅·桑帕约·德·阿尔瓦雷斯之墓在苏克雷墓地。

阿尔瓦罗·穆蒂斯、胡利奥·塞萨尔·比耶加斯和胡安尼塔·拉蒂
1951年1月21日摄于纽约市拉丁区。右二为前秘鲁部长，加西亚·马尔克斯在走访巴耶杜帕尔和瓜希拉期间曾为他卖过书。

巴兰基亚文学小组成员
由左至右（站立者）：阿尔弗雷多·德尔加多、拉米罗·德拉·埃斯普列亚、赫尔曼·巴尔加斯、费尔南多·塞佩达、奥兰多·里维拉。前排就座者：罗伯托·普列托、爱德华多·加夫列尔·加西亚·马尔克斯、阿尔丰索·富恩马约尔、拉蒙·宾耶斯（"加泰罗尼亚智者"）和拉斐尔·马里亚加。

任《观察家报》记者期间
此时发表了他的第一部长篇小说《枯枝败叶》。

1957年6月在莱比锡
由左至右：卡洛斯·洛萨诺、加夫列尔·加西亚·马尔克斯、海梅·奥雷胡埃拉、普利尼奥·阿普莱约·门多萨、索莱达·门多萨和路易斯·比亚尔·博尔达。

1957年8月在莫斯科红场
由左至右：加夫列尔·加西亚·马尔克斯、路易斯·比亚尔·博尔达、马蒂尔德·穆希卡、帕夫洛·索拉诺和特雷莎·萨尔塞多。

与妻子梅塞德斯·巴
尔恰在一起
摄于玛丽亚·路易莎·埃
利奥家中，1966年，墨
西哥城。

与电影演员阿尔弗雷多（中）和阿图罗·里普斯特因（右）在一起
于拍摄《死亡时刻》期间，1965年7月，墨西哥城。

加西亚·马尔克斯一家的住宅
位于墨西哥城郊外的圣安赫尔因居民区。

"黑窝"
加西亚·马尔克斯于1965年7月至1966年9月闭门写作《百年孤独》的房间。

《百年孤独》第一版的封面
出版于1967年5月30日。

维森特·罗霍为《百年孤独》
设计的封面
1967年6月第二版开始使用。

同《百年孤独》的出版者弗朗西斯科·波鲁阿在一起
1967年6月于布宜诺斯艾利斯的一条街上。

同阿尔瓦罗·塞佩达·萨穆迪奥（中）和达涅尔·桑佩尔（左）在一起
1967年9月于巴耶杜帕尔，在孔苏埃洛·阿劳霍家的厨房。

跟妻子梅塞德斯及
子女贡萨洛和罗德
里戈在巴塞罗那
当时正在创作《家长
的没落》。

为荣誉的孤独所困扰
加西亚·马尔克斯在思考
权力的孤独,于孔达尔(即
巴塞罗那)城的一条街道。

加西亚·马尔克斯在巴塞罗那

加西亚·马尔克斯在巴塞罗那

加西亚·马尔克斯在自家的院子里

加西亚·马尔克斯和夫人梅塞德斯在一起

香蕉园远景

故宅的内部和院落

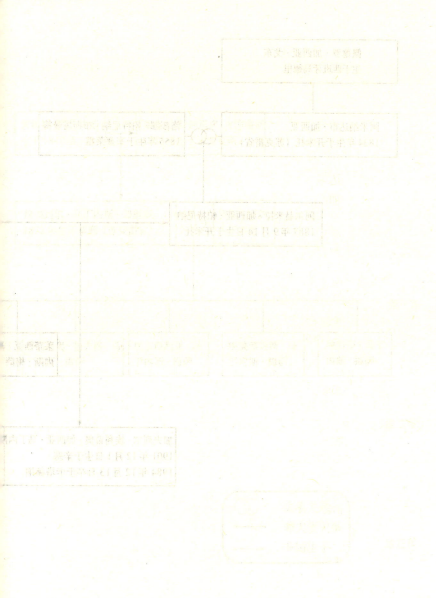

目　录

重返根源……巴兰卡斯县：根源之根源……来自西班牙的
马尔克斯·埃尔南德斯一家……和气的银匠尼古拉斯·马尔
克斯……千日战争……没有人给他们写信的上校们……尼古拉
斯·马尔克斯与梅达多·帕切科的决斗……马尔克斯和伊瓜兰
夫妇一家的迁徙

在上帝许诺的土地上……阿拉卡塔卡村与奇米拉人……豪
尔赫·伊萨克斯的开发……香蕉带来的金钱……联合果品公
司……火车和"枯枝败叶"……又一个索多玛……阿拉卡塔
卡镇之夜……蝗灾及其他灾害……香蕉园的大屠杀……1932 年
的暴雨

报务员和上校之女……小说般的恋爱……事先张扬的诞生……
玻利瓦尔在巴兰基亚市……第一次和母亲会面……出生的宅

院……在外祖母特兰基丽亚的照管下……韦内弗里达姑姥姥、埃尔维拉姨和弗朗西斯卡姑姥姥……加比托和外公尼古拉斯……镇上的人物：从"死人"到精灵……古老的鬼怪马孔多……从图画到字母表……罗莎·埃莱娜·费古松与蒙台梭利学校……《一千零一夜》……加西亚与马尔克斯夫妇的"游牧"生活……外祖父尼古拉斯的逝世……离别阿拉卡塔卡镇……接踵而至的传说的源泉……阿尔瓦罗·穆蒂斯、加西亚·马尔克斯和"麻烦的事情"

经由维也纳去布拉格和华沙……在电影实验中心的向导费尔
南多·比里……普利尼奥·门多萨与白雪的奇迹……在佛兰
德旅馆的阁楼……有人给他写信的"上校"……巴黎是一头
猛兽……"铁幕"背后……吉列尔莫·安古洛和西绪福斯式的
寻找……在伦敦和告别欧洲

加西亚·马尔克斯：回归种子的道路

格非

一

所有的事物都有生命，问题是如何唤起它的灵性。这是加西亚·马尔克斯在《百年孤独》中最令人难忘的句子之一。它使人很容易联想起吉卜赛人的磁铁，奥雷良诺上校的小金鱼，向母亲报告凶信的鲜血以及神甫腾空而起的飞毯。它还使我想起了胡安·鲁尔弗、富恩特斯、博尔赫斯、科塔萨尔、伊莎贝尔·阿连德等一连串拉美作家的名字。在博尔赫斯的《遭遇》中，进行殊死决斗的并非马内科·乌里亚尔特和邓肯，而是两把匕首。不幸的主人偶然惊醒了在一只玻璃橱内沉睡的凶器从而导致了残杀，人成了匕首的工具。在胡安·鲁尔弗的《佩德罗·帕拉莫》中，"人"只不过是幽灵还魂而已，自然界的一切声音似乎都可以看成是神灵的窃窃私语。科塔萨尔的《被占领的房子》是一个人鬼杂居的住所，一半的房间能让人回想起死去的亲人。至于阿连德的《幽灵之家》就更不用说了。

据说，加西亚·马尔克斯童年的宅院也是着了魔的。加西亚·马尔克斯后来回忆说："这座宅院每一个角落都死过人，都有难以忘怀的往事。每天下午6点钟后，人就不能在宅院里随意走动了。那真是一个恐怖而又神奇的世界。常常可以听到莫名其妙的喃喃私语。"也许只有迷

1

信能够对童年的加西亚·马尔克斯以象征性的保护：阴魂走开以前就应该让小孩睡觉；孩子们躺着的时候如果门前有出殡的行列经过，应该叫他们坐起来，以免跟着门口的死人一块儿死；应该注意别让黑蝴蝶飞入家中，因为飞进来就意味着家里要死人；若是飞来了金龟子，家里就要来客人；保证不撒落盐就能躲避厄运；如果听见怪声就是巫婆进了家门；如果嗅到硫黄味就是附近有妖怪。（引自达索·萨尔迪瓦尔《马尔克斯传》第三章）

很少有一个地区的作家像拉美那样，在短时间内如此集中地展现同一个主题，或者说作家与作家、作品与作品之间的题材、风格和创作方法上显示出如此多的经验的类通性。阿莱霍·卡彭铁尔似乎不太喜欢"文学爆炸"这个概念，他认为把当代拉丁美洲文学说成是 boom（繁荣、爆炸）是对它的诅咒。不过拉美文学在 20 世纪 50 年代以后的迅速崛起，并在世界范围内产生了巨大的影响毕竟是一个事实。在对这样一个令人惊异的事实进行解释的过程中，"魔幻"一词往往就成了论述的中心，但它在很多场合被作为一种创作方法或风格的代名词加以使用，魔幻现实主义在 80 年代被大量介绍到中国之后，一些作者将文本本身的神奇魅力归因于作家卓越的想像力。想像力固然没错，问题是，任何想像都离不开个人经验的支持。想像力的奇特，通常是以经验的与众不同为基础的。那么拉美作家带有普遍性的个人经验、他们眼中的现实究竟是怎样的，它与"虚构现实"的关系如何？这似乎就是达索·萨尔迪瓦尔在《马尔克斯传》一书中着重阐述的首要问题。

巴尔加斯·略萨在他的《马尔克斯：一个弑神者的故事》一书中，将加西亚·马尔克斯个人经历的资料与他的大部分作品作了细致的对比分析。这本由"实际的现实"与"虚构的现实"两个部分组成的评传给我们勾勒出加西亚·马尔克斯文学资源宝藏的大致轮廓，这一

"对照表"式的写法似乎有点机械、笨拙，得出的结论也简单得惊人：所谓"魔幻"从表面上看也许神奇、虚幻，实际上它却是哥伦比亚乃至整个拉丁美洲的基本现实。

《马尔克斯传》在这方面走得更远。它的结构与巴尔加斯·略萨的那本评传不太一样，基本上是按照时间的顺序描述了加西亚·马尔克斯文学活动的经纬，它保留了巴尔加斯·略萨让"实际的现实"与"虚幻的现实"彼此参证的写作方式，但这两个方面的对比不像巴尔加斯·略萨那样泾渭分明，它们是紧紧缠绕在一起的。作者似乎从加西亚·马尔克斯《百年孤独》的笔法中汲取了有益的技巧，在叙事时间上自由驰骋，围绕着加西亚·马尔克斯个人经历的主要脉络，既有对往事的追溯，亦有对"后事"的提前预告。这就使这本资料丰富、内容翔实、长达 40 万字的巨著枝蔓复杂而不纷乱，线索繁密而不失清晰，颇能洞幽烛微，引人入胜。

在揭示作家的作品与现实、个人经历、文化传统的联系方面，达索·萨尔迪瓦尔的考据癖较巴尔加斯·略萨有过之而无不及。如果说巴尔加斯·略萨的那张"对照表"还稍显笼统和简约，那么《马尔克斯传》则几乎是精确到了具体的细节：比如，作者的外祖父在巴兰卡斯经营的首饰铺与《百年孤独》中制作小金鱼的炼金术的关系；比如，实际生活中的拉斐尔·乌里维·乌里维将军与奥雷良诺·布恩迪亚上校形象上的渊源；外祖父尼古拉斯杀死梅达多时所说的"我杀死了梅达多·罗梅罗。如果他复活，我还杀。"这句话稍加改动后出现于何塞·阿卡迪奥·布恩迪亚的口中；比如，埃斯佩霍在阿拉卡塔卡所表演的身体腾空而起的悬浮绝技，在《百年孤独》里的尼卡诺尔·雷依纳神甫身上重演，只不过后者的手上多了一只巧克力杯而已；《百年孤独》中那个令人难忘的吃土的女孩吕蓓卡，其原型正是作者的妹妹马戈特，她在 8 岁前一直有着偷吃烂泥的习惯；外祖父拉着他的手去香蕉公司特派员办事处观看冰块的细节几乎原封不动地写进了《百年孤独》的开头，而当时是否发出"这是我们时代最伟大的发明"这样令人捧腹的感慨则不得而知；甚至 1928 年因罢工而导致的大屠杀的细节，科尔特斯·巴尔加斯将军本人及其随后的"四号通令"都原原本本地出现在《百年孤独》之中。

这里所列举的仅仅是《百年孤独》写作的部分情况。至于说直接取材于社会生活、历史事件以及现实人物的作品，如《一件事先张扬的凶杀案》、《格兰德大妈的葬礼》甚至《没有人给他写信的上校》，萨尔迪瓦尔所开列的对照表则要复杂得多。就连加西亚·马尔克斯本人也曾坦率地承认："没有本人的亲身经历作为基础，我可能连一个故事也写不出来。"

这本传记的原书名《回到种子》看来是颇有深意的。因为至少在萨尔迪瓦尔看来，加西亚·马尔克斯对于围绕着他的既琐碎又激动人心、既令人恐惧又充满诗意的现实生活的奥秘，并不是一开始就心知肚明；或者说要彻底看清令人眼花缭乱的现实，了解它对于自己写作和生存的意义，他必须获得一个全新的视角。正如他去了波哥大有助于看清他的故乡阿拉卡塔卡，去了墨西哥有助于了解他的祖国哥伦比亚一样，欧洲的游历终于使他有机会重新审视整个拉丁美洲。在达索·萨尔迪瓦尔看来，假如我们把加西亚·马尔克斯念念不忘的阿拉卡塔卡视为一个隐秘的中心，每一次离开或远游实际上可以看成是不断的"回归"。外祖父那座幽灵出没的宅院，姑姥姥、外祖母所讲述的鬼怪故事成了加西亚·马尔克斯一生中挥之不去的记忆之核。年轻的加西亚·马尔克斯早已觉察到它对于自己的写作乃至整个生命的意义（实际情形也是如此，这份记忆不仅给他的绝大部分小说提供了取之不竭的素材，同时也培育了他的想像力），他似乎只知道自己的口袋里沉甸甸的，却并不知道其中装的就是黄金。

哲学家牟宗三有一种说法，个人的禀赋虽有厚薄高下的不同，每个人潜在的才能却是独特的、不可取代的，所谓"天生我材必有用"，关键在于能否找到最大限度发挥个人潜能的门径和入口。每个人都在寻找、碰撞，很多人终其一生，仍然恍恍惚惚，纵有不世之才亦只能寂然泯灭。一旦撞对门路，便能登堂入室，擦出火花，其生命必能发出熠熠光华。鲁迅如此，维特根斯坦如此，从某种意义上说，加西亚·马尔克斯亦是如此。有时，正确的道路就在眼前，而行人往往会以一念之差而倏忽错过。其中的奥秘本来就属于生存的一部分。

1965 年的某一天，当加西亚·马尔克斯开着他那辆奥佩牌小轿车，行驶在从墨西哥城到阿卡普尔科的路上，"那遥远的、漫长的、从青年时代就开始撰写的长篇小说突然一下便全部展现在他面前"。奇迹终于降临到他的身上，他简直可以逐字逐句地把第一章背出来。实际上，加西亚·马尔克斯一生的经历仿佛都是在为《百年孤独》作准备，其中既有资料的收集，又有个人经验的积累，当然还包括他在此之前一次次成功和失败的写作训练。我认为，从叙事技巧这方面来看，《没有人给他写信的上校》在多年前就已达到炉火纯青之境（我一直认为这是他写得最好的作品），而早期的《枯枝败叶》无论从题材、主题，还是叙事风格上都可以看成是《百年孤独》的雏形。但他注定了要通过《百年孤独》对自己的创作进行一次总结，或者说他长年积压的恐惧、激情、梦想和野心都必须在这次写作中得到清算。在神话、鬼魂、孤独以及对往事眷恋之中苟且偷安的阿拉卡塔卡，犹如一头野兽蛰伏在他的心中，它迟早会醒过来，迟早会要求作者赋予它灵性，给予它生命。

文学创作与现实的关系问题是一个陈旧的让人厌烦的问题。正因为是老生常谈，人们很容易对它麻木不仁。20世纪的现代主义文学运动仿佛使"现实"这一概念急剧贬值，无论如何，这仍然是一个令人炫目的假象。作家的禀赋和想像力、形式的转换固然可以弥补个人经验的贫乏，但对于写作来说，经验或经历毫无疑问依然是最为重要的资源，这可以解释为什么个人生活一旦与真实的现实生活相脱离，其才思便会立刻枯竭。在这方面，美国的塞林格是一个突出的例子。今天的神话往往就是昨天的"真实"，而读者眼中的"传奇"通常正是作者心灵的直接现实。历史或现实生活中所包含的传奇性、戏剧性、荒诞不经的内容有时会使我们所谓的想像力和虚构能力相形见绌。加西亚·马尔克斯一直对"魔幻"一词耿耿于怀，他多次重申了同一个意思：他的写作并非魔幻，它就是现实，不过话又说回来，就拉丁美洲的历史而言，现实生活的急剧动荡、历史文化传统的丰富内涵无疑滋养了一代又一代的作家。但所谓的"文学爆炸"为什么会在一个特定的时间段中发生？它的历史机缘与内在动机又是什么？

二

　　拉丁美洲的小说在20世纪中叶前后的崛起，使同时代的西方文学黯然失色。然而，说起拉丁美洲与西方文学的关系，即便在拉美的文学界，亦有不少的争议。这种争议有些类似于中国一度喧嚷不休、至今余波未定的民族性与世界性关系之诘辩。不过在豪尔赫·路易斯·博尔赫斯看来，争论本身并没有多少价值。他在《阿根廷作家与传统》一文中指出，那种担心向西方学习从而丢掉本民族的地方"特色"的忧虑，其实是荒谬的，因为真正土生土长的东西是不需要任何地方色彩的。他举例说，英国莎士比亚的《哈姆莱特》写的是斯堪的纳维亚题材，而法国的拉辛则往往从希腊罗马的史诗中汲取灵感。民族主义者貌似尊重

6

民族或地方特色，而结果却只能使创造力陷入自我封闭、窒息以至衰竭。在另一个场合，他不无调侃地检讨自己的"错误"："我一度努力使自己成为一个阿根廷人，却忘了自己本来就是。"作为一个"宇宙主义"者，博尔赫斯的这一观点也许不难理解，他本人的创作与欧洲大陆的文学传统（尤其是英国、法国）有着千丝万缕的联系，而题材则涉及阿拉伯、印度和中国。

阿莱霍·卡彭铁尔在谈到拉美文学的辉煌成就时，曾不无自豪地宣称，当代所有的拉美作家都具有世界眼光。他本人的创作即是从超现实主义开始的，而阿斯图里亚斯、巴尔加斯·略萨、胡安·鲁尔弗、富恩特斯、科塔萨尔等作家都不约而同地采用了现代主义的叙事方式。这固然与西方现代主义小说的影响不无关系，但更为重要的是，叙事方式的变革、形式的创新，也是真实表现拉丁美洲现实的内在要求。也就是说并非作家人为地制造荒诞与神奇，拉丁美洲的现实本身就是荒诞与神奇的。这块有着不同种族、血统、信仰的新大陆所构建的光怪陆离、荒诞不经的现实，也呼唤着别具一格的新的表现形式。在《百年孤独》中，当加西亚·马尔克斯将火车描述成一个"行进中的村庄"，电影演员主演不同的电影被描述成"死人复活"，用"凉得烫手"来形容机器制造的冰块时，他只不过是说出了一种拉丁美洲人司空见惯的真实而已。因为西方现代文明的介入不是渐进的，而是像刀子一样直接切入的，欧洲发达的现代科技文明与印第安部落的古老的认知能力陈杂一处，所谓的荒诞，或者加西亚·马尔克斯所说的那种"拉丁美洲的孤独"就自然产生了。加西亚·马尔克斯曾说："现实是最伟大的作家。我们的任务，也许可以说是如何努力以谦卑的态度和尽可能完美的方法去贴近现实。"客观地说，拉美作家在借鉴西方的现实主义叙事系统的同时，也极大地丰富甚至是改造了这一系统。无论是魔幻现实主义，还是结构现实主义，实际上与欧洲19世纪末20世纪初的现实主义小说叙事相比，已经有了极大的不同。

加西亚·马尔克斯曾说，拉美的现实向文学提出的最严肃的课题就是语言的贫乏。加西亚·马尔克斯对语言问题的关注，在拉丁美洲作家中并非个别现象。实际上，一代又一代的拉美作家一直在致力于寻找并创造一种有效的叙事语言，用来描述拉美的独特现实。大部分拉美作家都用西班牙语（也有人使用法语）写作，但拉美的西班牙语是融合了印第安语、黑人土语并在历史的延续中发生着重要变异的泛美语言。一个墨西哥人能够理解古巴方言，而一个古巴人对于委内瑞拉人的俚语也可耳熟能详。正是西班牙语自身的灵性可以使不同国家不同地区的作家随时对它加以改造：拆解并重组它的结构，改变词性和修辞方法，甚至重新创造出新的词汇，而这种"语言的游戏"不会妨碍交流与理解，这的确是一个饶有趣味的现象。不过，里维拉的《旋涡》却是一个极端的尝试，作者醉心于用方言写作，其结果是读者如不查阅词汇表，小说几乎难以卒读。拉美作家似乎很少去关注语言的纯正性和规范化，他们迷恋的是语言在表达上的力量、无拘无束的有效性，不管怎么说，拉美的西班牙语与早期的卡斯蒂利亚语、当代的西班牙语已经有了惊人的差异。我一直认为，叙事语言的成熟是拉美"文学爆炸"得以产生的前提之一。

加西亚·马尔克斯所关注的语言问题，除了文字本身以外，更为重要的也许是"形式"，也就是语言与现实之间的复杂关系。他觉得有必要创造一套全新的叙事话语来适应拉美的现实。这一说法与詹姆斯·乔伊斯在倡导形式革命时的宣言如出一辙。不过，加西亚·马尔克斯所师承的欧美现代主义叙事大师，既不是詹姆斯·乔伊斯，也不是马塞尔·普鲁斯特，而是弗兰茨·卡夫卡、弗吉尼亚·伍尔夫、威廉·福克纳、海明威、胡安·鲁尔弗。卡夫卡教会了他如何通过寓言的方式把握现代生活的精髓，并帮助他重新理解了《一千零一夜》的神话模式，打开了一直禁锢他想像力和写作自由的所罗门瓶子。威廉·福克纳则给他提供了写长篇小说的大部分技巧，福克纳的那些描写美国南方生活的小说所充满阴郁、神秘的哥特式情调，坚定了加西亚·马尔克斯重返根源的信心，而福克纳那庞大的"约克纳帕塔法世系"也在刺激着他的野心。在很长一段时间内，他都在追随福克纳，甚至还按照他的教导，尝试在妓院中写作。直到他有一天读了海明威的《老人与海》之后，福克纳的影响才有所抵消。加西亚·马尔克斯在阅读这部作品时所受到的震撼是显而易见的，他忘记了摄氏40度的炎热天气，"犹如拉响了一根爆破筒"，海明威用简单、清晰的结构和语言把握复杂深邃的现实生活的天才使他获益匪浅。《没有人给他写信的上校》从叙事上可以看出海明威风格的直接影响。弗吉尼亚·伍尔夫同样对加西亚·马尔克斯意义重大，后者在回忆自己阅读《达洛维太太》的经验时承认，这部作品开头对于马孔多镇的缔造具有决定性的意义：

　　　　但是（轿车）里面确实坐着一位大人物；大人物正从这里路过，她隐身遮面，与平民之隔伸手可及，这些老百姓或许是第一次也许是最后一次与英王陛下，即国家永不磨灭的象征近在咫尺；这个国家将来会被辛勤的考古工作者在时间废墟的挖掘中发现，当伦敦变成一条长满野草的小径的时候，当所有那些在这个星期三的上午匆匆行进于人行道上的人都变成白骨，白骨里剩下的几枚结婚戒指埋没于自身尸体化做的泥土和无数个镶过牙齿的金质外壳之中的时候，轿车里的那张脸将大白于天下。（转引自《马尔克斯传》第九章）

这段文字彻底改变了加西亚·马尔克斯的时间感，使他"在一瞬间预见到马孔多镇崩溃的整个过程及其最终结局"。更为主要的是，加西亚·马尔克斯理清了历史、传说、家族生活三重时间的关系，并对《百年孤独》和《家长的没落》的写作产生了深远的影响。

《马尔克斯传》所记述的加西亚·马尔克斯与其说是一名作者或游历者，还不如说是一个贪婪的读者。无论他走到哪里，阅读从未停止。从《一千零一夜》、《安提戈涅》到《白鲸》、《变形记》，一切文学经典都成了他学习、借鉴甚至模仿的对象。如果说，游历使他获得一个重新审视拉丁美洲地理的视角，那么与异域文化（尤其是西方文化）的相遇则帮助他进一步确定自身的特性。殖民地文化也好，欧洲强势语言也罢，加西亚·马尔克斯的准则，首先是了解和学习，然后才谈得上击败、摧毁和重建。在文学上，他有着数不清的先驱者和导师，却没有顶礼膜拜的偶像，巴尔加斯·略萨把他称为"拉丁美洲的弑神者"，所指的不仅仅是他介入现实的政治热情，也许还有蔑视一切权威与定规的勇气。

T. S. 艾略特曾说，我们所有的探寻的终结，将是来到我们的出发之地。卡彭铁尔在临终前亦留下了"回到种子"的神秘遗言，加西亚·马尔克斯的文学经历似乎也向我们勾勒出了"向外探寻"和"向种子回归"的过程。然而，僵死的、一成不变的、纯粹的传统只是一个神话，因为现实本身就是传统的变异和延伸，我们既不能复制一个传统，实际上也不可能回到他的母腹。回到种子，首先意味着创造，只有在不断的创造中，传统的精髓才能够在发展中得以存留，并被重新赋予生命。这也许就是《马尔克斯传》给我们的最大启示。

达索·萨尔迪瓦尔笔下的加西亚·马尔克斯

[哥伦比亚] 威廉·奥斯皮纳

我知道，在哥伦比亚作家中，很少有人将自己一生中相当可观的时间用来调研和重构另一位作家的生平。

在这些屈指可数的作家中，我要提到激情勃发而又特立独行的费尔南多·巴列霍[①]，他追随巴尔瓦·雅各布[②]的踪影历经七个国家，最终写出了我国文学中具有奠基性的作品之一。达索·萨尔迪瓦尔的冒险行动也与他相似，我在此以切斯特顿[③]与他作对比，其区别在于，追随加西亚·马尔克斯的描绘了一幅迷宫的图景，而追踪巴尔瓦·雅各布的则描绘了一幅迷雾的图景。

加西亚·马尔克斯的生平是一座迷宫，对于他的重构要以战争和逃亡、神话和传统、歌谣和书本、难题和哑谜为材料。巴尔瓦·雅各布的生平则是一团虚无缥缈的迷雾，对他的重构，要追述死亡与谎言的论争，要追踪没有留下尾波的航船，要回想没有留下记忆的时日，要品味烈酒和大麻，要重温崇拜和怨愤。两位追踪者均已大获成功，因此，今

---

① 费尔南多·巴列霍（1942— ），哥伦比亚作家，以写巴尔瓦·雅各布的传记作品《信使》而得名。
② 波菲里奥·巴尔瓦·雅各布（1883—1942），哥伦比亚著名诗人。
③ G. K. 切斯特顿（1874—1936），英国作家，以精力充沛和体形矮胖著称，写过多部独具特色的名人传记。

天我们手头便有了这样两部动人心魄的英雄史诗般的作品，有了我国文化英雄中两位巨人的传记——当然，传记从来都不是十全十美的，现在，我要引用一位作家说过的话，那是一句对传记文学充满溢美之词的断语："谁要是读了这本书，他就触摸到一个人。"

加西亚·马尔克斯，一个魔幻般的人物，一位令人着迷的作家，是他激起了人们的无限崇拜，我想到了佩德罗·比利亚尔瓦[1]，他在读了《百年孤独》之后，将他的整个青春年华都用来为该书画插图，创作了无数幅激情如火而又细致入微的插图画。正如古代游吟歌手崇拜某一个诗人便终生为他吟唱一样，达索·萨尔迪瓦尔多少年来一直致力于搜集加西亚·马尔克斯的生平材料，据他早年的朋友讲，还在他读中学时期——那会儿，《百年孤独》之星刚刚升起于我们的黄道十二宫，少年达索便开始收集所有出现在报刊和书籍上的新材料，那时，他兴许还不知道自己已经成为一位呼之欲出的传记作家。

他是一位早慧的传记作家，因为我真诚地认为，写加博[2]的传记已经层出不穷，而加博本人在回忆录中讲述的事实在达索的作品里也早有涉及，所以很难再有传记作家能把加西亚·马尔克斯那富有诗意的神奇生活和他那充满魔力的纷繁世界以暴风雨般的方式展示给我们。谁要是不为弄懂我们的世界而熬更守夜，他就不可能把那常年硝烟不断的内战顽疾明确表达出来——而加博则将此称为奥雷良诺·布恩迪亚的战争迷宫，也不可能写出富饶的香蕉园当时那种穷奢极欲的生活，更难以记述因1928年香蕉工人大罢工而引发的社会矛盾大暴露和霍乱的流行，罢工最终导致了谢纳加火车站的大屠杀，正是以这个公共墓穴的噩梦为开端，哥伦比亚社会从此走上了一条不可救药的历史道路。一个局外人

---

① 佩德罗·比利亚尔瓦，哥伦比亚画家，多年间专心从事《百年孤独》的插图工作。
② 加博，即加夫列尔·加西亚·马尔克斯。

就更难理解这个横遭贬损的极乐世界里所发生的事情了，我们的国度位于两大洋之间，别人看不见我们，我们却看不见这一片热带雨林。①

达索以持之以恒的执着精神和从加博作品中学来的艺术手法完成了这部研究加西亚·马尔克斯及其创作的长篇巨著，通过这本书我们已经开始偿还这位伟大作家的精神债务。凭着加西亚·马尔克斯的声望，他对我们的评论家一无亏欠，这已不是什么秘密了。首先看中他作品的是阿根廷人，其后是墨西哥人，其后是那部激情勃发的《一个弑神者的故事》，该书出自年轻的马里奥·巴尔加斯·略萨之手，再后来就是西班牙人、法国人、美国人，以及瑞典皇家学院那些遁迹潜行的先生们。及至他那气势磅礴而又精雕细刻的大作问世之后，哥伦比亚的读者也几乎没有向他作出任何表示，相反，倒是他给了我们一切，包括他在世界文学地图上为我国占据的一席之地。

当然，这并不意味着哥伦比亚其他作家就不配出现在这幅文学地图上，从胡安·德·卡斯特利亚诺斯和埃尔南多·多明格斯·卡马戈到席尔瓦和豪尔赫·伊萨克斯、米格尔·安东尼奥·卡罗和托马斯·卡拉斯基亚、何塞·埃乌斯塔西奥·里维拉和波菲里奥·巴尔瓦·雅各布、费尔南多·贡萨莱斯和巴尔多梅罗·萨宁·卡诺、卢伊斯·卡洛斯·洛佩斯和奥雷利奥·阿图罗，上述众多伟大作家，都是哥伦比亚应该加倍重视和推向世界的，可惜他们在我们的国界线之内都没有得到充分的传播。这是一笔巨大和沉重的债务，令人欣慰的是，在这种互不理解和文人相轻的环境中，已经有人自告奋勇开始偿还这笔债务了。

出现在这笔债务中的不是一个人而是一个世界。对于加西亚·马尔克斯本人，我们知之甚多，因为他的名气助长了我们要了解他的欲望。

---

① 热带雨林，指哥伦比亚。此句意即自己不了解自己。

但是，要想看到他的隐喻和寓言、他的神话和传说背后这张精心编织的梦幻世界的网络，则需要研究者这双灵巧而耐心的手来引导我们层层深入。我们会发现小说家的每一个想像都是以我们国土上的某个事实、某个地点、某个历史事件或某种文化传统为依据的。由此，我们可以看出，加西亚·马尔克斯的作品与我们这个国家的历史和现状是多么紧密地联系在一起的。这正是我们手头这部《马尔克斯传》所准确把握和体现出来的。

奥雷良诺·布恩迪亚上校参加的那些在我们看来具有寓言色彩的战争，正是本哈明·埃雷拉和拉菲尔·乌里维·乌里维发动的那些曲折而漫长的战争的一种抒情式的概括，这些战争曾经以马格达莱纳和瓜希拉地区的一些燃烧的村庄为主战场。谁说我们现在会以怀念的心情去回顾一个世纪前的那些战争，但至少那时人们是在同等条件下面对面地厮杀。而现在则是无耻地屠杀，是卑鄙地雇用杀手无缘无故地去杀害手无寸铁的人，死者被胆怯地掩埋，凶手却长期逍遥法外。

达索考证了被马孔多的持续大雨而引发的滔天洪水所淹没的地域和搅混的历史，他确认了小说中制作小金鱼的故事的确出自当时那个银器加工车间，分散在各地的 17 个奥雷良诺的确是这位精力充沛、年富力强的海滨军人与 17 个女人所生的儿子，而当年香蕉公司的横行霸道则暴露了我国政府的无所作为，它存在的标志仅仅是一面悬挂的国徽而已。

正如加西亚·马尔克斯的回忆录《活着是为了讲述》一样，达索的这本书也是在写完传主的前半生戛然而止的。的确，加西亚·马尔克斯在 1967 年出版了《百年孤独》之后，他的创作生涯告一段落。他的后半生诚如博尔赫斯所言，是在"荣誉的强光"照射下生活的，他的名字频频见诸报端，身影置于闪光灯下，他奔走于各国首脑之间，他出席各种庆祝仪式，他的作品成千上万版地印刷。

他这第二个孤独的40年，是用30多种语言写成的，是在各个种族和各种文化的众目睽睽之下度过的，历史已经发展到以他的偶像为标志的时代，他对文学的影响将是永世长存的。他善于以耐心和幽默对待荣誉，他必须以惊异的目光来审视自己的生活，因为在强光普照的这个半球之外，还有更加神奇的充满贫困、焦虑和昏暗的另一个半球。

伟大的人物总是以他们的卓著功勋引领民众，从而推动世界的进步。在全世界读者庆祝加西亚·马尔克斯80寿辰之际，他那孕育文学胚胎的年代再次引人注目：他的祖父牵着他的手在阿拉卡塔卡那灼热街道上的漫步，在死过人的大房子里度过的那些令他心惊胆战的夜晚，他听老兵讲述的那些内战的往事，他父母骑在骡背上在瓜希拉穿隘口过荒原的跋涉，青春期他沿着一条长河在鳄鱼的哈欠中穿行的惊险旅程，锡帕基腊那些昏暗的傍晚他畅游于各国文学，在四五十年代的波哥大和巴兰基利亚的咖啡馆里教会他写作的聚谈会上，那时他并不知道他的作品将在马德里和布宜诺斯艾利斯、巴黎和伦敦、纽约和斯德哥尔摩传诵，只知道会被他的好友莱翁·德·格雷夫和阿尔瓦罗·穆迪斯、埃尔南多·特列斯和爱德华多·卡兰萨、爱德华多·萨拉梅亚和古斯塔夫·伊巴拉·梅尔拉诺、赫尔曼·巴尔加斯和阿尔丰索·富恩马约尔、拉蒙·宾耶斯和阿尔瓦罗·塞佩达·萨穆迪奥所阅读。①

记得有一天，我问加博为什么他的回忆录的第二部分如此难写，他回答我说这也许正好印证了达索·萨尔迪瓦尔的书为什么也停在了其人物最具魔力的中年而不再往下写。加博静静地看了我一眼，开心地笑了笑，然后他踌躇满志地对我说："因为晚年实在难与童年相匹配啊。"

---

① 上述场景都是《马尔克斯传》中所着力描绘的故事。

献给萨尔瓦多·塞普尔维达和
胡安娜·奥乔阿

献给如今在根源彼岸同我们交
谈的法涅尔·塞普尔维达·奥乔阿
和埃尔金·塞普尔维达·奥乔阿

致谢

　　传记这种体裁很难驾驭，提笔写来顿觉头绪庞杂；传记作者仅比众多的不可或缺的提供素材者的一个勤勉的记录员略胜一筹，在作品里对这些知情者的慷慨付出记上一笔，是最起码的公道与回报。

　　所以，我要首先感谢加夫列尔·加西亚·马尔克斯。他不仅让我放开手脚毫无限制地写他——"权当我已经死了"那样地写，而且花了整整两个下午帮助我廓清了毫无头绪和极少文献记载的他人生最初的 20 年。在这方面，他的母亲堂娜路易莎·圣地亚加·马尔克斯·伊瓜兰（她还为我整理和补充了自己和阿拉卡塔卡镇邮电所报务员加夫列尔·埃利希奥·加西亚·马丁内斯恋爱及结婚的一些重要情况）以及路易斯·恩里克、马戈特、阿依达·利希娅、古斯塔沃、海梅和埃利希奥·加西亚·马尔克斯等弟弟妹妹们的介绍也非常重要。路易斯·恩里克和利希娅一遍又一遍地为我澄清日期，亲属关系及趣闻逸事。"家庭历史学家"利希娅和她的表姐马加里塔·马尔克斯给我提供了世系图的大部分资料。"家庭哲学家"海梅将其审视家族每一成员的敏锐目光赋予了我。1972 年 10 月，在安蒂奥基亚省科帕卡瓦纳市，我和阿依达开始了对话，那时她还是萨雷斯会修女。仿佛时光未曾流逝，20 年后她继续向我讲述，以期丰富我们第一次谈话的某些内容。

即便如此，假如没有作家的表姐莎拉·马尔克斯的决定性的陈述，我便无法全面地令人信服地了解作家的童年，也无法用文字重筑他出生的那所宅院。作家同马戈特和莎拉一起生活到 10 岁。莎拉清晰的记忆和毫不含糊的态度，不仅弥补了疏漏以免我为外界流传的关于作家童年的错误说法所蒙骗，而且描绘出作家的外祖父母、姑姥姥、姨母以及宅院的真切图像。作家的表婶马戈特·巴尔德布兰克斯的介绍也很重要，堪称口头小说家的她叙述了作家外祖父母和作家童年的一些关键情节。多亏了建筑师古斯塔沃·卡斯特利翁·利塞罗的帮助，作家出生的宅院才得以完美地绘制出来。利塞罗与人合写了一篇关于那所宅第的学术论文。我和他在阿拉卡塔卡镇曾经度过了奔波、寻访与对证确认的一个星期，从而完成了 70 年代初期和中期的我的首次探寻。

同样重要的是我与里奥阿查市女教师罗莎·埃莱娜·费古松的多次交谈。她曾经在规模很小的蒙台梭利学校教作家认字，并在学校的晚会上循循善诱地引导他热爱诗歌。作家出生前即已神交的朋友路易斯·卡梅洛·科雷阿·加西亚，更为广泛地向我介绍了小学生加比托的情况：游戏、习惯、爱好、怪癖，还讲了阿拉卡塔卡镇历史上的有关情况、香蕉种植园和几位名人，如令人难忘的胡安娜·德弗雷特斯和古怪而勤劳的安东尼奥·达孔特·法马。

由于几乎没有档案材料，在热情好客的巴兰卡斯县，洛伦索·索拉诺·佩拉埃斯、安娜·里奥斯、格拉西亚诺·布里托、埃萨埃尔·萨尔塔伦、克莱门西亚·萨尔塔伦就成了主要的信息来源，以便我深入了解作家外祖父母在瓜希拉省居住时期以及那场决斗的情况。1908 年 10 月 19 日，一个下雨的黄昏，尼古拉斯·里卡多·马尔克斯·梅希亚上校在决斗中不得不两枪打死了朋友梅达多·帕切科·罗梅罗。

诗人卡洛斯·马丁、建筑师爱德华多·安古洛·弗洛雷斯、泌尿科医生阿曼多·洛佩斯、卡洛斯·胡利奥·卡尔德隆·埃米达的两个女儿格拉迪斯大夫和苏尼大夫、阿多尔佛·戈麦斯·塔马拉律师的妻子和女儿玛丽娅·路易莎·努涅斯及玛丽娅·路易莎·戈麦斯·德阿吉雷等人用他们的陈述和提供的证件，不可或缺地补充并修改了加西亚·马尔克斯在锡帕基腊市度过的至关重要的四年的资料。然而，倘若没有卡洛斯·马丁意外地找到了一份首期《文学报》，这个17岁的中学生的文学与办报活动的材料就会不完整。《文学报》是作家和他锡帕基腊国立男子中学的同学们共同出版的刊物。

作家曾经在波哥大受罪似的学了短短两学年的法律，也就是在这期间，他更加坚定地走上了文学创作的道路。作家的朋友、老同学路易斯·比亚尔·博尔达和贡洛萨·马亚里诺帮助我再现了这段历史。记者比亚尔·博尔达是一位作品甚丰又乐于成人之美的报人，他主动热情地从报刊资料库里找到了1947年中期他与卡米洛·托雷斯发表在《理智报》副刊上的加西亚·马尔克斯的两首诗。

阿尔丰索·富恩马约尔、古斯塔沃·依巴拉·梅拉诺、拉米罗·德拉·埃斯普列亚、马努埃尔·萨帕塔·奥利维亚、阿尔瓦罗·穆蒂斯、拉斐尔·埃斯卡罗纳、胡安·萨帕塔·奥利维亚等人耐心地帮我鉴别、更正、补充他们自己保存和别人提供的有关卡塔赫纳与巴兰基亚时期的大量材料，就是在这两个巨大变化的重要时期，加西亚·马尔克斯开始成为真正的加西亚·马尔克斯。阿尔丰索·富恩马约尔在1994年9月逝世以前，一直都以极度慷慨的来信补充他和我的第一次谈话。依巴拉·梅拉诺在跟我两年的通信中，回答了我的问题，直到我们毫无疑义地确定了他的朋友写完《枯枝败叶》第一稿的地点及年份甚至是精确的日期，弄清这一点是从时间上说明一系列事件的基础。马努埃尔·萨帕塔·奥利维亚和拉斐尔·埃斯卡洛纳给我叙述了生于阿拉卡塔卡镇的作家为了搜集记忆中的最初的根源，于50年代初期多次在巴耶杜帕尔省和瓜希拉省旅行的过程中一些十分有意义的情况。

关于1954年1月加西亚·马尔克斯到《观察家报》社，至1967年5月在布宜诺斯艾利斯发表《百年孤独》这段漫长的意义深远的时期，许多人提供了与上述同样重要的资料。不过，说心里话，我得格外感谢科埃略市的阿尔瓦罗·穆蒂斯老师，他比谁都豪爽、耐心、知道得多。很多人认为他是马孔多镇那位缔造者的挚友和最爱戴的人，而我认为除了这些，他还是我在满怀激情撰写这部传记的过程中有幸遇到的最知情、头脑最清醒、最高尚无私的人。他使我更深入更清楚地获悉作家如何进入、离开波哥大那家报社，如何去欧洲并在那里奋斗，如何抵达、定居墨西哥，以及《百年孤独》之前的艰难岁月，创作它的最难忘的几个月和"穿越荒漠"以后获得荣誉的最初时刻。

何塞·萨尔加和阿尔贝托·萨拉梅亚两位记者为我提供了进一步资料，使我对哈克斯·希拉德和佩德罗·索雷拉已经研究得相当多的一个时期有了更深入的了解。雕塑家罗德里戈·阿雷纳斯·贝坦科特使我窥见了加西亚·马尔克斯当年在《观察家报》的几篇通讯中采用的写作方法。电影工作者费尔南多·比里给我提供了作家在罗马研究电影的几个月期间的珍贵资料。阿尔贝托·阿吉雷在马德里和麦德林对我讲述了《没有人给他写信的上校》第一版出版的经过。达涅尔·桑佩尔与何塞·路易斯·迪亚斯-格拉纳多斯让我得知了几个不同时期的一些零散然而翔实和确切的趣闻逸事及情况。阿德里亚诺·贡萨莱斯·莱昂和何塞·丰特·卡斯特罗向我叙述了作家在加拉加斯的一些情况。安赫尔·奥希尔和埃利塞奥·阿尔贝托·迭戈引导我回忆了作家在处于革命初期的哈瓦那的第一次逗留。

为再现作家旅居墨西哥的漫长和富于成果的时期即"大爆炸"时

期，与上述人士同样热心并且提供全面材料的有卡洛斯·富恩特斯、玛丽娅·路易莎·埃利奥、维森特·罗霍、恩马努埃尔·卡瓦略、南希·维森斯、梅塞德斯·巴尔恰、帕尔多、贡萨洛·加西亚·巴尔恰、何塞·德拉·科利纳、卡门·巴尔塞依丝、路易斯·科杜里埃、阿图罗·里普斯特因（通过爱德华多·加西亚·阿吉拉尔提供）等人。卡洛斯·富恩特斯以类同于阿尔瓦罗·穆蒂斯的爽快与谦虚，对我谈了他和作家一起创作电影剧本，幻想撰写美洲大陆最优秀的小说的时期。玛丽娅·路易莎·埃利奥是《百年孤独》的受献人，我同她以及维森特·罗霍和恩马努埃尔·卡瓦略的谈话，加上同阿尔瓦罗·穆蒂斯的谈话，构成了关键的章节以重现作家 14 个月期间在波折与困难之中撰写关于马孔多镇的伟大小说的情景。

最后，出版人帕科·波鲁阿和文学经纪人卡门·巴尔塞依丝在几个月里，就《百年孤独》的出版合同、第一版及其销售、译成其他语言的第一批合同等问题，点点滴滴地向我提供了丰富的很能澄清史实的材料。

我参阅过的书籍几乎汗牛充栋，从一本正经的胡诌之作到十分可信的回忆录、专著和记叙文都有。其中，对本书的参考价值而言，我要强调马里奥·巴尔加斯·略萨、普利尼奥·阿普莱约·门多萨、哈克斯·希拉德、米恰埃尔·帕伦西亚－罗思、拉萨罗·迭戈·胡利奥、爱德华多·加西亚·阿吉拉尔等人的文章。如果没有这些作品，这部犹如西绪福斯推石上山般的传记写起来会艰难得多，缓慢得多，或许会成为终身的苦役。假如马尔塔·坎菲尔德、孔拉多·苏鲁阿加、何塞·马努埃尔·卡马乔·德尔加多没有怀着艺术匠心仔细审阅书稿，本书部分章节的写作也会艰难得多，缓慢得多。

然而，动笔前整整十年当中那些反反复复的询问，以及书信往来、电话、差旅、阅读、确认等准备工作，如果没有雷伊娜持之以恒的热诚，没有赫苏斯·玛丽娅·奥斯皮娜与马加里塔·苏鲁阿加的帮助和理解，以及卡门·巴尔塞依丝与拉菲尔·德尔波索不可缺少的援助，都是不可能实现的。但是，名单到此并未结束。埃德加·蒙铁尔、古斯塔沃·巴尔斯、安东尼奥·加莫内达、卡门·波萨达斯、圣地亚哥·穆蒂斯、爱德华多·加西亚·阿吉拉尔、佩德罗·索雷拉、纳西索·加列戈、埃内斯托·谢拉、古斯塔沃·塔蒂斯·盖拉、豪尔赫·加西亚·乌斯塔、阿拉塞利·塞佩达、维托里亚·科尔梅纳、马尔塔·巴奥斯、何塞·塞普尔维达等人在本书撰写过程中给予了兄弟般的支持。撰写伴随着出版人巴莱丁·萨帕特罗（安息吧）拓荒者般的激情开始，又伴随着胡安·克鲁斯接替前任和他的满腔热情而结束。

1996 年 8 月 13 日

于马德里

我们将不会终止我们的探寻，
我们所有的探寻的终结
将来到我们出发的地点，
并且将第一次真正认识这个地点。

——T.S.艾略特

我时常清楚地记得的并不是人，而是从前我和外祖父母一块儿住过的阿拉卡塔卡镇的那个宅院。我现在每天睡醒的时候，都有一种亦真亦幻的感觉，似乎自己依然身处那所令我魂牵梦绕的宅院。

　　　　　　　　——加夫列尔·加西亚·马尔克斯

第一章

1952 年 3 月初，加夫列尔·加西亚·马尔克斯随母亲去阿拉卡塔卡镇，出售他诞生于斯的外祖父母的老宅。这次故乡之行，正像多年以后他再三说过的那样，也许是他文学生涯中具有决定性意义的事情。

　　加西亚·马尔克斯当时是一位 25 岁的年轻小说家。他深信，任何优秀小说之所以优秀是由于同时具备两个条件——它是以艺术手法移植的现实，又是关于世界的一种神秘的谜语。五年来，他力图在后来收入《蓝宝石般的眼睛》集子的那些短篇小说、尚未定型脱稿的第一部长篇小说《家》，以及改过两三稿的《枯枝败叶》里，以文学方式表现自己童年时代噩梦般的世界。可是，故乡之行使他看到，沿着以往的道路远未达到目的。他意识到，为了弥补失去的时间，为了到达刚刚在阿拉卡塔卡所看见的事物（废墟与孤寂）的本质，他需要一种更加宽阔的视野：因此必须上溯到童年的历史，进入时间，进入外祖父母诞生的瓜希拉省的那些村庄。

　　母子俩坐火车返回巴兰基亚市。他在那里已经住了两年，为给《先驱报》撰稿。在火车上，他就开始向母亲询问外祖父母的事情。他们究竟是什么人？从何处于何时来阿拉卡塔卡的？44 年前马尔克斯上校在决斗中不得不杀死的那个人是谁？总之，从哈雷彗星出现的那年开始，哪些人同马尔克斯和伊瓜兰一家共同重建了阿拉卡塔卡？

回到巴兰基亚，他不仅停下《家》的写作而重新去写《枯枝败叶》，并且空前急切地感到必须继续像阿莱霍·卡彭铁尔[①]的短篇小说所讲的那样去寻找根源，或者确切地说寻找根源的根源，到外祖父母的出生地去。刚刚卖掉的那所宅第里曾经发生的一切——首先是他的诞生，都以这种或那种方式同外祖父尼古拉斯·里卡多·马尔克斯·梅希亚和外祖母特兰基丽娜·伊瓜兰·科特斯那十分遥远的命运联系在一起。

就这样，第二年，加西亚·马尔克斯前往巴耶杜帕尔省和瓜希拉省，一边出售或装作出售乌特阿出版社的百科全书及其他书籍，一边进行更加仔细的探访。他反方向走过了 20 世纪第一个十年的末期命运给长辈们划出的路线，寻找他们记忆中的村落和地方。这次重要的旅行和自 50 年代初期以来的其他几次旅行，均有一位朋友兼同事——"主教的侄子"拉斐尔·埃斯卡洛纳陪伴，埃斯卡洛纳不仅让他了解瓜希拉省，还帮助他辨认小时候在阿拉卡塔卡镇听外祖父母讲过的许多故事的发生地及人物。

一天，他们在巴耶杜帕尔省附近一个小村拉巴斯惟一的酒馆喝啤酒的时候，碰见一个何塞·阿卡迪奥[②]式的人物。此人高大健壮，头戴牛仔帽，打着骑士的绑腿，腰里插着左轮手枪。埃斯卡洛纳是这人的朋友，便给加西亚·马尔克斯作了介绍。来人向作家伸出可靠而热情的手，问道："您跟尼古拉斯·马尔克斯上校有点什么关系吧？"作家说自己是他的外孙。"这么说来，"那人想起一件从前的家族血案，"您外公杀了我外公。"

此人名叫利桑德罗·帕切科，45 年前，他的外祖父梅达多·帕切

---

① 卡彭铁尔（1904-1980），古巴作家和音乐家，魔幻现实主义文学的先驱之一。
② 《百年孤独》中的主要人物之一，感情冲动，有勇无谋。

科·罗梅罗的确在瓜希拉省巴兰卡斯镇的一场决斗中被加西亚·马尔克斯的外祖父尼古拉斯·里卡多·马尔克斯·梅希亚所杀。出于谨慎，埃斯卡洛纳劝利桑德罗不要翻陈年老账，说加夫列尔不太知道情况。他推说自己十分喜爱并且熟悉火器颇想一试枪法，遂从利桑德罗的枪套里取出左轮手枪，退下弹夹，只留下一粒子弹，说："我来看看今天的准头如何。"利桑德罗高兴了，撺掇说你想打多少枪就打多少枪，很快他俩就比开了枪法，还邀请加西亚·马尔克斯一显身手。加西亚·马尔克斯谢绝了，只是一杯接一杯地喝啤酒，在一边观看射击比赛。

看来这位当时已经成名的巴耶杜帕尔音乐的作曲家的谨慎没有必要。两个外孙成了好朋友，坐着走私者利桑德罗·帕切科的卡车，"喝着热白兰地，吃着半生不熟的羊肉，游玩了三天三夜，以纪念死去的两位外祖父"。几天里，他们走过了塞萨尔省和瓜希拉省的埃尔科佩伊、巴耶杜帕尔、马纳乌雷、帕蒂亚尔、乌鲁米诺、比亚诺瓦、圣胡安德尔塞萨尔、丰塞卡、巴兰卡斯、里奥阿查和埃尔马纳乌雷瓜希罗。在这次旅行中，加西亚·马尔克斯完成了14年以后的《百年孤独》撰写工作的野外部分，利桑德罗·帕切科顺便给他引见了作家外祖父尼古拉斯·马尔克斯在"千日战争"[①]前后那些漂泊不定的岁月里在各地留下的私生子当中的几个。

可以想见，两个外孙特意在巴兰卡斯镇盘桓良久。就在昔日的"隐秘山庄"，他们的外祖父如同马孔多建村前的何塞·阿卡迪奥·布恩迪亚和普鲁登西奥·阿基拉尔[②]一样，曾经是两个幸福的人，直至1908年10月19日的决斗中一个被迫杀了另一个。我们可以认为，加夫列尔·加西亚·马尔克斯的人生记录在其出生前19年已于此时此地开始，因为

---

① 1899 至 1902 年哥伦比亚的一次内战，历时一千天，故名。
② 《百年孤独》中的人物，后者因同前者斗鸡失败而奚落前者，遂引起决斗并被杀。

这一天黄昏在巴兰卡斯镇发生的事件预先确定了作家的人生命运与文学命运：是这一事件，不仅导致 16 年后他父母的相识，而且还是加西亚·马尔克斯跟着外祖父母，在阿拉卡塔卡镇那所鬼魂出没的深宅大院生活到 10 岁的历史渊源。10 岁前的经历对这位未来的小说家尤为重要。

　　与瓜希拉省大多数城镇不同，巴兰卡斯因为有埃尔塞雷洪煤矿的赋税而成了一座具有现代化气息的比较繁荣的镇子。不过，作家的外祖父母 19 世纪 90 年代初从里奥阿查市来到巴兰卡斯的时候，它却是一片荒凉，身负它所经历的几场劫难和一桩宗教与行政官司所留下的伤痕。这场官司不可思议地把它的名称传到了梵蒂冈城。

　　海拔 150 米的巴兰卡斯位于兰切里亚河西岸，坐落在瓜希拉省腹地圣玛尔塔雪山东山嘴与奥卡山西山嘴之间的一个小盆地里，这使它的地形和瓜希拉省多数地方不同，它有徐缓的山坡和静谧的绿色植被，每当炎热的中午过后，沿两处山嘴而下的清风便带来黄昏时分的凉爽，缓坡和植被使凉风更加宜人。巴兰卡斯虽然是 1664 年由一个姓巴兰科的西班牙传教士创建的，但其渊源可能是逃居山野的黑人搭盖的茅棚或木屋——加勒比地区许多村镇和城市的起源就是这样。阿劳加印第安人的一支卡里亚基莱斯部落曾经定居于此，在玉米、豇豆、木薯和疣瓜①的周围发展了他们的田园文化。

　　巴兰卡斯实际上所过的那种死气沉沉的田园生活一直持续到了 1746 年，这一年它的历史上第一次出现了突发事件。随心所欲的里奥阿查市的主教胡安·涅托·波洛·德尔·阿吉拉心血来潮，授予巴兰卡斯以教区级别，使它跟行政上的乡级建制有了矛盾。主教与里奥阿查市

---

① 疣瓜：一种瓜类果实，产于亚热带地区，形状和风味略似南瓜。成熟的疣瓜呈金黄色，表皮肥厚而坚硬，除了人食用外，还可以作牲口饲料和入药。

长的官司打到了梵蒂冈，教廷裁决主教胜诉，于是行政当局被迫给予巴兰卡斯一个人为特设的市级级别。23 年以后，瓜希拉省印第安人举行暴动，巴兰卡斯又成了毫不犹豫地镇压土著居民的保王派的前沿阵地，由此开始了保守主义称霸的一个漫长而残酷的时期，到 1813 年（哥伦比亚第一次内战时期），居然出现了市长为保王派、市政府为爱国派的悖谬局面。独立战争时期的巴兰卡斯战役之后，这个城镇慢慢衰落，1860 年大量移民的涌入加速了它的衰败，移民来自临近一个叫莫雷诺的被一场具有区域特点的战争摧毁的村庄。

1881 年，小说家豪尔赫·伊萨克斯①来到这里打算勘探和开发埃尔塞雷洪的煤炭资源的时候，巴兰卡斯的苦难似乎到了尽头。然而，《玛丽娅》的作者在文学方面非常走运，可在工业领域却晦气重重。被负责煤矿开发的科技委员会主任拉斐尔·努涅斯任命为秘书长的伊萨克斯，联合了英国合股人并且使用英国技术和设备着手开采巴兰卡斯煤矿，巴兰卡斯与里奥阿查之间的第一条铁路很快铺轨。他后来发现阿拉卡塔卡也有煤炭蕴藏，可是，伊萨克斯遇到了和其他事情一样的情况，计划落空了，被搁置了 100 年。

所以，19 世纪 90 年代初加西亚·马尔克斯的外祖父母从里奥阿查市来到巴兰卡斯之时，这个衰败已久的城镇依然毫无生气，而且连市级资格也失去了，有一段时间重新成为相邻的丰塞卡市下面的一个乡级镇。但是，可以设想，在马尔克斯和伊瓜兰夫妇看来，比起他们离开的那座烈日曝晒、尘土飞扬、硝石成堆的城市来，这里仿佛是一个碧绿、祥和、宁静的天堂。

---

① 伊萨克斯（1837—1895），哥伦比亚作家，长篇小说《玛丽娅》是其代表作。

尼古拉斯·里卡多·马尔克斯·梅希亚1864年2月7日生于里奥阿查市，却在远离此地的埃尔卡门德玻利瓦尔市由姥姥何塞法·弗朗西斯卡·比达尔抚养长大，17岁时回到出生的城市跟着父亲尼古拉斯·德尔·卡门·马尔克斯·埃尔南德斯学银匠手艺。此外，关于加西亚·马尔克斯的外祖父的童年和青年时代人们还知道一些：除了里奥阿查，他还去过卡马罗内斯；他只念完小学，因家穷上不起中学，小小年纪就被送到银匠炉跟着父亲干活。和阿尔塔格拉西亚·巴尔德布兰克斯生了两个私生子以后，尼古拉斯·马尔克斯21岁时娶了一位里奥阿查姑娘，这就是他的表姐特兰基丽娜·伊瓜兰·科特斯。她生于1863年7月5日，先辈是经过委内瑞拉来到哥伦比亚瓜希拉省的西班牙移民。尼古拉斯刚一结婚就去了巴拿马，在那里和舅舅何塞·马里亚·梅希亚·比达尔一起干了几个月活。1886年，他的长子胡安·德迪奥斯出生后不久他就回来了。三年以后，就在里奥阿查，他的第二个孩子马加里塔诞生了。而作家的母亲路易莎·圣地亚加则在1905年7月25日生于巴兰卡斯。

作家的外曾祖父尼古拉斯·德尔·卡门·马尔克斯·埃尔南德斯1820年生于卡斯蒂利亚①，外曾祖父的父母尼古拉斯·德尔·卡门·马尔克斯和胡安娜·埃尔南德斯也出生在那里。胡安娜丧夫以后携幼子从安达卢西亚②和加那利群岛③去了哥伦比亚——这大概是19世纪20年代中期的事情。加西亚·马尔克斯的母亲说，玻利瓦尔④1830年沿着马格达莱纳河长途旅行走向死亡时，10岁的马尔克斯·埃尔南德斯见过

---

① 西班牙中部地区。
② 西班牙南部地区。
③ 西班牙在大西洋的群岛。
④ 西蒙·玻利瓦尔（1783－1830），委内瑞拉军人，南美洲独立战争的领袖，被誉"解放者"。

这位"解放者"。确切的是,作家的外曾祖父长大以后成了有名的银匠并将这门手艺传给了儿子。他和儿子后来一样在里奥阿查市有很多私生子,大多是跟胡安娜·阿拉尔孔生的,由此而在瓜希拉省形成了阿拉尔孔一族。外曾祖父后来娶了路易莎·何塞法·梅希亚·比达尔,和她生了四个孩子:作家的外祖父尼古拉斯·里卡多、阿曼多、弗朗西斯科、韦内弗里达·马尔克斯·梅希亚,韦内弗里达就是终生陪伴尼古拉斯·里卡多的那个妹妹。

加西亚·马尔克斯孀居的外高祖母胡安娜·埃尔南德斯·德马尔克斯,在里奥阿查找到了第二个心上人布拉斯·伊瓜兰,和他在1827年生了女儿罗莎·安东尼娅·伊瓜兰·埃尔南德斯。罗莎算得上是作家外曾祖父尼古拉斯·德尔·卡门·马尔克斯·埃尔南德斯的半个妹妹。罗莎跟瓜希拉省人阿古斯丁·科特斯生了三个私生子:作家的外祖母特兰基丽娜、罗莎·安东尼娅、何塞·安东尼奥·伊瓜兰·科特斯。这样,由于这位在19世纪30年代不知哪一年从加那利群岛来到哥伦比亚的西班牙的外高祖母的缘故,使得加西亚·马尔克斯的外祖父和外祖母成为表兄妹,正如《百年孤独》里的何塞·阿卡迪奥和乌苏拉·伊瓜兰一样。[1]

和外曾祖父在里奥阿查一样,外祖父尼古拉斯·里卡多很快成了巴兰卡斯有名的首饰匠。他和朋友欧亨尼奥·里奥斯合开的作坊就在位于广场一角和墓地斜对面、门窗常常大敞四开的家里。里奥斯还是个孩子的时候,里卡多就把他从里奥阿查领了来,因为他的姨表姐弗朗西斯卡·西莫多塞阿·梅希亚早先在埃尔卡门德尔玻利瓦尔市同里卡多一起长大,是他亲爱的表妹。多年以后在阿拉卡塔卡市抚养加西亚·马

---

[1] 此两人之结合,是《百年孤独》全书的起因。

尔克斯的那位妇人就是弗朗西斯卡。特兰基丽娜外祖母也帮忙做些首饰加工最后几道工序上的活，如镶红宝石、打磨和擦拭首饰等。奥雷良诺·布恩迪亚上校在马孔多镇只做金质小鱼——孤独寂寞的金质小鱼，而外祖父在巴兰卡斯则是各种首饰都做：戒指、耳环、手镯、链子、小动物。但在《百年孤独》发表以后，这些手艺的继承者，尤其是外祖父那些私生子的后代展示得最多的就是金质小鱼。他们是怀着拥有宗族象征的满意心情来展示的，这种象征能把他们归入加西亚·马尔克斯的庞大世系图。

没过多久，尼古拉斯·马尔克斯就弄到了埃尔瓜西莫田庄，这田庄坐落在他的干亲家贝尼西奥·索拉诺·比达尔的土地上，位于圣玛尔塔雪山的山嘴上。后来他又买下了镇子附近兰切里亚河岸边的埃尔伊斯特莫田庄。巴兰卡斯镇的许多人家都在奥卡山的山坡上种植玉米、豇豆、木薯、香蕉、咖啡和甘蔗。尼古拉斯·马尔克斯也像他们一样成了农民，专门种植甘蔗的农民。他用自制的蒸馏器把甘蔗汁做成一种叫做"奇林切"的混浊的烧酒，偷着卖。

尼古拉斯·马尔克斯·梅希亚和特兰基丽娜·伊瓜兰·科特斯经济收入丰厚，又只有三个婚生子女：胡安·德迪奥斯、马加里塔和作家的母亲路易莎·圣地亚加，在平和的团结的人们构成的一个群体里享有良好的个人声誉和职业声誉。他们似乎在衰败的乡村气息浓厚的巴兰卡斯找到了可以平安度过壮年和老年时期的福地。可是，八年之内，"千日战争"以及尼古拉斯与梅达多的决斗如同两场中世纪的瘟疫降临到他们头上，打碎了他们和平生活的计划，把外祖父变成了一个十分内疚的愁眉苦脸的人。他的故事将要在 30 年以后成就他的在阿拉卡塔卡出生的外孙的文学命运。

幼年的加夫列尔和外祖父走在阿拉卡塔卡的街道上，或者穿过香蕉种植园去圣玛尔塔雪山下的溪流里洗澡的时候，听外祖父讲述许许多多关于战争的奇闻逸事，逸事开始于 1899 年 10 月 17 日，自由派领导人拉斐尔·乌里维·乌里维①、本哈明·埃雷拉和加夫列尔·巴尔加斯领导一场反对腐败和专制的"复兴派"保守政权的武装斗争，当时，这个保守政权由 80 多岁的马努埃尔·安东尼奥·桑克莱门特执掌。

哥伦比亚的历史同大多数拉丁美洲国家一样，是以内战为标志的，甚至从哥伦比亚作为共和国诞生以前的时期起就是这样。第一次内战发生在独立前六年的 1813 年，它标志着 1810 至 1816 年这段被称为"傻子祖国"时期中最激烈动荡的时刻。中央集权制和联邦制这两种国家模式之间的冲突，是整个 19 世纪期间哥伦比亚所经历的 20 场全面的或局部的宣战的或不宣战的内战的共同根源。很明显，中央集权派与联邦派的斗争所掩盖的，归根结底是两种社会模式之间的冲突。一种是守旧的地主和农产品出口商所维护的由殖民时代的垃圾构成的保守的反对进步的社会，一种是新生的工商资产阶级所支持的自由、反对教权和拥护法国启蒙运动的社会。

从 19 世纪下半叶起，在一场又一场的战争中，哥伦比亚社会各阶层和集团不断经历政权的更迭，在一个复杂的社会、经济、政治组织中相互影响，直至达到"复兴政权"这个两党的大联合。通过这个政权，自由－保守联盟的上层社会为了自身的利益而操纵国家机器，排斥并凶残地镇压反对党派和集团的任何反对行为。

"复兴政权"以独立的自由派人士拉斐尔·努涅斯②和民族主义保

---

① 乌里维（1859-1914），哥伦比亚军人，自由派领袖。
② 努涅斯（1825-1894），哥伦比亚政治家，曾任三届总统。

守派人士米格尔·安东尼奥·卡罗①为首。这是一个持续了30年的独裁政权。从1878年开始，它犹如一堵挡墙，阻止了激进自由派的联邦主张。这一派的建国计划在19世纪的哥伦比亚那样严重扭曲的社会屡屡被证明是行不通的。总的说来，激进自由派捍卫的是与中央集权对立的联邦各州的真正自主权，国家在工业、商业和教育方面的现代化，司法权与行政权的分立，以及政教分离。他们构成了国家最进步的工农业资产阶级，他们是自由思想者和反教权者。相反，非法把持"复兴政权"的民族主义保守派和温和自由派，凭借1886年宪法和1887年跟罗马教廷签订的条约，操纵着一个严刑峻法的中央集权国家，把国家的经济利益置于外国资本之手，制定了给国民经济带来许多辉煌与灾难的咖啡单一种植政策，并且把公共教育重新交还给教会，从而使哥伦比亚再次笼罩在教会的精神教化与思想教化的阴影里。

好像这些还不够似的，"复兴政权"两派组成的专制统治集团还强制推行知识和文学的一元化：他们的领导人不但是哥伦比亚的主人和最高行政长官，而且也是它的思想家、历史学家、地理学家、语言学家、语法学家和诗人。他们如同马孔多镇的格兰德大妈，还要主宰"语言的纯洁性"和人们的思维与想像。这个政权的丑恶现象，实际上是加西亚·马尔克斯用以塑造格兰德大妈这个人物的历史妖魔之一，她执掌着一个包罗万象、不合时宜、乖张悖谬的专制权力社会。

"复兴政权"的衰落与19世纪末一次严重的咖啡危机同时发生。国内外的诸多原因导致十年间一直很好的咖啡价格突然开始暴跌，严重影响了米格尔·安东尼奥·卡罗政府的关税收入。卡罗打算孤注一掷，便采取了历史性的财政和经济紧缩措施，这些措施使自由派和保守派中的

---

① 卡罗（1843—1909），哥伦比亚著名学者、语言学家，曾任总统。

少数派更加感到窒息。这场经济危机加剧了"复兴政权"的严重弊病带来的恶果,这些弊病是:对工商资产阶级的迫害;自由派无法通过自由选举进入国会(当时他们仅有一名国会议员,即乌里维·乌里维本人,他是在1895年的最后一次内战中赢得这个席位的);政府在发行强制流通的纸币过程中滥用权力;操纵选举机器为现政权的候选人谋利;天天都在发生的腐败和贪污等社会痼疾。

在这种暴虐与腐朽日益严重的形势下,推迟点燃"千日战争"导火线的是1897年12月5日的选举闹剧。这样的闹剧在哥伦比亚历史上出现过多次,它后来被加西亚·马尔克斯写进了《百年孤独》。

毫无疑问,这是哥伦比亚历史上最悲惨最血腥的战争。它完全摧毁了这个国家的居民、生产力和建筑物,给国民意识留下了仇恨、嫌隙和不公正的缺陷,最终导致自由主义和保守主义这两个历史夙敌讽刺性地成了同一枚政治硬币上协同一致的两面,因为在哥伦比亚,就像奥雷良诺·布恩迪亚上校所说的,自由派与保守派的惟一区别就是,一个5点钟去听弥撒,一个8点钟去听弥撒。

描述"千日战争"史的专著连加西亚·马尔克斯外祖父的名字也没有提到。必须深入回忆录、新闻报道、报刊简讯和他那些老战友的书信所构成的纷繁凌乱的丛林,才会发现他曾经在拉斐尔·乌里维·乌里维将军的队伍里,在克洛多米罗·卡斯蒂略将军的麾下,横跨马格达莱纳、塞萨尔、瓜希拉等省份参加战斗。战争头几个月他就在这一带获得了陆军上校的军衔,后来他一直自豪地佩戴着军衔标志直到逝世。正如《没有人给他写信的上校》里所描述的,他在后半生一直期待着领取战争结束时政府许诺给老兵的退伍年金。这并不是惟一的不幸,他执行一次十分危险的任务时,差一点儿和战友们(其中之一就是多年以后的

39

决斗中他不得不打死的梅达多·帕切科·罗梅罗）一起被抓住枪毙掉。另外几次战斗中，他的对手不仅有他妻子一方的科特斯家族和伊瓜兰家族的人，还有众多私生子当中的两个年龄最大者：何塞·马里亚·巴尔德布兰克斯·马尔克斯和卡洛斯·阿尔贝托·巴尔德布兰克斯·马尔克斯，他俩受母亲的影响而属于保守党。所以，这场战争的每一次战役也是父子之间、叔侄之间、表兄弟甚至亲兄弟之间的战斗。

战争刚一开始的时候，尼古拉斯·马尔克斯及其同伙被迫躲藏在圣玛尔塔雪山和奥卡山的山坡上，没有明确的方向，没有武器，没有经过训练，只是零散地骚扰敌军几下。可是当获得第一次后勤支援后，他们便离开藏身之地，并轻而易举地取得了几次胜利，例如 1899 年 11 月占领里奥阿查市。其实，他们之所以占领该市是因为在此之前胡安·马努埃尔·伊瓜兰（作家外祖母的表兄）和部下已经撤到了相邻的帕哈罗县，而正统的保守派正在犹豫是否在反对自由派的战争中与"复兴政权"的民族主义者联合。保守派两个分支的联合明朗以后，伊瓜兰家族的人便走了回头路，赶走了尼古拉斯·马尔克斯的自由派分子。

自由派在桑坦德市以北的佩拉隆索河取得开战以来首次胜利的消息于 1900 年初传到了里奥阿查。不久又有好消息说，自由派将军胡斯托·杜兰正从哥伦比亚与委内瑞拉边界向前推进，人数很多；西普里亚诺·卡斯特罗①将军领导的委内瑞拉政府提供给这支军队一千支曼利切牌步枪和一万套军装。保守派闻讯大惊失色，慌忙弃城而逃。然而，马尔克斯上校手下的自由派士兵在这座无人防守的城市遇到了一个比他们的政治对手更厉害的敌人：黄热病。

不久，乌里维·乌里维将军沿着巴耶杜帕尔和巴兰卡斯公路，从博

---

① 卡斯特罗（1858-1924），委内瑞拉军人，曾任总统，后流亡并死于国外。

利瓦尔市来到这里。这位大西洋省革命军的最高首领作了一次鼓动演说，查看了疫情，然后前往委内瑞拉以期从卡斯特罗总统那里得到更多的援助。与此同时，瓜希拉省所剩不多的自由派士兵解散了，躲进奥卡山待命。那年12月就已经大为增强的保守派军队，由佩德罗·内尔·奥斯皮纳将军这位乌里维·乌里维的老同学兼好朋友率领，进驻里奥阿查。1901年最初几个月，保守派军队得到瓜希拉省势力强大的酋长何塞·多洛雷斯的支持，向该省的腹地推进，几天工夫就抵达巴耶杜帕尔县，没有遇到太大的抵抗。因为军队一到，巴兰卡斯、丰塞卡、圣胡安德尔塞萨尔、比亚诺瓦、乌鲁米塔和巴耶杜帕尔等县的县长纷纷把自由派的红旗换成保守派的蓝旗。

　　然而，从委内瑞拉获得更多武器与辎重以便继续战斗的革命将领米格尔·拉米雷斯和"鸡巴将军"萨尔瓦多·德卢克很快在边境出现。尼古拉斯·马尔克斯率领的自由派士兵重新集结，再次开始取胜：250名革命军士兵手持曼利切牌步枪进攻700名敌军，当年3月8日在丰塞卡县将其打败。驻守里奥阿查的保守派匆匆撤离，但是奥卡山嘴的自由派早已不见踪影，像猫一样从自己的地盘悄悄溜走了。保守派在巴兰卡斯抓住并枪毙了一向自负的孔迪纳马卡省籍的上校阿隆索·普拉萨斯，得到了一个安慰奖。

　　八个月以前，在遥远的位于安第斯山区的波哥大，副总统何塞·马努埃尔·马罗金解除了年迈的总统马努埃尔·安东尼奥·桑克莱门特的职务，以此结束了国家的混乱并使马罗金得以促成一个保障持久和平的条约，此举令自由派和保守派兴高采烈。可新总统的反应既出乎人们预料又咄咄逼人：他勒令自由派无条件投降，下令任何手持武器的革命者一经抓获即行枪决。这样，枪毙阿隆索·普拉萨斯就成了"千日战争"中首批政治处决之一。他是在马尔克斯·伊瓜兰夫妇的宅院附近的巴兰卡斯警备司令部院子里被执行死刑的。他的死对尼古拉斯·马尔克斯上校个人来说是最悲惨的事件之一，也成了后来他给在阿拉卡塔卡的外孙讲述的故事之一。

这场战争60年后，马尔克斯上校的长子何塞·马里亚·巴尔德布兰克斯·马尔克斯中校把有关战争的大量新闻报道和文献编撰成书。他在书中说采用了父亲战后提供给他的"革命阵营的战报"，然而他几乎没有提到父亲。这或许因为作家的外祖父从不喜欢谈论自己的军功这个习惯所致。相反，巴尔德布兰克斯的书里收入了萨瓦斯·索卡拉斯将军和奥克塔维奥·戈麦斯上校这两位军官和马尔克斯上校的朋友的谈话，他们强调了加西亚·马尔克斯的外祖父在主要战役及几次十分危险的任务中的突出作用，比如在他们一起勇敢地穿越哥伦比亚－委内瑞拉边界与巴耶杜帕尔之间的地带时。确实如此，这次危险使命的目的是跟巴耶杜帕尔省的自由派军队联络，并且说服它的长官何塞·马里亚·德尔·卡斯蒂略将军率部和几名志愿人员前往边境，去领取西普里亚诺·卡斯特罗总统刚刚提供给乌里维·乌里维的又一批武器，然后按照新的部署向里奥阿查进发。

为此，刚被乌里维·乌里维任命为大西洋省驻军新长官的克洛多米罗·卡斯蒂略将军就命令三支部队要在创纪录的时间内沿着不同的路线到达巴耶杜帕尔。其中一支是尼古拉斯·马尔克斯与奥克塔维奥·戈麦斯两位上校，以及萨瓦斯·索卡拉斯、何塞·马里亚·奎亚尔和弗朗西斯科·哈维尔·罗梅罗三位将军的部队。同他们一起行动的有弗朗西斯科的侄子，一个19岁左右的身材魁梧的列兵。但是有关萨瓦斯和戈麦斯的报道却没有记录他的姓名梅达多·帕切科·罗梅罗，即七年后在决斗中被加西亚·马尔克斯的外祖父杀死的那个人。

尼古拉斯·马尔克斯和战友们战胜各种困难，经过七天艰苦跋涉，抵达巴耶杜帕尔。300 公里糟糕透顶的行程当中，沿途大部分地方都由保守派和以何塞·多洛雷斯酋长为首的土著盟军控制着，尼古拉斯及其战友多次面临被抓住枪毙的危险。刚到巴耶杜帕尔他们又马上从原路返回，经过乌鲁米塔、比亚诺瓦、埃尔莫利诺、圣胡安德尔塞萨尔、丰塞卡、阿托努埃沃、卡赖皮亚等县回到边境，从在此等待他们的长官克洛多米罗·卡斯蒂略那里听到一个坏消息：另一位名叫卡斯蒂略的将军见克洛多米罗接替自己当了自由派军队驻大西洋省的长官，便以走那条被保守派控制的道路等于自杀为借口拒绝服从新长官的命令。这导致了革命军在卡拉苏阿县惨败之前的两个月里没有任何军事行动。这一污点抹杀了自由派在瓜希拉省、巴耶杜帕尔省以及随后在整个马格达莱纳省的胜利。

然而，乌里维·乌里维的自由派尽管组织涣散，担任副职的领导人争权夺利，却以 1902 年 4 月 16 日攻取里奥阿查的重大胜利证明了他们具有仿佛用之不尽的反应能力。另外，本哈明·埃雷拉的 1 万人马在太平山和巴拿马取得几乎全面胜利的消息使某些自由派人士如埃雷拉本人，产生了这样的希望：如果与乌里维·乌里维的军队联合起来并且协调一致，用不了一年就可赢得战争。哥伦比亚可是真的彻底精疲力竭了，所以自由派与保守派的共同感觉不是胜利即将来临，而是呆滞、疲惫、厌倦。在差不多三年的战争中，交战双方给"傻子祖国"立了块最高的纪念碑，它像马孔多镇长寿的格兰德大妈一样，在整个 19 世纪都将其有毒的阴影投向哥伦比亚，造成 10 万人死亡，生产力、商业和交通设施几乎完全被摧毁，美国策划和支持的巴拿马的分离①随即发生。在这种情况下，交战者需要立即结束这场艰难的战争。

---

① 巴拿马原为哥伦比亚的地峡省，美国为了开凿和霸占巴拿马运河，支持巴拿马于 1903 年 11 月 3 日独立。

由于政府军元气大伤，马罗金总统 1902 年 6 月 12 日着手策划旨在通向和平的最初期步骤。8 月 14 日，乌里维·乌里维将军从库拉萨奥来到里奥阿查。他是怀着对 40 次内战（在 1876 年的战争中，17 岁的他第一次接受了炮火的洗礼）的历史性深恶痛绝的心情，十分疲倦地前来的。他准备抓住政府倡议和平的机会，无论如何也要结束战争。乌里维·乌里维担任了指挥官，重组了军队，率领 1000 人沿着巴兰卡斯与巴耶杜帕尔之间的道路，于 9 月 5 日抵达阿拉卡塔卡，在加西亚·马尔克斯的故乡驻扎了两天，跟克洛多米罗·卡斯蒂略和何塞·罗萨里奥·杜兰两位将军以及包括作家外祖父在内的其他军官谈了话，构思了同保守派进行有侥幸获胜希望的战斗的计划，以便迅速战胜他们，并且消除对那场旷日持久的没完没了的战争的厌恶，或者至少巩固阵地从而使他能够签署一个体面的和平协定。结果导致了 1902 年 10 月 14 日自由派在谢纳加战役中的惨败，并由此结束了战争。

这次战役中，尼古拉斯·马尔克斯上校一个在敌方的年仅 17 岁的儿子卡洛斯·阿尔贝托阵亡了。另一个儿子何塞·马里亚·巴尔德布兰克斯军士长光荣地担任了送信的任务，他骑着骡子，将一份密封函件从圣玛尔塔送到谢纳加，交给乌里维·乌里维。这封信就是后来马罗金政府通过保守派将军弗洛伦蒂诺·曼哈雷斯提出的和平建议。双方在八天停战期间达成的和约从形式到内容都留下了许多遗憾，因为它把放下武器的自由派人士遣散回家，含含糊糊地承诺一旦他们重新融入平民生活，"复兴政权"将实行恰当的改革，以便按比例与自由派共同掌权。

和约于 1902 年 10 月 24 日由拉斐尔·乌里维·乌里维将军与弗洛伦蒂诺·曼哈雷斯将军在谢纳加附近的内尔兰迪亚香蕉种植园签署。在一所简陋的房子里，在一张粗糙的木桌上，自由派正式投降了。在庭院一株巴旦树的荫蔽下，交战者把一只半生不熟的家常做法的母鸡摆在香蕉树叶上吃了，以此来庆贺签字仪式，又用加拉巴木果壳杯盛的白兰地和农家烧酒为持久的和平干杯。

一个月后，在巴拿马水域停泊的美国战舰"威斯康星号"上，本哈明·埃雷拉内心老大不高兴却又笑容满面地用漂亮的笔迹签署了第二个条约，这个条约正式结束了"千日战争"。"千日战争"及其名称、变化和趣闻逸事后来成了奥雷良诺·布恩迪亚参加的那些战争的宏伟原型，只是在《百年孤独》中将要结束战争的是内尔兰迪亚条约，因为签署条约时作家的外祖父在场，而且又是由奥雷良诺·布恩迪亚的主要原型拉斐尔·乌里维·乌里维将军签的字。但是这个姓名似乎是取自参战的其他人物：拉蒙·布恩迪亚和奥雷良诺·纳乌丁。前者是本哈明·埃雷拉军中之人，因其在太平山和巴拿马战场上的无畏与威武而成就了一部完整的传奇故事；后者是乌里维·乌里维在大西洋海岸的部队中一名出类拔萃的战士。

有人认为内尔兰迪亚的投降是乌里维·乌里维的一个重大的政治与军事错误。也有人认为那是不可避免的必然的事情，投降也并非那么屈辱。大部分军官的不满从青年上校何塞·马里亚·卡维略的脸上公开表现了出来，他一面砸毁长剑和军功章，撕碎荣誉证书，一面喊道："那么多的牺牲都白费了，这些东西也都是多余的了。今后我要像从前那样过我自己的日子，再也不想知道政治上的事情。"大多数将军和上校学了他的样子，随即便陷入了默默无闻、贫穷和被遗忘的境地。50年以后，加西亚·马尔克斯前往瓜卡马亚尔、塞维利亚、阿拉卡塔卡、丰塞卡、巴兰卡斯、里奥阿查等地时，见到他们之中的许多人仍然是这种状况。他们像作家的外祖父一样依然期待着历届政府履行和平条约，发给他们战争结束时许诺的退伍终身年金。

六年以后，战争创伤开始愈合。马尔克斯与伊瓜兰夫妇制作金质小鱼，酿造烧酒偷偷出售，看起来已经恢复了平静的生活。这时候，不祥的使者梅达多·罗梅罗来了——叫这个名字是因为他是梅达达·罗梅罗与尼古拉斯·帕切科的私生子。他是因为流言飞语而找上门来的。梅达达这位单身母亲很少受凡夫俗子那些体统规矩的约束，人们传说她跟某某男人相好。一天，尼古拉斯·马尔克斯和朋友们在广场聊天，有人提起了这个不知说过多少遍的传闻，尼古拉斯以纠正多于赞同的口气大声说："这会是真的！"此话经过旁人的添枝加叶以后传进梅达达耳朵时，就变成他大声说她跟某个男人相好。梅达达觉得自己的名誉受到伤害，就叫儿子去要求上校给她赔礼道歉，但梅达多不去。尼古拉斯不仅是巴兰卡斯一个受人爱戴和尊敬的人，而且以前打仗时是梅达多的军事长官之一，他俩一起跟梅达多的叔叔弗朗西斯科·哈维尔·罗梅罗及其他几位军官，勇敢地来回穿越了哥伦比亚–委内瑞拉边界与巴耶杜帕尔之间的敌占区，他俩还是巴兰卡斯自由派核心的成员。况且，梅达多对于母亲强烈的感情冲动不无领教：战争开始时，她逼迫两个儿子上战场，结果战争末期在相邻的阡克莱塔村的一次小规模战斗中，路易斯被打死。所以当母亲命令他去要求上校给她赔礼道歉的时候，他一开始就拒绝了。母亲断然说道："你要是不去的话，孩子，我就只好给你穿上裙子，我穿你的裤子。"

　　1908年4月中旬的一天傍晚，尼古拉斯·马尔克斯和朋友们在何塞菲娜·阿维拉家面朝广场的屋顶平台上闲聊的时候，梅达多替母亲把所有恶毒的语言倾泻到上校头上。他不仅挑衅，而且用各种脏话辱骂尼古拉斯，最后为了让大伙儿都听见，梅达多提高嗓门，无意中说出了深深刺痛上校的一句话："此外，你是我们自由党内一个倒霉的累赘。"尼古拉斯不动声色地站起来，瞥了这个冒犯他的年轻人一眼，说："你说完了吧，梅达多？我不是咯咯乱叫的母鸡。不是所有的男人都骂人。"然后，像往常那样不慌不忙地回家去了。

梅达多要继续给母亲报仇，他在公共场所贴纸条，偶尔也口头攻击几句。而尼古拉斯以工匠的才智，默默地仔细地为一场殊死的决斗作着准备。随后的六个月里，他卖了埃尔伊斯特莫那片土地，做完了承接的首饰活计，把作坊交给助手和继承人欧亨尼奥·里奥斯，还清了债务，然后让人告诉梅达多准备好枪支，因为用子弹解决那个名誉问题的时刻快到了。

梅达多身材魁梧、牛高马大，比脸色红润、体格健壮的尼古拉斯小16岁。两三个月以前他和尼古拉萨·达莎结了婚，在临近的帕帕亚尔区安了家。第一次向上校挑战六个月之后的10月19日，巴兰卡斯县进入了皮拉尔圣母节的第八天，即这位县城守护神供奉活动的最后一天。像大多数巴兰卡斯人一样，梅达多这天走出家门，手捧一支点燃的蜡烛去参加敬神游行。因为过去一年里他心想事成，不久前与尼古拉萨完婚即是一例，现在要给圣母还愿。可是刚才妻子以雨下得太大为理由，想留他在家，但梅达多用预言应验后必须还愿这条决定性的说辞摆脱了妻子的阻拦。

决斗发生在通往牧马场的一条胡同里，下午梅达多还去过那里给骡子割了点儿草。这条胡同好多年以前就没有了，但在它的原址，即如今的11街与6号路之间，还有两所乡村样式的老宅院，巴兰卡斯人指认此地便是"尼古拉斯·马尔克斯在皮拉尔圣母节第八日那天杀死梅达多·罗梅罗的死胡同"。那天就是10月19日。下午5点钟，身着白色亚麻布衣服的梅达多一手打伞，一手提着一捆麦草，在绵绵细雨中走进胡同。这样，他硕大的身影成了神奇枪法尽人皆知的上校的一个绝好的靶子，雨衣穿得整整齐齐的上校正在雨中等着他。仿佛不是要杀一个人，而是举行一个仪式，尼古拉斯·马尔克斯看见他提着麦草捆进了胡同，便喊道："梅达多，我的事情交代完了。你带枪了吗？""对，我带着枪。"他只来得及这样简短地回答了上校，就被两颗子弹准确地击中了。住在附近一间屋子的孤老太太格雷戈里娅·坎蒂略听见枪声，走出房门，远远看见如此严重的悲剧，斥责上校说："啊，你杀了他！"上校像往常那样不慌不忙地承认道："是的，荣誉的子弹战胜了权力！"

上校在去县政府自首之前，寻求过挚友、自由派领导人洛伦索·索拉诺道义上的支持，并且回家告诉了妻子这个坏消息。特兰基丽娜·伊瓜兰·科特斯听罢就疯了。两个朋友斜穿过广场，尼古拉斯去向县长托马斯·佩拉埃斯投案自首。当法庭问他是否承认自己造成了梅达多·帕切科·罗梅罗的死亡时，上校承认了，并且以其不言而喻和明白无误的方式说了两句明确的话："我杀死了梅达多·罗梅罗。如果他复活，我还杀。"何塞·阿卡迪奥·布恩迪亚在他出现幻觉的那个夜晚，对普鲁登西奥·阿吉拉尔说了类似的话。

从此，梅达多的幽灵便不让痛苦不堪的上校安宁。正如普鲁登西奥·阿吉拉尔的阴魂必须跟着何塞·阿卡迪奥·布恩迪亚一样，梅达多·帕切科·罗梅罗的阴魂也跟着尼古拉斯·里卡多·马尔克斯·梅希亚，不仅跟到了大山那边的阿拉卡塔卡，而且跟到了将近30年后他逝世的时候。加西亚·马尔克斯本人将为六七岁时听外祖父说的"你不知道一个死人有多苦啊！"这句忏悔性的话而永远痛苦。发生这些事情的不祥和多雨的10月将要在尼古拉斯外孙的小说中继续跟随整整一代上校。例如《没有人给他写信的上校》里那位年老的无可奈何的上校在10月会觉得肚子里像长了毒蘑菇和百合，奥雷良诺·布恩迪亚上校10月的一天下午在栗树下撒尿时死去。

总之，巴兰卡斯市把悲剧作为毫不留情的命运的结果而予以接受。

大家都知道，就尼古拉斯·马尔克斯的本意来说他不想杀那位同志和朋友，他之所以花那么长时间准备决斗，也许因为希望在那六个月的时间里会天助神佑般地出现一个意想不到的人或一件意想不到的事情，阻止他被迫杀死梅达多的惨案发生，就像《一件事先张扬的凶杀案》中杀害圣地亚哥·纳萨尔的凶手们所希望遇到的情况。然而事情如同希腊悲剧所表现的那样继续其严酷的进程，时间则把害人者变成了多年间几乎所有人为其惋惜的真正的受害者。巴兰卡斯像经历自己的社会灾祸一样经历了尼古拉斯·马尔克斯的个人灾祸，甚至死者的部分家人当时也站在杀人犯一边。死者的一个舅舅佩佩·门多萨是巴兰卡斯惟一的警察，他在监牢门口睡了几个晚上以防别的亲属来为死者报仇。梅达多的另一个舅舅弗朗西斯科·哈维尔·罗梅罗将军把特兰基丽娜·伊瓜兰·科特斯及三个孩子胡安·德迪奥斯、马加里塔和刚满三岁的路易莎·圣地亚加接到自己家保护了好几天。

囚犯在巴兰卡斯监狱只关了几天，因为那些要给死者报仇的人千方百计非要杀掉上校不可。多亏里奥阿查市长胡安·马努埃尔·伊瓜兰（特兰基丽娜的表兄和从前战争时期上校的对手）的干预，尼古拉斯被转移到这座城市。但是复仇者们仍然坚持要杀他，于是又转移到圣玛尔塔，在这个城市而不是在监狱住了一年。几个月以后，妻儿亲友都来了。与《百年孤独》中何塞·阿卡迪奥·布恩迪亚及其手下人翻山越岭出门远行不同的是，他们是坐一条小帆船从海路来的。

服刑期满后，上校与家人离开圣玛尔塔，去临近的谢纳加城住了将近一年，这主要因为上校的情妇伊萨贝丽塔·路易丝在那里。上校1885年在巴拿马结识了路易丝，第二年他们有了女儿玛丽娅·格雷戈里亚·路易丝。尼古拉斯·马尔克斯被任命为驻当时的阿拉卡塔卡专区的省级税务官，可他没有立即偕家眷去赴任，因为那地方很不卫生。只是在香蕉扩大种植和美国联合果品公司及其海怪般的周边设施在那里建立起来的时候，他才于哈雷彗星出现两个月之后的 1910 年 8 月底，下决心永远定居在"这块谁也没有许诺给他们的土地"上。

与此同时，害得儿子丧命和马尔克斯与伊瓜兰夫妇一家迁徙的梅达达·罗梅罗陷入了众叛亲离和道德上遭排斥的境地，22 年后死于水肿病。而年轻寡妇尼古拉萨·达莎连同丈夫的遗骸及腹中的女儿搬到了临近的丰塞卡县，女儿就是后来的利桑德罗·帕切科的母亲。利桑德罗·帕切科这个梅达多·帕切科·罗梅罗的外孙，45 年后陪伴加西亚·马尔克斯造访凶杀地区，让他了解 1908 年 10 月 19 日的那个下雨的黄昏，加西亚·马尔克斯的外祖父在什么地方，怎样用两发子弹夺去了利桑德罗·帕切科外祖父的性命。

第二章

马尔克斯和伊瓜兰夫妇举家迁往香蕉产区并非率性而为，而是精心选择的结果。上校至少有三条充足的理由最终定居于阿拉卡塔卡：战争后期他就知道那里社会安定，土地肥沃；有何塞·罗萨里奥·杜兰这样的朋友和老战友；当时那里是主要的香蕉产区之一。1910 年 8 月底，他携家眷、仆人和许多箱子，乘坐后来被外孙写进小说而扬名四海的黄色火车到了这个污浊却即将繁荣起来的城镇，从而结束了 22 个月的漫长迁徙。这一迁徙使他们离开巴兰卡斯而颠沛流离，在前途未卜的漂泊中走过了里奥阿查、圣玛尔塔、谢纳加。

　　随同马尔克斯和伊瓜兰夫妇抵达的除了三个婚生子女胡安·德迪奥斯、马加里塔和刚满五岁的路易莎·圣地亚加外，还有上校亲爱的妹妹韦内弗里达·马尔克斯和他喜爱的表妹弗朗西斯卡·西莫多塞阿·梅西亚，后者后来成了对加夫列尔·加西亚·马尔克斯一生影响最大的女性之一。仆人是上校用 300 比索在瓜希拉省买的三个印第安人阿利留、阿波利纳尔和梅梅，他们就是《枯枝败叶》中那几个沉默不语、无名无姓的长工的原型。

　　然而，正当迁徙结束于玻利瓦尔广场附近那座刚刚买下的宁静而宽敞的宅第的时候，悲剧却并没有结束，反而在家里继续肆虐：恰巧四个月后，长女马加里塔死于伤寒引起的高热。这位生在里奥阿查长在巴兰卡斯的 21 岁的姑娘皮肤白皙，头发金黄。她那两根辫子衬托下的白净面庞后来甚为家人称道，并且启发外甥塑造了丽贝卡·布恩迪亚这个人物。马加里塔平时很受父母宠爱，更是父亲的掌上明珠。临死前不久，她从床上欠起身，看着父亲，在高烧昏迷中惟一清醒的一刻说道："你家的明珠黯淡无光了。"

这样说来，马尔克斯和伊瓜兰一家迁徙的开始和结束都是以悲剧为标志的。女儿之死使全家立下了不庆祝 12 月 31 日的节日的规矩，因为全家人觉得自己的眼睛也黯淡无光了，而偏偏这时候在获得新生的沸腾的阿拉卡塔卡有那么多该看该贺的事物：火车刚刚开通，香蕉扩大种植，村镇呈现各国人杂居状态，商业繁荣，建造了第一座教堂，安装了电话。但是，或许由于有了这些事物，此时谁也记不得村镇最初的缔造者奇米拉部落彪悍而不屈的印第安人了，他们连同自己最初所建的阿拉卡塔卡村一起在这一地区灭绝了。

奇米拉人同与其有亲戚关系的阿劳加人一样，从古代起就被加勒比人征服了，后者强迫他们接受自己的一部分文化，并将他们驱遣到南美洲北部。奇米拉人占据了马格达莱纳省北部自北向南位于大海与阿里瓜尼河及塞萨尔河之间那片辽阔肥沃的谷地，以及自东向西至圣玛尔塔雪山的西南坡和马格达莱纳河。1528 年西班牙征服者佩德罗·德莱马发现了他们的领地。八年以后，贡萨洛·希门内斯·德克萨达前往哥伦比亚安第斯山区寻找"黄金国"的时候经过了他们的领地。16 世纪末在著名领袖索利酋长的指挥下，奇米拉人成功地抵抗了第一批企图降服他们的西班牙人。从此，征服者与殖民者小心翼翼地避免进入奇米拉人广阔的疆域，因为他们是西班牙人所碰到的最骁勇善战和不屈不挠的土著部族之一。这样他们的降服就推迟了 200 多年，18 世纪中期他们还处于殖民化之外。

利益促使殖民者迫不及待地征服奇米拉人的时刻终于到了。1744 年，总督埃斯拉瓦把这个任务交给何塞·费尔南多·德米尔·伊盖拉上尉，上尉在血与火之中完成了任务。主要目的是修筑一条穿越奇米拉人聚居区的公路，把马格达莱纳省的特内里菲港口，与畜牧业正在发展的和磨坊铁匠炉星罗棋布的肥沃而繁荣的乌帕尔盆地连接起来。德米尔·伊盖拉以凶狠的面目对待凶狠的奇米拉人，无论在哪里从他们手中夺得哪怕是巴掌大一块地方，他也要建立一个村庄。交战双方伤亡十分惨重，但在五年以后，殖民者开始制服对手，建立了足够的村庄以便把奇米拉人控制在几块微不足道的田地里。

斩尽杀绝的使命由伊盖拉的后继者们圆满完成。1768 年在最后也是最具摧毁性的一次追剿中，何塞·华金·德苏尼加率部横扫塞维利亚、瓜卡马亚尔、奥里乌埃卡、阿拉卡塔卡等地，奇米拉人被彻底打败，几乎灭绝。剩下的少数人躲到阿杜里亚梅纳河、丰达西翁河、阿里瓜尼河的上游。时过境迁，后来局势平静了，奇米拉人一个部落沿着阿杜里亚梅纳河来到下游的谷地，于 18 世纪不知哪一年在河湾南边建了一个村庄，里面没有街道和广场，全都是用木头、藤条和棕榈叶搭起来的茅庵草舍。他们给这个村取名"卡塔卡"，这个词本来是对酋长的一种称呼，也是酋长的部落本身的名称。卡塔卡村的人还用村名给阿杜里亚梅纳河重新命了名，结果这个村庄便称做"阿拉卡塔卡"。这是由意即"河流"的奇米拉语名词"阿拉"与酋长和部落的称呼"卡塔卡"复合而成的地名。

卡塔卡人在自己的村庄比较平静地生活了将近一个世纪。他们种植丝兰、山药、木薯、疣瓜、玉米和棉花；摇着独木舟沿着卡塔卡河直达大谢纳加镇,从清澈见底的水里捕捞各种各样的鱼;在动物很多的雪山打猎;制作精致的手工艺品跟别的印第安人及移民以物易物,这对他们来说比较方便,因为卡塔卡村位于通往北边、南边和东边的道路的必经之地,在幅员辽阔的圣玛尔塔省四处奔走的商贾小贩常到这里来。卡塔卡人步行几个星期走到马格达莱纳河东岸的那些村镇,或者翻越雪山走到瓜希拉省那些遥远的村落,用自己的农副产品和手工艺品交换盐、金属以及他们缺少的其他东西。正是在贸易途中,他们文化中可怕的阴暗的一面渗透了他们的身体。这种可怕的东西来自瓶装酒的形式,那酒便是偷着卖的农家酿造的酒精含量极高的大名鼎鼎的烧酒。奇米拉人拿东西换了烧酒,无节制地喝,要不了几年就中毒而死。接下来事情就好办了:奇米拉人田地的肥沃早就从他们用于交换的丰富的农副产品上显露出来了,一直倾心于那些肥田沃土的外来移民这下便抢走了最好的土地。村里的外来户逐渐向酒精中毒的卡塔卡人推广自己的服装式样和文化习俗。这样一来,到 18 世纪末期,勇敢的传奇式的索利酋长的后裔便寥寥无几了。

然而,印第安人、印欧混血人和白人杂居的阿拉卡塔卡大致上仍旧是善良宽厚的印第安人的村庄,村里的道义性大于真理性的权力由奇米拉酋长或卡塔卡人行使,直到 1888 年的一天区长来了为止。正如马孔多镇发生的一样,区长突然莅临,在懵懵懂懂的印第安人面前夺去了村庄的民事与军事权力,说他代表圣玛尔塔的保守派中央政府(当时哥伦比亚的中央集权体系已经巩固)。其实这对奇米拉人、印欧混血人和移民无关紧要,因为这一带多年的贫穷经连绵不断的内战持续地长期地加剧以后,最终已经严重威胁到了马格达莱纳省所有的人。贫穷达到了极限,而且似乎没有尽头。就阿拉卡塔卡来说,小说家豪尔赫·伊萨克斯六七年前走遍这一地区勘探煤矿时,就惊异地看到了它的贫困。

《玛丽娅》的著名作者 1881 年被拉斐尔·努涅斯总统任命为一个研究哥伦比亚自然财富的科学使团的秘书。这位十分缺钱的小说家立即前往由如今的马格达莱纳省、塞萨尔省和瓜希拉省组成的当时的马格达莱纳大区进行勘察。伊萨克斯精确研究了瓜希拉和阿拉卡塔卡几处的矿藏，向政府提出了有关的勘探计划。据说伊萨克斯以布恩迪亚精神而不是企业精神，将他那部流传很广的小说的一部分版税投入了位于阿拉卡塔卡腹地雪山支脉的煤矿的开发中，还投入了河流疏浚费用的测算中——当时设想把河流作为通往大谢纳加镇的运输工具来利用。两年以后国家崩溃的时候，米格尔·安东尼奥·卡罗的保守派政府才授权他开采阿拉卡塔卡的煤层。小说家在 1893 年当年开工，可是没过几个月就拖着重病之躯被迫返回伊巴格市，两年后在当地逝世，矿山从此由他儿子利西马科掌管。后来，利西马科将企业转让给泛美投资公司，泛美投资公司最后因合同无法履行而放弃了矿山。

《玛丽娅》作者的企业家美梦就这样夭折在阿拉卡塔卡腹地的山脉中了。据说谁也不敢为了这一美好愿望的实现而在这里继续做这个美梦，于是，后来它果真"百年孤独"了。因而人们不能不认为豪尔赫·伊萨克斯肯定会成为一个伟大的或许是十分杰出的布恩迪亚，因为他的用英国资金与技术开发巴兰卡斯的埃尔塞雷洪煤矿的第一计划也是在 80 年代初失败的。这一计划同样是在被遗弃 100 年以后才变成了哥伦比亚最重大的煤矿开采的现实。

伊萨克斯离开加西亚·马尔克斯故乡的时候，奇米拉人受到腐蚀的历史支柱事实上已经折断了，这不仅是由于移民、瘟疫和酗酒所导致的几乎彻底的种族灭绝，还由于在河流南岸即起初的卡塔卡村对面，建立了一个白人、印欧混血人和其他印第安人这三个种族杂居的新村庄。新村奠定它决定性的地位是在 1885 年的战争期间，当时一队从圣玛尔塔出发的士兵途经奇米拉人肥沃宁静的土地时开了小差，在河北岸那个刚具雏形的村落乱七八糟地搭起了一片棕榈叶屋顶的茅庵草舍。过了一些时候，原先住在南边奇米拉人村庄的移民和混血人搬到这个新村来了。这样，卡塔卡的重建就完成了，村名就简简单单地叫"阿拉卡塔卡"，而不叫"至尊至圣三位一体的阿拉卡塔卡"这个官名——1834 年卡塔卡人的村庄划归当时的谢纳加区管辖时得到的名称。

19 世纪末，尚未死于天花或者酒精的少数奇米拉人这时开始散落在南部那些道路上，开始沿着乌帕尔谷地那些没有尽头的道路去冒险，抑或开始移居到阿里瓜尼河与阿杜里亚梅纳（阿拉卡塔卡）河上游的地方。100 年以前他们的先辈从这里来到下游创建了一个村庄，如今这个村庄几乎记不得他们了。不久以后当这个村庄环绕着香蕉带来的金钱翩翩起舞的时候，则将他们从记忆中彻底抹去了。

确实如此，到了马尔克斯和伊瓜兰一家于彗星出现那年在"无人许诺给他们的土地"上定居的时候，奇米拉人漫长的动人的历史不仅已是陈年旧事，而且被人忘得一干二净，在全盘否定先前的阿拉卡塔卡的基础上建立了新的阿拉卡塔卡。自从 1905 年联合果品公司在此建厂和火车开通以来，加勒比山区各地的人、内陆地区的哥伦比亚人（被蔑称为"花花公子"）、委内瑞拉人、西班牙人、法国人、意大利人、土耳其人、叙利亚人、巴勒斯坦人以及各式各样的妓女潮水般涌向这里。在香蕉繁荣带来的他人的轻松消遣中，阿拉卡塔卡突然变成了一座巴别城①，时间将会渐渐揭开这种景象掩盖着的本质：这是一场延时发生的

---

① 《圣经》故事中，巴别城系古代东方文化地区，希伯来文原意为"变乱"。据载，洪水过后，人们曾在这里建筑通天的巴别塔，上帝怒而变乱天下人的口音，使人们彼此语言不通，因而得名。

悲剧，而不是进步激动人心的降临。

　　与马孔多镇的情形一样，火车带来了一切：香蕉与"枯枝败叶"（外乡人），进步与颓废。虽然联合果品公司直到20年代初才在香蕉产区占据了主导地位，哥伦比亚的加勒比山区却在20多年前就开始种植香蕉了。自从圣玛尔塔人何塞·马努埃尔·贡萨莱斯·贝尔穆德斯1887年出于商业目的引进种植，直到联合果品公司1921年完全吞并其他几家哥伦比亚公司以及外国公司，这其间香蕉种植就像雨后春笋一般扩展到谢纳加市、普韦布洛比埃霍市和阿拉卡塔卡市广阔的区域。总共112 009公顷土地，46 000公顷属于香蕉产区，其中大约20 000公顷用于种植香蕉。

　　大香蕉和小香蕉于16世纪从西班牙引入美洲，100年之后的圣玛尔塔地区不同品种的香蕉已很普遍，外来移民和本地人得以大快朵颐。整个19世纪期间，香蕉巩固了自己与可可、烟草、咖啡、棉花、甘蔗并驾齐驱的声誉。圣玛尔塔和谢纳加之间的铁路1887年通车以来，香蕉其实是在铁轨上种植的，因为通到丰达西翁县的火车成了香蕉产业发展的支柱，随后又成了联合果品公司进行大规模生产的支柱。

　　这个将要彻底改变阿拉卡塔卡和马孔多历史的公司19世纪末成立于波士顿，其目标就是吃掉资金困难的另外几家公司。自从它的巨人之腿于1901年矗立在马格达莱纳省以后，很快便如愿以偿。1906年火车在阿拉卡塔卡及丰达西翁开通，对这两个市镇近郊土地的独占，以及先进的生产手段的使用逐步巩固了美国公司的垄断，削弱了哥伦比亚和外国企业的实力。1915年前后，联合果品公司已经拥有6050公顷的种植面积，而土生白人企业为5850公顷，法国的哥伦比亚房地产与农业公司是2485公顷。后者早在1908年就把香蕉种植扩展到阿拉卡塔卡，从而吸引了一大部分来自安第斯山区的"枯枝败叶"。美国公司贿赂、收买或者干脆整垮那些不接受他们的游戏规则的人。当然，并非所有的人都接受这些规则。本哈明·埃雷拉老将军就是敢于向圣玛尔塔法院控告炙手可热的美国垄断企业欺压其他香蕉公司的土生白人企业家之一。为了彻底中断与将军打这场官司，联合果品公司指派一名经理去窃取法院的案卷。结果经理被收监，而公司继续欺行霸市，五年后到底吞并了法国的哥伦比亚房地产与农业公司，成了香蕉行业的龙头老大。它的经济基础非常稳固，占有这一带可耕地与不可耕地的69%。联合果品公司仰仗这种非法的既成事实，从此便像哥伦比亚的国中之国一样进行活动。

雄厚的经济实力使公司能够依据拉斐尔·雷耶斯将军执政时期（1904－1909）制定的劳动法，在当地进行各种政治、商业、劳务活动。公司强制推行十分苛刻的质量标准，由它决定以什么价格收购其他生产者的香蕉，向谁提供灌溉用水和提供多少，以及给谁和按什么比例发放贷款。这迫使土生白人厂家联合组成了全国果品公司，可他们的戏演成了悲剧：纽约港海关开始扣押全国果品公司的货物，再把货物交给美国联合果品公司。

哥伦比亚企业成为牺牲品有多么容易，评判联合果品公司对工人的剥削就有多么困难。首先，几千名工人没有合法地位，因为公司不跟工人而是跟帮会头目及工头打交道，由这些人负责雇用工人。这样美国公司不管理播种工、砍蕉工、搬运工、码头工，而只管理大约250名大包工头、小包工头和领班，这种状况使得庞大的香蕉怪兽能够以各种方式欺压几千名工人。更糟糕的是大部分工人不识字，或者文化程度极低，毫无政治觉悟。既然工人没有合法地位，联合果品公司也就没有义务为他们支付人寿保险和工伤事故保险的费用，提供医疗服务以及付给周日与节日的报酬，更不会承认他们的罢工权利。相反，公司通过帮会头目强行以代金券支付工人每15天发一次的工资，这种代金券只能购买公司在其辖区内出卖的商品。

　　低工资、不坚固不卫生的住处和几乎等于没有的医疗服务，最终破坏了赤贫的工人与联合果品公司之间勉强维持的名存实亡的劳资关系。然而更重要的是最终唤醒了工人，把他们推向一场悲惨地结束于1928年12月6日的罢工。这一惨案是对加西亚·马尔克斯的人生与作品影响最大的一桩历史罪孽。

　　与此同时，阿拉卡塔卡和谢纳加及普韦布洛比埃霍一样，成了一个沸腾的巴别城，一座将整个世界一块一块地逐渐冶炼的种族与文化之炉。"花花公子"、大西洋省和玻利瓦尔城的海边人、安第斯山人、委内瑞拉人、阿拉伯人和欧洲人组成的绵延不断的移民潮流，经第一次世界大战的结束壮大以后，一直持续到20年代中期。人们都是被关于香蕉的"黄金国"的传说吸引来的。1908年前后，阿拉卡塔卡大约有250户和1200人，5年间扩大到约600户和3000人，这个数字在下一个10年又增加了3倍。一边是专属领地内的美国人，一边是燥热的尘土飞扬的阿拉卡塔卡镇的上流阶层、步行的土著人和外来的百姓"枯枝败叶"。

　　几乎所有的住宅都是麦秸屋顶的草房，当地上流阶层才住白铁皮屋顶的木房。联合果品公司几千名工人的栖身场所更为简陋，他们挤住在畜栏般的龌龊不堪的地方，房子没墙，仅有水泥杆子支撑的棕榈树叶屋顶，这样夜晚的飞虫尽可吮吸精疲力竭的工人的血。相反，公司领导和高级职员的寓所则是想像得出的供享受的设施一应俱全。在铁路和阿拉卡塔卡凄惨现实的另一边，便是《百年孤独》中蔑称为"电气化鸡窝"的美国佬的住宅。这座名曰"草坪"的建筑物耸立在郁郁葱葱的绿地之中，有阻挡蚊虫的法国粗麻布窗帘，有隔热的特制屋顶，有网球场，有荡漾着绿松石般湛蓝清波的游泳池。在阿拉卡塔卡人眼里，这个围墙环绕的总是由持枪黑人和看家狗保护的严严实实的地方是个不可企及的梦幻般的天堂。

在阿拉卡塔卡这座多民族熔炉中只有美国人不用捺着性子跟土著民族和几千名外乡人打交道，而仅与当地所谓上流社会保持适当的接触。上流社会由外国人、公司高级职员及参加过刚刚结束的战争的老将军老上校组成。后一种人以显赫的道义与政治威望构成了阿拉卡塔卡的精英集团，成了村镇的头面人物。像本哈明·埃雷拉将军、弗朗西斯科·特罗科尼斯将军、帕夫洛·埃米利奥·莫拉莱斯将军、何塞·罗萨里奥·杜兰将军以及尼古拉斯·马尔克斯上校、多明戈·比斯凯诺上校、赫苏斯·阿吉雷上校这些人物，是道义上的伟大典范，并且在当地历史上立下传奇式的丰碑，成为加西亚·马尔克斯主要的文学酵母之一。

埃雷拉将军是20世纪20年代阿拉卡塔卡镇最杰出的人物，也是哥伦比亚的精英之一。还在战争年代的时候他就关注阿拉卡塔卡的田野，1912年结束在特立尼达的流亡生活，回国定居在他的拉科隆比亚香蕉种植园，以期同横行霸道的联合果品公司抗争。黄昏时分他时常去镇上转一转，在马尔克斯上校的办公室或者田间地头和老战友聚在一起，回忆战争中的坎坷与曲折——马尔克斯上校讲给他疼爱的外孙的正是这些故事。

拉斐尔·乌里维·乌里维将军是奥雷良诺·布恩迪亚上校的伟大原型，这没有疑义；而本哈明·埃雷拉将军的特征对加西亚·马尔克斯的人物塑造也有帮助，这同样也是真的。埃雷拉接受"千日战争"军事失败结局时的不可收拾的尊严与虚构的奥雷良诺·布恩迪亚上校所表现出的一样。还有，同奥雷良诺一样，埃雷拉将军从未停止揭露自由派－保守派寡头政治的不公正和对社会进步的阻碍，他认为哥伦比亚应该摒弃这种政治溃疡，其最新的丑行表现为在拉斐尔·雷耶斯将军执政期间给予美国香蕉企业无所不包的权力。

何塞·罗萨里奥·杜兰是步入繁荣的阿拉卡塔卡镇的又一位大人物。这位铁了心的自由派与尼古拉斯·马尔克斯一起领导阿拉卡塔卡的自由派运动达半个世纪。两人都好打抱不平，甚至力图在1928年香蕉工人的罢工中进行斡旋。他俩一直是朋友，加西亚·马尔克斯的外祖父落脚此镇，杜兰帮忙最多。他给予各种支持，直到马尔克斯上校得以定居这里当银匠和省级税务官，后来改任镇政府出纳为止。

其他打过仗的老兵也在阿拉卡塔卡找到了栖身之所，务农或者当工匠，几乎全都同时在镇上担任行政职务，尽管战争留下了痕迹并且有的是自由派有的是保守派，他们却亲密无间，都是优秀的居民，尤其是在等待中亲如兄弟。他们后半生一星期一星期地徒劳地等待着战争结束时政府许诺给他们退伍年金，全都成了"没有人给他们写信的上校们"，大多数在寂寞难耐的孤独与贫困中死去——可以想像的加西亚·马尔克斯笔下的人物的结局。所以，在他们成为他笔下的人物老早以前，作家先是在童年而后在50年代初游历这一地区的时候，早就做了这场悲剧的惊异的目击者。在那次游历中，作家看到他的故乡变为"一个尘土飞扬的寂静的处处是死人的村庄"，"年迈的上校们正在后院最后一株香蕉树下死去"。

当地上流社会最显著的一点无疑是衣着。男子身穿灯笼裤、领子和袖口浆过的衬衫、坎肩，系着领带，头戴宽檐毡帽，脚穿带防尘层的皮鞋。女人穿连衣裙和高跟皮鞋，打着阳伞，再讲究一点儿的戴宽檐帽。裹着这些与热带气候不相适宜的服装的人们周末常开晚会，在晚会上他们伴着歌谣跳环舞、对舞、华尔兹和帕西略，或者朗诵时兴的文学作品的片断。

马尔克斯与伊瓜兰一家所处的阿拉卡塔卡上流阶层的经济、社会和文化氛围，后来被加西亚·马尔克斯几乎原原本本地搬进了小说，尤其是《百年孤独》中。小说里整个马孔多社会必须模仿的布恩迪亚一家，便是马尔克斯一家的对应。

和马孔多一样，阿拉卡塔卡上流阶层的另一边是本地与外来的平民百姓。在《枯枝败叶》的前言里，加西亚·马尔克斯激情满怀地精确描述了那一大堆正在发酵的东西是："由其他地方的人类渣滓和物质垃圾组成的杂乱的、喧嚣的'枯枝败叶'，是那场愈来愈遥远、愈来愈令人难以置信的内战的遗物。"这些"枯枝败叶""臭气熏天，既有皮肤分泌出的汗臭，又有悄悄死去的人的邪味儿"。并且"在不到一年的时间里，香蕉公司就把多次浩劫以后余下的瓦砾统统抛到镇上"。

他所涉及的年份正如一篇序言所讲的是 1909 年，即马尔克斯和伊瓜兰一家来此的前一年。从这年起，阿拉卡塔卡的世界主义及其以风俗的聚集与风气的颓废最为明显的所有的后果开始巩固。火车继续将秉性和国籍多种多样的人们越来越多地抛向这里，他们带着妻子和情妇、羊、猪、骡、鸡、箱子、轻便床、小口大肚瓶和炒菜锅，有人甚至带着祖先的骨殖。就连吉卜赛人那一年也出现在这里，支起帐篷出售商品，其中既奇异又为人们所需的东西，就是他们在圣玛尔塔港联合果品公司的船上买来的冰块。手风琴这种祖籍欧洲、19 世纪末传入哥伦比亚的乐器，也出现在塔德罗兄弟百货商店，因为它神奇的演奏家弗朗西斯科·莫斯科特（人称好汉弗朗西斯科）据说就是在阿拉卡塔卡结束了他在这一带的流浪奔波。

很快，舞厅、妓院、赌场这些用声色娱乐宣泄人们在香蕉种植园疲累身躯的游戏场所出现了。上流社会的正派人家惊讶地看着另一个村庄如何在自己的村庄内逐步形成，"枯枝败叶"们讲多种语言的放荡的社会如何吞噬着阿拉卡塔卡保守的胆怯的社会，却又对阻止许多人围绕着香蕉金钱的这种纸醉金迷的生活束手无策。女人们跳昆比亚舞①时点的蜡烛这时都是好色之徒们用一比索和五比索的钞票裹着点燃的。妓女们穿着很少的衣服在妓院的走廊来来往往，或者跟依次轮到的嫖客共骑一匹马奔跑；姘居与通奸现象四处蔓延；淫乱活动扩展到了水渠和收过庄稼的田野；许许多多的小醉鬼们争夺人行道以便在那里睡觉。台球房里充满着骗局和圈套，斗鸡场的叫骂与阿拉卡塔卡街道上的争吵遥相呼应。

社会进步中的这些丑事令当地居民痛心疾首，仅仅五年，他们原先那个可可园和甘蔗园及其榨糖房占主导地位的小农经济的平静村庄，就成了狂热模仿索多玛②和蛾摩拉③的城镇。

自此便有传言说，香蕉种植区罪孽蔓延，挥霍无度，因为金钱多得花不了，例如舞场上不光蜡烛连同五比索的纸币一起燃烧，而且"因为钱多，兜里的银币撒落在地谁也不屑弯腰去捡"。其实财富的积累并没有精神贫穷的程度那么厉害。除了公司职员薪金丰厚以外，一个短工每天仅挣半个比索，少得可怜。但是在那个一掷千金的地方，几千份微薄工资加在一起就促成了海市蜃楼般的富裕。失去理智的劳苦大众的这种挥霍由于没有文化及缺乏团结精神与工会意识等因素而变本加厉。联合果品公司就需要这样的民众。

为了净化和控制布都④与巫术亦开始扩散的这又一个索多玛，阿拉卡塔卡上流社会的一些人想出一个好主意：请求圣玛尔塔教区派一个常

---

① 哥伦比亚一种民间舞蹈。
② 《圣经》故事。索多玛系约旦河谷地的古城，由于居民作恶、淫乱，被神毁灭。
③ 《圣经》故事。蛾摩拉为迦南平原诸城之一，因居民罪恶深重，上帝降天火毁灭之。
④ 多种宗教信仰及宗教活动的总称，包括拜物教、蟒蛇崇拜、祭献牺牲仪式等。名称"布都"在西非土著语中意即精灵。

驻神甫来。教区派来了里奥阿查人佩德罗·埃斯佩霍，这就是阿拉卡塔卡镇的第一位教区神甫。他怀着同播撒上帝的种子于马孔多镇的尼卡诺尔·雷依纳神甫一样的热情与勤奋精神，展开活动，以期唤醒人们的宗教情感，并且反复向他们宣扬符合道德规范的生活习惯。他组织教民集会，成立推动教堂建设的委员会——建设教堂后来持续了 20 多年。然而，为埃斯佩霍赢得阿拉卡塔卡圣徒名声的不是他的牧师工作，而主要是空中悬浮的绝技。真的，有一天的弥撒过程中正在念祷告词时，神甫身体离地几厘米悬空。《百年孤独》里的尼卡诺尔·雷依纳神甫端着杯子喝巧克力饮料时重复了这一绝技。空中悬浮仅仅是作为主要情节在一部分加西亚·马尔克斯作品中出现的许多趣闻逸事之一。因为埃斯佩霍在不信教者的土地上最初的传教活动，他与作家外祖父母的深厚友谊，他后来成为圣玛尔塔市的副主教，他在促使马尔克斯与伊瓜兰夫妇同意女儿嫁给阿拉卡塔卡那个报务员这件事上决定性的干预，所有这些确定了他在加西亚·马尔克斯的虚构的故事中时而作为普普通通的神甫时而作为那位说是要来却永远没来的大主教出现。

埃斯佩霍神甫匡救心灵和道德的工作很快就被暴力源头抵消了，这源头便是临近的布埃诺斯埃雷斯悔罪区，它建立于拉斐尔·雷耶斯执政时期，为的是关押全国最危险的罪犯，其实这等于把自由奉送给他们。犯人从戒备松懈的监牢逃出来，结帮成伙去抢劫和杀害无辜的沿海人。这加深了沿海人与内地人之间由来已久的敌意，以致因一个安蒂奥基亚人杀害一个本地人而在全镇掀起了一场失控的复仇运动，阿拉卡塔卡在两年里实际上确立了捕杀内地人的制度。这一不幸事件从 20 世纪 20 年代初起以"阿拉卡塔卡之夜"的名称为人所知。

严重的暴力犯罪、社会道德的沦丧，以及谢纳加市首府对阿拉卡塔卡的不闻不问，使人们产生了改区为市的想法，以期结束危险的长夜——实际上比人们认为的要悲惨得多漫长得多的长夜。这个主意起初由镇上第一家报纸《周日报》的社长兼主编何塞·安东尼奥·伊瓜兰（加西亚·马尔克斯外祖母的兄弟）在这家报纸上提出。经过三年的联系、沉默、请求、惊吓，1915 年 4 月阿拉卡塔卡被宣布为市级建制，所辖区域的界线在图古林卡河与丰达西翁河之间，以及雪山西山嘴和大谢纳加镇。首任市长为托马斯·诺盖拉区长。

批准建市以前，被中央政府抛弃并且虽经埃斯佩霍神甫多方努力却还是脱离上帝之手的阿拉卡塔卡的局势一片混乱。每逢周末的打架斗殴，在台球房、斗鸡场、舞厅和酒馆愈演愈烈，潘多拉①式的妓院毫无廉耻地敞开门窗，于是窑子里的情景全镇尽人皆知，撩拨得几户当地人的良家少女为了几个钱就献身于引诱她们的工头或外乡人。结果，性病变得跟结核病与疟疾一样普遍。胡作非为和腐化堕落如此严重，以至于控制了阿拉卡塔卡，以致善良的人们开始宣扬或许甚至开始希望神灵的某种惩罚将要降临到这个城镇头上。似乎他们的请求很快被听取了，1914 年 5 月出现了一种糟糕透顶的灾祸——蝗灾。

大家惊慌失措。这不仅是由于阿拉卡塔卡七年前曾经毁于蝗灾，因而十分熟悉大自然这种纵酒狂欢的情景，还由于这次在蝗虫飞临之前传来一些关于其他地区惨遭劫难的消息。本哈明·埃雷拉将军像在从前的战争时期一样，穿上靴子，率领全镇人在田野上展开了一场抗击大自然的持久战。人们挥舞砍刀和扫帚扑打一群群的蝗虫，再加上火攻，终于奇迹般地轰跑了蝗虫。然而从此以后，人们内心都认为阿拉卡塔卡（一如马孔多）是一个命中注定要遭受《圣经》所记载的那种浩劫的

---

① 希腊神话。潘多拉是地上的第一个女人，她貌美而性诈，擅自打开宙斯让她带给丈夫的一只盒子，于是里面装的疾病、疯狂、罪恶、嫉妒等祸患一齐飞出，从此人间充满各种灾祸。

村镇。

翌年 2 月举办的首届狂欢节是灾祸传言中的一次喘息，也是对香蕉产业支撑的挥霍的一种神化。全省所有村镇的人都来了。再次光临的吉卜赛人到的比谁都早，他们丁丁当当地带来了铜盆、铜壶、铜锅和当时已经成为商品的冰。来的还有许多民间乐队、耍蛇人和各种赶会的商贩，商贩当然要出售迷惑不顺从的女人的"马古阿鸟粉"，止血的"野鹿眼"，避妖术的"四瓣切干柠檬"，掷骰子时能带来好运气的"圣波洛尼亚大牙"，可保五谷丰登的"干狐狸颌骨"，能帮助在打架和角力中获胜的"十字架上的婴孩"，夜晚走路时可使人免受炼狱中赎罪的幽魂纠缠的"蝙蝠血"。四天里阿拉卡塔卡变成了群众节日活动的场所，没有人被排斥在外，因为大家都可以戴面具抑或化装以后参加。这里还变成了一个阿拉伯式的露天市场，出卖一切可以出卖的想像得出的东西。第一届狂欢节无疑是阿拉卡塔卡见过的家中的魔幻现实主义第一次也是最盛大的喜庆的演练。从此，狂欢节的神奇故事开始流传，说这节庆是沿海地区民间艺术、昆比安巴舞场上钞票的挥霍、永不枯竭的财富和无止境的繁荣的重要组成部分，以致 1915 年被看做是当地历史上上帝显圣的一年，就连加西亚·马尔克斯自己也将它作为马孔多最"繁荣"的一年写进了《枯枝败叶》。

1915 年无疑是这个村镇历史上重要的一年。但是只有到了大约 1924 年阿拉卡塔卡才达到它那令人兴高采烈却又包藏毒素的发展的顶峰。1918 至 1924 年，第一次世界大战的结束带来了镇上的大部分欧洲及阿拉伯移民，得以巩固了该镇新的名声显赫的家族，像萨阿德、纳德哈尔、阿图木、萨瓦蒂诺、法杜尔、德科拉、德尔·维奇奥、巴罗内塞、迪·多梅尼科、弗尔古松、达孔特、巴尔莱塔、亚涅斯等等，他们中的大多数被认为是现代阿拉卡塔卡的伟大的施主恩人。例如意大利人安东尼奥·达孔特不仅第一个引进了无声电影，还第一个引进了留声机、首批收音机、台球房和供出租的自行车。阿拉伯人和犹太人在商业上占据了统治地位，卡塔基塔街区、十字路口区段和土耳其人大街人流如潮，繁荣兴旺。此情此景不会使人想到这个镇的衰败为期不远了。

最后的繁荣的标志就是新的富翁阶层，即俗称"哈依－拉依"[①]（源于英语 high life，阔绰生活）阶层的奢靡。这一阶层的成员有商人、走私分子、骗子、炒股票者和放高利贷者，都是些受惠于香蕉产业开发而发财的人。像奥雷良诺第二[②]及其一伙朋友一样，他们一掷千金，举办堂会，从巴兰基亚市专门请来乐队。家中有新奇的蜘蛛形玻璃吊灯、谁也不会弹的豪华大钢琴、维也纳制作的家具、银餐具、在阴凉处气温都有 30 度的一个村镇里使用的丝绒地毯、走私进来的高级留声机。通常叫做电唱机或正音机的留声机意味着阿拉卡塔卡社会风气的一场真正的革命，因为它在香蕉领地的巴别城把一伙伙不三不四的人从电影院、舞厅和妓院拉了出来，并且普及了各种音乐的传播。

在这奇迹般的 10 年里，阿拉卡塔卡也见识了电灯，有了第一个管弦乐队，建起了钢筋水泥的"7 月 20 日羽纱大厦"，推进了教堂的建造。摸彩这种家庭游戏走上了街头，成为每周一次的重大事件，促进了各种经济与社会活动的兴旺发达。

20 年间这种令人亢奋的进步的种种表现，使人们无法一下子预见始于 1928 年 12 月屠杀香蕉产业工人以后阿拉卡塔卡所经历的非常惨痛的衰败。然而只需稍微揭开社会表皮就可发现，那种进步的隐秘本质里悲剧多于福分，所以问题并未解决也未减少，而是累积起来了。这样，

[①] 即括号中英语"阔绰生活"的不太准确的西班牙语译音。
[②]《百年孤独》中布恩迪亚家族的第四代传人。

到了大屠杀那年，失业这种沉疴，极端贫穷化、居住极端拥挤、酗酒、卖淫、结核病与性病等，与异己的香蕉贸易好的一面之间的矛盾已经到了不可调和的程度。于是，由发源于俄国的时髦风气煽动起来的工会领袖们出场了，罢工的导火索点燃了。这场罢工必然既悲惨又值得纪念——主要因为它将会吸引将近两年前出生的一个儿童的情感与想像。

这场罢工最引人注目的一点是官方在离奇的统计中所变的戏法：政府只承认9人死亡。而目击者和幸存者一直说有数百人。米格尔·阿瓦迪亚·门德斯的保守派政权的卑鄙无耻的态度，在群众的记忆中起到了发酵剂的作用，这不仅由于它增强了对政府由来已久的厌恶，还由于它把官方公告中的9名死者增加到3000名。

死者的数目或许永远无法确切地知道了，但是可以完全肯定地说没有9名那么少，也没有3000名那么多。比较接近事实的说法是几百名。国内各家报纸收到官方公告之初发表的数字很不一致，可没有一家报纸登载的死亡人数少于100。巴兰基亚的《新闻报》称"100人死亡"；波哥大《观察家报》讲"死了1000多人"；其他报纸有说300的、1500的、3000的。自由派领导人豪尔赫·埃列塞尔·盖坦在国会讲"数百名死者"倒在"杀人霰弹下"。美国领事的一份多年以后公布的报告指出："死者逾千人。"罢工的主要领导人爱德华多·马埃恰在国外的流亡地肯定说死于军队之手的人数为"200多"。64年后，加西亚·马尔克斯本人为使统计数字不再乱上加乱，推心置腹地说："起初我相信死者很多，有几千人的说法。可是当我发现卷宗上的统计数字是'7'的时候，我问自己：死了7个人能说得上是大屠杀吗？于是我便拿一串串香蕉当死人往火车车厢里装，因为7个人是装不满火车皮的。

于是我在小说中讲大屠杀死了 3000 人，我将他们抛入了大海。从来没有这种事情。这是虚构。"这是人民的虚构。作家一如既往，正确地把现实的谎言与夸张变为虚构的真实，因为《百年孤独》的出现重新掀开了哥伦比亚历史上最惭愧的一页及其虚假的统计。自 1967 年起，大多数哥伦比亚人开始谈论马格达莱纳省香蕉园的 3000 名死者，这也是孤独至死的何塞·阿卡迪奥第二①在马孔多宣扬的数目。

可是，这个数字又有可能不单单是群众记忆中报复性的夸大，抑或加西亚·马尔克斯想像的夸张，尤其是注意到下列事实的时候：1928 年 12 月 6 日，谢纳加火车站的大屠杀之后，卡洛斯·科尔特斯·巴尔加斯将军的士兵分散到普韦布洛比埃霍、塞维利亚、瓜卡马亚尔和阿拉卡塔卡，在这一广阔的地区持续三个月的恐怖中，搜捕和枪杀一切有罢工者嫌疑的人。

后来，在家人们的闲聊中，加西亚·马尔克斯常常回忆那些日子的下午士兵经过家门口沿阿拉卡塔卡镇的街道行进的情景，甚至喜欢回忆一个细节——有几个士兵跟他打招呼说："再见，加比小猴②。"母亲和弟弟妹妹只是半信半疑地听着，因为他们觉得这回忆在一个当时刚刚两岁的孩子来说是过于早熟了。无论如何，确切的是他的印象加上外祖父给他讲的大屠杀的事情，将要构成他思想形成过程中最有效的酵母之一，他最坚定的文学念头之一。更有甚者：他弟弟路易斯·恩里克说作家改了自己的出生年份以使其与大屠杀的年份一致。不管怎样，不可否认这场罢工及其血淋淋的结局是 20 世纪哥伦比亚历史上最重大的事件之一，是香蕉种植园这一非凡现象的缓慢和隐秘的悲剧必须流血的一处不可避免的创伤，它永远标志着整个国家的历史觉悟。

---

① 《百年孤独》中布恩迪亚家族第四代传人，大屠杀的幸存者。
② "小猴"是对孩子的昵称，"加比"系"加夫列尔"名字的简称。

从 1918 年起就可以看出近期必有大事。香蕉产业顺利开发 15 年之后，工人们自发地接受了不久前发生的十月革命的影响，第一次策划大罢工，立即遭到马尔科·菲德尔·苏亚雷斯保守党政府的镇压。六年后策划变为现实。但是，同上次一样的缺乏领导和组织使这次罢工很容易地被佩德罗·内尔·奥斯皮纳政府当时已经扩大到整个地区的军事力量镇压扼制了。两次失败使人们认识到，香蕉种植园的工人们必须组织起来进行一次全面的决定性的罢工，因为联合果品公司与土生白人企业家对改善恶劣的劳动条件和增加少得可怜的工资这种话连听都不想听。

在这种形势下，出现了阿尔贝托·卡斯特里翁、埃拉斯莫·科罗内尔、爱德华多·马埃恰在内的一批工会领导人，他们刚好在马格达莱纳河下游的罢工中失败后来到这里。传奇式的人物马埃恰是一个自发的而非懂理论的无政府主义—共产主义者，十分精明，十分熟悉哥伦比亚工人运动，擅长讲演和写作。他还是一位暗中行医的魔术般的顺势疗法大夫，取出一块胆结石如同取得一笔钱一样便当。和《百年孤独》里的无政府主义者阿利里奥·诺盖拉一样，马埃恰以医术为诱饵笼络门徒，很快成了两年前在瓜卡马亚尔建立的"马格达莱纳省劳动者工会联盟"的主要领导人。他用手提油印机这个最可靠的盟友在工人中间开始培养工会意识与政治觉悟，使他们看清发动一场让政府和工厂主低头的强硬总罢工的必要性。这样，1928 年的罢工者们依靠许许多多的"民居"，在谢纳加城一同商议并且拟订了一份著名文件，其中有九条要求：建立集体保险制度；补偿工伤；星期日带薪休息，宿舍要卫生；提高工资 50%；撤销种植园地区的警察局；取消 15 天发一次工资的规定而代之以每周一次；取消个体契约而代之以集体契约；每 400 名工人设一所医院和每 200 名工人有一名医生；扩大并清洁工人居住区。这些要求大部分同哥伦比亚宪法及其他法律一致。

具备如此多法律的和道义的理由而获胜的罢工，却将要部分地由于政治上的短视而失败。它的领导人是被美国和俄国工人刚刚取得的胜利冲昏头脑的共产主义者或无政府主义—工团主义者，因此他们不隐瞒一些超出严格意义上的工会范围的欲望。然而谈判的最大困难在于联合果品公司是一个飞地经济实体，是哥伦比亚的一个国中之国。由于公司在法律方面所耍的花招，因而从法律上说它不必为数千罢工工人负责。更糟糕的是米格尔·阿瓦迪亚·门德斯的保守党政府同前几届政府一样，服服帖帖地为这家美国公司效劳。

在近一个月的罢工造成巨大的经济损失以及与日俱增的愤怒情绪连同破坏和抢劫一起出现之后，当局于屠杀前夕宣布整个这一地区的秩序已经混乱，下令实行宵禁。宣布的同一天，由何塞·罗萨里奥·杜兰将军、尼古拉斯·马尔克斯上校和其他人组成的调解委员会斡旋失败，这或许意味着已经决定用子弹对付企图从各地集中到谢纳加再去圣玛尔塔在省政府前示威的罢工者。12月6日凌晨，大约3000名工人聚集在谢纳加火车站的时候接到通知说叫他们不要动，省长和联合果品公司经理很快会来，以便跟他们就九点要求设法达成一个协议。这是一个致命的圈套。省长和经理没有来，来的是当地的军政长官卡洛斯·科尔斯特·巴尔加斯和300名左右的士兵。军政长官封锁了路口，把工人包围在车站，向他们宣读了他自己的"一号通令"，以开火威逼工人们解散，限工人五分钟内撤离，五分钟后谁也不撤离，军政长官说再给一分钟。这时寂静的人群中响起一个十分洪亮的嗓音："我们把剩下的一分钟赠送给你们吧。"

大屠杀的细节和科尔斯特·巴尔加斯将军本人及其随后的"四号通令"都原原本本地出现在《百年孤独》中。从这种破例的写法本身来看，这部小说无疑是对暴行的控诉。恶时辰出现在 1928 年 12 月 6 日凌晨 1 点半到 2 点，直到 6 点才搬尸体，期间有足足充裕的时间供科尔斯特·巴尔加斯精雕细刻地炮制阴森恐怖的统计数字，把几百个死者减少到九个——这个数目与工人们书面提出的要求的数目可疑地一致。

　　人民对联合果品公司的敌意由于翌年 9 月年轻的杰出的自由派领导人豪尔赫·埃列塞尔·盖坦主持的国会审讯而更加强烈。审讯中盖坦用在那同一地区采集的证据证词，证实了这家美国公司的胡作非为以及米格尔·阿瓦迪亚·门德斯政府的纵容和卡洛斯·科尔特斯·巴尔加斯将军率兵对罢工者的屠杀。美国联合果品公司周围的人文环境淡漠了，它很难为所欲为了。然而，迫使这个公司退出这一地区的因素，则是 1929 年的世界经济危机——使得出口量锐减——和 1932 年的水灾。

　　如同《百年孤独》所写的，杀戮工人后仅仅几小时，一场和《圣经》所记载的一样的大暴雨自天而降。看起来应该解释为苍天对马孔多镇与联合果品公司不加区别的惩罚，实则相反，这个公司不仅是暴行而且是天罚的合谋者。那年 10 月的一场暴雨下了几天几夜，河水泛滥，沟壑横溢，阿拉卡塔卡西边的乡村和镇子四周大部分地区一片汪洋。暴雨成灾，主要因为联合果品公司新近开凿了一条沟通阿拉卡塔卡河、圣华金河、阿黑河的九公里长的运河。暴雨那么急，水势那么大，镇上许多人甚至认为这是宇宙洪水的现代翻版，因为农村和市镇几天几夜里都是泥浆的海洋，就像《伊莎贝尔在马孔多镇观雨时的独白》[①]和《百年孤独》本身的描写中所说的那样。这是村镇历史上最大的灾难，甚至超过了 1912 年的洪灾和 1914 年的蝗灾。当然也有人发出那些

----

① 加西亚·马尔克斯的一部短篇小说。

说滥了的抱怨：都是美国佬的专横暴戾、罢工的骚乱、昆比安巴舞场上的一掷千金、阿拉卡塔卡及其腐蚀性的"枯枝败叶"过去陷入的过度奢靡惹的天祸。为了避免今后再发大水，联合果品公司撤离镇子时给河水改了道，就像后来马孔多镇所发生的一样。

这最后一场劫难摧毁当地的时候，加西亚·马尔克斯年满五周岁零八个月（很奇怪，他的师长丹尼尔·笛福[1]在浩劫毁灭伦敦时的1665年也是这个年龄），住在外祖父母的大宅院里，想必他从这里入神地看着瓢泼大雨及其所造成的后果。34年后，他让同样的雨又在马孔多镇下了"四年十一个月零两天"。

联合果品公司感到自己罪责难逃，便千方百计加以推卸：它略加装扮，改名为"马格达莱纳省果品公司"，并且做出要撤走的样子。"电气化鸡窝"拆掉了，游泳池、草地和网球场任凭破坏性很大的热带自然力侵蚀。跟随其后，长期失业者、新近失业者、即将失业者都走了。许多商人和大多数的"哈依－拉依"人家即新富翁也走了，连同玻璃吊灯、大钢琴、留声机、地毯以及纵酒狂欢一起走了。阿拉卡塔卡又像起初一样听天由命了，尽管随后有过平静与较为繁荣的时期，未来却要忍受缓慢的极度的无法缓解的痛苦，这痛苦将它拖入委靡不振和孤独寂寞的境地，即1952年3月加西亚·马尔克斯陪伴母亲回来变卖外祖父母房屋时所见到的那个样子。

---

① 笛福（1660-1731），英国小说家。作品有《鲁滨孙飘流记》、《摩尔·弗兰德斯》等，其《大疫年纪事》即描写1665年伦敦大瘟疫。

第三章

香蕉"黄金国"鼎盛时期的 1924 年 7 月一个炎热的日子，马尔克斯与伊瓜兰夫妇宽敞舒适、热情好客的家里出现了一个 23 岁的小伙子。他皮肤黝黑，身材修长，口齿伶俐，爱说爱笑，谈吐幽默。小伙子拿着卡塔赫纳德印第亚斯市一位神甫给他写的引荐信来到老上校面前，那神甫是马尔克斯的朋友。来人就是阿拉卡塔卡镇邮电所新来的报务员，他的外表诙谐风趣，而本质上是一个酷爱幻想和喜欢读情诗拉小提琴的年轻人。

　　加夫列尔·埃利希奥·加西亚·马丁内斯，1901 年 12 月 1 日生于苏克雷省辛塞县，是加夫列尔·马丁内斯·加里多和阿赫米拉·加西亚·帕特尼娜的私生子，他母亲生他时 14 岁。姓氏"加西亚"与"马尔克斯"一样源于西班牙，可能是 19 世纪头几十年随着作家的外高祖父马德里人佩德罗·加西亚·戈东到达这一地区的。佩德罗在苏克雷省开米托县有了一个儿子阿米纳达布·加西亚，儿子娶了辛塞莱霍市一位当地姑娘洛莎娜·帕特尼纳——这对夫妻就是作家的祖母阿赫米拉·加西亚·帕特尼纳的父母。这样，加夫列尔·加西亚·马尔克斯的两个姓氏不仅来自西班牙，而且都是取自母姓。这真是女性对他一生决定性影响的前奏。

在辛塞县，加夫列尔·埃利希奥在经济拮据中度过了童年和青年时期，却得以念完中学，迈进了大学的门槛。20 年代初他在卡塔赫纳大学原先的牙科学校上了几年，后来贫穷迫使他离开教室，于 1923 年和 1924 年在科尔多瓦省、苏克雷省和玻利瓦尔省的几个村镇用电报业务代替他衷心喜爱的专业——顺势疗法。在梅塞德斯·巴尔恰的故乡马甘格镇，埃利希奥荣幸地成为当地第一个报务员，接着跑遍了托卢县到辛塞莱霍市之间的村镇。在阿奇镇他有了四个私生子当中的第一个，然后几乎不歇脚地奔波于辛图拉、开米托、阿亚佩尔一带。在阿亚佩尔县他认识了一位似乎注定要成为他终生的妻子的女人卡梅丽娜·埃尔莫西亚。可是，偶然性及时挪动了他的棋子。加夫列尔·埃利希奥去巴兰基亚市购买结婚用品时碰到了表兄卡洛斯·恩里克·帕雷哈，表兄打消了他早婚的念头，他才刚满 20 岁，装了满脑袋的爱情诗句。埃利希奥于是拉关系托熟人，终于被任命为香蕉产区中心的阿拉卡塔卡镇的报务员。

举荐埃利希奥而给年迈的马尔克斯写信的阿瓜多神甫是一位叛教的牧师（皈依新教的天主教神甫），交给他信的时候说了这样一句话："你到上校家会给他们很好的印象，因为你是有教养的年轻人，讨人喜欢，小提琴拉得好，会作诗。你甚至很快会成为他家庭的一员，因为他有一个很俊俏的女儿。"

加夫列尔·埃利希奥一到阿拉卡塔卡，神甫的话仿佛起了作用：上校极其热情地接待了他，请他吃饭，第二天领他到全家避暑的圣玛尔塔市和家人见面。在抵达这座移民居多的城市的车站时，上校买了一只装在笼子里的云雀交给埃利希奥，叫他送给他的女儿。报务员于是认识了路易莎·圣地亚加·马尔克斯·伊瓜兰和家里其他人。然而上校的女儿虽说美貌，开始却并未打动埃利希奥。

新来的报务员正好在教堂后面距马尔克斯·伊瓜兰家只隔几个街区的地方就职。卡塔赫纳市那位叛教的神甫也给阿拉卡塔卡教区的牧师米拉瓦尔神甫写了一封信，因此米拉瓦尔像上校一样热情地接待了埃利希奥，把他作为无师自通的小提琴演奏者并入了教堂的"马利亚的女儿们"唱诗班。这里有20个展翅翱翔的白鸽一般的豆蔻年华的小姑娘，爱情上朝三暮四的报务员的嘴边老有一句诗念给她们，尤其是念给一位"名叫罗莎·埃莱娜的土耳其女孩"。多年以后当了加西亚·马尔克斯第一位老师的罗莎此时人所共知地成了加夫列尔·埃利希奥注目的姑娘，可是报务员心里觉得她不是特别喜欢自己。拖延时间正变得对上校的女儿有利。然而在一个庆典上，路易莎·圣地亚加问加夫列尔什么时候和罗莎·埃莱娜结婚，他爽朗地笑着答道："很快。路易莎小姐，您将会是我的伴娘。"从此他俩便以"伴娘"和"教子"相称。

有一天伴娘中毒了，医生建议带她去一个凉爽一点儿的地方换换环境，父母便将她送到佩里哈山与圣玛尔塔雪山东南之间的玛瑙雷德尔塞萨尔村镇。据30年后加西亚·马尔克斯详细探访外祖父母渊源途经这里所看到的情景，这是"世界上最优美的村庄"，"坐落于超凡脱俗般静谧的郁郁葱葱的高原上，只有一条宽阔的街道，房屋都是一个式样"。阿拉卡塔卡这位漂亮姑娘的离开，此刻对多情善变的报务员产生了决定性的神奇作用。

一个月后她回来的时候，教子身穿用不久前彩票中奖所得的100比索买的最好的衣服，同阿拉卡塔卡镇的精英人物去火车站接她。"我轻轻地握了一下手和她寒暄。她以同样的方式回应我，并且把给我带的糖果递给我。她没跟我说一句话，可从她颤抖的手我察觉得到她心里对我若有所动。"

几天以后的一次星期日弥撒上两人又见面了，隔着其他教民的脑袋交换着目光。加夫列尔·埃利希奥毫无疑义地认为已经瓜熟蒂落水到渠成了，就于1925年3月一个燠热的下午在马尔克斯·伊瓜兰家一棵扁桃树的绿荫下，向阿拉卡塔卡这位漂亮姑娘披露了心迹，承诺一定娶她为妻；说自己因她而睡不着，他心里没有别的女人，他要即刻和她成亲；只给她24小时的考虑时间。

然而路易莎最终未能向他作出任何回答，因为恰在这时候她的姑姥姥弗朗西斯卡·西莫多塞阿·梅希亚朝扁桃树下走来。她即是《霍乱时期的爱情》中埃斯科拉斯蒂卡·达莎大婶的原型，加夫列尔·埃利希奥给她取了个"刻耳柏洛斯"①的绰号，因为她形影不离地看着外甥女，成了所有想追求路易莎的阿拉卡塔卡小伙子的灾星。这些事情"诗人"马里亚诺·巴雷内切知道得很清楚，这位路易莎的邻居和远房亲戚打算凭借他诗中的特洛伊木马追求她，直到弗朗西斯卡姑姥姥和上校打消了他的念头。巴雷内切是上校一个私生女儿的侄子，因此路易莎跟这个乱伦的诗人是没有前途的。（于是这个现实当中的弗洛伦蒂诺·阿里萨②只能等到《霍乱时期的爱情》，经过短暂的一次恋爱和50年的等待之后，同一生中第一个也是惟一的爱人成婚，这爱人已不是路易莎·圣地亚加·马尔克斯·伊瓜兰那样的人，而是类似于费尔米娜·达莎③了。）

弗朗西斯卡·西莫多塞阿有充足的理由警惕地看管对爱情一知半解的外甥女和这位报务员——一个奇怪的言语粗鲁的家伙，同时还自命诗人，带着一身显而易见的冒险家的习气，摆出一副傲慢的顺势疗法大夫和小提琴演奏家的架势。

---

① 希腊神话中守卫地狱之门的生有三个头的恶狗。
② 为《霍乱时期的爱情》中的主人公，与费尔米娜·达莎20多岁曾恋爱，却一直到70多岁才得以结合。
③ 为《霍乱时期的爱情》中的主人公，与弗洛伦蒂诺·阿里萨20多岁曾恋爱，却一直到70多岁才得以结合。

路易莎对这种状况左思右想，反复掂量，最后想出办法告诉心上人，让他第二天听弥撒时等着她再商量这事。没有"刻耳柏洛斯"从中作梗，报务员直截了当地谈了他要结婚的决定。

　　"你说呢？"加夫列尔·埃利希奥问道。

　　"问题是我有疑虑，因为你太朝三暮四了。"她说。

　　"你要是不答应我，马尔克斯小姐，我就不等了。在许多阿拉卡塔卡姑娘眼里我是一个最有竞争力的好对象。"他显得十分自信。

　　"你能对我保证什么？"她问。

　　"我不娶你的话除非死了。"

　　于是她接受了求婚，对他说："我也一样，如果不嫁给你那除非是死了。不过你记住，我们家还不想让我出嫁，可能会十分强烈地反对这件事。"

　　正是如此。得知女儿私订终身，马尔克斯上校气得再也不理睬报务员了，不许他登门。马尔克斯和伊瓜兰夫妇反对这桩婚事的理由是两个孩子年龄太小，所以才做出这种蠢事。其实他们说得不太对。她快满20岁了，他已经24周岁了。主要原因似乎在于路易莎仍然是上校对其百依百顺的娇生惯养的闺女，也许还有其他说不出口的更重要的理由：马尔克斯与伊瓜兰两口子尽管生在里奥阿查，但作为西班牙人的直接后裔，具有很多古老的西班牙式的偏见，虽然加夫列尔·埃利希奥事后反复解释，他俩还是不喜欢这人做女婿，因为他是私生子，是香蕉公司弄来的几千个外乡人中的一个冒险者。更糟糕的是，报务员尽管有好职业而且能拉小提琴会偷偷作诗，肤色却太黑并且属于上校所属党派的历史夙敌——保守党，他的家庭也不属于马尔克斯与伊瓜兰夫妇一家在阿拉卡塔卡这样的村镇的范围内所拥有的上流阶层的等级。

　　路易莎·圣地亚加·马尔克斯·伊瓜兰1905年7月25日生于瓜希

拉省巴兰卡斯市，全家在里奥阿查、谢纳加、圣玛尔塔一带颠沛流离22 个月以后定居阿拉卡塔卡的时候，她才 5 岁。姐姐马加里塔死后，她成了父母惟一的女儿和上校的掌上明珠。除了经常发烧这一小病外，她容貌美丽，是镇上衣饰最精致的女子，堪称阿拉卡塔卡的美人。她在圣玛尔塔市的圣母进殿①学校读过几年中学，得益于那里的修女们的熏陶，她的文雅举止愈发全面和完美。修女们教会她用标准的西班牙语——这是传统的家族特色——写作。她具有舒缓优美的举止、罕见的克制力和对诗歌的出色的直觉，谈话时言语不多，但措辞准确有力。或许由于在她身上屈从总是类似于顺从的延伸，因而父母认为只要把他们反对这门亲事的意见告诉女儿，她便会放弃报务员这个花花公子式的情人和冒险家。然而尼古拉斯先生和特兰基丽娜太太未曾想到女儿有顽强的意志，尤其没有料到加夫列尔·埃利希奥有不可战胜的勇气。

当上校不再跟报务员过话更不许他上门之后，这对情侣构思了一套又一套错综复杂的隐语暗号，想到了写信并且找好了捎信的人，想什么时候联络就什么时候联络，想什么时候见面就什么时候见面。望罢弥撒的教堂门口、电影院入口和玻利瓦尔广场，都是路易莎通过电报投递员卡尼亚蒂科准时收到意中人信件的地方。另外一些时候，报务员悄悄溜进未婚妻家十字路口斜对面的安东尼奥·巴尔博萨先生的药铺，取走她的来信，放下他自己的信，还从一扇挂着粗麻布帘子的小窗户（朝向斜对着路易莎等他的那几棵扁桃树）每天遥望她。天长日久，禁令阻隔，报务员的胆量越来越大，开始向她奉献小提琴独奏的小夜曲——就像弗洛伦蒂诺·阿里萨为费尔米娜·达莎所做的那样，还送给她礼物。阿拉卡塔卡镇的焰火技师桑德坦·德尔·因凡特永远忘不了加夫列

---

① 在 11 月 21 日，纪念圣母由其父母带入神庙瞻仰上帝的节日。

尔·埃利希奥让他给路易莎送手绢的那一天，他边走边看写在手绢上的诗句，看了一遍又一遍。诗曰："河边风流的兰花，夏为她宽衣，冬给她着装。别为往昔感伤，别感伤，我的梅娘。"

面对冲破一切禁令与道德规范继续探望未婚妻的一意孤行的报务员，路易莎的双亲觉得只有遥远的距离才能连根铲除这种炽热的恋情。上校和许多亲友取得联系，亲友们分布在一条整整400公里的线路上，这条几乎画了一个完整椭圆的路线终点在圣玛尔塔，途径埃尔科佩伊、普韦布洛贝约、巴耶杜帕尔、拉巴斯、马瑙雷、比亚诺瓦、圣胡安德尔塞萨尔、丰塞卡、巴兰卡斯、里奥阿查这些四分之一世纪以前上校在"千日战争"中战斗过的地方。一队骡子驮着箱子和特兰基丽娜、路易莎以及一位女仆，沿着一条可以躲避雪山地区土著的好战部落的路线缓慢而艰难地行进，几星期后抵达巴耶杜帕尔和马瑙雷，在一个草木苍翠的岩石般沉寂的小村住了几个月。路易莎从前换环境时在这个村住过，以后丽贝卡·布恩迪亚将要出生在这里。1925年8月底他们启程前往比亚诺瓦（萨瓦斯·索卡拉斯将军在此）和巴兰卡斯——路易莎的出生地和她父亲的厄运的发生地。年底，不断旅行的他们去了里奥阿查，最后从那里到了圣玛尔塔，第二年年初的几个月就住在这里。

加夫列尔·埃利希奥没有服输。可以想见，他定下了更为高明的策略，实施他所称的"战斗计划"：多亏了路易莎沿途经过的城镇的报务员们的配合，加夫列尔得以和她在任何时候通过电报进行联系，如《霍乱时期的爱情》里的弗洛伦蒂诺·阿里萨沿着同一条路线与费尔米娜·达莎联络。未来几十年间巴兰卡斯的人们都记着这一远距离恋爱的曲折情节。特兰基丽娜、路易莎和女仆乔恩在巴兰卡斯的那三个月住在欧亨尼奥·里奥斯家里，他从前是上校银匠炉上的助手，又是弗朗西斯卡·西莫多塞阿·梅希亚大婶即"刻耳柏洛斯"的半个兄弟。由于阿拉卡塔卡报务员的知心朋友维克多·索拉诺·戈麦斯的配合，加夫列尔的电报和信件能够及时到达路易莎手中。当特兰基丽娜太太同亲戚朋友回忆世纪初她一家所经历的凄惨岁月的时候，路易莎和乔恩在厨房闭门阅读议论加夫列尔信纸颜色鲜艳的情书，然后将信藏在炉灶下面的缝隙里，防止母亲任何可能的暗中监视。这位远离情人的姑娘最愉快的时刻是去维克多·索拉诺·戈麦斯家的时候。上校如慈父般喜爱维克多，因为他是上校的挚友自由派领导人洛伦索·索拉诺的儿子。姑娘刚一进家门，一阵突如其来的喜悦便使她像一只撒欢的梅花鹿似的蹦跳起来。特兰基丽娜太太莫名其妙，不知女儿黄昏时分的喜悦原因何在，直到有天傍晚发现索拉诺·戈麦斯家客厅角落里挂着一幅他的密友加夫列尔·埃利希奥的画像，才明白过来。她马上意识到遥远的距离不是在根除这种恋情，而是使它更加强烈。确实如此。当最后他们在圣玛尔塔走下那条把他们从里奥阿查运来的小船的时候，母亲清楚地认识到这对情侣这段时间一直保持着联系，因为阿拉卡塔卡的报务员衣冠楚楚地在那里等候身穿玫瑰红衣服、光彩照人的未婚妻下船。

路易莎滞留在圣玛尔塔市她哥哥胡安·德迪奥斯家里，不结婚是不会回阿拉卡塔卡了。加夫列尔·埃利希奥每个周末去波索大街，隔着窗户上殖民时代遗留下来的铁栅栏看望她，说如果她回家去，父母和"刻耳柏洛斯"的监视终将瓦解他们的恋爱关系，而地处遥远的圣玛尔塔对他俩的爱情有利，一旦时机成熟甚至可以在这儿偷偷结婚。未婚夫预见到这种局面，便要求调到里奥阿查县当报务员。路易莎找到当地的代理主教佩德罗·埃斯佩霍（曾担任阿拉卡塔卡首任常驻神甫，是马尔克斯和伊瓜兰夫妇的好朋友），求他在父母面前说情。埃斯佩霍大人先要求报务员家乡的辛塞县提供尽可能详细的关于此人品行的情况，见报告上说得很好，便给马尔克斯与伊瓜兰夫妇写了一封落款日期为"1926

年 5 月 24 日"的长信，信中推心置腹地说丝毫不必干涉，两个年轻人十分相爱，最明智的做法是同意他们的婚事以免发生"更大的不幸"。"我深信，"代理主教预言，"他们将会非常幸福。"马尔克斯与伊瓜兰夫妇怀着痛苦的无奈允许了他们的婚事。新人们于 6 月 11 日即他们在圣玛尔塔市相识将近两年之后，终于在这同一座城市的大教堂缔结良缘。

自尊心受到伤害的加夫列尔·埃利希奥要求岳父岳母不得参加婚礼。然而，早晨 6 时的小弥撒上他发现新娘没有如约前来成婚的时候，加夫列尔那种胜利者的神气消散了。面对来宾的骚动和新郎的狐疑，埃斯佩霍大人只得亲自跑步赶到波索大街察看究竟是怎么回事。很简单很平常，路易莎·圣地亚加·马尔克斯·伊瓜兰在自己大喜的日子睡着了。这在她不足为奇，而在这一时刻却令人惊讶。众人飞快地给她穿戴整齐，她赛跑一般赶到教堂，准时在 7 点钟圣玛尔塔城用以庆祝其守护神"耶稣圣心"之日的大弥撒上，十分风光十分荣耀地完了婚。

于是，职业报务员、业余的顺势疗法医生、地下诗人与小提琴家加夫列尔·埃利希奥·加西亚·马丁内斯踌躇满志，发誓再也不去阿拉卡塔卡这个他常说的"穷人的死地"了。这时他已经调到了里奥阿查。结婚两天以后他和妻子乘小船前往那座传奇式的海盗及走私犯的城市，但是蜜月之旅路上的障碍似乎没完没了，平时航程不到一夜，这回延长到一夜零大半天，因为逆向的信风常常把沿海岸航行的小船吹得直倒退。这真是他阻力重重的两年恋爱的最新象征，60 年后它启发他的儿子创作出《霍乱时期的爱情》。

路易莎怀孕的消息给了她父母一个借口去缩短与女儿的距离，弥补他们不理智的反对所造成的精神伤害。信件和各种礼品很快随着邮船来到里奥阿查，起初是请求和催促路易莎偕丈夫回家的书信。后来，由于她丈夫的拒绝，一周寄来一次的邮包装的是水果、糖果、礼品和婴儿衣服。负责把包裹亲自从圣玛尔塔送来的是海关工作人员何塞·马里亚·巴尔德布兰克斯·马尔克斯，即路易莎那些私生子兄弟中的老大。有一天里奥阿查的家里来了她的合法哥哥胡安·德迪奥斯，说母亲因为女儿拒绝回阿拉卡塔卡而病倒了。加夫列尔·埃利希奥为了不违背誓言，决定让路易莎独自去娘家分娩。

　　1927 年 2 月的一天上午，怀孕 8 个月的路易莎从 11 点钟的黄色小火车下来的时候，已经被乘坐堪称"海上之骡"的轻便船的长途旅行和夏季伏天的炎热弄得气都喘不上来了。因为她身怀长子期间几乎都在里奥阿查市，所以许多年来有人认为加西亚·马尔克斯生于这个瓜希拉省的省城。实则不然，他生在阿拉卡塔卡，生在香蕉园的气味中，时间是 1927 年 3 月 6 日星期天的炎热的早晨 8 点 30 分，当外祖父尼古拉斯聆听 8 点钟的弥撒的时候。

　　预产期已确定的出生险些变为两条人命的悲剧。每周寄往里奥阿查的糖果以及妊娠期最后一个月里阿拉卡塔卡母亲和姑姑们对路易莎过分的照顾，仿佛在分娩之际明效大验，尽管人们久闻大名的镇上的接生婆桑托斯·比耶罗斯经验丰富，孩子就是生不下来，而且产妇大出血。这时人们叫来了什么都懂一点的流亡的加拉加斯①人胡安娜·德弗雷特斯，她为产妇进行了恰当的人工呼吸，及时按摩，终于生下来一个 9 磅半的婴儿。刚出世便因脐带绕颈而窒息（由此作家患了先天性幽闭恐惧症，他成名和富裕之后给自己买的住宅窗户非常大，恨不得让半个天空都进来）。正在这时，将要决定作家命运的女性之一——马尔克斯上校的表妹弗朗西斯卡·西莫多塞阿·梅希亚再度出场，这位在家什么

———————————
① 从前有些国家的内部，如省与省之间，设有海关。

都懂什么都说了算的女人立即吩咐往婴儿身上泼洗礼水以防死亡。这样，家人给他取了加夫列尔·何塞·加西亚·马尔克斯这个名字，可家里更多叫他名字的指小词①加比托，经过 3 年 4 个月 22 天以后才正式为他命名。

加夫列尔·埃利希奥过了几个月才去阿拉卡塔卡看他的孩子。他心里怨恨岳父岳母，一次又一次发誓不去那个"穷人的死地"。然而看望儿子的天然愿望和许多请求央告的代价最终将他拉回到阿拉卡塔卡。丈人家的气氛不仅正常更且喜庆，上校把手伸给他，许诺补偿他过去的感情损失。"我准备向你表示你所希望的一切道歉。"上校十分谦卑地说。"已经用不着了。"加夫列尔·埃利希奥答道。加西亚和马尔克斯夫妇的长子给两家带来了和解与幸福。加比托此后便跟着外祖父母并且将永远是外公的孩子而不是父亲的孩子，永远是外婆和姑姥姥们的孩子而不是母亲的孩子。

从此，加夫列尔·埃利希奥离开里奥阿查，定居在阿拉卡塔卡。由于曾经在卡塔赫纳大学杂乱无章地学过一些顺势疗法和药物学知识，他放弃了报务员的职业，重操凭经验行医这个旧业。他第一次旅居阿拉卡塔卡和路易莎恋爱的时候就在镇上留下了自学成才的顺势疗法医生的些许名气，特别是经历了 1925 年那场流行痢疾之后——老人们都把这一瘟疫和霍乱时期的灾难相提并论。然而，加西亚与马尔克斯夫妇在阿拉卡塔卡的这第一次逗留很短，1929 年 1 月这个周游世界的顺势疗法医生决定去巴兰基亚市寻找事业发展更好的前景，同时这也是香蕉种植园刚刚发生的流血事件使然。

---

① 即昵称。

头一年的 9 月 8 日，加西亚与马尔克斯夫妇的第二个孩子路易斯·恩里克出生了。这也是生活给出的一个聪明的解决办法：这样他们就可以带着老二，而把将近两岁的加比托留给外祖父母，因为外孙已经成了两位老人关爱和操心的对象，他们已经无法想像没有外孙的生活了。在巴兰基亚市加夫列尔·埃利希奥开了一个药店，同时还在辛海尔公司工作。两个家庭开始频繁地互访。由于 1929 年 11 月 9 日妹妹马戈特的出生，加比托记事儿后第一次参观了巴兰基亚城。虽然他只有两岁八个月，却不会忘记红绿灯给他的印象，那是些用奇妙的灯光独自指挥交通的无言的警察。第二次外祖母带他去是 1930 年 12 月 17 日二妹阿依达·罗莎——后来做修女的那个——出生的缘故，这次他的记忆就比较清晰了，不光记得医院和刚刚出生的小妹妹，还记得正在搞庆典的这座城市令人眼花缭乱的景象。一架"黑得像大兀鹫"的小飞机在城市上空盘旋飞行，快 4 岁的孩子被飞机这件奇异的东西迷住了，这时听见有人问这是怎么回事，他妈妈回答说这是在纪念玻利瓦尔逝世 100 周年。特别爱刨根问底的加比托听了这话很高兴，以为说的是玻利瓦尔黄油。这是他第一次听到那个几乎 60 年后将成为《迷宫中的将军》的主人公的人的名字。后来外祖父对他讲曾外祖父尼古拉斯·德尔·卡门·马尔克斯·埃尔南德斯小时候见过玻利瓦尔，加比托 7 岁时外祖父拉着他的手去参观这位"解放者"病逝的圣佩德罗阿莱汉德里诺庄园。

　　这次值得怀念的巴兰基亚之行以前，加比托就应该有过懂事后同母亲的第一次会面了。有些传记作家力图证实他 5 岁时认识妈妈的，而作家本人说无法确定这件事情发生时他的年龄，他母亲也说不清。不过，路易莎太太与儿子相左的说法是她参加了 1930 年 7 月 27 日在阿拉卡塔卡教堂举行的加比托和马戈特一同接受洗礼的仪式，由此可以得出结论：当时差不多 3 岁半的加比托可能就在那几天认识妈妈的。无论这第一面是在什么时候，都是加西亚·马尔克斯所记得的童年时代最清晰却又最迷惑不解的时刻之一，他将这一刻作为《枯枝败叶》中提前出现的一个场面载入了记忆："我进去了。母亲坐在阿拉卡塔卡家中客厅的一把椅子上。她穿着一件玫瑰红色衣服，肩饰上绣着曼陀罗花，戴着一顶绿草帽。于是人们对我说：'问你妈妈好。'我记得当时我十分惊异于他们说那人就是我妈妈。只是从那一刻起我才记得她。"这一刻与作家后来再也没有闻到过的她那种袭人的香气紧紧地连在一起。以前孩子感到的母亲就是外祖母特兰基丽娜以及埃尔维拉、弗朗西斯卡、韦内弗里达这三位姑姥姥融为一体在头脑中形成的一个概念，可是那天以后，路易莎·圣地亚加不再仅仅是造访外祖父母家的那么多妇女当中的一个了，从而开始了他们人生当中一种没有情感缠绵的十分严肃的关系，一种超越了母子关系的关系，久而久之，它变成了以幽默的庄重态度互相沟通互相钟爱的两位老朋友之间的关系。

加比托正式接受洗礼的时间在那个年代来说比较晚了一些，这或许因为他出生时在家里按照姑姥姥弗朗西斯卡的布置进行了洗礼。加西亚·马尔克斯以其一贯的幽默这样解释道："当他们要为我妹妹马戈特施行洗礼的时候我两岁多了，于是他们想起了我，说：'哎，这鸡巴小子还没正式洗礼呢！'便将我带了去，站在那儿，他们给我泼冷水。这件事我记得非常清楚。"兄妹俩是在阿拉卡塔卡镇上的圣约瑟教堂由神甫弗朗西斯科·安加里塔施行的洗礼，加比托的教父是舅舅胡安·德迪奥斯，教母是弗朗西斯卡·西莫多塞阿姑姥姥——依照当地瓜希拉部落的印第安人的习俗，家族的长辈成员必须为新成员提供精神上和物质上的保护。

生下后来做了修女的女儿阿依达·罗莎后，特兰基丽娜太太去巴兰基亚市服侍路易莎，发现小马戈特身体瘦弱性格孤僻，具有吃泥土的小孩的特有症状。这是很自然的。怀第四个孩子是母亲的一场磨难，再加上加夫列尔·埃利希奥的生意萧条所带来的家庭灾难，小马戈特便没有得到很好照顾。于是外祖母大声叫喊，对路易莎说要把孩子领到阿拉卡塔卡和加比托一块儿抚养。外祖母用泻药大黄和蓖麻油把马戈特从噩运手里抢夺回来，但她依然孤僻，依然是个病秧子，8岁以前照旧偷着吃泥土。尽管如此，或许因为如此，她是加比托童年的好伙伴，兄妹俩建立起一种持续终生的情谊，哥哥后来还把她变成了《百年孤独》中吃泥土的女孩丽贝卡·布恩迪亚。

兄妹俩有个表姐莎拉·马尔克斯是胡安·德迪奥斯·马尔克斯·伊瓜兰的私生女。生于1917年的莎拉被祖父母收留在家，巩固她父亲与迪利亚·卡瓦耶罗的婚姻关系。迪利亚一直不要她。所以，除了外祖父母和姑姥姥们，莎拉是和加比托在阿拉卡塔卡家中生活时间最长的人。这位漂亮、沉默、孤僻的姑娘仿佛只在必需的时刻出现，犹如圣塔·索菲亚·德拉·皮埃达德①一般。她75岁的时候，我们在圣玛尔塔市找到了她——真是太幸运了。多亏她奇迹般的记忆力，才有可能将作家出生并长至10岁的那座气势雄伟的宅第予以再现，摆上家具，住上人，让它运转起来。莎拉·马尔克斯（如今真的成了圣塔·索菲亚·德拉·皮埃达德）以其敏感的神态，不以表情和手势却以表达准确记忆的准确言辞，在两个漫长的下午补充和验证了路易莎·圣地亚加·马尔克斯、马戈特、利希亚·加西亚·马尔克斯提供的丰富资料，还在我们没有要求的情况下纠正了关于宅院和作家童年的一些情节和故事。

1952年3月那次意义重大的返乡中，加西亚·马尔克斯和母亲以

---

① 《百年孤独》中的人物，是俏姑娘雷梅苔丝、何塞·阿卡迪奥第二和奥雷良诺第二的母亲。

7 000比索的价钱把宅院卖给了刚刚摸彩中奖的两位年迈的以往十分贫穷的农民。宅院大部分拆掉翻建成新式样的房子,老屋仅剩下部分餐厅和一个房间。多年以后宅院转卖给伊里亚特·阿乌马达家族的后人。这家人也中了头彩,因为他们在作家饮誉全球之时将房子卖给政府,以便按原样重建老屋,开设一个加西亚·马尔克斯纪念馆。然而这一计划仅仅是拿一些粗制滥造的东西把所剩不多的遗迹弄得越发糟糕。幸好豪尔赫·塔德奥·洛萨诺大学建筑专业三名学生以作家故居为题撰写了学术论文,论文实际上成了依照原样全面地忠实地重建老宅的一个建议。通过发掘以及对阿拉卡塔卡城镇沿革的研究和多次详细地采访加西亚·马尔克斯家族成员及其亲戚邻居,古斯塔沃·卡斯特利翁、希尔维尔·卡拉瓦略和哈梅·桑托斯在理论上和图纸上尽量忠实地完成了重建。作家本人看了老屋的图纸后,亲笔写下"我证明原本如此"这句爽快的话表示了赞同。

第一个引人注目的结论是,他外祖父母的宅院与《枯枝败叶》中的一模一样,与《百年孤独》中的仅仅略有不同。只能是这样。当作家在宅院感悟到有意识与下意识的生活,并且唤醒了享乐、激动和亲切的回忆之时,他也就在那里构思成熟了未来作品的空间。老屋的居住者、器物、故事、滋味、气味、色彩、声响都将被回忆滤过,然后由卓越的想像力搬动移植。这一想像力将那些事物变做值得怀念的短篇及长篇小说。

因此,他最著名的一部小说发表后的那些年,加西亚·马尔克斯说了一些被有些人看做是愚蠢之言的心里话:《百年孤独》产生于他着魔般的想回外祖父母老宅的念头;文学方面给他影响最大的是外祖父母和《一千零一夜》;自从外祖父去世后他便百无聊赖;截止那时他写的一切东西外祖父都知道或者八年前就听说过,不光是截止那时所写的而且以后写的大部分东西他都知道。

但是，当时在那个宅第里并没有任何特别的地方使这个孩子着迷。所谓的迷人之处出现在后来的回忆与怀念中。在这个家里他平平常常地生活着，和所有的孩子一样长大想当侦探，想跟迪克·特蕾西[①]一样。确切地说恰恰相反，那个府邸是他童年中的大妖怪，因为它犹如胡利奥·科塔萨尔[②]的短篇小说《被占领的房子》，一半的房间能让人回想起死去的亲人：来自巴耶杜帕尔县的拉萨罗·科特斯表舅；佩特拉·科特斯表姑，她与乌苏拉[③]一般瞎，头发雪白，活了100岁，死时坐在秋海棠长廊的一把椅子上；马加里塔姨妈，21岁死于伤寒高烧，后来成了丽贝卡·布恩迪亚的主要原型。

宅第既然是他童年的大妖怪，以后也就依然是他一生和一大部分作品中无法驱赶的魔鬼。所以作家坦诚地说他"时常清楚地记得的并不是人，而是从前我和外祖父母一块儿住过的阿拉卡塔卡镇的那个宅院"，说他一辈子当中每天睡醒的时候"都有一种亦真亦幻的感觉，似乎自己依然身处那所令我魂牵梦绕的宅院"。不是说他回到那里，"而是我就在那里，不知年龄多大，也无任何特别的缘由，仿佛我从未离开过那个宽大的老院子"。这样，加西亚·马尔克斯永远不离开阿拉卡塔卡的屋子，一切体验和感受均来自记忆与梦境。体验与感受十分强烈，以致他发现了童年时不曾发现的墙壁裂缝，听见了童年时几乎没听过的蟋蟀的鸣叫，让茉莉花的香气熏得浑身芬芳。死人们夜游时把茉莉花的气

---

① 系美国连环画家古尔德发表于1931年的同名连环画作品的主人公，该作品以"警察与强盗"为题材，因持"恶有恶报"的看法而大得人心。侦探迪克·特蕾西外形端正，身穿便服，所用侦探方法使人想起福尔摩斯，是一群形象丑恶的罪犯难以招架的对头。

② 科塔萨尔（1914—1984），阿根廷作家，拉丁美洲魔幻现实主义文学主将之一。

③《百年孤独》里的人物。

味散布到各个房间。

从大小、布局和建筑材料的不一致可以看出，那所宅院根本不符合那个时代的建筑特征。起初甚至达到了拥有四个不同的建筑单元的规模，但在20年代末，位于如今5号路（或者叫埃斯佩霍主教大街）上的两个单元一个毁于火灾，这块空地就成了木栅栏围着的庭院，而对着人行道上的两棵扁桃树（见图片部分的房屋平面图）。左侧当时是第一单元的砖踢脚土墙壁白铁屋顶的房子，税务所收税员和镇政府出纳马尔克斯上校的事务所就在这里的一棵槐树的荫蔽下。事务所有一个小客厅和一间办公室，办公室的写字台干净整齐，摆着镇纸、笔筒和文件夹。书架上，账本、杂志、报纸旁边，放着这位阿拉卡塔卡出纳的几本书和字典，如松德内姆编撰的《沿海地区词汇》，里面用红笔标出了沿海地区特有的词："荚果"、"酣睡"、"黄花孪生豆"和另外许多后来被他外孙推向世界的单词。

入口朝向前院的第二个单元是一条长长的隔为六段的柱廊，走到这儿才算真正进了宅第。它为木质结构，下面是磨光的水泥地，顶棚是光秃秃的木板，屋顶是两面排水的白铁皮，窗户有粗麻布帘子和金属撑杆。在《百年孤独》里，沿着何塞·阿卡迪奥的死尸冒出的血液流经的线路，能够从整体上看清布恩迪亚家的宅院，从而看出它同马尔克斯与伊瓜兰一家的宅院几乎一样，只有一个重要的改动，即外祖父的银匠作坊在小说中变成了一间客厅。实际上只有第二个回廊开头的那一间客房，里面的器具有两张洁净的床、一把椅子、脸盆架及双耳水罐和脸盆。举行庆典的日子里，圣玛尔塔市的主教或者来自里奥阿查、巴兰卡斯、巴耶杜帕尔、卡塔赫纳、巴兰基亚等地的亲戚朋友在这里休息。再往里走就是外祖父的银匠作坊，配备着研钵、管子和风箱，加比托在这里入神地看着外公给金属镀金和制作金质小鱼。接着是餐厅，主要有一

95

张十个座位的长方形餐桌，再就是一个饮水柜和两把柳条摇椅。回廊的尽头为一间卧室、一间食品储藏室和一间厨房，厨房没有墙，仅用粗麻布帐抵挡蚊虫的叮咬。在厨房的煤火炉上，外婆和姑姥姥们还另外制作出售的小面包和甜食。

餐厅（有时代替客厅）和银匠作坊前面是内院，这里有一个五彩缤纷的小花园，每到中午，阳光把茉莉花、一株哈瓦那花、香水草、迷迭花、晚香玉、老鹳草、天竺葵之中的一棵玫瑰映照得艳丽夺目。美人儿雷梅苔丝就在这个花园裹着费尔南达·德尔·卡皮奥的细亚麻布床单升了天。①

花园尽头与第二个回廊并列的即是隔为三段的第三单元，它同第一单元一样，为砖踢脚土墙壁白铁皮屋顶的房子。加西亚·马尔克斯出生在紧靠花园的那间外祖父母住的屋子，一张铁管双人床、一个摇篮、一个脸盆架、安在墙壁上的一个托架和几张圣徒画像便是作家降生时看到的一部分东西。后来他挪到了挂圣徒像的房间，和妹妹马戈特及姑姥姥弗朗西斯卡·西莫多塞阿睡在这里，每天早晨在椰油灯照明的家庭祭坛上那些爱告状的圣徒们专注的目光中醒来。第三单元的终端，即宅子尽头有一个值得纪念的存放箱子的大房子，一大堆箱子搁在靠墙的小凳子上，箱里装满了书、杂志、明信片、洋娃娃、衣服以及里奥阿查市和巴兰卡斯县的祖先们的各种物品。

这第二条回廊与花园之间，有一条秋海棠形成的明媚凉爽的长廊，里面的花盆架摆在木头栏杆上。马孔多镇的阿马兰塔和丽贝卡·布恩迪亚黄昏时分就坐在这个凉廊中绣花，同时又怀着无言的仇恨争夺意大利人皮埃特罗·克雷斯皮的爱情。

---

① 《百年孤独》中的情节。

这个宽敞的多姿多彩的府邸各单元只有水泥地面和光溜溜的木板顶棚这两样是一致的。

浴室及蓄水池在院子里，美人儿雷梅苔丝在这里没完没了的孤芳自赏而使浴室出了名。[①] 院子另一头是简陋的木工房。在叫做"耕地"的后院或马厩，矗立着那棵著名的栗子树，时间机器坏损以后何塞·阿卡迪奥·布恩迪亚被绑在了它的树干上。后院尽头一侧是厕所。但是这块地方几乎成了那些用于下一个圣诞节的鸡、猪和瓜希拉小山羊的天下。

在如此宽阔和充满昔日的幽灵并且居住着如此怪异的人的宅院，在阿拉卡塔卡这样一个巴别城式的半个世界都一点一点地在进入的城镇，他只有成长的份儿，服服帖帖听外婆和姑姥姥们话的份儿，瞪圆双眼看着外公的份儿。加比托开始很正常，和一切小孩一样是个典型的淘气鬼。虽然调皮鬼的真正化身是他那叫人受不了的弟弟路易斯·恩里克，但加比托这个孤僻胆小的孩子却由于以我为中心地顽固保护自己的利益而恰如其分地获得了调皮鬼的名声。黑夜的恐惧平安过去之后，早晨是以加比托对吃喝的要求而开始的，以至于饭食若不十分对他的心思，大人们就得放下一切事情去市场买他所要的。他对知识的渴望更为强烈，什么都问什么时候都问什么人都问。家里来了客人，这个五六岁的小孩便成了主要的主人。就在这个年龄，当他以成年人的专注倾听别人说话的时候，忽然添了眨眼睛的毛病。这让外婆忙碌起来，以为他有炎症，就用上好的玫瑰花做成眼药给他点 —— 加比托几个月大的时候外婆也是用玫瑰花汤剂给他抵御了轻微的霍乱症的。调皮鬼光笑不吱声。后来他才解释说眨眼睛只是为了更好地听懂大人们的谈话。好像是这

---

① 《百年孤独》中的情节。

样。弟弟妹妹们记得最清楚的趣闻之一是，一天一位老军人来家里和外公叙说从前打仗时的陈年旧事时，平时和外公形影不离的加比托开始是眨眼睛，接着眼睛动得很奇怪，只是当客人起身告辞时加比托才哭了起来，原来客人叙旧的整个过程当中都把穿靴子的一只脚踩在孩子的脚上了。可能从此以后这孩子就下意识地将军人的靴子与战争及强权这类事情联系了起来。

弟弟妹妹一来外祖父母家，加比托不仅希望他们快点离开，而且特别注意外祖父母对其他外孙的亲热与爱抚。阿拉卡塔卡镇上别人家的小孩如果在外祖父母家逗留时间过长，淘气鬼加比托的嫉妒便达到了极点，偷偷地拧人家，然后请人家回自己家去哭。一旦使他的"一统天下"得以恢复或者确切地说为了使它恢复，他便老生常谈，继续没完没了地提问题提要求。外婆终于火了："鸡巴孩子！"她的喊声响彻整个老宅，"这个小东西真讨厌！"

一到晚上，她只有一个办法让外孙不动，就是用死人吓唬他。外婆叫他坐在椅子上，说："别离开这里。要是乱动，佩特拉表姑就来啦，她正在她屋里；要么拉萨罗表叔就来了，他正在他屋里。"加比托一动不动，想着那几个熟悉的死鬼，闻着院子里的茉莉花味，听着蟋蟀鸣叫，大气也不敢出。就这样一直被挪到供奉圣徒像的那个房间的床上，在床上继续做噩梦，外婆讲的鬼魂在梦中变得又大又清楚。黎明时分雄鸡的高歌和第一缕晨曦从房子的缝隙进来轰跑外婆故事里的妖魔鬼怪的时候，他的惊恐才消除。

我们将要在加西亚·马尔克斯第一个短篇小说《第三次无奈》里，看到一个7岁的小孩，他死而复生，在一口棺材里长了15年，结果变成一个非物质的无形的死人。《枯枝败叶》中那个11岁的孩子坐在椅子上，长时间地面对一具自杀身亡的医生的尸体。后来在《有人弄乱了这些玫瑰》中，小孩又成了坐在椅子上等待什么的幽魂。这类形象将要出现在他的大部分作品中，它变得多样和丰富后，最终化做梅尔加德斯这一《百年孤独》的"神话—时间"结构的关键人物。这一形象是外祖母夜晚讲的恐怖故事造就的，这些故事搅得加西亚·马尔克斯永远无法安宁。这种不安宁的时刻或许便是他撰写那部鸿篇巨制的过程中文思泉涌的时候。

特兰基丽娜·伊瓜兰·科特斯依然是一位精力旺盛的外祖母。她身材矮小，白内障已经翳蔽了灰色的眼睛。平直的白发从正中分开，衬托着瘦长的面庞，最后在白皙的脖颈上方绾成一个发髻。她时常身穿花纹很淡的黑色和半黑色衣服，从早到晚轻风似的在家里飘来飘去，唱着歌或者下着命令："你们做肉做鱼，因为根本不知道要来的人爱吃什么。"这句我们将会从乌苏拉·伊瓜兰嘴里再次听到的话，可以使人大致领略这个各色人等造访的好客人家的烹饪术。然而作为一个行动敏捷的人，特兰基丽娜从不慌乱，总是平静得让人惊奇。这也许由于她很少接触现实，她的王国不在这个世界上。所以她对死人的闲话比对活人的闲话还在意。弗朗西斯卡·西莫多塞阿·梅希亚徒劳地企图使她了解男人们尤其是她丈夫的真实生活——"米娜①，你是傻瓜，"她说，"尼古拉斯骗你，他有别的女人，你不知道。"特兰基丽娜却不动声色。因为她太忙了，忙于料理活人死人相遇的阴阳两间边界上的事务，忙于用迷信保护全家人。比方说，阴魂走开以前就应该让小孩睡觉；孩子们躺着的时候如果门前有出殡的行列经过，应该叫他们坐起来，以免跟着门口的死人一块儿死；应该注意别让黑蝴蝶飞入家中，因为飞进来就意味着家里要死人；若是飞来了金龟子，家里就要来客人；保证不撒落盐就

---

① 亲人在家里对特兰基丽娜的简称。

能躲避厄运；如果听见怪声那就是巫婆进了家门；如果嗅到硫黄味就是附近有妖怪。她本身构成的这本迷信词典的一大部分将由外孙连同对死亡的恐惧一起承袭。总之，她所有的鬼怪故事与迷信说法后来成了加西亚·马尔克斯创作的沃土。

外祖母之相信鬼神无疑是由于过去在瓜希拉省居住以及受加利西亚人的影响。一个同时又是加利西亚人的瓜希拉人很难承认活人与死人的界限。这种观念除了瓜希拉省存在以外，实际上在拉丁美洲很常见。加西亚·马尔克斯能够构思出《百年孤独》，一个因素就是他察觉到了一个千真万确的平平常常的事实，即不仅外婆和姑姥姥们而且大多数哥伦比亚人和拉丁美洲人都生活在一种准现实之中。

所以特兰基丽娜太太整天唱歌和胡说，而外孙不断提要求提问题。

"姥姥，曼布鲁是谁？他参加过什么战争？"

她根本不知道，但想像力很强，便大胆地回答："他是跟你外公一块儿在'千日战争'中打过仗的人。"

大家知道，那首古老的民歌（加比托的外祖父很爱唱）中的曼布鲁就是马尔伯勒公爵①本人，而加西亚·马尔克斯将他作为转瞬即逝的人物塞进小说的时候，宁愿要外婆的说法而不要真实的说法。这便是马尔伯勒化装成老虎，与奥雷良诺·布恩迪亚上校一起输掉哥伦比亚所有的内战的缘由。

外祖母摆出一副木头脸，顺着外孙提了不知多少遍的问题的线索，给他讲述充满死人的各种鬼怪故事。她说话的嗓音犹如来自一个遥远的世界即故事主人公的世界的窃窃私语。外公讲的故事是现实主义的，充斥其间的死人是真实死亡的人。而外婆故事里的死人活着，并且寻找活

---

① 马尔伯勒公爵（1659-1722），英国著名军事将领，参加过"西班牙王位继承"战争，一首讥讽他的西班牙民歌使其出名。

人以消除自己的孤独，就像那个长头发的侯爵的女儿12岁死于狂犬病，以后依然活在人们中间，并且在整个加勒比省创造出许多奇迹。

在那个充满女人的家里，特兰基丽娜除了发号施令还做些实事，比如没有女仆时她做饭。她一直是家庭面包房的领班，认为这是她的专属领地，这使她在这一带获得了优秀面包师的美称。对孩子她几乎从来不管，只是在他们哭闹和要睡觉时讲死人故事和唱她自己创作的歌曲。这些歌曲唱的是故事，加西亚·马尔克斯一直记着一首讲述一对情人互诉衷肠的歌词。所以叙事不仅需要故事也需要歌曲——这与日后这位未来的作家十分迷恋并且深受影响的《一千零一夜》、《罗曼采罗》①和巴耶纳托小调属于同一类叙事作品。

所以，实际抚养加比托的是"巴"姨埃尔维拉·卡里略、"娜娜"姑姥姥韦内弗里达·马尔克斯，特别是"玛玛"姑姥姥弗朗西斯卡·西莫多塞阿·梅希亚。②埃尔维拉是埃斯特万·卡里略的孪生妹妹、马尔克斯上校与马努埃拉·卡里略的私生女，19世纪末生于巴兰卡斯县，20岁左右来到阿拉卡塔卡镇，被父亲和特兰基丽娜收留。后者一直拿她当自己的女儿，如同一直拿丈夫许多私生子当自己的孩子一样。而埃尔维拉也委实是一个十分孝顺的女儿，服侍米娜老太太直到老人84岁时在苏克雷镇逝世。巴姨对整个宅院尤其对家里人颇具权威，这一方面由于她的性格，一方面她是女人中惟一的多面手，一天当中又是在秋海棠长廊绣花，又是打扫卫生，又是往衣服里放卫生球防蛀虫，又照看小孩，又做卖的糖星星和小糖马。相反，韦内弗里达是家里一个可有可无

---

① 罗曼采罗是西班牙民间谣曲的总称。类似史诗却是压缩成可以依调吟唱的戏剧性叙事诗。

② "巴"、"娜娜"和"玛玛"均为家人对她们的简称。

的人，因为她和丈夫赫苏斯·金特罗住在另一个宅院。她与家中其他女人不一样，仰仗着住得远以及是尼古拉斯·马尔克斯心爱的妹妹这一特权所带来的便利行使权力。

然而超越特兰基丽娜和上校在家真正发号施令的是姑姥姥玛玛。她是十足的家长和家里的上校，不仅什么都知道什么都决定，而且最肯干。她终生未嫁，因为她以投身家政事业代替了婚姻。她还是家里的传奇式成员之一，20世纪头十年的末期她陪伴马尔克斯与伊瓜兰夫妇一家从巴兰卡斯迁徙到阿拉卡塔卡。她父母是何塞·马里亚·梅希亚·比达尔和特雷莎·里奥斯，这使她成了上校的一等旁系亲属，还成了继承尼古拉斯银匠手艺的巴兰卡斯县的首饰工匠欧亨尼奥·里奥斯的半个姐姐。

弗朗西斯卡·西莫多塞阿是埃尔卡门德玻利瓦尔县人，在故乡跟着表兄长大。她肤色黝黑，身材中等，体质不太好。头发和印第安妇女一样，梳向后边辫成两条长辫子，上街的时候缩成发髻。衣服从不穿色彩鲜艳的，而与特兰基丽娜一样穿长及脚跟的黑色或半黑色的，衬衣要短袖的。在家穿拖鞋，出门换上系纽扣的高腰皮鞋。她爱嘻嘻哈哈，爱高声喊叫，爱发号施令，实在难以忍受的时刻会像费尔南达·德尔·卡皮奥一样对任何人任何东西都骂不绝口，然而心地善良，她喜欢的孩子常常挤满了屋子，她时常给许许多多的客人身边摆满果汁、苏打饼干、沿海生产的奶酪以及必不可少的她亲手做的掺入酸番石榴和甜石榴的糖果。

她一刻也不停歇。这主要因为照看和引导孩子是她十分乐于做的事情，是她给孩子们在河里洗澡，给他们喂饭，给他们穿衣服，他们任性时予以疏导，带他们去教堂参加下午的念珠祈祷仪式，密切注视着他们的睡眠。她和加比托、马戈特以及稍大一些的莎拉·马尔克斯就睡在那个供着圣徒像的房间。外祖母特兰基丽娜为孩子们说唱完毕，弗朗西斯卡辅导他们祷告，他们睡着后，她坐在屋里的小祭坛旁边的一把椅子上自己再做祷告，祭坛上主要摆着圣约瑟和圣利塔的石膏像，挂着一张耶稣之心的画像和她亲自从遥远的巴兰卡斯带来的一张她十分喜欢的卡门圣母像。虽然她每天去听弥撒，但只有星期日才带孩子们去。她还把加比托带去给安加里塔神甫当侍童。她的虔诚和对教区的尽心效力使她光荣地掌管着教区和墓地的钥匙，并且在重大庆典时管理祭坛。就这样她还有时间去做活，给家庭经济出一把力——和特兰基丽娜与埃尔维拉一样，她也加工奶糖、椰子和番石榴去卖。

加西亚·马尔克斯一直记着她，把她作为养育了自己的一位不知疲倦的富于想像力的女性，作为保护村镇的聪慧的姑姥姥牢记在心。她同特兰基丽娜一样信天主教，一样迷信，不同之处在于她脚踏实地，并且十分熟悉民间文化。虽然外祖母令人尊敬的外貌将成为乌苏拉·伊瓜兰的原型，但加西亚·马尔克斯用以塑造这一人物的本质的则是玛玛姑姥姥的人格与特征。犹如乌苏拉之于马孔多镇，玛玛的人格光彩超出了家庭范围。例如有一天，一位姑娘拿着一个有凸起的蛋来到外祖母家。阿拉卡塔卡全镇没有人能说清这是什么蛋，外祖母来找智慧婶子弗朗西斯卡。婶子仔细查看后，发表意见说是一枚蛇妖蛋。她叫人在院子里燃一堆火烧了它。没有一个人明白是怎么回事，可她的意见立即被照办了。

这种即使在十分异常十分凄惨的境况中也正视生活的坦然和理智的方式，就是后来作家所称的"木头脸"，外祖母即以这种表情不动声色地给他讲述极其恐怖的鬼怪故事。这是加西亚·马尔克斯最神奇的文学资源，多亏了这些故事，30年后他将它们作为叙事艺术的一个关键予以采纳，写出了《百年孤独》。

尽管玛玛姑姥姥逝世时的状况非常悲惨，可她把木头脸一直保持到底。她不会织布，疼痛难忍的肾脏感染在最后那些日子折腾得她站不起也坐不住，所以请求埃尔维拉·卡里略为她绣寿衣，绣好以后又求她办最后一件事：搭个小祭坛，死后好给她做九日祈祷。巴姨一步一步地照她说的去做，在已经改作休养室的原先上校的办公室的墙上挂一条白色床单，再靠墙摆一张桌子，上面依照垂死者指示的对称方式放一对大烛台，一尊基督受难像，一幅耶稣之心的画像和她最喜欢的一幅卡门圣母像。与不合时宜的格兰德大妈和报复心重的神秘莫测的阿马兰塔·布恩迪亚（在《百年孤独》里她是自己绣的寿衣）一样，玛玛姑姥姥直到发布着最后的命令死去之时仍是处女身，也许还系着贞节带。

加比托只能和外祖父完全沟通且完全理解。外婆和姑姥姥们的世界令他晕头转向，常常使他恐惧，而外公的世界给他提供条理和安全。外婆和姑姥姥们一给他讲什么荒诞不经的事情，外公总是说："你忘了它吧，娘儿们才信这个。"然而，在外公的安全的一边，孩子却不由自主地好奇地窥探外婆的世界。一边是真实地历史性地发展的事物的世界，其中有条理和进展过程；相反，另一边的世界光怪陆离，充满迷信，停滞的时间在循环论证中旋转，对于主宰其中的谬误推理，孩子无法像领会外公讲的事情那么容易地去理解它。所以外孙希望如他一样英勇、自信、有条理。然而矛盾的是他的作家生涯却将他摆在外婆一边而不是外公一边，他同两边的关系在每个问题上将会如此不同和不可调和，以致这一关系不仅将要决定性地影响《枯枝败叶》和《百年孤独》两个故事，还有他们本身的时空结构。

尼古拉斯·里卡多·马尔克斯·梅希亚上校是加西亚·马尔克斯满怀深情地称颂最多的一个人。他说外祖父是他童年时期惟一能够与之沟通的人，外祖父去世后他百无聊赖，甚至他作为成年人的生活中的欢乐仅仅由于外公无法得知而成了有缺陷的欢乐。外公呢，他以前每每惋惜生活不允许他看到自己钟爱的外孙的成就。

爷孙俩是一个女人之家里仅有的男人，这增强了他们的亲密及友谊。作为老军人的他管外孙叫"我的小拿破仑"，外孙称他"教皇"。当外孙开始意识到两人的亲密时，外公大概已经 68 岁了。他是纯血统的西班牙人，中等身材，肚皮隆起，前额宽阔，短髭浓密，头发花白，笑容和善，戴金丝眼镜，右眼失明——一天，他在巴兰卡斯市的作坊观赏一匹白马时，突然因青光眼而失明。

虽然尼古拉斯·马尔克斯这个旧军人形体粗壮，却举止文雅，言谈有度，措辞精确，讲问题一针见血。他务实，有条理，堪称礼仪周全的楷模。他总是衣冠楚楚，尤其在举行庆典的时候，即使天气热得让人喘不上气来，他也穿着坎肩，系着领带，以展示其华服美饰。坎肩的一个口袋装着金壳怀表，表链斜穿过隆起的腹部。时常把胡须剃得干干净净和喷洒香水这两样使他的优雅更加完善，外孙说他是"肆无忌惮的通奸者和我所记得的最贪婪的饕餮之徒"。他数不清的私生子（作家说他寻找家族根源时在塞萨尔省和瓜希拉省认识了其中的 19 个）启迪出了奥雷良诺·布恩迪亚上校的 17 个私生子，他的美食嗜欲为何塞·阿卡迪奥与奥雷良诺第二的铺张排场的筵席提供了素材，他播撒在地域辽阔的加勒比省的一些根苗隔三岔五地，特别是圣诞节期间光顾阿拉卡塔卡这所宅院，特兰基丽娜如同对待亲生儿子们似的欢迎他们，就像乌苏拉·伊瓜兰接待奥雷良诺·布恩迪亚上校那些私生子一样。

杰出和忠厚，省级税务官和镇政府出纳的职务，在自由党队伍中的政治活动，老上校的名望和良好的社会关系，这些使他成为阿拉卡塔卡地位最稳固最受人爱戴的长者之一，拥有无可辩驳的道义上和政治上的权威。他是根基十分纯正的自由主义者，在政治态度问题上同在名誉问题上一样不含糊：他所遭受的最大的侮辱之一，就是 1908 年 4 月的那天傍晚梅达多·帕切科·罗梅罗胆大包天地骂了许多话之后末了说他是"我们自由党里一个倒霉的累赘"。

他总是牵着外孙的手，注意让他看一些东西，并且给他讲一些东西。加比托这才了解了村镇、外部世界、小写的和大写的历史以及创造这些历史的活生生的人。他拉着外孙的手沿着飞扬着灼热尘土的街道，穿过谢了花的巴旦杏树林，去看汤姆·米克斯①的电影和国内最好的马戏。马戏团受热火朝天的香蕉开发事业的吸引在村镇上搭起了帐篷。这样，外孙认识了许多过去只在儿童画报和课本上见过的动物。一天晚上，爷孙俩在马戏场看过单峰驼回家以后，外公拿过字典给6岁的外孙讲解："这是单峰驼。这是单峰驼和大象的区别。这是单峰驼和双峰驼的区别。"这等于给他上了动物学和词典学的第一课。每当孩子提问而外公回答犹像的时候，外公便说："咱们来看看字典里是怎么说的。"作家之喜爱词典和百科全书即来源于此。

没有什么一般问题和令人焦虑的问题是外祖父不能回答的。外祖母每天下午6点用鬼怪精灵堵住他的嘴，而外祖父总是愉快地回答他没完没了的追问。有一次5岁的外孙回家说他刚才在香蕉公司特派员办事处见到几条硬得跟石头似的棘鬣鱼。外公解释说冷冻的鱼就像石头一样。加比托问啥叫冷冻，外公说就是把鱼放进冰里。可是什么是冰呢？于是外公拉起他的手，领他来到附近的一个十字路口斜对面的特派员办事处，让人打开装棘鬣鱼的箱子，拿出冰给他看。在以后的许多年里，冰的样子和外公牵手领他看马戏的情景一直在他脑海里萦绕，这两种情景在记忆中融合，便成了《百年孤独》开头的情节。

作家在外祖父身边的一些色彩斑斓的记忆大概是多次乘坐轻便船

---

① 20世纪20年代美国电影演员，以饰演美国西部牛仔而闻名。

前往库拉萨奥岛和阿鲁瓦岛，上校是去买香水和绸缎衬衣的，还有那次坐"黎明号"平底船沿着马格达莱纳河去巴兰基亚市。然而这次险些成为一趟悲惨的旅行，六七岁的加比托在寝舱听到一阵吵闹，原来外公跟几个人因政见不同争论起来，那些人想把他扔到河里去，外公奋力抵抗。这次也像一生中所经历的那么多惊险一样，惨祸敲了他的门，却没敢进来。

爷孙俩最重要的一次旅行，无疑是去圣玛尔塔省的圣佩德罗阿莱汉德里诺庄园，让孩子瞻仰"解放者"病逝于斯的这座祖国的圣殿。前面已经说过，外孙4岁不到的时候就在巴兰基亚听过"玻利瓦尔"这个名字，6岁时在外公的一幅挂历上见过死去的玻利瓦尔的形象，挂历上还有几行白色字迹的诗句说只有圣玛尔塔省至少给了他一块葬身之地。7岁的加比托由外祖父拉着手前来瞻仰圣佩德罗阿莱汉德里诺庄园的时候，在一片罗望子树的荫蔽下首先问诗句上说的那块葬身之地在什么鬼地方。其父见过玻利瓦尔一面的外公一如既往地给外孙讲了事情的来龙去脉，还给他神化了这位国父的相貌。作家从这些和其他细节的积累出发逐渐萌发了在小说中描绘"解放者"的兴趣。

尽管如此，他童年最平静的时刻是外公早晨领他去洗澡的时候。两人穿过寂静得让人发毛的一望无际的香蕉园，到圣玛尔塔雪山脚下的阿拉卡塔卡河的神来之水中沐浴。他贪婪的记忆自然是永远地摄取了激流的情状：清澈的几乎冻冰的河水奔流在"蛮荒时代的动物蛋一样光滑、洁白、硕大的卵石构成的河床上"[1]。爷孙俩由原路返回的时候，香蕉园极度的寂静（在《百年孤独》和《霍乱时期的爱情》里，这种寂静暗含妖术魔法，能够致人死命）被蝉鸣打破了。加比托听着蝉叫和外公

---

[1]《百年孤独》的卷首语。

的话，外公在讲彗星出现的那一年，讲阿拉卡塔卡镇的黄金时期，还重复着对香蕉工人大屠杀的细节和"千日战争"的一千零一个故事：他参加过的战斗；他和战友们险些被捉住枪毙的那一天；确确实实死去的那些朋友；野战医院垂死的伤兵；黎明时分在随便哪个墙根下被枪杀的人们，比如他的朋友阿隆索·普拉萨斯上校于30多年前一个不幸的早晨在外公巴兰卡斯市的家附近被保守分子处决。

所有这些故事在作家的记忆里翻腾，再经他的想像予以移植，便成了奥雷良诺·布恩迪亚发动并且输掉的32场战争的渊源。可他并不记得那些故事的内容发生在哪次恐怖的战役，甚至不记得外公的英姿出现在哪些战斗中，只记得一件貌似次要的事情：外祖父腹股沟旁边一处枪伤的伤疤。他去世前两年，有一次从梯子上摔了下来，摔得很重，医生检查时看见这个伤疤就愣住了，问是怎么搞的。上校回答说："是战争中枪打的。"外孙觉得这块伤疤仿佛是外祖父传奇式的全部英雄历史真正的显露。

爷孙俩总是手拉手，有时候竟能走入阿拉卡塔卡这片混乱贫穷的天地与联合果品公司的美国人的围墙之中的极乐世界的交界处。孩子在后来的《百年孤独》里怀着文学报复心理所称的"电气化鸡窝"的那另一片天地，可以看见装有降温设施的漂亮房子、绿松石般的游泳池以及耸立在池子四周碧绿的草地上的太阳伞、网球场。"虾一样红"的男人女人和孩子穿着薄薄的衣服或者漫步或者在太阳伞下的柳条椅上憩息。有时，从电气化鸡窝走出一些身穿麦斯林纱衣服头戴薄纱草帽的女人，这是些放声大笑和眼睛稀奇古怪的女人，就像有一天傍晚的那个女人一样，她驾着活篷汽车，身旁卧着一条狼狗，在阿拉卡塔卡这个"穷人的死地"的街道上横冲直撞。在尘土与炎热中眺望她的许许多多明亮的眼睛当中，有一双六七岁的小孩的眼睛，这孩子将因她那女人的美丽形象、异国情调和显要权势而永远感到不安。于是，阿拉卡塔卡镇上这个郁郁寡欢的孤独的孩子学会识字之前就已经开始在外祖父讲的真实世界上，事物运动的世界上，看到了一个进步或者退步的轴心，因为有人拥有一切而有人一无所有，有人命令别人而有人听命于人，有人通晓一切而有人一无所知。他还看到电气化鸡窝这座禁城中的居民应对这一进步抑或退步承担一部分责任，因为他们要为1928年悲惨的大罢工负责，他们改变了这个小孩与其外公洗澡的那条河的流向，更为严重的是他们永远改变了这个村镇及其居民的历史进程。

在马尔克斯上校展示和讲述给外孙的事情当中，有他逐步提供的一些为孩子政治上和思想上的觉醒奠定基础的细节。他还不辞辛苦地给外孙念报纸上的消息，讲解"保守主义者天生而成，自由主义者造就而成"这句标语口号似的话。可是，直到奥拉亚·埃雷拉的自由派政府掌权时期（1930-1934），孩子才对国家制度第一次感到不满，因为政府的警察来到阿拉卡塔卡征集捐赠，给讨伐秘鲁的那场悲喜剧式的战争筹措军费，他们拿走了外祖父母的结婚戒指。加比托这时睁开了眼睛，认为说不定"有人编造出跟秘鲁人的这场冲突，以便抢走我外祖父母和全体国人的结婚戒指"。

不久，傍晚散步的时候，老上校走着走着就停住脚步，站在街道当中，长叹一声，坦诚地对7岁的外孙说："你不知道一个死人有多苦啊！"如果说战争伤疤的显露使孩子觉得外公的形象更加迷人的话，那么，这一肺腑之言便是给他印象最深刻的一句话。它确凿无误地表明上述两件事体现了外祖父最大的悲剧：战争和那个死人留给他的创伤。加西亚·马尔克斯承认，索福克勒斯[①]的影响也许是他的作品无法摆脱死

---

① 索福克勒斯（约公元前496-前406），古希腊三大悲剧诗人之一。相传一生创作了120多个剧本，现存7个完整的悲剧。

亡的存在的原因。此言不谬，但只说出了一半，事实的另一半是早在受那位希腊大师影响之前很久，国家的悲剧和外祖父的悲剧已经影响了他。正如我们已经看到的，"千日战争"是哥伦比亚历史上最血腥的民众悲剧（加上四五十年代称为"暴力"的时代），这一悲剧是由外公讲述给外孙的。另一方面，上校那句忏悔性的话"你不知道一个死人有多苦啊！"是已故的梅达多·帕切科·罗梅罗的幽灵使然，此人是上校在巴兰卡斯的一场决斗中被迫打死的。

这样，久而久之，外孙渐渐悟觉到，安详的有条理有权威的外祖父那令人尊敬的形象实际上是被两场不可改变的悲剧困扰着的一个形象，他是逃离本身的失败的一个有尊严的劫后余生者。外孙还将悟出自己和自己的命运在一定程度上是那些隔代的失败衍生而来的，因为可以这么认为，巴兰卡斯不幸的决斗以后马尔克斯与伊瓜兰夫妇一家来到香蕉产区，使得16年后那位报务员娶了阿拉卡塔卡镇上的美人，使得他加比托跟随外祖父母在那所充满活人与死人的又旧又大的宅院长到10岁。只是，尼古拉斯·马尔克斯上校永远不会知道他的双重失败在外孙的小说里将要变成美学意义上的永久的胜利。

在加西亚·马尔克斯童年时代的人口登记簿上，外公外婆、姑姥姥、父母、姨妈、兄弟姐妹、女仆和其他一些亲属自然是最重要的人物，却不是全部的人物。在阿拉卡塔卡这个巴别城式的地方居住的和来这里的稀奇古怪的本国人和外国人都将进入加西亚·马尔克斯的记忆，供他创作另外许多人物，至少供他勾勒其面容，描绘某些心理特征。

有的人是无名氏，真正的无名氏，就像那位妇女，有一天来到阿拉卡塔卡时满脸通红——一则因太阳的炙烤，二则因众人好奇的目光。她来了，牵着一个小女孩，拿着一束给儿子坟墓献的鲜花。而全镇却飞短流长:"那个盗贼的母亲来啦。"这位根本没有留下姓名的名副其实的母亲将在《礼拜二午睡时刻》这部作家多年来认为是自己最优秀的短篇小说中成为永恒的母亲。或者就像居民区的另一个女子,有一天她与情人私奔。她奶奶为了遮掩家丑,说孙女黄昏时分让风卷走了。然而,真正令他心驰神往的是那些用神奇的谶语给奶牛驱除蛔虫的巫医,那个让人往肚皮里塞入一只癞蛤蟆的人,以及玻利瓦尔广场上那个被干净利落的一刀砍掉脑袋后仍然骑驴行走的人。

其他大多数人物有自己的名字,尽管不是阳间的名字。比如毗邻外祖父母家的一所人称"死人之家"的宅院住的那个死人,虽然同院一个人在一次招魂道场上讲出了他的真实姓名,大家还是简简单单地叫他"死人"而不叫"阿尔丰索·莫拉"。这不是一个令人毛骨悚然的鬼魂,他很平静,不像别的死人那样号叫,而是泰然自若地过他阴间的日子,一如《百年孤独》里的普鲁登西奥·阿吉拉尔。人们只是偶尔听他在一旁咳嗽或者吹口哨,如果有谁碰见了他,那可不是因为他不安分地上了大街或者无礼地去别人家串门,而是居民们斗胆闯入了这个不害人的死人家里。为了让唯理主义者们目瞪口呆,加西亚·马尔克斯板起木头脸——与阴间拥有听者咳嗽声与口哨声最响的外婆和埃尔维拉姨妈一样的木头脸,描写他小时候是如何撞见那死人的:"一天,艳阳高照,我跑到邻居家去追一只兔子。兔子躲在厕所,我想进去捉。一推门,没见兔子,却见茅坑蹲着一个人。他的神情是若有所思的忧愁——我们每个人在那种情况下都会是这副样子。我从卷到胳膊肘的袖子和昏暗中亮闪闪的那种黑人的漂亮牙齿,立刻认出了他。"

但是,最令人瞠目的还不是街角的房子里住着死人,而是这个死人最后与一个凡人一起住在那里了。教区神甫弗朗西斯科·安加里塔不顾任何警告租下了那所宅院,经过几次招魂道场似乎使得那个鬼魂越发安宁了，尽管他那时时咳嗽和吹口哨的怪癖尚未改掉。外祖母特兰基丽娜就是这样对 40 年代初来这所半遗弃的宅院看望她的奥斯瓦尔多·罗布莱斯·卡塔尼奥说的，他写道："于是我向她问起了对面街角上的那个死人，我知道租那所房子的教区神甫去了以后轰跑了住在那儿的鬼怪。她平静地微微一笑，对我说那些死鬼忘不了我。说着她止住笑，给我指了指她的眼睛已经无法看见的旁边的院子，狡黠地说：'那儿总是吹口哨，我时常听见'……"

安加里塔神甫的生活比他同院伙伴的生活更令人惊奇。他 1928 年中期作为新任教区神甫来到阿拉卡塔卡镇，两年后给加西亚·马尔克斯施了洗礼。他大腹便便，行动迟缓，走路拄着手杖。和安赫尔神甫[①]、安东尼奥·伊萨贝尔神甫[②]一样，安加里塔是一位有点儿古怪的严厉的道德教育者，可以说他布道时关于电影内容的道德问题、关于有悖道德准则的袒胸露背的女人衣服、关于布里斯托尔[③]历书、关于香蕉价格的说教也同那两位神甫一样。对不听话的孩子他揪耳朵，而对他的侍童之一的加比托一类的乖孩子则掰一块圣饼予以奖赏。训练加比托和他的同代人准备在第一次领圣餐前做忏悔的时候，他拿着一份罪孽目录，以便有条理地深入地询问他们的行为与愿望，例如是否和女人或者动物发生过性关系。他坐在家里阳台的凳子上装作读《圣经》，其实利用巧妙地夹在书页中的一面小镜子观察门前经过的姑娘们的服装式样，如若有谁穿着袒胸露背的上衣或者会使异性想入非非的裙子，他就在下一次讲经布道时不指名地批评她。然而这不过是安加里塔神甫掩饰自己隐秘的永不满足的性欲的一种举动，他同镇上所有男人一样想方设法获取阿拉卡

---

① 小说《恶时辰》中的主要人物之一。
② 小说《格兰德大妈的葬礼》中的主要人物之一。
③ 同上。

塔卡的妓女们的服务。据说他亲自大肆渲染那个死人的故事，以便吓跑那些好奇的孩子，免得在他企图满足性欲之时他们偷看。

但是，安加里塔在阿拉卡塔卡镇很得民心。这并非因为他像前任埃斯佩霍大人一样做弥撒时腾空离地，而是他把前任20年代初开始的教堂建设工程坚决地完成了，更因为在1928年12月杀戮工人之后那些压抑的日子里他所表现出的勇敢态度和与工人们休戚与共的精神：他怀疑关押在阿拉卡塔卡的罢工者将要被卡洛斯·科尔特斯·巴尔加斯的士兵枪毙，便跟着士兵混进了监狱。监狱里的状况以及香蕉产区发生的军事镇压暴行之所以传遍了哥伦比亚，是由于翌年中期安加里塔亲自将一份报告送给了自由派国会议员豪尔赫·埃列塞尔·盖坦。

“死人之家”对面即加比托家斜对面的街角居住的一个人也给加比托留下了持久的印象，这就是委内瑞拉医生安东尼奥·巴尔博萨。他被胡安·维森特·戈麦斯的独裁统治逼迫流亡国外，20年代初来到阿拉卡塔卡，成了镇上的医生和药剂师。时间一长，他慢慢地抛弃了这个职业，懒洋洋地躺到了家里的吊床上。巴尔博萨配制洗液和各种混合药水，他是一个彬彬有礼的人，跟马尔克斯与伊瓜兰一家关系很好。他有神经衰弱症，几乎见不得孩子，但跟加比托与路易斯·科雷阿·加西亚玩得十分开心，这两个孩子把他转变为游戏中的绝妙搭档，和他比赛看谁先辨认出药房架板上的可拉果颗粒、斯考特乳剂和巴里药粉，这几样药品巴尔博萨可是天天移换位置的。这种玩耍并非完全天真无邪，因为借助它们这位大夫的药房将被搬进未来作家的几本书里。大夫的家就是从前加比托的父母恋爱遭到禁止时交换信件的地方，这个家如今将要成为《枯枝败叶》中那位神秘的吃素的法国医生的宅第，他在此生活和上吊，人们在此为他守灵。巴尔博萨大夫本人将会是这个人物的一半原型，仅仅是一半，另一半原型是欧洲移民潮送来的一个人，比利时人埃

113

米利奥先生。

　　人送绰号"法国人"的埃米利奥于20年代末从安的列斯群岛①来到这里的时候，架着双拐，一条腿带着枪伤——他参加了第一次世界大战，这是从可怕的战争中逃出时的样子。他是首饰匠，还会做牌戏桌子。他跟加比托的外公外婆过从甚密，常与上校在黄昏时分下跳棋，二人都沾染了手工业匠人常有的一些坏毛病。远离了欧洲那些野蛮人，阿拉卡塔卡这个"穷人的死地"为他提供了平静与安宁。可在一个星期六的下午，埃米利奥犯了一个错误——去看了《前线无战事》这部电影。影片对第一次世界大战的逼真再现给他的冲击十分强烈，他觉得仿佛在电影里看到了自己，于是又一次受到了已经在身体上和精神上伤害了他的那场悲剧的折磨。在喝下氰化物溶液之前，他还镇定地留下一张解释性的纸条："不要怪罪任何人，我因烦恼而自尽。"

　　第二天，上校不得不放弃8点钟的星期日弥撒，迅速张罗着给埃米利奥在专门埋葬自杀者的墓地举行一个适当的葬礼。他一如既往地手里拉着加比托，加比托也一如既往地在悲剧里获取了文学素材：比利时人埃米利奥不但部分地变成了《枯枝败叶》里那个神秘的吃素的法国医生，而且多年以后死而复苏，作为安的列斯群岛来的难民兼战争残疾人兼儿童摄影师赫雷米亚斯·德圣阿莫尔，出现在《霍乱时期的爱情》中。

　　作家童年遇到的人当中，很少有人像阿拉卡塔卡居民胡安娜·德弗雷特斯那样给他留下十分愉快的回忆。与巴尔博萨一家一样，胡安娜及其丈夫马科斯·弗雷特斯将军也是逃出独裁者胡安·维森特·戈麦斯的魔爪来阿拉卡塔卡避难的。加西亚·马尔克斯出生时，她仿佛是天上

---

① 位于南美洲与北美洲之间的加勒比海中。

派给接生婆桑托斯·比耶罗斯的顾问，挽救了母子两条性命。她还是作家的文学禀赋的接生婆之一，是她第一个把自己改编过的儿童故事讲给他听的。每天傍晚，这位漂亮富态的白人老太太坐在紧挨着联合果品公司特派员办事处的装有拉门的家里客厅的一把柳条摇椅上，给镇上的孩子们讲述那个在加拉加斯被一匹叫做"凶残的胡安·维森特"的狼吞噬的"小红帽"①的动人故事，那个在福天洞地的加拉加斯的一次盛大庆典中遗失了水晶鞋的灰姑娘的迷人的故事，那个在加拉加斯的桃花心树的荫蔽下等待王子叫醒的睡美人的喜人故事。富于想像力的胡安娜给古典故事增添了新意：它们全都发生在她所怀念的那座城市。

于是，加西亚·马尔克斯将要伴随着对委内瑞拉首都的一种理想化和文学性的看法成长，那是西蒙·玻利瓦尔诞生的城市，那是正在发生着不可思议的事情的城市。许多重要的和神奇的人都来自那里，像巴尔博萨一家和弗雷特斯一家，或者像莱奥尼一家和贝坦科乌特一家。两个杰出的家族多年以后各自出了一位委内瑞拉共和国总统。以后我们会读到，奇妙的是就在加拉加斯，1958 年 1 月的一天，加西亚·马尔克斯萌发了构思《家长的没落》的主题的念头，这一主题他幼年在阿拉卡塔卡同外祖父、其他打过仗的老兵和杰出的委内瑞拉流亡者在一起的时候，已经在某种程度上隐约看到了。

从鬼魂遍布的自家，经过胡安娜·德弗雷特斯和埃米利奥先生的家，到邻居那个"死人之家"，加比托生活在完完全全的文学和前文学的天地，一个准现实和奇妙的世界。不久这个世界在意大利人安东尼奥·达孔特·法马家里变得神奇起来。

达孔特和其他许多欧洲移民一样是第一次大战末期来的，他为阿

---

① 法国作家夏尔·佩罗（1628–1703）的小说《小红帽》里的主人公。他的其他作品还有《睡美人》、《蓝胡子》等。

拉卡塔卡带来了无声电影、出租自行车、留声机和收音机，这使加西亚·马尔克斯有充足的理由在《百年孤独》中将他变做马孔多镇的大恩人皮埃特罗·克雷斯皮从而使他永恒。达孔特阔绰的富翁命运也表现在爱情生活上：他有两个老婆，她们是姐妹。而最令人惊诧的不是姐妹之间以及夫妇之间相处融洽，并且两姐妹还交换孩子来喂养，而是一个老婆光生儿子一个老婆光生女儿。他之所以留在作家的记忆中，并非只是由于富裕和奇异的生活，还由于他那名曰"四角屋"的家里住着鬼怪和精灵。加比托和朋友路易斯·科雷阿·加西亚及弗朗哥·伊里亚特最开心的事情之一，就是窥探占据了这个意大利人的宅院的那些鬼魂的出乎意料的举动与乖戾暴躁的脾气。

哥伦比亚的加勒比地区的幽灵是紧要关头救助东家的善鬼，而阿拉卡塔卡的鬼怪则不同，确切地说是淘气的贪玩的精灵，住在水缸底，"以在家里处处捣乱为乐。这些调皮而不恶的精灵只是稀释牛奶，改变小孩子眼睛瞳仁的颜色，使锁生锈和让人做怪梦。然而，有时候出于始终未能弄明白的原因，他们脾气变坏，发疯似的朝自己住的院落和房屋扔石块"①。

像《霍乱时期的爱情》里的胡维纳尔·乌尔维诺大夫一样，加西亚·马尔克斯"怀着几乎虔诚的惊讶观看着鬼魂，以此打发童年里消逝缓慢的时光"②。与笔下那个人物不同的是，作家依然毫无惧色地说曾经看见它们向安东尼奥·达孔特的也就是它们自己的宅院扔石块。将近60年后，人们怀着人所共有的唯理主义意识问路易斯·卡梅洛·科雷阿·加西亚关于幽灵的故事是否属实，他马上毫不犹豫地回答完全属实，不过"只有加比托现在想起了它们"。

---

① 见加西亚·马尔克斯：《重返根源》。
② 同上。

一个不单单由于来源而包含着千年鬼怪的词，由另一位时常光顾外祖父母府邸的人带给了加比托，此人便是马孔多香蕉种植园经理安德列斯·加西亚。

虽然加西亚·马尔克斯多年以后同他出生之前就已神交的朋友路易斯·卡梅洛·科雷阿·加西亚回忆童年往事时说，"马孔多"这个名称是他大约 5 岁时在联合果品公司特派员办事处第一次听到的。但是，很有可能而且最大的可能是在此以前他已经在自己家里听说了，因为安德列斯·加西亚频频拜访马尔克斯与伊瓜兰夫妇，每回来阿拉卡塔卡参加 2 月 2 日的天主教圣烛节庆典时都住在他们家里。不过，加比托头一次听到这个名字也可能是在另外的场合和由于另外的事件，因为"马孔多"这个词也是一种树、一种赌博和皮维哈依市一个小镇的名称。

拥有 336 公顷土地的马孔多是联合果品公司面积最大的种植园之一，它位于塞维利亚河畔，距一个与它同名的村庄不远，但行政上归邻近的瓜卡马亚尔专区管辖，这个隶属于谢纳加省的专区是 19 世纪初为了便于铁路的修筑和香蕉产区的开发而设立的。瓜卡马亚尔多年被看做索多玛，这也成为当地的代称。加西亚·马尔克斯在《格兰德大妈的葬礼》中讲到"瓜卡马亚尔的妓女"的时候提到了这个地区。前文说过，它还是 1928 年大罢工起过主导作用的那场思想和政治运动的策源地。尽管如此，瓜卡马亚尔最有意义的贡献无疑将是那个老香蕉种植园的名称。此地草木丰茂，一半尚未开垦，气候像阿拉卡塔卡周围一样燠热和难以忍受。所以加比托和外祖父母及姨妈们去谢纳加、圣玛尔塔、巴兰基亚途中从火车上看到马孔多的时候，大概觉得这个名字就是那一片景象连同它的香蕉树、萨曼朱樱花、芒果树、番石榴树、棕榈树、木棉树、槐树的延伸。

"马孔多"这个名称具有古老的历史，它在来到哥伦比亚的加勒比地区之前的词意变化已经无法详考，不过倒是知道它源于非洲中部及东部班图人的古老语言，是出自班图语名词"利孔德"的复数形式"马孔德"的一个植物学词语。"利孔德"在班图语中意即大香蕉或小香蕉，班图人将它解释为"魔鬼的食物"。

　　16世纪，这个词随着非洲黑奴来到加勒比海诸岛，后来传至哥伦比亚的大西洋沿岸。似乎可以肯定，虽然母语消亡了，但黑奴们在美洲仍然把食用的主要水果之一的香蕉叫做"马孔德"或者"利孔德"，因而这个词得以保存下来。天长日久，这个词也成了一种树的名字，这种树直到20世纪初的几十年还大量生长在马格达莱纳省的北部。又名邦戈树（这是植物学家邦普朗①在陪伴洪堡②考察南美洲期间，给这种树归类时命的名）的马孔多树粗大光秃，枝叶少而紧凑。从树下望去，20米高以上才开始看见裂片状树叶的枝条。灰绿色树干周身生出一圈圈奇特的环状隆起，细的黑色环与粗的白色环交错排列。由于它的木材容易加工，当地人和香蕉公司便滥砍滥伐，用以制作独木舟、牲口槽、木盆、木桶以及各种家具农具，以致到了30年代马孔多树几乎完全灭绝，只有圣玛尔塔雪山的山嘴残存着几棵。

　　马孔多树在这个地区触目皆是的时代，任一家庄园的庭院都会有两棵参天大树，致使一种植物的名称蜕变为一个地名，而即将在这里出现的香蕉种植园也沿用了此名。不过，香蕉种植园诞生很早以前，邻近的皮维哈依市的管辖区就有一个村镇名叫马孔多。

　　从前香蕉产区的公司节假日期间十分盛行的一种赌博也叫马孔多。

---

① 邦普朗（1773−1858），法国医生和博物学家，与洪堡一起考察南美洲。
② 亚历山大·洪堡（1769−1859），德国地理学家和博物学家，曾周游世界，重点考察美洲许多地方的山川河流。

它是一种原始的博彩游戏，赌具主要是一块六面体的木头，每面画着一个图案：太阳、月亮、田地、星辰、房屋和马孔多树（这些图案可以因地区的不同而改变）。六种图形相应的代表码放着赌注的一块油布上面的六个小格子。游戏开始，将六面体放到一个盘子摇晃一阵再看，冲上的一面为赢家。就像这种赌博的名称所表示的那样，马孔多树图案的奖金最高，或许以此暗示这种树由于光滑、粗壮及 40 米的高度而无法攀缘。

这样，加比托就有可能在各种不同的情况下第一次听到这个名称，因为一词多义使它经常出现在香蕉产区居民的语汇中。不管怎样，加西亚·马尔克斯认为，他记得是大约 5 岁时在家屋斜对面街角上的联合果品公司特派员办事处第一次听说的。缘由是，那时候一到星期六，火车给马孔多种植园的工人发过薪金后，于早晨 8 点钟抵达阿拉卡塔卡车站，给这里的工人再发。火车离开马孔多之前就给特派员打电话，通知他马上开车，叫工人们准备好。这时特派员路易斯·埃米利奥·科雷阿走上街头高喊："咱们去车站，火车已经出了马孔多。"

无论何时何地首次听到，实实在在的是，这个名称带着来自远方的些许清风，带着非洲大鼓响亮的谜占据了未来的《百年孤独》的作者的脑海。

这片充盈着奇迹的天地，随处可见说着充满鬼怪的响亮话语的奇异迷人的人物的天地，起初可能冲淡了小小年纪的加夫列尔·何塞认字的兴趣，因为很奇怪，识字是他不愿做的很少几件事情之一。相反，在外祖父的庇护下他从小就十分迷恋绘画，这是 13 岁开始写文章之前第一个和惟一的表达方式。他什么都画，什么时候都画，在什么上面都画。外祖母斥责这个瞎胡闹的外孙，嫌他不停地在墙壁、房门、地面甚至树干上画道道；外祖父却不但容忍他的胡闹，还设法支持他，给他纸和铅笔。

起初随便拿一截什么小棍在家里的庭院画道道和小人儿的轮廓，继而在外公给的本子上画辨认不出眉目的图像，最后在大约 6 岁时就到处画一切东西了。通常临摹报纸上的漫画，一下午能用完整整一个本子，不过最爱不停地描绘马戏团那个被魔术师里查迪内砍头的女人的脑袋。这个在内地巡回演出的魔术师是作家童年时代所喜欢的人物之一，以致受他的马戏团的影响，加比托迈出了演戏的第一步。他将一个葫芦画成女人的样子，里面注入一种红色液体，用它和小伙伴们在家中的院子一遍又一遍地表演女人砍头的节目，每次只有加比托才能扮演魔术师里查迪内。

由于周围的神奇天地和自己对绘画的痴迷——中学三年级患上"文学麻疹"之前这一直是压倒一切的爱好，加比托起初丝毫没有显示出认字的急切。"在内心深处，"作家后来回忆说，"我知道自己会有这一天，这事注定要来临，因为我当时觉得识字一点儿也不神圣。"他把不愿识字作为童年最奇怪的想法之一来回忆。一旦被老师罗莎·埃莱娜·费古松领入字母的王国，生活从前展现在他面前的一片荒漠从此布满了词汇。

罗莎·埃莱娜·费古松是加夫列尔·埃利希奥·加西亚开始爱上路易莎·圣地亚加·马尔克斯的那些日子，连同马利亚唱诗班的其他姑娘一起成为他讨好献殷勤的对象中的那个"土耳其女孩"。她是英国首任驻里奥阿查市领事的后裔（玻利瓦尔的副手威廉·费古松上校可能是她的某位祖先），出生在这座城市，在圣玛尔塔师范学校接受教育。刚一毕业，就接受了任务，要在她家所在的阿拉卡塔卡镇播撒意大利教育家马里亚·蒙台梭利的种子，1933 年创办了一所以这位意大利女教

120

育家的名字命名的学校。罗莎·埃莱娜在借来的一个地方开始了教学工作，这里距马尔克斯与伊瓜兰夫妇的家有两个街区。不料由于内部问题，她被迫中途关闭了学校。这样，6岁才接受学前教育的加比托于复学后又重读一遍，直到1935年8岁的时候才在小学一年级学认字。此时的蒙台梭利学校已经在卡梅略大楼旁边有了自己的校舍，距火车站很近。这是一座木匠角尺形状的建筑物，非常宽敞，周围的田野使它很凉爽。它有两面排水的瓦屋顶，有一个前庭花园和一个没有界限的院子，方便孩子们到芒果树和"鼠见愁"树的绿荫下玩耍。

蒙台梭利教学法是一种温和的方法，启发想像，不施强迫，这完全符合罗莎·埃莱娜的温柔性情。先教小孩懂规矩讲礼貌，却不让他们感觉出条例约束的强制性；接着在认字之前，教他们观看，仔细察看，自由表达，这些同此前加比托在外公指导下所做的一样。所以，上学和学习最初的字母在他成了一大乐事，这愉快还有一层意思，就是去学校能够见到那位老师，因为他已经爱上她了，并且通过她爱上了诗歌。罗莎·埃莱娜娉婷如玉、温厚宽容，表情的机敏与谈吐的流利着实吸引人。她推崇西班牙"黄金世纪"的诗歌，并在晚会和课堂上朗诵。加比托也许觉得她嘴里流泻出的诗句仿佛是她潇洒之美的自然流露。确切的是，作家即使在自己的荣耀达到巅峰之时，依然怀着不减当年的感激之情记着她。对这个令他心驰神往的第一位女子，加西亚·马尔克斯说她使自己具有仅仅出于看到她时的愉快而去上学的需要，"是她在课堂上给我们读了我永远铭记的那些最初的诗"。

而罗莎·埃莱娜60年后也清清楚楚地记得她的学生："加比托像个玩具娃娃，头发蓬松的时候颜色像糖塔；皮肤粉白，阿拉卡塔卡很少有这样的肤色；头发梳得很整齐，衣服总是穿得很干净。他穿非常瘦的短裤，我对他妈妈说别给孩子穿这样的衣服，要不他可能会养成很坏的怪癖。他沉默寡言，几乎有些怯懦。同学们尊重他，他以刻苦、懂规矩、聪明而在他们当中显得很突出，但不喜欢体育活动。"罗莎·埃莱娜回忆说，这个学生在数学、图画、阅读、写作等方面尤其突出。守时是他最显著的品质，阅读和绘画是他最倾心的爱好。关于这个孩子对她的柏拉图式的爱恋，她说，孩子可能因为她辅导学生时的温柔作风和给他们读的那些诗而把她理想化了。她承认确实有一次路易莎·马尔克斯跟她讲，儿子向她坦白道，罗莎老师一走近，他便脸红，全身有一种难以言表的感觉。

在著名的普鲁斯特问卷调查表上，加西亚·马尔克斯坦白说睡美人是他最喜欢的文艺作品里的女主人公之一。这一信念实际上源于最初跟胡安娜·德弗雷特斯和罗莎·埃莱娜·费古松学习文学的那几年。每到期末，学生们常常举行"隆重的一课"，就是将佩罗的优秀故事改编成戏剧来演。加比托和同学们在一年级结业时，演了《森林里的睡美人》，加比托扮演用一个吻唤醒公主的王子，这是魔术师里查迪内启发出来的初期演戏活动一个激动人心的终结。于是，1935年11月底的一天，从遥远的炎热的阿拉卡塔卡镇架起了一座长长的桥梁，14年后，这桥将加西亚·马尔克斯引到了他最伟大持久的宗师索福克勒斯那里。

加比托在小小的蒙台梭利学校跟着罗莎·埃莱娜只念完了学前班和小学一年级，1936年进了公立学校上二年级，老师叫恩里克·安东尼奥·阿隆。马尔克斯上校这个沉默寡言的腼腆的外孙，9岁便堪称一位全神贯注的读者，特别是从他发现《一千零一夜》的那一刻起——这是他一生的重大事件之一。有一天，加比托和往常一样在外公的大箱子找东西，发现了一本颜色发黄、已经散页、残缺不全的书，就开始零散地读起来。书开头的一个故事用类似外婆的木头脸那样的语气，讲述了一个可怜的东方精灵的经历：它被装入一个瓶子，过了600年，一位渔夫帮忙开启瓶塞，这才出来恢复了原形。几年后加比托才知道这本散页的书是《一千零一夜》的选读本，然而，"当时，"作家回忆道，"我拿起书，读到一个人开了瓶盖，冒出一股烟，烟又变成妖怪的时候，我叫道：'他妈的，真神了！'这书对我的吸引胜过了以前我生活中的一切：玩耍、绘画、吃饭和一切，我再也没有抬起头。"这是因为山鲁佐德①的故事犹如外祖母的故事的验证与扩充。当然外祖母的故事中没有青烟变的鬼怪以及飞毯、神灯、奇妙的山洞，却有下午6点开始在家里游荡的幽魂和巫婆、时刻都在咳嗽和吹口哨的死人邻居以及创出奇迹的贞洁的长发侯爵女儿。山鲁佐德与特兰基丽娜二人都能板起木头脸毫无惧色地讲故事。

《一千零一夜》的阅读不但改变了加比托的生活，而且作为他的阅历跟随他到了《百年孤独》，以便奥雷良诺第二和奥雷良诺·巴比洛尼娅在梅尔加德斯永恒的屋子里重复那种神奇的富于成果的业绩。

从山鲁佐德为他开启的大门进去，加比托继续贪婪地阅读佩罗、格林兄弟、仲马父子、萨尔戈里②、凡尔纳③作品，这种热情一直持续到去锡帕基腊市上中学的头几年。家里的一位常客每每惊异于在阿拉卡塔卡这样一个连阴凉处的气温也有30摄氏度的炎热之地，有人，而且居然是个9岁的小孩时时刻刻手不释卷。"这孩子将来会是个大学问家。"这位邻居一见加比托捧着书本就这样说。在某种程度上，加西亚·马尔克斯对最初一批书籍的迷恋使我们想起堂·吉诃德对骑士小说的迷恋、奥雷良诺·巴比洛尼娅对梅尔加德斯的深奥的羊皮纸书

---

① 《一千零一夜》中自愿嫁给国王每晚给他讲故事的宰相的女儿。
② 埃米利奥·萨尔戈里（1863-1911），意大利作家，著有冒险小说多种。
③ 儒勒·凡尔纳（1828-1905），法国杰出的科学幻想作家，主要作品有《地心之旅》、《海底两万里》、《从地球到月球》、《环游世界八十天》等。

的迷恋以及加西亚·马尔克斯本人后来对弗兰茨·卡夫卡[①]、索福克勒斯、胡安·鲁尔弗[②]作品的再度迷恋。

　　加比托上学前班的时候，父母已经从巴兰基亚市回到阿拉卡塔卡镇再次定居，这回住了三年多，自1934年中期至1937年底或1938年初。就是在这次回来时，加比托认识了恰巧那年12月1日晚到的父亲。孩子忘不了这个日子，因为他听见有人对父亲说："我祝贺你到了基督的年龄[③]。"他大约3岁半认识的母亲，而认识父亲时则是7岁又9个月。头一回，他惊异于一个身穿玫瑰红衣服、肩饰上绣着曼陀罗花、头戴绿色草帽的25岁的少妇是自己的母亲。这回，当"一个身材修长、肤色黝黑、言语诙谐、讨人喜欢的男子，穿一身白色斜纹布衣服，戴一顶窄边草帽，活脱脱一个30年代的加勒比地区的人"面对他的时候，惊讶也不会亚于上次。而且，对父亲的认识将与童心的彻底丢失永远联系在一起了。

　　加比托未满5岁时，圣诞节的夜晚看见一个穿着磷光闪烁的大褂的女人进了房间，在他床上弯了一下腰就出去了。他以为是家里的鬼魂来了，藏在被单里吓得要命。可是第二天发现穿闪磷光大褂的女人是外婆，她进屋是给他把圣婴送的礼物放在脚下。以后两年的圣诞节期间，他没有把自己这个发现告诉任何人，以使礼品继续堆满床铺。可到了7岁那年的圣诞节，在孩子们该去清醒地躺在床上等待圣婴送礼物的时候，父亲叫他别走。"没有任何解释，"作家后来回忆道，"带我去了市

---

① 弗兰茨·卡夫卡（1883－1924），奥地利作家，主要作品有《变形记》、《在流放地》、《乡村医生》、《饥饿表演者》等。
② 胡安·鲁尔弗（1918－1986），墨西哥作家，主要作品有短篇小说集《烈火中的平原》和中篇小说《佩德罗·帕拉莫》。
③ 传说耶稣基督享年33岁，这里即指这个岁数。

场，帮他购买圣婴将要分给我的弟弟妹妹的玩具。那天夜晚我怀着平生最大的失望开始成为成年人。"的确，加西亚·马尔克斯的童年刚刚7岁多一点就结束了。

在阿拉卡塔卡，父母租了外祖父母家附近的一个宅院，1934年8月8日利希亚在此出生，年底加夫列尔·埃利希奥在这里开了一个药店。他的顺势疗法处方的创造性与效验，从当初在镇上当报务员的时候起就广为人知，如今，通过认真阅读医学杂志和医学小册子外加经常实践，带着更广博的知识和方法回来了。大西洋省医师资格审定委员会1935年给他颁发了用顺势疗法体系行医的执照。就在这个时期，他发明了加加牌（加夫列尔·加西亚）调经剂并且取得了专利，在药店卖这种糖浆时他称赞这药可与外国调经剂媲美。这样，凭借着调经剂，顺势疗法颗粒，治破伤风、惊厥、黄热病的奇怪的药水，药店的收入刚够维持已经开始人口众多的家庭的生活，因为1935年9月27日又生了古斯塔沃，这是第三个男孩和第六个孩子。幸好外祖父母时常接济，况且加比托又在外祖父母家待了一段时间。

1936年12月，加夫列尔·埃利希奥决定再次"起锚"，返回故里辛塞县寻求生意发展的新机遇。此举或许由于阿拉卡塔卡开始越来越像他十年前所称的"穷人的死地"了。然而真实的深层的原因在于加夫列尔·埃利希奥是一个游牧民、一个铁了心的梅尔加德斯、一个弗洛伦蒂诺·阿里萨那样的不可救药的幻想家——他永远不会安安稳稳地在一个地方做药剂师和医生。

他决定带去两个大孩子加比托和路易斯·恩里克，好让他们认识祖母阿赫米拉·加西亚·帕特尼纳。从此以后，加比托只在阿拉卡塔卡待过四五个月，而且再没见过外公和姑姥姥韦内弗里达·马尔克斯。在辛塞县跟着路易莎·加夫列尔·梅萨老师继续上小学，梅萨老师原先是神

125

学院学生，教书只是出于热爱这一行，因而课教得不正规。所以从学业上看，加比托失去了 1937 年这整整一年。其实失去的还要多：他来辛塞县三个月后外祖父逝世。

1935 年的一个早晨，马尔克斯上校像往常一样爬上梯子查看水泵给蓄水池注满水没有，下梯子时一个木掌断了，仰面朝天从高处摔了下来，所幸没要了命，可摔得实在够重的，后来走路得靠拐杖了。就在那几天，由于医生来诊疗，外孙看见了外公腹股沟附近那块"千日战争"的枪伤留下的疤痕，从而经历了童年岁月里最具吸引力的事情之一。作家后来觉得带着伤疤的外祖父的形象更加凝重更加久远。

伤后的两年，上校的身体一直不好，韦内弗里达妹妹 1937 年 1 月 21 日去世后他的健康状况更糟了，于是只好将他送到圣玛尔塔市，在这里割了脖子上的一个脂肪瘤，儿子胡安·德迪奥斯和媳妇迪利娅·卡瓦耶罗侍奉得无微不至。不料他在圣玛尔塔寒冷的早晨露天洗澡的时候得了肺炎，很快于 3 月 4 日逝世，终年 73 岁。生前 35 年间，上校每周都在等待领取千日战争老兵的年金。去世当天就匆忙埋到了市里的"中央墓地"，送葬的亲人很少，也收到一些吊唁信。他的遗骸到了 80 年代就已经彻底消失了，就像他的名字本身也许会消失在历史崎岖的道路上，假如他不是哥伦比亚的伟大作家和 20 世纪全世界最著名的作家之一的外祖父和影响其命运的关键人物的话。

在苏克雷市的辛塞县，加比托从父亲和祖母的议论中间接地得知了噩耗。他刚满 10 岁，外公早已是影响他命运的关键人物了，然而加比托没有意识到这一点。或许正是这个原因以及当时尚未意识到死亡是悲惨的，外公之死证实后他没有哭，觉得该哭却没有哭。他只认为死亡可怕而好奇，正如外祖母用故事和家中的鬼魂给他灌输的那样。"我当时

126

关心的是另外的事。"加西亚·马尔克斯后来回忆道,"我记得当时在辛塞的学校我身上有虱子,这让我很难为情。那时候人们说谁要是一死身上的虱子就跑了。记得那时我十分担心:'他妈的,我现在如果死了,别人会知道我有虱子!'在这种情况下,外祖父的去世不会对我有所触动。我真正担心的是虱子。实际上我开始怀念外祖父是在长大后遇不到人能够替代他的时候,爸爸从未替代过他,爸爸是另一股道上跑的车。"

从此以后,他便怀着一种失望情愫,因为生活没有允许他对外公说童年时爷孙俩在一起的日子多么美好,他多么感激10岁以前外公牵他手时的亲热与密切。而且与一起冒着风险办报的朋友和同事普利尼奥·阿普莱约·门多萨谈话时,他推心置腹地说:"我一碰到点儿什么事,尤其是好事的时候,就觉得只差一点快乐就完整了,这一点就是让外公知道。所以成年以后的一切快乐都永远受到这种失望情愫的搅扰,过去如此,今后还是如此。"

上校逝世两三个月以后,特兰基丽娜、路易莎、埃尔维拉、弗朗西斯卡和家里其他人也去了辛塞县,宅院里只剩下新婚的萨拉·马尔克斯。尽管家乡没有人给加夫列尔·埃利希奥预言什么,他依然坚持在故乡,盼望着他的药店能最终摆脱经济困境。但这位顺势疗法大夫的生意一如既往地不景气,更糟糕的是"玛玛"姑姥姥弗朗西斯卡患了严重的肾病,因此所有的人都在那年9月回了阿拉卡塔卡。

虽然加西亚·马尔克斯的父母可以支配外祖父母的宅院,并且他们也享誉全镇,颇受器重,他们还是在1937年底或1938年初决定返回巴兰基亚市,这回可是要带上加比托了。这是全家与阿拉卡塔卡的诀别,但加比托例外,这位未来的作家更加稳固地住在这里,因为他离开的时候带着镇上太多太多的幽灵。

宅院里常见的鬼怪、外祖母讲的虚幻故事、外祖父讲的真实故事、与外祖父一同的散步和旅行、镇上奇怪的人物及幽灵、《一千零一夜》、罗莎·埃莱娜的诗句与音容笑貌、里查迪内的魔术、安东尼奥·巴尔博萨大夫、比利时人埃米利奥先生、胡安娜·德弗雷特斯……从虚幻的阿拉卡塔卡镇产生的故事与趣闻逸事不断得到补充。香蕉产业的辉煌过去之后，阿拉卡塔卡开始变成怀念与传说的旋涡。镇子枯竭了，如今果真成了"穷人的死地"了。"枯枝败叶"被时间扫除净尽，骗局圈套已不在台球房滋生，斗鸡场的赛事锐减，昆比亚舞场不再烧钞票，钢琴自动演奏器几乎不再重复播放陈旧的歌曲，穷人更穷了，留下来的人们的目光消失在无望的前景中。传说的时刻，幽魂游荡在尘土飞扬的街道和萎谢的巴旦杏树之间的时刻，悲怆之感侵入不牢固的白铁屋顶的破房子的时刻已经到来。现在，不仅外祖父母的家而且整个阿拉卡塔卡镇都成了"被占领的房子"[①]。

在另一个地方，快满11岁的怯懦而孤僻的孩子加夫列尔·何塞·加西亚·马尔克斯，摸索地盲目地开始了走向命运的缓慢行进。要求他这样做的是故事、名字、面容、噪音、色彩、气味、滋味、声响的集合体，即曾经属于他的父母与外祖父母那片天地。随着时间的推移和由于想像与诗意的作用，它将更加属于他们，也属于读者。

[①] 即被鬼魂所占领的房子。取自阿根廷作家科塔萨尔的同名小说。

第四章

加西亚与马尔克斯夫妇在巴兰基亚市第二次居留的时间比第一次短，从 1937 年底或 1938 年初至 1939 年 11 月。加夫列尔·埃利希奥·加西亚确实勤奋，然而凭借顺势疗法和药典并且经常怀着幻想谋生依然是一件很难做到的事情，这使他陷入了总不能固定在一个地方、不断四处奔波、在这里关门又在那里重新开张的境地，以致全家无法在任何一处永远定居。不过，他的自然疗法医学知识与实践经验已经十分丰富，致使教育部于 1938 年以国家级别确认了三年前他在巴兰基亚获得的顺势疗法医师开业执照。教育部的批文明确警告不得"参与外科手术，也不许从事属于对抗疗法的任何活动"。加夫列尔·埃利希奥自然遵守这一规定，而且他这个顺势疗法医生的名气大了，居然瞧不起正规医学。

　　但是，这回在巴兰基亚的两年十分糟糕，仅能糊口。长子加比托不得不以十一二岁的年龄，想方设法给家庭经济贡献几枚铜板。多亏了在阿拉卡塔卡的学校罗莎·埃莱娜·费古松教他的一手好字，加比托先是给十字路口的托基奥商店的东家写招牌，后来又用小木炭在白色纸板上为卡斯特亚诺斯先生那些怠惰的顾客写了一些告示牌，如"今天不冷，明天冷"，"赊销的人出去讨账了"，"看不见的话请你提问"。有一天他在家里的院子为从他们一家所在的阿巴霍居民区经过的公共汽车写了块招牌，从而挣了有生以来的第一笔大钱 25 比索。一家人平时一日三餐天天凑合，这一天当然要吃一顿丰盛的午饭了，还买了几样家具来改变一下家里的寒酸面貌。他们的家当时在桑塔纳大街，1938 年 7 月 10 日第 7 个孩子丽塔·德尔·卡门就出生在这里。

与此同时，加比托继续因上一年来辛塞县而后重返阿拉卡塔卡而中断的小学学业，师从胡安·文图拉·卡萨林斯先生在卡塔赫纳德印迪亚斯学校读三四年级，这是 1938 至 1939 年（当时哥伦比亚的小学学制仅有四年）的事情。虽然兴趣广泛，学习成绩却很优秀，常得最高分和奖状。但奖状对他并不意味着喜悦。两个妹妹阿依达和马戈特后来回忆说，他小学毕业那天回到家时，上衣挂着许多奖章，可是随后他就把奖章当做无用的装饰品丢到一边去了。实际上，尽管成绩优异，学校的功课开始妨碍他了，因为他真正的喜好是绘画，酷爱的是阅读。此时，加比托是不知疲倦的作画者和哥伦比亚诗人以及西班牙"黄金世纪"经典诗人的狂热读者，同时依然阅读格林兄弟、凡尔纳、萨尔戈里和仲马父子的作品。

1939 年 11 月，这家人再次把东西装箱打包，把旧家具捆扎妥当，去寻找另一个城镇和另一所住处以便继续碰运气。这回他们来到苏克雷省一个与省同名的小镇——后来加西亚·马尔克斯很大一部分作品中的故事都将要在此发生。年仅 12 岁的加比托继承了外公的实干精神，是搬家的所有程序的组织者与检查者，而他父亲一到搬家的时候就借口去打前站而走了捷径。加比托买火车票、订卡车、监督装箱打包，布置撤离的程序，出各种主意，其举动俨然是个大人。

一家人在苏克雷镇住了 12 年，这个时期他们第一次享受到了平静的较为幸福的生活，这是由于加夫列尔·埃利希奥凭借药剂师与顺势疗法医生职业终于赚了钱，但也归因于镇子的特点以及和气的讲团结的居民。加西亚和马尔克斯夫妇全家人无一例外地将在苏克雷的日子，作为可能是最幸福的时期，作为除了加比托以外阖家聚居的惟一时期而载入记忆。加比托不在的原因，是他可能于1940年1月返回巴兰基亚市，开始在耶稣会的圣约瑟学校上中学。

　　加比托1941年读中学二年级时因病辍学，回苏克雷镇住了八个月。如果不算这八个月，他和家人团聚的时间很短，至多三个月。这一时期，家里把他作为一个隔一段时间回来一趟的儿子或哥哥，作为一个清癯、腼腆、孤僻、沉默寡言、总看怪书的孩子予以接纳。长期的离家在外，使得他与父亲的关系越发难以融洽。与母亲的关系很快超越了母子范围，达到诙谐的亲密与庄重程度，和父亲的关系则因天各一方和缺乏互相了解而很冷淡。然而更深的原因在于，外祖父的形象在加比托看来是永远无法替代的。从另一方面讲，必须记住，加比托7岁的时候，才在恰逢父亲33岁生日的那天认识了他。在这种情况下，让他认同一个不仅与外公的形象不同更与之相反的父亲的形象几乎有点悖谬。加比托因为找不到将自己引入加夫列尔·埃利希奥内心的密码而日益郁寡欢。父亲很细心，却又严厉得几乎不通情理，认为长子不但是上校外公娇惯坏了的外孙，还是一个"撒谎的"孩子，在镇上听到看到的一切经他一说就走样，编派得一切都扭曲了。一贯自诩善读书会想像的加夫列尔·埃利希奥其实很难理解或许根本就不懂，长子"撒谎"的天赋正是他最优秀的资质。
　　此后，相距或近或远，关系或冷或热，加西亚·马尔克斯都如同塞萨尔·巴列霍[①]那首题为"好意"的诗中所说的，在父亲面前是男子而

[①] 巴列霍（1892-1938），秘鲁诗人、小说家。

不是儿子。

但是，《霍乱时期的爱情》所忠实描写的加夫列尔·埃利希奥的想像力、年轻时作的诗、对阅读和小提琴的迷恋，无疑是其子文学爱好的一部分根源。

11 年间，中学生的他，大学生的他，初当记者的他，都在苏克雷镇度假，假期是他青年时代最轻松的时候。在这个不通火车的小镇，他许多亲身的和耳闻的经历与逸事如同在阿拉卡塔卡镇的经历与逸事一样，将为未来岁月的部分作品提供素材。初期的一次经历是他奇怪的初次性行为。移植到描写费尔米娜·达莎和弗洛伦蒂诺·阿里萨二人阻力重重的恋爱的那部小说中的这件逸事，是加比托去镇妓院办一件父亲交给他的事情时十分自然却又十分不合时宜地发生的。天真无邪的 12 岁的孩子到了那里，敲开门，打听父亲叫找的那个人。给他开门的姑娘用目光打量他一番，悄声说："噢，对了。你从这儿走吧。"便拉起手领他来到一间昏暗的屋子，脱光他的衣服，强奸了他。加西亚·马尔克斯后来回忆的时候说："这是我遇到的最可怕的事情，因为当时我根本不明白正在发生什么。我当时觉得必死无疑。"后来他的作品里的几个男性人物发生初次性行为的时候，比如奥雷良诺·布恩迪亚同当时尚不知姓名的纯洁的埃伦迪拉以及不切实际的弗洛伦蒂诺·阿里萨同河中客船上的罗萨尔瓦交合时，都体验到了同样的感觉。

外祖父逝世、离开阿拉卡塔卡、与父亲不常相会等事情过去之后，这出乎意料的初次性行为实际上确认了 12 岁的加比托童年生活的终结。在阿拉卡塔卡度过的短暂而充实的童年跳过了少年时代，未经太多的程序便将他投入了青年时代的怀抱。家人和当时的友人的证言使我相信，年龄如此之小的加比托却是心理与智力相当成熟的孩子，成熟得足以拿他当大人。他的举止体现了他的实质，这或许因为 9 周岁时的他已经具备了后来的长篇和短篇小说所展现的丰富的重要的阅历，就像马塞尔·普鲁斯特①所说的以及后来加西亚·马尔克斯所承认的那样。

是这样的，尽管当时他尚未察觉。从 13 岁上中学开始，他的生活就以一种不自觉的自相矛盾的寻找为标志：长得越大越接近出生地，越成熟越接近童年——波德莱尔②和圣埃克苏佩里③曾经对我们说过的真正的故乡。从这种缓慢的路途崎岖的根源之旅中，久而久之，将会逐渐产生初学乍练之作的故事与诗歌、优秀的短篇和长篇小说。

虽然加西亚·马尔克斯直到 17 岁和 20 岁才分别写出具有文学意义的首批诗作和第一个短篇小说，但是在作为根源之旅开端的首次重返阿拉卡塔卡之行中，可能已经有了一些灵感。那是 1940 年读中学一年级的时候，返回阿拉卡塔卡陪伴刚做完白内障手术的外祖母。上校死后三年，站在老年性精神失常的流沙之上的特兰基丽娜成了又瘦又小的驼背人，黯淡无光的眼里依然聚集着往常的死人。加西亚和马尔克斯夫妇接她到巴兰基亚，希望用外科手术拯救她脱离黑暗，却没能成功。作家记得他离开阿拉卡塔卡时，她和以前一样沉沦于无尽的黑夜，犹如老年的乌苏拉·伊瓜兰。这是外孙和外婆最后一次在阿拉卡塔卡团聚。

这次返乡虽然不像 12 年后陪同母亲返回的那次一样是对故乡的永别并且令他震惊，可一旦证实了不仅外婆陷入孤独与黑暗，而且诞生于斯的宅院也已被时间妖魔占据的时候，无论如何他心里也会受到很大冲击。宅院门口的巴旦杏树，构成长廊的秋海棠，庭院五颜六色的花园，

---

① 普鲁斯特（1871—1922），法国现代派先驱作家和文艺评论家，主要著作是《追忆逝水年华》，用意识流手法写主人公过去的生活经历。
② 波德莱尔（1821—1867），法国象征派诗歌的先驱和现代主义的创始人之一，代表作为诗集《恶之花》。
③ 圣埃克苏佩里（1900—1944），法国飞行员和作家，作品大多以航空生活为题材，小说《夜航》和自传体小说《人类的大地》是其代表作。

从前用来放牧留待圣诞节宰杀的瓜希拉小山羊的碧绿的草地，全都凋零了。他看见镇子别处也不例外：妖魔搅得天气更加炎热，四处的景象更加荒凉，铁皮屋顶生了锈，大多数房屋没了人烟。

就连他们家的房子也是仅仅过了三年多就消亡了。不知疲倦的玛玛姑姥姥弗朗西斯卡·西莫多塞阿·梅希亚1943年2月5日逝世后，外祖母特兰基丽娜和埃尔维拉·卡里略迁居苏克雷镇。1947年4月15日，完全失明和精神失常的外祖母嘴里叫着夹杂了塞维罗·卡塔利纳[1]和坎德拉里奥·奥维索[2]的零乱诗句以及她喜欢的死人的名字，去世了。稀奇的是，此时她那痴迷诗歌的20岁的外孙，在波哥大国立大学装作学法律，却如获至宝地继续吟咏彼特拉克[3]、但丁、加尔西拉索[4]、克维多[5]、鲁文·达里奥[6]和聂鲁达[7]的诗作。

1940年2月的时候，加比托已经在圣约瑟学校上中学了。校舍是一座巨大的四角形的三层简易楼房，紧挨着一个教堂，使它的外表像一座封闭的修道院。全校600名学生大多来自中下层阶级。然而圣约瑟是当时全城最好的学校之一。耶稣会教友们的勤恳、学识和纪律性确保了它一流学校的名声，再加上每月仅五比索的学费，构成了加西亚和马尔克斯夫妇给儿子在这里报名的理由。对于这个酷爱阅读和绘画，擅长写作，写一手好字，渐渐开始显露出引人注目的征兆的13岁的孩子来

① 卡塔利纳：哥伦比亚濒大西洋地区一位地区主义诗人。
② 奥维索（1849-1884），哥伦比亚濒大西洋地区一位黑人诗人。
③ 彼特拉克（1304-1374），意大利诗人。
④ 加尔西拉索（1501-1536），西班牙诗人。
⑤ 克维多（1580-1645），西班牙诗人，流浪汉小说家。
⑥ 鲁文·达里奥（1867-1916），尼加拉瓜诗人，现代主义诗歌代表作家。
⑦ 巴勃罗·聂鲁达（1904-1973），智利诗人，1971年度诺贝尔文学奖获得者。

说，外祖父母家的严肃气氛便这样在这个教会学校得以延续。

在这里，他结识了一些小朋友，多年后这些人有的成了与他一起冒着风险办报的同事，也有些成了哥伦比亚政界和经济界的要人。记者和前部长胡安·费尔南德斯·雷诺维茨基后来回忆说，加比托当时是很瘦的孩子，厌恶体育活动，老穿着"不合时宜的绿裤子和薄布短衫"，这不符合他双鱼座①的怯懦与内向的性格，以及对阅读与绘画的情有独钟的爱好。课间休息时，同学们常看见加比托独自一人在花园的树下贪婪地阅读儒勒·凡尔纳和埃米利奥·萨尔戈里的大厚著作。这个阿拉卡塔卡镇来的孩子有完全能得五分的操行、类似于孤僻的极端腼腆、向左一边倒的抹过发蜡的发型，这一切使得同学们觉得他离他们那么遥远，仿佛不属于他们的年龄，结果给他取了个"老头"的绰号。这不单是距离与腼腆的问题，而正像我们已经讲过的那样，是一种早熟的青年人的特征，因为加比托跟弗洛伦蒂诺·阿里萨一样，曾经有过"小老头的奇怪状态"。

52 年后，他中学一年级的文学课老师伊格纳西奥·萨尔迪瓦尔神甫回忆时说过类似的话："他几乎不参加体育活动，性格内向，人很聪明，具有明察秋毫的成人的眼光；不会淘气，十分招人喜欢，十分幽默。课间休息时常找我们老师谈论书籍或者人生问题，几乎总以大人的观点发表见解。"不过萨尔迪瓦尔神甫又补充了一段与加比托的老同学意见相反的话："那时没人想到加比托会达到如今的地步。他是一个普普通通的孩子，只不过孤僻和爱看书罢了。他总是穿戴得很整齐，衣服很好。但是仅此而已。"

不久，这个阿拉卡塔卡镇来的孩子性格变了，或者准确地说显露了

---

① 黄道十二宫包括的十二个星座之一。西方民间有一个说法认为，一个人出生的月份对应于十二个星座中的某一个，这个星座即决定此人的性格与命运等。

自己真正的性格，即"舔斗鸡主义者"①或者叫爱开玩笑者的性格。沿海人大体上反对庄重，好开玩笑，认为幽默感是世界上最正经的事物，是人际关系中充分信任的因素之一。于是，由身为西班牙后裔的外祖父母以及姑姥姥和姨妈们用严格的规矩与严谨的庄重作风教育出来的加比托，很快将他肯定早已知道的道理变为行动，这道理就是若想在巴兰基亚市这些"舔斗鸡主义者"当中生活下去，最好的办法就是成为他们其中之一。加西亚·马尔克斯本人后来回忆说，在圣约瑟学校，他以表现在嘴上和笔下的"舔斗鸡行为"赞颂所有的人。能有力证明这一点的是他为校刊《青年》撰写的报道与诗歌——这是他有生以来的第一批作品。

为了在纪律方面更好地管理学生，耶稣会教徒们把学生们的年级打乱，按照年龄标准与身高标准编成大队，叫第一大队、第二大队、第三大队，每个大队各由一名教长负责。在学生们进入自己的教室以前，教长把他们召集起来，在台子上讲一讲某个纪律主题或体育主题或学习主题。中学一、二、三年级组成第二大队，加比托在圣约瑟学校漫长的两年期间（1941 年因病休学，翌年重修）属于这个大队。各大队里按照个人爱好再分小组，加比托领导着一个文学及人文学小组。见他酷爱读书，教会的人给了他一本文学便览，这是根据本大队情况编写的一本厚厚的手册，把经典作家和本国本地作家的作品汇集在一起。加比托怀着9 岁在外祖父母家看那本散页的《一千零一夜》那样的兴趣，从头到尾

---

① 这是通行于哥伦比亚的一句俗话，体现了当地居民独特的幽默感。加西亚·马尔克斯对这句俗语作了高雅的解释，即"出于对庄重的畏惧，以'不上心'和'不拿它当真'的态度对待那些十分严重十分烦人的事情"。一些研究文字语言的学者认为，"舔斗鸡"一说来自委内瑞拉，似乎起源于斗鸡爱好者舔或喂鸡冠的习惯。在哥伦比亚有些地方，它亦指抚摩或者亲吻女人的阴唇。

读完了它。他的第二爱好（或者说第一爱好）是诗歌，能够整首整首地背诵，其中包括像西班牙后浪漫主义诗人加斯巴尔·努涅斯·德阿尔塞的《繁忙》那样的长诗。

在这些书籍和第二大队日常活动的熏陶下，加比托写出了登在校刊《青年》上的首批诗作与报道：《第二大队报道》、《第二大队速写》、《第二大队之一隅》、《我的蠢话》、《第二大队报道》（诗），这些作品的署名有"卡皮坦·阿拉尼亚"、"加比托"、"加夫列尔·加西亚"。

《青年》是一种十分简朴的杂志，但版面设计与印刷还可以。由耶稣会教友们在加比托开始上中学的那一年创办，目的在于鼓励学生的创造性和人文学活动。来自阿拉卡塔卡镇的这个孩子带给学校的浓烈的文学热可能是创办这个杂志的决定性因素之一。在创刊号的社论版面，主编特里诺·米格尔·诺塞拉写了这样一段话："对于我们亲爱的同学们中的一些人来说，本刊将是写作——文学家的、辩论家的、社会学家的、科学家等等的写作——的开端。他们以后将会怀着对童年的眷恋回忆发表他们在人文学科领域的第一篇习作的这个杂志。"

杂志同时面向教师和学生家长，辟有专栏介绍本校、本地、本市、本国的情况以及历史、艺术、科学等方面的人物。加比托是最积极的撰稿人之一，还是头六期版面所有花饰与插图的作者。从这六期就可以对这个富于想像力的作画者在13到15岁间的情况进行评价。4岁时在外祖父庇护下产生的对绘画和看连环画的痴迷，在《青年》杂志获得某种认可，后来在锡帕基腊市上中学时便结束了，让位给对诗歌和小说的独一无二的迷恋。

加比托最初的"报道"和"蠢话"的素材，是由学校的日常活动本身提供的，比如开学、郊游、体育比赛、教长易人、新图书馆开馆等等。同学的姓名、绰号、怪癖、举止也是这位初学者写出几首八音节的十行诗和一篇报道的合适的材料。从他初期这两类作品，看不出有精雕细刻和巧妙构思的痕迹。这个青年作者所追求的是消遣、跟朋友开玩笑并且顺便表达他对这所教会学校严厉的规章制度的异议。大力运用幽默与讽刺手法、表现彻底的反庄重态度、其本人天生的反学习性格和某种程度的逆反与抗争倾向，这些将要成为他日后的文学作品最明显的一部分特征。可这并不表明在第二大队熏陶下写出的"蠢话"和"报道"应视为加西亚·马尔克斯文学活动的开端。相反，这些诗同他后来在锡帕基腊市和波哥大写的诗及小说截然不同，尽管对一个13到15岁的孩子来说，诗的韵脚与文采值得称赞。他本人后来回忆道："那时我刚刚玩诗，但尚未涉足文学，那些东西算不上文学创作，当时尚未感悟文学，因为我刚起步。"诚哉斯言。与一些写作新手常见的情形相反，加比托不但对自己最初的"蠢话"不以为然，而且着重表明了这一态度，在《我的蠢话》篇末注释道："如若有人想知道谁写下了这些傻话，请写信给：加比托。"

不过蠢话并非很蠢，它是一个十分仔细的"舔斗鸡主义者"巧妙构造的诗句，就像几个同学永远铭记的那样。例如何塞·孔苏埃格拉，加比托把他的姓氏①变成一个经久不衰的笑话：何塞·孔苏埃格拉朋友/总抱怨自己的姓氏/因为一说起岳母/他便备受折磨。再比如桑托拉马萨，其又矮小又好逞强的样子被他编为笑话：桑托拉马萨拳击/场场都能胜利/若逢正式较量/他似青蛙躲藏。还有乔纳·埃米罗，被他调皮地画了像：乔纳·埃米罗讨人喜欢/他从来不会浪费时间/这老实人堪称楷模……/那是在他睡着的时候。

---

① "孔苏埃格拉"，意即同岳母在一起。

140

对于 1940 至 1942 年五名撰稿人的回顾，以及对于他们总体上在
《青年》头六期（还刊载了由于学习成绩优秀他们所获得的奖状、荣
誉称号、奖章等）上所起的主角作用的回顾表明，加比托在巴兰基亚市
这种环境中逍遥自在；尤其表明，他在第二大队的阅读大大扩充了在阿
拉卡塔卡镇、辛塞县及卡塔赫纳德印第亚斯学校的初期阅读，呼吸着第
二大队的文学与学术气息，他体验到了自己生存所必需的外部环境；但
也表明，神甫、功课以及纪律严如修道院甚至兵营的学校，对于自由自
在、欢欢喜喜地由外祖父母养大的加比托来说，是一种过紧的不好受的
束缚。因为无论身处何方，金色童年的丢失使他在任何环境任何地方，
即使是最舒服的环境和地方，都感到一种犹如鞋里进了石子那样的精神
上的不舒服。正如巴尔加斯·略萨[①]后来所说："阿拉卡塔卡是一处时
间没能愈合反而使其发炎的伤口，一股与日俱增的浓烈的乡情，一种这
个孩子感到必须用它来衡量周围新世界的客观存在。"

[①] 马里奥·巴尔加斯·略萨（1936—   ），秘鲁作家，拉丁美洲"文学爆炸"四主将之
一，曾为加夫列尔·加西亚·马尔克斯作传。

第五章

- 第一部短篇小说
- 一个非凡的作画者

1943 年 1 月，即将年满 16 岁的加夫列尔·加西亚·马尔克斯面临着有生以来一件最具根本性或许也是大有裨益的事情，即离家外出，想方设法自谋出路念中学，以减轻家庭的负担。

在苏克雷镇，虽然父亲的顺势疗法业务颇有成就，可家境依旧非常困难，孩子一年比一年多。此时加夫列尔已有七个弟弟妹妹：路易斯·恩里克、马戈特、阿依达、利希亚、古斯塔沃、丽塔、海梅，还有一个差两个月就要出生的埃尔南多。所以他有两种选择：要么跟全家厮守在一起，看着未来的前景如何黯淡下去；要么离家外出，独自奋斗，以期摆脱困境。当时作为一种不可避免的命运开始显露端倪的潜在作家的力量可能也促使他选择了第二条路。他带着父亲写的几封举荐信去了波哥大，决定参加教育部主办的争取奖学金的全国考试。在圣约瑟学校的优异成绩、读过并且记住了的大量书籍，以及寻找一个学习上要求更加严格和激励性更加强烈的环境的愿望，这些条件在新的事业中给了他信心，他将怀着这一信心走上一条与膏粱子弟相反的道路。这位沿海地区的少年尽管谨慎，却从未想过加勒比[①]和安第斯[②]之间的差异将是他那

① 指哥伦比亚濒临加勒比海的地区，多为狭窄的平原，气候炎热。巴兰基亚市就在这一地区。
② 指贯穿南美洲大陆西部的全球最长的山脉安第斯山脉在哥伦比亚境内的部分。波哥大市地处属于该山系的一个山间高原波哥大高原的东缘，海拔 2640 米，气候凉爽。

16 岁的小小年纪几乎无法抵挡的一种冲击。

多亏了一条内河航线和父母从很少的家产中拿给他的大约 200 比索，加夫列尔得以开始有生以来最重要的冒险举动。因为长子即将离去而悲伤的母亲，用一台旧的辛海尔牌踏板式缝纫机把丈夫的一套黑棉布衣服改给他穿。全家人到跟《没有人给他写信的上校》和《一桩事先张扬的凶杀案》里写得一模一样的那个简陋码头送别他时，加夫列尔显得既呆滞又难以辨认：带坎肩的黑衣服穿在身上还是有点大，宽檐帽戴在头上也不完全合适。他甚至还带着一口"具有些许耶稣陵墓光辉"的大箱子，里面装着红色衣物、抵御波哥大严寒的大衣，以及重读后能够保证他的文学热情继续高涨的书籍。

坐小艇沿着莫哈纳河、圣豪尔赫河、马格达莱纳河到达马甘格镇，在此登上巴兰基亚市开来的大轮船，一个星期后抵达东安第斯山麓的波多萨尔加市。与他同行的另外几个沿海地区的青年，有的也是出门寻求奖学金，有的是假满返校的学生。加西亚·马尔克斯后来将这些人写入《霍乱时期的爱情》，称他们是一伙"带着几分焦虑在假期的最后一次游玩中耗尽精力的吵吵嚷嚷的学生"。其余的旅客中，有一位身穿戴坎肩西服的温文尔雅的男子，仿佛是衣冠楚楚的波哥大人，他只是一本又一本地看书，引起了加夫列尔的注意。加夫列尔和朋友们唱博莱罗小调和巴耶纳托小调来挣几个比索，这也引起了那个人的注意，他们之间在船上有了一些友好的接触。这将成为这个阿拉卡塔卡少年一生中许多天助神佑般的奇遇当中的一次。

那个年代在作为哥伦比亚水运动脉和历史动脉的马格达莱纳河航行，乘坐的是几艘三层的两根烟囱的轮船，与密西西比河的轮船不同的是它们的推进器的叶轮安装在船尾，"夜间行驶的时候犹如一座灯火通明的城镇，一路将音乐和梦幻撒落到岸上那些静止不动的村庄"。根据客轮及河流的状况，到达波多萨尔加市需要一个或两个星期，不过没人在意这种延迟，因为无论缓慢行进抑或搁浅抛锚，客轮都是一座漂浮着的娱乐城，为它锦上添花的是欣赏河流随着轮船行走不断呈现出来的大自然的交响曲：一堆堆草鹭，一群群鹦鹉，一伙伙嬉戏喧闹的长尾猴，一片片使河水倏忽闪现出铝一般光亮的游鱼；鳄鱼静静地晒着中午的太阳，海牛在河滩哺乳幼崽。当晨曦微露，当明亮而不耀眼的夕阳落入河岸边的热带雨林，天色慢慢黯淡，这一动物王国的场面就成了十分迷人的景象。此后五年间，加西亚·马尔克斯在十个场合重复叙述了这次令人陶醉的旅行，直至将它作为有生以来魅力十足的成为财富的经历之一铭记在心。他在后来一篇见报的文章中所称的这条"生命之河"，在《霍乱时期的爱情》里变成了爱情之河，在《迷宫中的将军》里变成了死亡与失败之河。

在波多萨尔加市，加夫列尔坐上了开往波哥大方向的火车，这火车跟他小时候每天上午11点钟看见的开到阿拉卡塔卡镇的黄色小火车差不多，几乎是手工业时代的水平。火车一路穿行于和平时代建立的村庄与景物之间。多年以后，安第斯山区这种小火车连同马格达莱纳河上的两个烟囱的蒸汽机轮船，就成了他思乡幽情最大的源泉之一。他回忆道："从波多萨尔加市开出的火车一整天都跟爬行似的沿着悬崖峭壁往上走，遇到最陡的路段，就后退一截，然后助跑似的再次往上冲，像龙一样急促地大口喘气。有时候旅客必须下车，徒步爬上下一个坡顶，以便为火车减轻重量。"他记得沿途的村庄是"冰冷和凄凉的"，那里"女商贩在车厢窗口叫卖圆圆个儿做熟的又大又黄的母鸡，和味道跟医院的食物一样的雪白的土豆"。

加夫列尔和伙伴们在火车上继续跳在船上跳过的帕阡加舞，尽管越来越不起劲，因为随着波哥大的临近，氧气越来越稀薄，寒冷也开始冻僵他们的心灵。这伙年轻人大多舞跳得好，巴耶纳托小调和博莱罗小调也会唱，不少人还能熟练地弹吉他，拉手风琴，他们想凭这些本领从那些热恋的男男女女身上挣几个比索。当喘着粗气的小火车爬上海拔2600米的高原，"像小马一样奔驰"的时候，那个一路上一本接一本贪婪看书的衣冠楚楚的人走近加夫列尔，请他帮一个忙，把他和伙伴们在路上唱的一首博莱罗小调的歌词抄给他。这人解释说他的未婚妻在波哥大，他确信她会十分喜欢这支小调。加夫列尔怀着同比拉尔·特尔内拉①帮助马孔多镇那些偷偷相爱的情侣时一样的愉快心情，抄了歌词，还稍微教了教曲调。这种无心的举动使他碰上了好运气——抵达首都后十分需要的运气。

埃列塞尔·托雷斯·阿兰戈是家里的一位远亲，加夫列尔的父亲委托他照管长子。加夫列尔抵达波哥大的那天下午4点，埃列塞尔在市内的萨瓦纳车站接到了加夫列尔，一看那个铁皮加固的大木箱，就建议由货车把它运到相距六个街区的学生公寓。两人跟在货车后边跑的时候，由于这里海拔高，加夫列尔感到喘不上气来。面色苍白、表情呆滞、身穿父亲的衣服改做的黑衣服、头戴宽檐帽，手提圣墓状的大箱子，阿拉卡塔卡镇这个孩子的这副模样，在19大街这座公寓里的沿海地区的其他学生看来，也许不像他们那里来的学生，倒像殖民地时代的幽灵。

公寓是座老房子，没有窗户，屋门正对着一个生长着天竺葵和茉莉的小花园，令加夫列尔想起故乡家屋的庭院。门一关，房客们如同被锁进了保险柜。加夫列尔在波哥大睡的第一夜却没有时间为自己先天性的幽闭恐惧症烦恼，因为身子刚一挨床，他就发出一声惊叫，吓了正在睡觉的其他人一跳，原来他以为有人开玩笑，往他床上泼了水。睡在旁边

①《百年孤独》中的人物。

的一个沿海人见状笑得要死，解释说没人开玩笑，波哥大就是这个样子。他这才明白房子为什么没有窗户，而那些有窗户的房子为什么把窗户堵得严严实实。那位同乡安慰说："这儿跟沿海不一样，在波哥大得学会睡觉。"

加西亚·马尔克斯本人说，1943年1月抵达波哥大的那个"晦气的下午"也许是他一辈子最严峻的时刻，因为这是他惟一一次由于难过而哭泣。这是很自然的，一个怯懦的无依无靠的少年，来自一个与他即将面对的世界非但不同且完全相反的世界。他的世界是一个连阴凉处也有30摄氏度的地方，是除了圣玛尔塔雪山的西山嘴再也看不见任何山的天地，那里氧气多得让人觉得仿佛沉浸在氧气里透不过气来，那里帕阡加乐曲多、热情多、女人多。总之，在那里，偏见和成见并未严重妨碍人们的生活，无论贫富大家都有办法得到表面上的欢乐。而波哥大这城市又寒冷又凄凉，天空灰暗，社会气氛压抑。女人很少，或者被藏起来了，表情忧郁的男人倒多的是。还有一些装腔作势的英国人，以及弗兰茨·卡夫卡小说里的行踪诡秘言语晦涩的官吏们。

28年后，当怀旧幽情萦绕心头的时候，他这样描绘这座噩梦般的城市："那个昏暗的首都引起我注意的首先是，街上步履匆匆的男人太多，全都像我一样穿一身黑衣服戴一顶宽檐帽子，但见不到一个女人；再就是雨中拉着啤酒车的高大的佩尔切隆马①。雨中的有轨电车在路口转弯时摩擦电线冒出的火花，雨中人们给一眼望不到尽头的送葬队伍让路而引起的交通堵塞。那种世界上最悲哀的出殡，有摆着大供桌的灵车，有披着天鹅绒的英国马，有黑色的羽绒头盔，还有对死亡心怀不满

① 原产法国的一种良种挽马。

的豪门望族的亲人的尸体。在蒙蒙细雨中的'白雪广场'一列送葬队伍的前头，我看到了在波哥大街头遇见的第一个女人，她身材苗条、缄默无语、仪态万方，宛若服丧的皇后。然而我的欣喜将永远只有一半，因为她的脸庞遮盖着一道不可逾越的面纱。"

于是，在白雪广场附近的希门内斯德克萨达大街上的内务部大楼前面，发生了他有生以来最严重的事情，就像塞萨尔·巴列霍的诗中所写的：受不了孤独的撞击，他哭了起来。

在这个阴沉沉的多雨的城市，在雨伞、黑帽和大衣之间，他认出了那些警察，就是他们在他大约5岁那年的某一天抢走了外祖父母的结婚戒指以用于同秘鲁的战争，就是他们运用各种法律手段维护联合果品公司的利益，就是他们在1928年杀戮香蕉种植园工人之后的那几年换上军装从他家门口列队走过。于是他明白了，自己有生以来最严峻的事情正发生在从小就听说过的那"另一个世界"里。

过了几天，加夫列尔早晨8点钟早早起床，前往当时位于希门内斯德克萨达大街的教育部门口排队登记，参加争取奖学金的考试。排队的大多是本国的穷学生，队伍很长，在忍受着波哥大清晨的寒冷与忧伤的加夫列尔眼里长得望不见头。正在这时，想不到教育部门口附近出现了救星——几天前在火车上请他抄博莱罗小调的那个热恋中的男人。"哎！你在这儿做什么？"那人问道。"我正排队，要参加奖学金考试。"等了几个小时已经等得很悲伤的加夫列尔说。"别犯傻了，跟我来吧。"那人说罢，就把他从队列里直接带到楼上的办公室。他不是别人，正是大权在握的国家奖学金委员会主任。

此人名叫阿多尔佛·戈麦斯·塔马拉，原籍辛塞莱霍县，与加夫列尔一样同系沿海人，是一位知识渊博的年轻律师，被任命担任这个职务只有一年。官位使他和衣冠楚楚的哥伦比亚高原地区的人以及典型的波哥大官吏一样，像英国人似的注重衣着的洁净与考究。所以多年以后，加西亚·马尔克斯在回忆中称他为帮助自己获得奖学金从而在锡帕基腊市读完中学的"华服美饰的恋人"。到了办公室，戈麦斯·塔马拉说马上考他，如果成绩好，不用太多的手续就会给他奖学金。结果考了个优秀，主任亲自判的卷子。戈麦斯·塔马拉一面评判试卷，一面称赞文章写得好，并说在火车上为他未婚妻玛丽娅·路易莎·努涅斯抄的歌词的字写得漂亮——这可不是一般的细枝末节，因为写不好文章和写不好字是这位博学的 26 岁的官员的两大弱点。

戈麦斯·塔马拉问加夫列尔要了奖学金想上波哥大哪所学校，加夫列尔脑子里只记得一个学校：圣巴托洛美。这是全城最负盛名的两所学校之一，从殖民时代起，哥伦比亚统治阶级和富裕阶级的一大部分子弟即就读于该校。主任坦率地说："我给奖学金不能让你上圣巴托洛美，因为我手里的这些，"他把一沓纸条指给加夫列尔看，"都是部长和要人们介绍来的。嗨，你为何不这样呢？就去锡帕基腊学校，这学校非常好，离这儿也近。"加夫列尔十分失望，圣巴托洛美进不去了，只好同意去临近的锡帕基腊市的国立男子中学。这校名以前都没听说过。

在锡帕基腊市他将忍受比波哥大更严重的孤独与寒冷。这座殖民时代建立的美丽小城位于波哥大东北方向 50 公里的地方，海拔高度与温度和首都类似。同波哥大城中最先建造的拉坎德拉里亚居民区一样，它坐落在几个山冈下，殖民时代遗留下来的房屋、街道、广场、教堂都和那个居民区差不多。所以，当 3 月 8 日这个阿拉卡塔卡镇来的忧郁的孩子由那位照管他的亲戚领着，去锡帕基腊市那所中学三年级报到的时候，想必觉得这座当时人口 5 000 的小城是微缩的波哥大，却比波哥大更冷，而且十分荒凉。

哥伦布发现美洲之前这里就有人居住。锡帕基腊的名称源于此地本来的名称"奇卡基查"，这个印第安语词汇意即"锡帕脚下"，指奇布查部落的印第安人最初建立的村庄所坐落的山丘脚下。贡萨洛·希门内斯·德克萨达①的士兵在巩固对安第斯高原的征服时所遭受的最后一次强大的抵抗正是发生在锡帕基腊——不能不算奇怪的是，第一次强大的抵抗是他们在阿拉卡塔卡村及周围地区碰到的由创建该村的剽悍的奇米拉印第安人进行的抵抗。那是1537年4月，他们为锡帕基腊村的美丽风光和盐矿所吸引，从圣玛尔塔市出发，跨过马格达莱纳河，经过艰难的长途跋涉来到这里时的事情。奇布查人对殖民统治反抗了近一个世纪，致使西班牙人在1622年歼灭他们之前一直不能顺顺当当地开采盐。当时的征服者在锡帕山脚附近建了如今的锡帕基腊这座平原地区最美丽的城市之一。活跃的畜牧业与经济，殖民时代遗迹的魅力，被视为世界奇迹之一的既宏伟又稀奇的用盐建造的地下教堂，这些使锡帕基腊成为哥伦比亚旅游业最发达的城市之一。

然而，前面所描述的那个样子的加夫列尔当时既看不见吸引游客的景物，又对城市往昔的英雄业绩不感兴趣。对他而言，锡帕基腊仅仅是波哥大苦加一等的延伸。于是，他把自己切切实实地关进了距广场只有几个街区的学校的那所陈旧大楼的四堵墙内。多年以后回忆时，他由于忧伤而失口说那地方像一个"没有取暖设备没有鲜花的修道院"。其实这座殖民地时代的楼房挺舒适，它有两层，房体呈四方形，瓦屋顶两面排水，阳台为木结构，楼的入口耸立着高大的百年历史的门房。长方形庭院四周是行政部门和教师的地盘，厨房和服务设施也在这里，所有的

---

① 希门内斯·德克萨达（1509—1579），西班牙殖民者，1537年来此征服奇布查人，掠得大量黄金和绿宝石。

房门前都立着木柱，摆着天竺葵花盆。一道坡度徐缓的宽阔的木头楼梯通往二层，祈祷室、图书馆和简陋的学生寝室都在这里。在另一座风格简洁的新式建筑里，分布着教室和课间休息的大院子。

这里拥挤着大约250名全国各个民族和各种文化渊源的学生，大多是领奖学金的寄宿生。这些孩子的家庭一般很贫苦，但他们能力很强，希望并且必须好好珍惜获得奖学金这一机会。多年以后加西亚·马尔克斯承认，在锡帕基腊国立中学接触祖国各民族的文化和接受高水平的教育是一种幸运："我认为，在锡帕基腊重要的是接受了全国各地的文化，而不是光接触内地的文化。我觉得说到底，自己被送进锡帕基腊国立中学是非常幸运的，因为它是全国一切领奖学金的穷孩子的寄宿学校。我记得我曾经为了上波哥大圣巴托洛美学校而奋斗过，却一败涂地。那所学校属于权贵举荐的人，属于国家的名门望族，属于政治家。我被送进了锡帕基腊，这所学校位居那所学校之后，却比它强得多。我所学到的一切都归功于中学时期的教育。"

教师的水平是一个决定性因素，这所学校的教师当中，许多人是马克思主义者或具有进步倾向，因为他们是在师范大学由何塞·弗朗西斯科·索卡拉斯[①]培养出来的。教育部将这些人发配到郊区，以免他们毒害波哥大的青年。除了意识形态方面的某些影响，他们的教育效果十分出色，因为每个教师在各自的学科都堪称权威，而且还是认真细心的教育家。譬如历史学教师马努埃尔·库埃略·德尔里奥，不仅偷偷借给学生马克思主义书籍，而且美洲史讲得既缜密又全面。加西亚·马尔克斯的老同学爱德华多·安古洛·弗洛雷斯建筑师说，德尔里奥客观的历史观确实对他们影响很大，对加夫列尔尤其大。爱德华多认为德尔里奥是

---

① 索卡拉斯，哥伦比亚著名的教育家、马克思主义信徒，曾任波哥大高等师范学院院长。

思想上影响这位阿拉卡塔卡镇的青年最深的人。此外西班牙语、文学、数学、哲学等课程的老师，也将留在加西亚·马尔克斯和1946年与他同届中学毕业的一批杰出的医师、建筑师、律师的记忆里。

决定加夫列尔学习效果的另一个因素无疑是寄宿学校修道院般的规章制度。早晨5点45分一敲钟，学生在三个一刻钟里分三拨进浴室用冷水淋浴，6点半必须穿好衣服、穿好鞋、修好指甲、整理好床铺。吃过有牛奶洋葱汤、咖啡、鸡蛋、面包和烤面包片的早餐，上头几节课。9点去餐厅"打早尖"（吃玉米面粥或糖塔水①加面包）以抵御安第斯山区的寒冷，接着是两小时的课，然后12点吃午饭。匆匆消化后，学生排成纵队，被带到离学校500米的体育场去上一小时体育课。下午2点至4点又上课，之后小憩和"打午尖"（吃点心和小吃）。6点钟课程结束，不过休息半小时以后即开始日程的第二部分。6点半至7点吃晚饭，之后两小时寄宿生就在教室写作业，抑或以玩耍、唱歌和弹奏乐器等方式休息。晚上9点，上床的奖赏终于到来，住校的学生在旧楼二层就寝，一位老师给他们守夜，老师睡在学生的大屋子刚好摆得开的一个小阁子里。然而至此事情还没完。孩子们睡下之后，值夜老师高声朗读一章小说——供轮流朗读的有《魔山》、《基督山伯爵》、《三个火枪手》、《包法利夫人》、《坎塔克拉罗》②。念到大多数学生估计已经入睡的时候，老师便合上书，疲惫地躺到小阁子里。

不过，与锡帕基腊市的荒凉和寒冷相比，这种修道院式的制度倒仿佛成了加夫列尔的救命稻草。而且每逢周末，随着午后的时光在平原的

---

① 糖塔水，系由未经提炼的甘蔗汁加水煮沸而成，为哥伦比亚特色饮料之一。
② 委内瑞拉小说家罗慕洛·加列戈斯（1884—1969）的作品，发表于1934年，描写大草原上一个流浪歌手的生活。

桉树丛中慢慢流逝，还能在宿舍美滋滋地阅读小说和诗歌。星期日加夫列尔很少踢足球，下午常去波哥大熟悉这座大都市，顺便到查皮内罗区看望耶稣会教徒伊格纳西奥·萨尔迪瓦尔和路易斯·波萨达·马尔多纳多，这两人从前在巴兰基亚市圣约瑟学校的第二大队是加夫列尔的老师和朋友。可是别的事情，如去锡帕基腊市区，与朋友们消遣娱乐，参观盐造教堂等等，在距离炎热的阿拉卡塔卡镇一千多公里的此地，所有这些令他十分厌烦。正是这个原因以及对功课的过敏，38 年后加夫列尔以其永生难改的"舔斗鸡主义者"的腔调说，获得在锡帕基腊完成中学学业的奖学金犹如"摸彩摸到一只老虎"。还说"进那种学校是一种惩罚，叫我去那个城市不公平"，他"心中已经彻底抹掉了学校"，"让一个人受那种酷刑是可怕的"。末了，作为对教育制度的谴责，他提及了曾经说过孩子从小就不该上学受教育的萧伯纳[1]。

不过，我们不要让他的夸大其词给蒙蔽了。即便那些不喜欢的学科，加夫列尔也比别人学得好，而且他还是 1946 年那一届毕业生中最优秀的一个。特别值得一提的是，多亏了在波哥大"摸彩摸到的老虎"和在锡帕基腊忍受的痛苦，他的生活将要经历不可逆转的质的飞跃。据他亲口讲，正是在安第斯高原那所寄宿学校里他患了文学麻疹，鲜明地显露出作家的才华。正如本文以后所述，就像没有阿拉卡塔卡他成不了作家一样，没有锡帕基腊，特别是没有波哥大，他也成不了作家，尽管其中的缘由各不相同。

其实，文学麻疹的病毒在巴兰基亚市的圣约瑟学校，或者也许就在阿拉卡塔卡 9 岁阅读那本散页的《一千零一夜》时就感染上了，锡帕基腊学校的封闭生活起到了让病毒繁衍扩散的作用。从收录哥伦比亚全

---

[1] 乔治·萧伯纳（1856—1950），英国戏剧家。

国各省作家作品的《乡村丛书》，到简要汇集伟大经典作家作品的《阿拉鲁塞文集》，加夫列尔读遍了学校图书馆的藏书。所以，在哥伦比亚文学方面他颇有修养，除了文学专业的大学生，那个时代能达到他的程度的人可谓凤毛麟角。他的文学热情如此高涨，抑或说他的孤独感如此强烈，结果他不仅阅读一切文学作品，同时贪婪地阅读能够到手的任何书刊，包括厚厚的三卷本弗洛伊德① 全集和历史老师偷着借给他的马克思主义书籍。自己读不到的书他便建议守夜老师念给他们听，因为老师给了他充分的自由挑选书目的权利。在那一阵他读过的奇书之中，诺斯特拉达穆斯② 的预言对他格外有用，成为后来塑造梅尔加德斯这一人物的素材之一。不过，他依然迷恋诗歌，这种迷恋在整个中学时期和大学一年级有增无减。

夜晚的聚会是每日的功课与文学热忱融合的复调乐曲。聚会上，在吉他或手风琴的伴奏下，全国各地的风俗习惯及民间传说一一亮相。日子一长，学生中人数众多的沿海帮将这个阿拉卡塔卡孩子初期的自我封闭的藩篱逐渐打开了缺口，他很快喜欢上了舞会——每逢周末，他的朋友何塞·帕伦西亚及其他沿海人就去有人邀请的任何地点举行舞会。然而即使是纵情狂欢，文学麻疹也无法掩饰，舞跳到半截，他和好友可以撇开姑娘们，坐到一个角落去谈论没完没了的文学话题。

加西亚·马尔克斯 16 至 19 岁期间的同学或熟人都记得他那时很瘦，眼睛滚圆，黑头发拳曲着，穿着一件肥大的毛料上衣，手都不敢伸出来，总怕在这安第斯高原冻得患肺炎死去。课堂上他十分严肃，专心

---

① 西格蒙德·弗洛伊德（1856–1939），奥地利精神病学家、心理学家、精神分析学派的创始人。
② 米歇尔·诺斯特拉达穆斯（1503–1566），法兰西占星学家、医学家、预言家。约于 1547 年开始说预言，1555 年出版预言集《世纪连绵》。

致志听讲，问的问题又多又切题，喜欢老师提问他从而让同学们倾听他的见解，尤其是文学方面的见解。下了课则判若两人，成了典型的加勒比海沿岸的人和"舔斗鸡主义者"：讽刺挖苦别人，甚至惹是生非。遵守纪律方面，从中学四年级开始，在寒冷荒凉的自然环境中，在沿海学生圈子里，他那阿拉卡塔卡及巴兰基亚时期满够五分的操行似乎丢掉了，这或许是对远离家乡以及对寄宿学校的约束的一种反应。有些人后来说，这个阿拉卡塔卡的孩子有段时间确实很不守纪律——泌尿科医生阿曼多·洛佩斯便持这种看法，他不是加夫列尔的同学，但对他在寄宿学校的冒险举动与挫折了如指掌。夜晚，值班的老师刚刚精疲力竭地躺进小阁子，加夫列尔就和几个相好的同学把床单一头接一头地绑在一起从窗口放下去，抓住它溜到楼下，然后到马克图阿尔剧院看戏，或者去看望女朋友。1944 年担任这所学校校长的诗人卡洛斯·马丁后来回忆说："一天夜里，我不在校，出现闹事的苗头，学生扔枕头和鞋子，扰乱了阅读和睡眠。他们急忙打电话到我家。我在气头上，破例滥用了一次权力，命令捣乱的学生排队下楼，站到院子去，没给他们穿外衣的时间。简短训斥一顿后，我和他们借着微弱的月光，穿过那座殖民时代的楼房昏暗的走廊，秩序井然地回到寝室。谁会想到一个诺贝尔奖获得者当时只穿着内衣，爬着陈旧的楼梯，从冰冷的院子回宿舍？"

所幸的是，加夫列尔违反纪律的行为，连同卡洛斯·胡利奥·卡尔德隆·埃米达老师对他进行文学指导所付出的心血，与一个未来作家的诞生具有一定的关系。

尽管加夫列尔的学习生活和文学生活非常充实，还可以同伙伴们交流生活经验，并且赢得了周围人们的喜爱和钦佩，然而作为地道的加勒比地区的人，只有期末返回苏克雷镇与家人团聚的时候，他的物质生活与精神生活才完全恢复正常。可是囊中羞涩的他并非每次都买得起回家的火车票和船票，学校的家长协会常常举办义演性质的晚会及其他活动，设法筹措路费送他和他的穷同乡回沿海地区。炎热、植被、芒果树和番石榴树的遮蔽、巴耶纳托小调、无休止的舞会、沿海人开朗的性格，所有这一切把他重新置于失而复得的激情的中心。加夫列尔觉得有双倍的精力，因为他还利用假期贪婪阅读在学校读不到的书籍。看书时他躺在家里芒果树绿荫下的吊床上——父亲终于把莫哈纳河畔的家屋扩建得足够宽敞、舒适、"鸽子一般白"①。

在一次乱哄哄的学生舞会上，加夫列尔爱上了一个刚刚小学毕业的13岁的女孩，她是加西亚和马尔克斯夫妇的邻居、朋友巴尔恰·帕尔多夫妇的长女。女孩乌黑的半睡半醒的眼睛、修长的脖颈以及朴实而神秘的嗓音与举止吸引了他。但他众所周知的怯懦使他跳跃了恋爱过程中的转弯抹角，当晚便要求女孩嫁给他，正如后来他在《一件事先张扬的凶杀案》中原原本本叙述的那样。虽然年幼的梅塞德斯·巴尔恰起初不太愿意并且两人被迫拖了13年，但他始终认为她会嫁给自己。此间，这个埃及血统的女孩激发了他的灵感，中学生加夫列尔禁不住吟哦出几首脍炙人口的"石头与天空"②风格的十四行诗。

返校的路线跟第一次去时一样，乘小艇沿着莫哈纳河、圣豪尔赫河、马格达莱纳河至梅塞德斯的故乡马甘格市，再坐从巴兰基亚市开来的轮船到萨尔加县，在此搭上翻越安第斯山的手工业时代水平的黄色小火车。但是，年复一年，每回乡一次，他与那座衣冠楚楚的人们的城市之间的裂痕就加深一层，以致多年以后，《霍乱时期的爱情》里的弗洛

---

① 《百年孤独》里形容何塞·阿卡迪奥·布恩迪亚家新盖的房子的用语。
② 20世纪30年代哥伦比亚诗坛出现的一个流派，其名称来自西班牙著名诗人胡安·拉蒙·希门内斯的诗集《石头与天空》。

伦蒂诺·阿里萨年轻时不愿越过安第斯山前往比亚德莱依瓦县而费尔米娜·达莎拒绝去波哥大，嫌它是"一个冰冷的昏暗的城市，那里的女人只在5点钟望弥撒时才出家门"。加夫列尔与美丽的锡帕基腊城的关系随着时间的推移，也变成一种不愿相见的关系，这一关系在他未来的作品中也没能好转：《百年孤独》里涉及那座拥有盐造教堂的城市时，只淡淡地提了一句"就是奥雷良诺第二寻找费尔南达·德尔·卡皮奥的那个离海1000公里的阴郁的城市"。

一次次省亲勾起的思乡情结蓄积起来变成重负，压在加夫列尔心头，这样，诗歌成为文学麻疹最早的表现就在所难免了。此外，在巴兰基亚市圣约瑟学校的三年间，他读了相当多的诗——后来他说那些诗都不好。前文已经说过，他在那里最早作的"舔斗鸡主义者"的诗由该教会学校的老师登在了校刊《青年》上。初期读过的诗作中，"黄金世纪"的诗歌给予他重要的教诲。他后来说："对我而言，文学即诗歌。我入学（指锡帕基腊学校）之时，就早已记住了西班牙所有的经典诗人，不仅熟悉和吟咏而且歌唱他们的诗。"这跟《爱情和其他魔鬼》中的卡耶塔诺·德劳拉对待加尔西拉索·德拉·维加的情形一模一样。就在加夫列尔来到安第斯高原上这所寄宿学校那一年，"石头与天空"诗歌运动继续风靡哥伦比亚，它连同"黄金世纪"的诗歌一起，将对这位未来的小说家施加决定性的影响。

"石头与天空"流派这一名称取自胡安·拉蒙·希门内斯一部同名诗集。自20世纪30年代末期，这个流派的诗人有爱德华多·卡兰萨、豪尔赫·罗哈斯、阿图罗·卡马乔·拉米雷斯、卡洛斯·马丁、达里奥·桑培尔、托马斯·巴尔加斯·奥索里奥和赫拉尔多·巴伦西亚。这场运动通过"二七年一代"的几位诗人，从鲁文·达里奥早先的影响、胡安·拉蒙·希门内斯和巴勃罗·聂鲁达新近的影响以及"黄金世纪"的影响中吸取营养。"石头与天空"主义者革新了当时被哥伦比亚的浪漫派、高踏派①和新古典派诗人那种令人目瞪口呆的雕琢浮夸风气弄僵化了的诗歌形式。卡兰萨和罗哈斯及其伙伴大胆的辉煌的比喻，对加夫列尔这样初学作诗的青年来说，不啻一只氧气瓶。作家后来说那些诗人"是那个时代的恐怖分子"，"假如不是因为'石头与天空'的话，我不敢肯定自己能否成为作家"，接着又明确地讲："他们那时给予我的是反对学究习气的一个基础，因为我看到那些诗人大胆做出的事情，就受到鼓舞，继续从事文学。我当时想，好啊，既然文学上可以这么做，我也喜欢这么做，我就将这种做法拿了过来。总而言之，那时我觉得人们能够动摇巴伦西亚②的根基，他是高踏派诗人盲目崇拜的诗坛偶像。"

虽然中学三年级不开文学课而开语文课，卡洛斯·胡利奥·卡尔德隆·埃米达老师这位"石头与天空"流派的发烧友却给学生们朗诵并且评论这一流派的诗歌。他本人就是一个铁了心要写诗的人。于是师生之间开始互相赠送和吟咏各自的诗作。四年级初期的一天，卡尔德隆·埃米达老师正在上课，忽然收到一包书，拆开一看，见其中一本写着赠给他的字样，他道过谢，便高声朗读了几首书中的诗。此书是"石头与天空"派一位成员卡洛斯·马丁的《穿越地球》，而诗作者是刚到任的新校长。这几首诗的诵读和其作者的到来，使加夫列尔及十三人文学小组的伙伴们欣喜若狂。他与这13个同学总是及时地关注新出版的诗集，以及爱德华多·卡兰萨在《星期六》周刊增刊上的诗歌评介。

"石头与天空"——诗歌运动的宠儿卡洛斯·马丁年龄30岁，出过

---

① 19世纪末法国出现的主张为艺术而艺术的诗歌流派。
② 吉列尔莫·巴伦西亚（1873-1943），哥伦比亚政治家和诗人。早期诗作属于古典主义。后受现代主义和法国高踏派诗歌影响，以韵律工整、节奏鲜明为特点，被认为是现代主义诗歌大师。

两本书，没有工作。两位同流派的朋友心生妙计，向教育部长推荐了他，以求委任一个与其才学相称的职务。说来也巧，就在1944年3月底提出举荐的那一天，锡帕基腊国立中学原校长、数学家阿莱汉德罗·拉莫斯刚刚自杀，于是这位诗人被任命为新校长。上任伊始，第一件工作是和学生一起参加前任校长的安葬仪式，紧接着也埋葬了前任严厉治校的方法，宣布结束他生前推行的数学为主的政策，代之以文学为主。新校长作了几次讲座，给师生们分发他的著作，并且建立了学生宿舍楼晚间朗读小说的制度。

从那年4月至8月或9月，马丁取代卡尔德隆·埃米达老师讲授世界文学课，学生们，尤其是加夫列尔及十三人小组兴高采烈地欢迎他的课。在马丁当校长的五六个月当中，他对鲁文·达里奥其文其人的讲解最能吸引学生。一首十四行诗他能条分缕析地讲一个小时，什么诗的主题啦、比喻的创造啦、诗的韵律啦等等。讲诗过程中，马丁时常穿插这位尼加拉瓜籍诗坛巨匠生活方面的一些生动的引人入胜的趣闻逸事。譬如讲到儿童时期的鲁文·达里奥很爱幻想，他生活在尼加拉瓜一个乡村，由姨姥姥照管。一天，来了一位风姿绰约的夫人，身穿黑色皮衣，头戴装饰着羽毛的很大的宽檐帽。别人对他说这夫人是他真正的母亲时，他异常惊讶。马丁还讲到，这位美洲的现代主义之父在一位年老的上校的庇荫下长大成人，老人经常给他讲从前的战争故事；孩提时有一天他看见了冰，把这当做一个了不起的发现；13岁发表第一批押韵诗；曾经上过耶稣会的学校。

从此，鲁文·达里奥的形象与作品就吸引了加夫列尔。想必他从老师的故事里看到了自己，因为他也曾是加勒比地区一个村镇里的一个好幻想的孩子，由外祖父母和姑姥姥照料。不足4岁时的一天，一位美丽的少妇来到他的面前，身穿玫瑰色衣服，香气袭人，一副城里人的打

161

扮。人们说这是他母亲，他感到迷惑不解。和那位尼加拉瓜诗人一样，他也是由一位年迈的上校呵护着长大的，也听他讲过内战的许多故事，一天老人还拉着他的手去看冰。他也是 13 岁发表的首批押韵的诗，也上过耶稣会的学校。加夫列尔的生活与尼加拉瓜诗人的生活之间许许多多的共同点，无疑加深了他原本就有的对鲁文·达里奥其人其诗的钦佩，以致鲁文·达里奥作为影响和作为人物，以独特的方式将要出现在《家长的没落》里。对于加夫列尔具有决定意义的不光是关于美洲现代主义之父的介绍，还有马丁那一年借给他的书，特别是其中的豪尔赫·萨拉梅亚①所著的《书籍的奇妙经历》和阿尔丰索·雷耶斯②的《文学体验》。对这些书的阅读既加强促进了他的文学热望，又为他在理论上奠定了重要的初步基础。与此同时，诗人校长把这个年轻的中学生介绍进了"石头与天空"派成年诗人的圈子。

马丁刚到锡帕基腊几个月，就接待了爱德华多·卡兰萨和豪尔赫·罗哈斯这两员诗歌运动的干将的造访。就在那些日子，十三人小组打算办一个文学杂志作为小组的机关报，请求马丁给予支持并且给该刊撰稿。这一时机非常恰当，几乎能够顺利地促成文学杂志的印行，部分地由于"石头与天空"主义者引发的辩论，全国正处于诗歌与文学的鼎盛时期，到处都在出版杂志。此外，加夫列尔对于在巴兰基亚市创办《青年》杂志当中自己所起的重要作用回味颇多。这样，诗人校长指导他们怎样办杂志和筹措经费，还为他们写了一篇慷慨激昂的演讲式的评论，文章猛烈抨击哥伦比亚的寡头政府，近乎于号召青年人去攻占自己国家的"冬宫"。十三人小组的成员个个出评论、诗歌或散文。17 岁

---

① 萨拉梅亚（1905–1969），哥伦比亚诗人、剧作家，《书籍的奇妙经历》是其散文集。
② 雷耶斯（1889–1959），墨西哥诗人、历史学家和散文家。《文学体验》系文论集。

的加夫列尔兴冲冲地写出了自己的第一个新闻作品——一篇关于哥伦比亚青年、教育与音乐的措辞谦恭的简短通讯。为刊物的事情，他和小组的组长兼新杂志的主编马里奥·孔维尔斯，前往锡帕基腊市广场附近一座殖民时代的大房子里的卡洛斯·马丁的寓所，拜会"石头与天空"派的诗人爱德华多·卡兰萨和豪尔赫·罗哈斯。对于一个自认已经落入缪斯羁绊的中学四年级青年而言，与三位诗人的会面想必是一个意义重大和影响深远的时刻，晤谈的场所似乎也强调了这一点：一间具有古代遗迹的宽阔的客厅，家具不多，书却很多，还摆着路易斯·德贡戈拉①、鲁文·达里奥、何塞·亚松森·西尔瓦②、巴乌尔·瓦莱里③和胡安·拉蒙·希门内斯的画像或照片。

在年轻的《文学报》的首期，加夫列尔除了负责"我们的诗人"（当然是介绍豪尔赫·罗哈斯的）这个栏目，还写了一篇热情奔放的简短的散文《一河之瞬间》，刊登在题为"哈维尔·加塞斯的抒情散文"的另一个栏目。哈维尔·加塞斯是加西亚·马尔克斯写于锡帕基腊的全部作品使用的笔名。《一河之瞬间》尽管不免流露出一个17岁的孩子稚嫩的文笔，却是一篇蕴涵着开创性和昭示性的东西，因为他是作家第一篇具有下列特征的散文：显示早期的创作水平；预示未来作品里的那些诸如对江河及花雨的逼真的描述；同时初步展示其后的长篇与短篇小说中常常使用的表现手法之一，即对于（水的、冰的、梦幻的、乡情的）镜子所映照出的人物与事物进行富有诗意的移植。

十三人小组正在等待散发《文学报》的适当机会的时候，哥伦比

---

① 路易斯·德贡戈拉·伊·阿尔戈特（1561-1627），西班牙诗人，著名文学流派"贡戈拉主义"的创始人。
② 西尔瓦（1865-1896），哥伦比亚诗人，拉丁美洲现代主义诗歌运动的先驱之一。
③ 瓦莱里（1872-1945），法国诗人，其代表诗作为《海滨墓园》。

亚历史上一个意外事件发生了。总统阿尔丰索·洛佩斯·普马雷霍这位加西亚·马尔克斯的母系的远亲，几天前在帕斯托城被一伙企图发动政变的反叛军官扣押了。卡洛斯·马丁以全校师生的名义给暂由副总统达里奥·埃阡迪亚代表的洛佩斯·普马雷霍政府发了一份拥戴电报。发电报的当天，锡帕基腊市长带领几名警察来到学校，检查教室是否藏有煽动暴乱的宣传品，结果全部抄走了已经印好的首期《文学报》。过了几天，原先任命马丁当校长的那位教育部长打电话给马丁，要求他辞职，并且把他召到部长办公室。部长拿着一份《文学报》解释道，命令辞职和查抄十三人小组的杂志的原因，就是在第一页显著位置占了五竖排的诗人那篇攻击寡头政府的慷慨激昂的文章。

然而1944年首先是加西亚·马尔克斯创作第一篇散文和第一批诗作的一年。对此，他的语文及文学课的老师卡洛斯·胡利奥·卡尔德隆·埃米达起了突出的作用，成为作家文学事业起始阶段帮助过他的人之一。

35岁的卡尔德隆·埃米达老师博学、谨慎、谦虚，近五年来一直在乌伊拉省一个偏僻村庄的小学里研读西班牙"黄金世纪"的诗歌，享有不公正现象的破坏者与学校的整顿者的美誉，在他解决过的问题中，最棘手的一个，是一所村镇学校，那里的学生成天往当地的妓院跑。他到学校集合起学生，做了一个关于性病危害的讲座，列举了许多死于性病的作家和艺术家的姓名。这样一来，那些浪子彻底回了头。

卡尔德隆·埃米达老师以古希腊人式的慎重和学识在锡帕基腊国立中学讲授文学课，使得学生喜欢上了哥伦比亚、西班牙和全世界的优秀文学作品。加西亚·马尔克斯后来在回忆中，像感激阿拉卡塔卡镇那位教他识字和最初品味诗句的女教师一样感激这位老师。他说卡尔德隆

"是一个谦虚谨慎的人。没有矫揉造作的讲解，在书海中为我指点迷津，选择善本"。在中学四年级的开头与末尾，他带领学生快速浏览了荷马、索福克勒斯、维吉尔、但丁、莎士比亚及托尔斯泰的部分作品；五年级全部讲解西班牙"黄金世纪"的特别是其中加尔西拉索和克维多的作品；六年级让他们接触哥伦比亚好的和不好的文学作品，并一直侧重于"石头与天空"派作家的著作。

所以，国立中学的最后两年是加夫列尔阅读尝试"石头与天空"风格诗歌创作硕果累累的两年。全部诗作同投给《文学报》的稿件一样都用哈维尔·加塞斯这个笔名。有些诗，如《穗》、《三幕剧》及《玫瑰之死》由卡尔德隆·埃米达老师命题而作，有些因三位姑娘唤起的灵感而命笔。一位是他朝思暮想的假期在苏克雷镇等他的少女梅塞德斯，另两位是他在锡帕基腊市的女朋友洛利塔·波拉斯和塞西莉娅·贡萨莱斯，后者在他的作品里名叫"拉曼吉塔"。塞西莉娅是个迷人、聪慧、高尚的金发姑娘，手里老拿着一条带子，文学素养良好，时常阅读时兴诗人的作品。因而既是一位情感上的伴侣和文学家的忠实保护者，又是加夫列尔能够与之互相抓挠文学痒处的人。《颂歌》、《倘若你家门口有人叫我》、《爱的第三次出现》和《致一位轻飘飘的女学生的十四行诗》，确实具有热恋之中的年轻诗人那种独特的韵味，可也受到他所推崇的诗及诗人的束缚。但是，与巴兰基亚市圣约瑟学校那个写作最初的诗句的少年不同，锡帕基腊学校的青年加夫列尔已是具备想像力并且掌握了一定的文学及语言学手法的写作者了，这些手法能使他表达自己的感情与激情，尽管是以模仿的方式。

《颂歌》是写得不太成功的诗作之一，却于1944年12月31日登在了当时诗人爱德华多·卡兰萨主持的波哥大《时代报》的文学副刊上，成为加西亚·马尔克斯第一篇正式发表的作品。能在这一十分著名的接受一切投稿的副刊上发表作品，无疑跟同年年中加夫列尔与"石头与天空"派两员干将卡兰萨本人和豪尔赫·罗哈斯的会见有关。诗中，加夫列尔（哈维尔·加塞斯）哀悼了数月前惨死的女友洛利塔·波拉斯。

　　虽然加夫列尔的诗比老师的好，老师却坚持认为加夫列尔的那些东西是散文。卡尔德隆·埃米达发现这个学生大部分诗的基点与特点在于叙事，就是说他的诗是一种更适合于表现现实世界的诗。每作一首，他就拿去问老师："老师，您看我的诗怎么样？"卡尔德隆衷心予以称赞，却又重复道："别忘了，你这是散文。"老师鼓励他写小说，读优秀小说家的作品。加夫列尔当然在读小说——这前文已经叙述过，可他一直坚持当诗人的愿望和文学首先是诗歌的信念，并在内心深处始终捍卫和实践这一信念。然而老师的希冀以及加夫列尔中学一二年级时违反纪律的行为很快有了结果，因为文学课老师凑巧也是纪律督察员，每当加夫列尔犯一次错误需要严厉的惩处（存在着几分开除的严重危险）之时，督察员就改用另一种更加严厉的惩罚：第二天写一篇短小说。正是这个原因，抑或至少是在这种情况下，大约在中学四年级末期的一天，加西亚·马尔克斯写出了第一个短篇小说《无法摆脱的精神变态》。

　　这个故事讲的是一位姑娘变为蝴蝶，飞呀飞，遇见了各种各样的事情。卡尔德隆·埃米达和加夫列尔的几个同学后来回忆说这件趣闻他们记得清清楚楚，因为这篇小说令他们十分欣喜，有些人由此认为加夫列尔将会成为才华出众的寓言作家。由于卡尔德隆老师的热心推荐，这篇作品在人们中间传阅开来，一直传到学校秘书的手里。秘书怀着与老师一样的热情看过后，说它跟卡夫卡的《变形记》类似。卡尔德隆、加夫列尔和同学们谁也没有听说过当时在哥伦比亚鲜为人知的那个什么卡夫卡。于是这位奥地利作家的那篇小说被拿到课堂上念了几个片断，卡尔德隆后来回忆说大家听罢都"惊异于两篇小说的相似"。无法解释的是，人们众口一词赞扬加夫列尔的第一篇小说和他阅读之贪婪的那阵，他尚未看过《变形记》，只是到了三年后上大学一年级时才读到——这导致了他文学生涯第二个或者第三个阶段的开始。

锡帕基腊的岁月是加西亚·马尔克斯文学生涯的萌芽阶段，这期间他最突出的特征是非凡的记忆力、敏捷的书面表达、逼真的模仿和可观的词汇量，后者最初的源泉便是外祖父那本词典和外祖父母本身。这段岁月，也是对照书本观察现实及对照现实阅读书本这一习惯臻于成熟的时期。然而文学之于他，依然是那种或多或少学究式与书生气的东西，取自书本以便喝着咖啡闲聊时作为精神饰物来炫耀的东西。文学是一种扎根于现实并且反映现实的事物这一概念，只是"波哥大事件"过后他来到卡塔赫纳市和巴兰基亚市时才领悟到的。

绘画是与阅读并行不悖的另一个主要爱好，这个爱好4岁时诞生于阿拉卡塔卡镇，持续于圣约瑟学校，到中学三四年级达到"黄金时代"，而后随着文学麻疹的成熟渐渐淡化了。当画画儿是最明显的爱好那阵子，他在不喜欢上的课上和课间休息时作画。绘画作为加夫列尔最值得怀念的一种艺术才能载入老师和同学的记忆，他们忘不了他笔下那些惟妙惟肖的裸体女人、玫瑰、猫和驴。就连深信这个学生必将成为文学家的那位文学课老师也不止一次地认为加夫列尔其实天生就是绘画的材料："由于他整天画猫、驴和玫瑰，我便觉得他将会成为画家。实际上我们大家都认为他能当画家，因为那时候他是个出色的作画者。他非常适合这门艺术，不用抬手，一笔就能描出一头驴、一只猫或一朵玫瑰。看着他手也不抬地画画儿，真让人陶醉。"

一天，他画了一幅阿莱汉德罗·拉莫斯校长的漫画。此人的严厉和苛刻令人生畏，不久便自杀身亡。漫画引发了同学和老师的欢乐和称赞，卡尔德隆·埃米达要求加夫列尔让他把画像拿去给校长看。加夫列尔声震屋瓦地喊道："您怎么会出这主意，老师？您给校长看，他会一脚把我踢出学校的。"老师向他保证出不了事，便将漫画拿去给校长看了。出乎人们的意料，校长十分喜欢这幅画，还捎话给加夫列尔说若想当画家，他就去为加夫列尔要一个免费生名额来，到波哥大美术学校学习绘画。两年后，加夫列尔更加有力地证明了自己的绘画才能，以漫画手法将 13 位老师和毕业班 25 名同学画在了一块儿。这幅巨画连同 1946 年毕业的那届学生的正式合影一起，在锡帕基腊国立中学尘封了多年，直到"加夫列尔轰动"发生之后，人们才又找出了它。

　　这个 19 岁的中学生所表现出的多才多艺把大家弄糊涂了，谁也不清楚阿拉卡塔卡这个贪婪的读者真正爱好什么，说不准将来会成为什么人——画家、记者、诗人抑或小说家。可是，当时跟他关系最密切的卡尔德隆·埃米达老师以愿望多于预言的语气说："你是诗人。不过应该写散文，多读短篇和长篇小说，你能成为哥伦比亚首屈一指的小说家。"

　　十年以后，第一部长篇小说发表的时候，作家格外崇敬这位曾经为他书山指路并且规定了他文学生涯准则的慷慨博学的老师。

第六章

波哥大的大学城于 20 世纪 30 年代中期阿尔丰索·洛佩斯·普马雷霍第一次执政期间，在当时的郊区建立。即使在各系的建筑群所占据的地方，广袤而美丽的波哥大平原在蓝桉与青松之下依然是那么辽阔和漂亮。在国立大学学习法律的 14 个月期间，加夫列尔常常徜徉于蓝桉和青松林中，咏物寄志或者同诗友互赠诗作。

回苏克雷镇父母身边度假归来不久，1947 年 2 月 25 日，他在一年级报到注册。这并非完全由于喜爱法律，而是法学的本质最接近他所爱好的文学；再则法学系的课都在上午，下午可以打零工挣几个比索。不过，选择法学或许出于更加久远的缘由，即加夫列尔从小就在电影里看到是律师在法庭上唱主角，为打不赢的官司辩护。另一方面，因为贫穷没能读大学的父亲一直希望长子上大学，想叫加夫列尔学习药物学以便日后在药房接替他。然而父亲隐藏心底的愿望是让儿子当神甫，倒不是喜欢或信仰宗教的缘故，而是迫于生计。每当手头十分拮据时，加夫列尔·埃利希奥·加西亚便想，家里要是有人当神甫的话，日子就会好过得多。

可是不久，这个阿拉卡塔卡镇的怯懦而忧郁的青年，便把法典换成了卷帙浩瀚的世界及西班牙语国家诗词典籍中的选集。自巴兰基亚和锡

171

帕基腊时期以来，那始终是他压倒一切的爱好。他极其厌恶上统计学与人口统计学课，结果当年这两门课都不及格；还有宪法课，授课教师是日后成了他的朋友并且当上总统的阿尔丰索·洛佩斯·米切尔森。所以，在国立大学登记注册的 14 个月当中，加夫列尔很大一部分时间旷课，要么待在法学系的咖啡厅，或者坐在该系校园内青松与蓝桉荫蔽下的草坪上；要么泡在第七大道那几家人声嘈杂的咖啡馆里，并且试图将女招待领出去哪怕幽会片刻，抑或跟另外几个同样被缪斯触动的同学卡米洛·托雷斯、贡萨洛·马亚里诺、路易斯·比亚尔·博尔达继续谈论诗歌和互相吟赠。他早已和这几个人形成了一个独特的四人文学小组。

自由党左翼领袖豪尔赫·埃列塞尔·盖坦遇刺身亡[①]的前一年，70万人口的波哥大平静得如同这里的安第斯高原。这个讲西班牙语的大都市的灵魂保存在殖民主义的福尔马林之中，可她的居民却违背国情，恣意按照英国人的某些爱好与方式行事，眼睛盯着伦敦生活。这一文化模仿的倡导者之一，是功利主义学派的鼻祖杰里米·边沁[②]，其理论对 19 世纪哥伦比亚经济、政治和法学领域影响颇深。就在功利主义盛行的 19 世纪，出现了律师、商人和自由派官员构成的以英国式的服饰而得名的"衣冠楚楚"阶级。久而久之，这个绰号演变成波哥大居民以及哥伦比亚安第斯高原所有居民的代称。

然而，这仅仅是这个国家所患的文化上的精神分裂症的诸多症状之一，因为从语言及文学角度看，她离马德里当然比伦敦近。哥伦比亚，

---

① 关于这一事件，下一章第一二节有详细的论述。
② 边沁（1748－1832），英国功利主义哲学家、经济学家、法学家。对 19 世纪思想改革有显著影响。

特别是波哥大，不仅以她的语言在西班牙语世界最为纯正而深感自豪，首都还保留着马德里风格十足的咖啡馆文化和午间休息时的文学恳谈会。这是很自然的。波哥大是贡萨洛·希门内斯·德克萨达建立的，他是西班牙在美洲的征服者当中寥寥无几的有知识的人之一。据哥伦比亚历史学家赫尔曼·阿西涅加斯介绍，1538 年 8 月 6 日，当贡萨洛仿佛提前表演堂·吉诃德①的一个生活片断似的宣布建城时，波哥大的文学活动也就在这同一天伴随着他而开始了。选择好地点，这位生于格拉纳达的儒将下了马，薅起几棵野草，面带堂·吉诃德式的庄重得滑稽可笑的神情踱来踱去，以卡洛斯五世皇帝②的名义宣布圣菲城（旋即改称圣菲德波哥大城）建立，然后转身上马，拔剑出鞘，刺向臆想之中的那些反对其建城计划的人，此举同那位"奇思异想的绅士堂·吉诃德·台拉·曼却"③的行为简直如出一辙。

从此，这座城市的文学生活同日常生活与政治生活并驾齐驱，而因循守旧的羁绊也逐渐束缚了这个国家活生生的现实。与国隔绝的波哥大位于海拔 2600 米的安第斯山脉东部，修道院、教堂及教会学校星罗棋布。她一味模仿，身陷于（直至 20 世纪 40 年代末期）另一种怪诞的尴尬的境地：距离上帝和文学比距离国家的历史和命运还近。20 世纪的前 50 年间，甚至存在着一项不成文的规定，即谁想当总统谁就得是作家、诗人或语法学家。这样，在一个文学与政治结为一体的国度，自19 世纪最后几十年起，波哥大的文学咖啡馆便成了名副其实的象牙之塔，政治家、作家和大学生坐在一起，不问谁做东谁付账地呷着咖啡，

---

① 《堂·吉诃德》一书出版于 17 世纪初，故有提前之说。
② 指西班牙国王卡洛斯一世（1500－1558），他在位时，西班牙疆域辽阔，号称"日不落帝国"。1517 年即西班牙国王位，为一世；1519 年即日耳曼皇帝位，为五世。
③ 《堂·吉诃德》中主人公的姓名全称。

进行学识的角逐。可以想见，这样产生的作品很大一部分描写乡愁别绪，表现手法也是西班牙式的，脱离本国的现实。然而，波哥大是哥伦比亚惟一一座真正充实与活跃的文化生活持续几十年之久的城市。所以，阿根廷作家米格尔·卡内不无夸张地称她为"南美洲的雅典"，而伟大的鲁文·达里奥则给予整个哥伦比亚以"杰出学者中心"的美誉。波哥大人不仅心安理得地领受这些溢美之词，而且对颂扬的享用和宣扬也达到无以复加的程度。许许多多的公共或私人图书馆、剧院、期刊和第七大道那些人声鼎沸的文学咖啡馆，似乎一点儿也没有辜负那些赞颂。这是加西亚·马尔克斯在40年代的波哥大所受到的巨大激励，此外他还结交了一些当地的好朋友。

我们知道，自从1943年"1月的那个晦气的下午"，年仅16岁的加夫列尔踏上萨瓦纳车站的月台，直到在希门内斯德克萨达大街的内务部大楼前当众伤心地哭泣，"南美洲的雅典"对他来说始终意味着"抑郁和悲哀"。不过，那些丝毫没有夸张的多次表白被有些研究者理解得过于狭隘，从而略微掩盖了波哥大和一些波哥大人对加夫列尔的人生及其成长为作家的历程曾经起到的根本性的重要作用。事实是，假使没有跟这座衣冠楚楚者的城市的那些恩恩怨怨，没有某些著名人物决定性的影响，加西亚·马尔克斯或许成不了作家。而且，就在他所认为的首都仅仅给了他"抑郁和悲哀"的这一问题上，首都已经开始给予他某种重要的东西——前途。从眼前来看，最重要的给予将是那些当地友人以及咖啡馆的文学氛围，尽管多年之后回到加勒比地区他才发现那种氛围不是生活的而是书生气的和掉书袋的，因而与他的情感及志趣格格不入。

当时那个波哥大闻名遐迩，修道院和教堂触目皆是，有轨电车缓缓行驶，傍晚时分全城笼罩着灰蒙蒙的烟雾。在这样的环境中，像加夫列尔这样对大学过敏的学生，尽可以在玻利瓦尔广场与 24 号街之间的第七大道周围整天转悠，进进出出酒吧和咖啡馆，寻觅作家和朋友，或者钻进一个可以继续阅读手里的书的角落。实际情况也的确是这样，加夫列尔频频光顾此地，而不愿待在大学。再说，这里有一长溜带露天座位的咖啡馆可供选择，如"阿斯图里亚斯"、"磨坊"、"黑猫"、"自动"、"哥伦比亚"和"里因"。加夫列尔在这里能够遇见许多朋友，像贡萨洛·马亚里诺、路易斯·比亚尔·博尔达、普利尼奥·阿普莱约·门多萨以及后来当了神甫和游击队员的卡米洛·托雷斯[①]，以便谈论书籍和政治，以此消磨平原上停滞的时光。有几家咖啡馆还备有桌椅供学生们围着某位政界要人和文坛名士就座，或者供他们自己坐下进行一般的聚谈或者写作业。学生们知道，花五分钱便可以坐在桌子旁喝一杯热咖啡，顺便接近诗人，如莱昂·德格雷弗、豪尔赫·萨拉梅亚、爱德华多·卡兰萨、豪尔赫·罗哈斯、拉斐尔·马亚。往常一见大人物就胆怯的加夫列尔，这回却跟被卡兰萨戏称为"小一代"的年轻诗人达涅尔·阿兰戈和安德列斯·奥尔金交上了朋友。在锡帕基腊中学他就读过他们的诗，因为当时的女朋友塞西莉娅·贡萨莱斯即加夫列尔诗中所称的"拉曼吉塔"是阿兰戈的崇拜者与读者。

依托着咖啡馆和友人的帮助，加夫列尔在波哥大读的书与在锡帕基腊读的书相比，多得不可同日而语。1947 年 8 月接触卡夫卡作品之前，主要读诗，尤其是"黄金世纪"的诗。《罗曼采罗》、加尔西拉

---

① 托雷斯（1929－1966），哥伦比亚神甫，1965 年加入反政府武装力量"民族解放军"，次年阵亡。

索、克维多、贡戈拉、洛佩·德·维加①、圣胡安·德拉·克鲁斯②、路易斯·德·莱昂修士③以及"九八年一代"④与"二七年一代"⑤一些诗人的作品，这位刚起步的作家已经读了五年左右，这时终于读得滚瓜烂熟了。拉丁美洲的大诗人中他主要读鲁文·达里奥和巴勃罗·聂鲁达，哥伦比亚诗人中读波菲里奥·巴尔瓦·雅各布、莱昂·德格雷弗和"石头与天空"诗人。除了贪婪读诗，还像在巴兰基亚市和锡帕基腊市那样写了一些诗，其中《天上的地理》和《出自一只蜗牛的诗》登在了《理智报》学生副刊《大学生活》上，这个副刊在卡米洛·托雷斯离开法学系一年级去波哥大神学院之前由他和路易斯·比亚尔·博尔达主持。

阿拉卡塔卡镇的这位青年诗人蓄起了长发，留起了短髭，烟抽得很凶，只穿几件高领套头毛衣。囿于波哥大的惯例，他时常系着领带来配那几套典型的加勒比地区式样的衣服，普利尼奥·阿普莱约·门多萨是这个时期认识的他，后来成了一块儿冒险办报的伙伴和挚友之一，他后来回忆说，加夫列尔是一个"典型的沿海地区的孩子，装束像古巴人，衬衣和领带穿戴得很不得体，在波哥大街头显得与众不同"，看上去很瘦，脸色苍白，"身体灵活，行动快得如同棒球运动员或伦巴舞曲歌手"，却不冒失。不久，加夫列尔似一道闪电射入咖啡馆抑或某项文学活动的场所，他所穿的乳白色服装以及颜色土气的领带和袜子，刺痛了衣帽颜色灰暗深沉的波哥大人的英国式感官。

---

① 维加（1562—1635），西班牙剧作家。
② 克鲁斯（1542—1591），西班牙诗人。
③ 莱昂修士（1527—1591），西班牙神学家和禁欲主义诗人。
④ "九八年一代"，1898 年一代的简称，是西班牙文学史上一个重要的文学流派。
⑤ "二七年一代"，西班牙 20 世纪 20 年代出现的一批优秀诗人形成的一个团体。

有的大学同学认为，这个阿拉卡塔卡人如普利尼奥·门多萨所说"不可救药"。常常是头天夜晚也许喝醉了，也许在哪家妓院睡着了，第二天不是旷课就是迟到。他几乎总叫苦说自己患了结核病，患了梅毒，患了肺炎，以此为其屡教不改的缺勤开脱。有人相信他那么多病是装出来的，有人认为他的病是色情受虐狂。所以从表面上看，这个年轻人随波逐流，自暴自弃，很少有人觉得他日后会有什么出息，虽然他是友人和同学中让文学烈焰炙烤得最焦的一个。

　　加夫列尔当时给人的印象只能是这个样子，因为远离家人和故乡，居住在一个使他忧郁到骨髓的城市，生活在一群始终也未能与之愉快相处的人中间，学着一种不喜欢的专业，是全国最讲究穿戴和外国化的都市里最穷的学生之一。他寄宿在位于如今的第八大道，即过去的弗洛里安大街上一家沿海地区学生膳宿公寓，与朋友多明戈·马努埃尔·维加合住一个简陋的房间。尽管收入微薄，"却阔绰得比别的房客多付些钱，以便早餐吃上一个鸡蛋。我觉得自己是寄宿生里惟一一个早餐有鸡蛋的人"。

　　锡帕基腊的四年和波哥大起初的两年当中，加夫列尔逐渐感染了孤独的病毒，最明显的症状是除了在加勒比地区，他到任何地方，尤其是到卡塔赫纳市和巴兰基亚市，都觉得自己是多余的人，是外国人。孤独感可能很早，即10岁离开阿拉卡塔卡镇和外祖父母家的时候，便开始在他身上萌发了。肯定无疑的则是，就在锡帕基腊市和波哥大城当穷学生那阵子，产生了后来始终困扰他的另一种情结——总差5分钱的感觉。"我想看电影看不成，差5分钱；一张电影票35分，我觉得只有30分。我想看斗牛，票价1比索20分，我觉得只有1比索15分。同样的感觉一直持续不断。"总是这样，甚至在他最荣耀最富裕的时候也还是这样。

177

女伴和诗友们周末时常来加夫列尔的公寓闲聊。如果没人来而感觉寂寞的时候，星期六他便建议同乡们像在锡帕基腊中学那样举办喧闹的舞会，参加者有何塞·巴伦西亚——那些年他最要好的朋友，多明戈·马努埃尔·维加、豪尔赫·阿尔瓦罗·埃斯皮诺萨、哈科沃·佩雷斯·埃斯特拉达、路易斯·科雷阿·加西亚、卡耶塔诺·亨蒂莱·奇门托——《一件事先张扬的凶杀案》里的圣地亚哥·纳萨尔。这种没完没了的沿海地区年轻人的狂欢，却不可避免地夹杂着文学麻疹的症状，排遣了加夫列尔星期六的孤独。可是翌日又出现星期日的问题，这漫长的冷清的一天犹如一堵墙挡住了通往下一星期的道路，很难打发它，加夫列尔便想出了反复坐电车的办法，花 5 分钱上车，一本接一本地读着诗，从城南的玻利瓦尔广场坐到城北的智利大街，再折回去，循环往复，转了一圈又一圈。蓝色的窗玻璃没能淡化车外那多雨、寒冷、阴郁的城市的景象，却给他吹来夹带着噩梦中的那些既远且近的事物的微风。有轨电车一次又一次地转遍了 62 个街区，这时加夫列尔也圆满地度过了又一个波哥大的星期日。在车上"大体按照过一个街区看完一首诗的节奏"读呀读，全然不知甩在身后的有《时代报》社的大楼，他一直希望在该报发表作品；有内务部，四年前曾在那里伤心落泪；有豪华的特肯达玛饭店，在那里他连张望一下都不行；有斗牛场，想进去总差 5 分钱。下午 4 时左右在智利大街下车，胳肢窝夹着一本诗集在此等候的朋友贡萨洛·马亚里诺，将他领进自己位于城北桉树丛中的明亮而安静的家里继续讨论永远讨论不完的诗卷，同时随便吃点巧克力、面包和奶酪——在波哥大不可或缺的"打午尖"。

街灯初放，加夫列尔又去第七大道的咖啡馆，寻找一个"愿意施舍似的和我谈论我刚读完的诗篇的人。有时能找到，差不多总是男人。于是我们喝着咖啡，吸着我们刚才自己丢下的烟头谈诗，谈呀谈。与此同

178

时，世界上全人类都在做爱"。

有一天晚上坐电车，加夫列尔产生了看见神人的幻觉。谁知道是由于孤独或者诗看得过多呢，还是两者兼而有之，反正34年以后他确实这么说的。讲述的时候，他的表情是外祖母特兰基丽娜和姑姥姥弗朗西斯卡·西莫多塞阿那样的"木头脸"，也是讲述幼年在阿拉卡塔卡镇看见鬼怪以及撞见那个住在外祖父母家的街对面的死人的故事时的毫无惧色的那张脸。他认为毫无疑问在电车上见的是"一个活生生的法翁①"，"他衣着入时，就像一位刚刚参加过葬礼的部长先生，不过犄角、羊胡子和精心保护在奇特的裤腿下的蹄子让他露了馅"。当天夜里他打电话给朋友们讲述电车上看见的神人，可是电话没有找到贡萨洛·马亚里诺，自然也没找到两年以后才认识的阿尔瓦罗·穆蒂斯。于是返回原先的弗洛里安大街的公寓，写出了第二篇小说《电车上的法翁的故事》，投给了《时代报》的文学副刊，该刊三年前登载过他以哈维尔·加塞斯为笔名发表的一首诗。小说根本没登，也没有任何答复。一年以后，自由派领袖豪尔赫·埃列塞尔·盖坦遇刺身亡引发了暴力冲突，公寓着火，这篇小说的草稿连同他的财物一起被烈焰吞噬了。

等第一个短篇小说发表又等了几个月，直至遇见另一位法翁，20世纪小说界的大法翁弗兰茨·卡夫卡。这一相遇着实令他眩晕，并且改变了他的创作方向，甚至确定了他以后的写作模式。

事情发生在公寓的一天夜晚，豪尔赫·阿尔瓦罗·埃斯皮诺萨这个沿海地区的学生，出身辛塞县一小康之家，后来做了几家大公司的经济顾问。当时颇为贪书，藏书也全。一天下午豪尔赫向加夫列尔推荐并且

---

① 法翁，罗马神话中专司农业和牧业的神，半人半羊，一说人形，但耳尖，头上有角，并且有山羊的尾巴。

出借了《变形记》——此前也借过几本别的书。加夫列尔三年前在中学四年级的文学课上听过《变形记》的其中几段，那是由于卡夫卡的小说与阿拉卡塔卡镇这个孩子的第一部短篇小说《无法摆脱的精神变态》相似，因而被拿到课堂上念的。1947 年 8 月中旬那天下午，加夫列尔带着书回到沿海学生的公寓，从楼梯上到二层，走进与同乡多明戈·马努埃尔·维加合住的房间，脱掉外衣和鞋子，坐在床上。翻开这本封面粉红色的薄书，发现是豪尔赫·路易斯·博尔赫斯[1]翻译的——他当时对译者尚一无所知——开始读道："一天早晨，格里高尔·萨姆沙从不安的睡梦中醒来，发现自己躺在床上变成了一只巨大的甲虫。他仰卧着，那坚硬得像铁甲一般的背贴着床，他稍稍抬了抬头，便看见自己那穹顶似的棕色的肚子……"加夫列尔亢奋地合上书，如痴如醉地嚷道："真他妈的绝了！"随即想起来，"哎，外婆也是这样讲过的呀！"继而读了一个通宵，再次觉得心摇神荡，一如 9 岁那年看了散页的《一千零一夜》，一如听了外祖母特兰基丽娜讲的鬼怪故事——又瞎又疯的她已于四个月以前在苏克雷镇逝世，临终之际呼喊着她喜爱的那些死人的名字，其中夹杂着塞维罗·卡塔利纳和坎德拉里奥·奥维索的零散的诗句。加夫列尔随即思考的是一种信念与需要："于是我想，噢，原来文学可以是这个样子的。于是我真心喜欢上了这个样子，我一定也要这么做。因为从前我以为这些东西文学不能写，在那之前我曲解了文学，认为文学是另外一种东西。当时我想既然在《一千零一夜》里可以从瓶中钻出一个妖魔，既然可以像卡夫卡这么写，那就是真的可以这么写了，那就是真的存在另一条途径、另一条渠道的文学创作。"

---

① 博尔赫斯（1899–1984），阿根廷作家和诗人。其创作受西班牙极端主义流派和卡夫卡、爱伦·坡等人的影响，成为超现实主义在拉丁美洲的另一种表现模式。

从堪称他人生重要里程碑之一的这一刻起，加夫列尔立志要做小说家、小说大家，决计听从中学文学课那位老师几年前的劝告，读遍到那时为止人类撰写的不朽的长篇小说和优秀的短篇小说以及其他作品，先从《圣经》开始。这样，诗歌爱好开始为小说爱好所取代，他读《托梅斯河上的小拉撒路》①、《塞莱斯蒂娜》②、塞万提斯、卡夫卡、陀思妥耶夫斯基、托尔斯泰、果戈理、狄更斯、福楼拜、司汤达、巴尔扎克、左拉、维克多·雨果、托马斯·曼。

　　他不光按部就班地读书，而且在看完《变形记》的第二天坐下来，依据从卡夫卡那里获取的启示，撰写第三个短篇小说《第三次无奈》（其实算是第一部名副其实的短篇小说）。他一动笔，如同后来写作所有的长篇和短篇那样，就开始打扰朋友。贡萨洛·马亚里诺后来回忆说，加夫列尔"开掘主题，铺叙细节，嘴里唠唠叨叨，同时不辞辛苦地又写又改，字斟句酌。他就是这样创作第一个短篇小说的"。写了几天，一件偶然的事情使他加快了速度。他在《观察家报》每天刊出的《城市与世界》栏目，看到作家爱德华多·萨拉梅亚·博尔达（外号尤利西斯）致读者阿尔图罗·科雷阿的一则简短的回信。这位读者前不久给爱德华多写信抱怨道，由他主持的文学副刊《周末》一味刊登外国作家的短篇小说和散文，而其创立的宗旨则宣称重点要为"哥伦比亚新作家充当广告牌"。爱德华多在专栏答复说，虽然本国青年创作的文学作品不甚丰富，近期也将发表一些鲜为人知的作家的来稿，他还提到了一个名叫阿尔瓦罗·穆蒂斯的文学新人，并表示副刊的版面优先向哥伦比亚作家的稿件开放，最后说："我十分热切地期待着那些'由于自

---

① 西班牙著名流浪汉小说。初版于 1554 年，作者不详，中译本书名《小癞子》。
② 西班牙著名对话体小说。描写一对青年男女的恋爱故事。1499 年问世时无作者署名，1502 年再版时，作者署名为费尔南多·德·罗哈斯（1465－1541）。

己的作品缺少一种恰当的传播而尚未为人所知的'新诗人新小说家向我投稿。"

　　加夫列尔于一个星期五下午读了这则消息，立即看到了平生第一个良机，因为首都另一家大报《时代报》，对他这样的新手来说是一道不可企及的高门槛（数月前那篇不走运的关于电车上的法翁的故事寄去后杳无音信即是例证）。于是他坐下来，将这篇从卡夫卡身上获取灵感而命笔并一直在写的短篇小说《第三次无奈》一气呵成。到了下周一，他把手稿装入信封，寄给《观察家报》的爱德华多·萨拉梅亚·博尔达。

　　加夫列尔确信一两个月后，萨拉梅亚·博尔达会予以发表，因为作品颇具卡夫卡风格，赋予哥伦比亚文坛一种崭新的创作手法。不料15天后，他遇到平生第一次惊喜，而且大喜过望。这天是星期六，他走进第七大道一家咖啡馆，见一人正在读他的小说，小说登在《观察家报》副刊上，占了六大竖排的版面。他理所当然的反应是去买报纸，可由来已久的问题出现了，缺少5分钱。他折回原先的弗洛里安大街的公寓，对一位友人讲了此事，两人随即上街买报。终于看清了，在1947年9月13日星期六的《观察家报》第八版副刊的《周末》专栏，登载着加夫列尔·加西亚·马尔克斯发表的首篇小说，还配有画家恩里克·格劳的插图。发表作品已不是首次，可在国家的大报上发表却是头一回。从此，年仅20岁的加西亚·马尔克斯从正门步入哥伦比亚的文学殿堂。

　　这篇小说受到一些人的热情欢迎，最热情的当数加夫列尔的大学同学们，他们在法学系桉树丛的绿荫下又阅读又评论。本系一年级一位同学在第一流的副刊上发表了一篇委实新颖的小说，这使他们非常高兴，与这位新出现的作家本人一样高兴。从那时起，加西亚·马尔克斯一有新作问世，大家便热情欢迎。他的同学贡萨洛·马亚里诺后来回忆，当时看了《第三次无奈》，他以20岁的轻率对加夫列尔说这不是"小说，而是一个长长的隐喻"。马亚里诺多年以后自认为是年轻人的狂妄评判的这句话，其实是确切的事实：虚构外衣下的这部小说还是一个自传性的故事。

小说讲了一个人的经历。他7岁死于伤寒引起的高烧（如作者的姨妈马加里塔）后，18年间处于一种死活相间的状态。在母亲的照料下，他感觉自己的躯体就在棺材里长到25岁。其间连续经历了三次死亡，直至变为一个抽象的无形的非物质的死人。然而最为悲哀的是他始终面对巨响，面对熏得他难受的自己的尸体散发的恶臭，面对企图咬掉他角膜的老鼠，面对自己要被活埋这一无法摆脱的骇人念头而动弹不得，神志却又清醒得可怕，清楚地记得生前的情景及细枝末节。

这篇小说以鬼魂题材、超现实的描绘以及借鉴而来的形式与结构，触及了潜意识的根须，已经显示出作家后来作品中的那种"十分符合情理的超现实性"，同时，它又是自传性的故事，就像加西亚·马尔克斯完全成熟时期的那个短篇小说《世界上最漂亮的溺水者》一样。是的，因为，难道加夫列尔不曾像《第三次无奈》的主人公那样，作为一个五六岁的孩子，被外祖母特兰基丽娜用周游宅院的前辈的幽灵吓唬得下午6点坐在椅子上一动不动，傍晚时分的宅院对他而言成了一座巨大的灵台了吗？难道加夫列尔不是像笔下那个人物一样，直至20岁的那个时期所过的生活都是贫穷的而且连续有过几次死亡的吗？他失去阿拉卡塔卡镇的金色童年是死亡；前往锡帕基腊市完成中学学业时，失去加勒比地区是死亡；随后前往波哥大，如今在这里，受着远离故乡的寒冷高原上的孤独的煎熬和枯燥无味的法典的折磨，同样是死亡。

《第三次无奈》蕴涵的东西还有一些。它是后来作品的重大题材与次要题材的一部分，如宅院、孤独、恐惧、思乡、死亡、超越死亡的愿望、一人多次死亡和幽闭等的端倪初露。因而它是寻根之旅的第一步。

一个半月后的 10 月 25 日，《观察家报》刊载了他的第二篇小说《夏娃钻进猫肚里》。这篇作品十分流畅，但沿袭了前一篇构思的路子和卡夫卡式噩梦般的描写，讲述一件转世投胎的事例时，再次出现了孤独、思乡、宅院、冥府和祖传的恐惧、死亡、超越死亡的愿望等，也是首次显露了劣根遗传与红颜薄命的主题。

过了三天，给加夫列尔发表了两篇引起读者热情欢迎的小说的爱德华多·萨拉梅亚·博尔达（尤利西斯），在他主持的每日专栏《城市与世界》向全国宣布和评述了一位天才的独特的新作家的出现。这一短评标志着哥伦比亚及拉丁美洲文学批评的一个里程碑，因为他不仅是关于加西亚·马尔克斯的第一篇评论，也是对他未来走向的第一次预言：

> 本报文学副刊《周末》的读者们可能已经注意到一位奇特的气概非凡的新作家的出现。两部业已发表的短篇小说署名"加夫列尔·加西亚·马尔克斯"，这个名字我以前一无所知，现在从编辑部一位同仁那里获悉，《夏娃钻进猫肚里》的作者是法律专业一年级一个青年学生，尚未达到法定的成人年龄。这个消息让我吃惊不小，因为在加西亚·马尔克斯的作品中，能够察觉出一种令人惊叹的或许是过早的成熟。他的文笔清新，无须诉诸柔情矫饰，便把我们引入潜意识里尚未勘察的区域。想像的天地可以出现一切，然而，善于自然地朴实地不装腔作势地展示已经采撷的珍珠，却不是每一个刚刚接触文学的 20 岁的年轻人都能做到的。
>
> 加夫列尔·加西亚·马尔克斯，一位优秀的新作家诞生了。我不

怀疑他的才华、他的独特的风格、他的写作愿望，可我拒绝相信——
这丝毫不会贬低他的个人价值——他是哥伦比亚青年中惟一的一个。

读了国内这位学识渊博和头脑冷静的作家为他写的评论，加夫列尔
觉得一阵眩晕和些许担忧，主要倒不是因为那些盛赞，而是因为落在肩
头的巨大责任。他想，现在必须继续写下去，写一辈子，为"尤利西
斯"争光。加夫列尔的这位克里斯托瓦尔·哥伦布①和文学导师，多年
以后还做了他的朋友。

与卡夫卡的相遇及两篇小说的发表，更加拉大了他和大学的距离。
但是这年他还是完成了法学专业一年级的学业，尽管"统计学"和"人
口统计学"不及格，"法学概论"和"宪法"勉强及格。假期他回到苏
克雷镇探望父母，并且继续写短篇小说。翌年 1 月 17 日，即"波哥大
事件"暴力活动的蔓延促使他返回加勒比地区的三个月之前，《观察家
报》发表了他的第三篇小说《土八该隐②锻造一颗星》，其中死亡的
存在同样是令人肝肠寸断的和主导一切的。这样，四个月里他接连发表
了三部让国内文坛觉得耳目一新的短篇小说，从而被看做哥伦比亚小说
界前景无限光明的作家。

在苏克雷镇当顺势疗法医生兼药剂师的父亲，得知长子荒疏了法律
专业的功课转而舞文弄墨，认为他"不可救药"。有些人把这个青年看
成哥伦比亚文学界前程无量的小说家之一，而加夫列尔·埃利希奥·加
西亚却只把儿子当做全家未来的摇钱树。此外，对于他那样门第卑微的
穷苦人家来讲，家里出一个大学生是一种荣耀，这荣耀能够绰绰有余地

---

① 哥伦布（1451-1506），意大利航海家、殖民者。是拉丁美洲新大陆的发现者。
② 《圣经·旧约》故事。土八该隐是铜匠和铁匠的祖师。

弥补社会特权与世袭爵位的欠缺。因此，1948年2月，加夫列尔沿着以往的马格达莱纳河上的水路回到大学，在法学系二年级注了册。这只是为了宽慰父亲，而并非出于他自己继续学习这个专业的兴趣——从前一年开始的兴趣便已消失了。

过错在卡夫卡。是他的作品启示加夫列尔第一次懂得什么叫小说艺术，并且找到了一条与众不同的创作途径。同时，加夫列尔预感到了自己能够成为哪一类作家。他中学时形成了对文学的曲解，遇见卡夫卡之前一直认为小说大抵就是现实的复制或再造。可是，卡夫卡用一套迥异的类似于梦幻世界而非现实生活的法则，向他表明那种想法不对，小说是现实的移植。或许由于过去的曲解，他此前才对诗歌比对小说更加倾心。

跟一些研究者——譬如马里奥·巴尔加斯·略萨——的见解相反，《第三次无奈》、《夏娃钻进猫肚里》、《土八该隐锻造一颗星》和短篇小说《蓝宝石般的眼睛》的大部分作品，并不构成加西亚·马尔克斯的"史前时期"。他的"史前时期"是在锡帕基腊市国立男子中学度过的那四年，他在这里患上了文学麻疹，入魔般地系统读书，写作随心所欲的模仿性的散文与诗歌。在锡帕基腊，他已经是一个脱颖而出的作家、一个具备雏形的作家，有成为作家的禀赋、修养、决心甚至需要。卡夫卡所做的，是通过《第三次无奈》及其他短篇小说，在文学的迷宫里为他重新引路，使他的奋斗方向更加明确，帮助他重新触摸外祖母特兰基丽娜和《一千零一夜》的脉络。因此，命运就这样确定了：从现在起直至永远，阿拉卡塔卡镇邮电所报务员的儿子加夫列尔·加西亚·马尔克斯都是故事的创作者和讲述者，一如山鲁佐德、弗兰茨·卡夫卡和特兰基丽娜·伊瓜兰·科特斯。

第七章

有一天，加夫列尔在第七大道与希门内斯德克萨达大街交叉路口的《时代报》社大楼前碰见马努埃尔·萨帕塔·奥利维亚，诚恳地对他说想离开波哥大，不学法律了，原因不光是经济困难，主要是最近一个时期对文学的爱好越发强烈了。当时做梦也没想到，就在他俩谈话的地方几米以外，几个月之后将成为引发被称做"波哥大事件"的暴力冲突的震中。动乱把加夫列尔赶回梦魂萦绕的加勒比的故乡，给他的人生及文学命运造成了决定性的影响。

　　是的，就在距离两人交谈地点仅仅数米之遥的第七大道（位于希门内斯德克萨达大街和 14 号小巷之间）14 号至 55 号门前，1948 年 4 月 9 日下午 1 点 5 分，胡安·罗亚·谢拉，一个病夫、下层人、无业游民、症状明显的精神分裂症患者，手持左轮手枪，在近处突然朝自由党领导人豪尔赫·埃列塞尔·盖坦射击——当时后者从自己的律师事务所出来，正要同他的合作者普利尼奥·门多萨·内拉及另外几个朋友去吃午饭。40 分钟后盖坦在"中心医院"死去，他的光辉美好的人生就此断送。本来，一切迹象预示盖坦将会成为下一任哥伦比亚总统，成为惟一一位许诺一定要割掉自由派-保守派寡头政治这一经久未除的毒瘤的总统，这一寡头政府再一次将国家引入暴力斗争的绝境，从哥伦比亚作为一个独立国家诞生之前开始，它内部的暴力冲突就一直绵延不断。

盖坦是印欧混血人，英俊的相貌带有明显的印第安人的特点。他父亲是波哥大一个微不足道的图书商人，母亲是教师，性情严厉。他从小就在母亲铁一般的纪律的约束下，开始一步步地攀登法学与政治学领域的陡峭险峻的山峰。从国立大学毕业以后，他前往罗马，师从杰出的法学家恩里科·费里进修学习。不久，盖坦从那座历史悠久的城市带回了刑法研究的优异成果，以及一种掩饰不住的倾向——喜欢墨索里尼的某些举止，喜欢大规模的群众集会。很快，他就亲身体验了在群众大会上振臂一呼的快感，因为 1929 年 9 月他在国会发表了一次精彩的演讲，就前一年 12 月对香蕉产区工人的大屠杀，从政治、法律和道义等方面抨击了米格尔·阿巴迪亚·门德斯的保守党政府以后，他大得人心，威望陡增。到国会讲演之前的几个月，盖坦走访马格达莱纳省的一些村镇，深入调查他称之为"哥伦比亚历史上最耻辱的一页"的事件。在许许多多向他陈述事实的知情人当中，有在阿拉卡塔卡镇当出纳的加西亚·马尔克斯的外祖父，和后来为作家施洗礼的该镇的教区神甫弗朗西斯科·安加里塔。

保守派执政 45 年后，1930 年自由派掌了权，贵族派头十足的总统恩里克·奥拉亚·埃雷拉把年轻的盖坦变为他的宠儿，接连任命他为议会主席、自由党领导成员及总统助理。

34 岁的教师之子就这样平步青云，登上政治生涯的巅峰。仕途得意的他，社交上却从未征服波哥大上流阶层成员们府邸的豪华客厅。没有受到"赛马协会"①的接待，以及社会名流因盖坦混血人的黝黑肤色而在客厅依然蔑称他为"黑鬼盖坦"，每当想起这两件事，盖坦后来回

---

① 当时哥伦比亚的赛马协会成员均为有钱有势的人，因而成为上流社会的标志。

忆起来，总认为这是一生最大的耻辱之一。

自从踏上仕途，令盖坦头痛的就是他在自由党内的矛盾处境：是执政还是在野当反对派。于是，这位明智的雄心勃勃的领导人先是被波哥大市的穷人街区选进国会，并且建立了昙花一现的"全国革命左派联盟"，成了奥拉亚·埃雷拉的红人，又与爱德华多·桑托斯和阿尔丰索·洛佩斯·普马雷霍和两届政府合作，分别担任教育部长、劳动部长和卫生部长，后来却变为激进的反对派，既反对保守党的专制集团，也反对他自己党的专制集团。因此，在1945年总统选举中，自由党以分裂的面貌出现，推出了两位候选人，一位是本党的，另一位是政府的加夫列尔·图尔瓦依。结果自由党最终失败，少数派的保守党因而受益掌权，建立了以安蒂奥基亚省籍的工程师马里亚诺·奥斯皮纳·佩雷斯为首的政府。

这反而激励了盖坦，他担任了党的领导，把党引向了街头、城市居民区和乡村。从此，凭借娓娓动听的宣传语言和最高领导人的灵敏的政治嗅觉，盖坦主义的群众运动迅猛发展，冲开了哥伦比亚两党制的僵化政治的狭窄渠道。在他遭暗杀的前夕，谁也不怀疑盖坦将是下一个四年即1950至1954年期间的总统，因为他的形象变得那么高大，已经成为哥伦比亚有史以来最杰出的政治家，作为这样的政治家，他赢得了多数人民的支持，这个大多数狂热而驯服、喧闹而安静，就像他们在盖坦遇害两个月之前发动和领导的"静坐示威"所显示的那样。"静坐示威"目的在于反击日益严重的暴力与镇压行动，这些行动自从阿尔贝托·列拉斯·卡马戈的临时政府时期开始，就一直困扰着哥伦比亚，马里亚诺·奥斯皮纳·佩雷斯现政府掌权以来，暴力与镇压越发猖獗。

手举燃烧蜡烛的沉静群众在安第斯高原的夜幕下发出动人的呼声，也许比盖坦及其门徒的那句口头禅"冲啊"更让上流社会及政客阶层恐惧，害得波哥大的贵人在华丽的客厅颤抖，达官们在府邸哆嗦。于是，一个可怕的疑窦萦绕在他们的心中，搅得他们坐立不安：即将担任总统的是哪一个盖坦？是老叫他们提心吊胆的煽动群众的那个盖坦，还是曾经被党内的专制寡头推上高位，并且依然在专制集团内有好朋友的那个豁达的和事佬盖坦？达官显贵有许多历史榜样可供效仿，从许多可资借鉴的历史事件能够观望国家的命运，因为在哥伦比亚以纵火者起家以灭火者收场的政治领袖的先例是尽人皆知的，最有名的即是传奇式的将军拉斐尔·乌里维·乌里维。在三次内战中，他跟一个政权打了一辈子仗，最后却成了这个政权的台柱子之一，直至1914年10月在国家大厦附近遇刺身亡为止。

深入地全面地研究哥伦比亚这段历史的人一致认为，十分反动的政治寡头无法忍受那个可怕的疑问的折磨，派人刺杀了一位魅力超凡的民众领袖，让病恹恹的胡安·罗亚·谢拉给一个由最高权力机关策划和操纵得天衣无缝的阴谋充当替罪羊。

无论如何，事实是，永远无法查清的豪尔赫·埃列塞尔·盖坦谋杀案是点燃波哥大及全国的熊熊烈焰的导火索，动乱的震中便是1948年4月9日下午1时5分盖坦被罗亚·谢拉射中三枪的那个地点。在同一时刻，第八大道的穷学生公寓里，与弟弟路易斯·恩里克和朋友何塞·帕伦西亚合住一室的法学系二年级学生加夫列尔·加西亚·马尔克斯正要坐到餐桌旁吃午饭。听到暗杀的消息，他立即和几个朋友跑到了盖坦饮弹倒下的地方，可是奄奄一息的盖坦已被送往中心医院。于是，他像许多人一样在那里转来转去，表示——虽然仅仅以他们的到场表示对遇害者的同情与支持。城市一片火海，骚乱规模越来越大，景象越来越可怕，加夫列尔只好回公寓躲避。然而那里也无法躲避了，公寓在燃烧，他的私人财物、引起发文学高烧的书籍（那些日子他正怀着外科医生般的专注阅读《尤利西斯》）、最珍爱的手稿——《电车上的法翁的故事》、《观察家报》发表的三篇小说的和其他几部正在写的小说的手稿统统成了燃料。失去文学财产就六神无主的加夫列尔要冲入浓烟滚滚的公寓抢救书稿，被友人们劝阻住了。四人文学小组成员路易斯·比亚尔·博尔达当时和许多人一样四处寻找可以参加战斗的地方。他后来回忆道，4月9日下午大约四五点钟，在第八大道与希门内斯德克萨达大街交叉路口的暗杀发生地附近碰见加夫列尔。比亚尔·博尔达记得最清楚的是发现他一反常态，丧失理智，几乎要哭。比亚尔·博尔达通过大学一年的交往和一块儿读文学书籍的经验知道，加夫列尔对政治尤其对本国的两党制政治从未显示过任何热情，虽然从锡帕基腊市国立中学毕业时他思想上有点赞成马克思的社会主义理论，可他倾心的是文学，文学之于他是排斥一切的，正像前文所讲的那样。所以，比亚尔·博尔达见他如此失魂落魄，诧异地说："哎，加夫列尔，真不知道你是这么坚定的盖坦主义者！"失去常态的加夫列尔几乎哭着回答："不，怎么可能呢！只是因为我的小说烧了！"

正当加西亚·马尔克斯在历史上一场无法控制的大火中，悲痛地出席他的书籍与第一批小说手稿的火葬仪式之时，一个嗓音尖细、刚长胡须、怀着堂·吉诃德的心肠、后来成为加西亚·马尔克斯挚友之一的20岁的古巴小伙子，正为自己津津乐道的题目——革命——而高兴得要死，试图站在那些疯狂的群众的前面，引导他们走向某个明确的目标。然而，大学生菲德尔·卡斯特罗很快就明白在这样的动乱中，任何支援行动都是无谓的牺牲，因为群众缺乏任何领导。盖坦的悲剧演变为公众的灾难，街头丧命的人数以百计，市中心的机关大楼和商店遭到抢劫，已拥有蓝色玻璃窗电车的波哥大在雨中继续燃烧。

4 月初，卡斯特罗由另外几个古巴学生陪同来到这座城市，目的是筹备"拉丁美洲学生大会"。这几天，在马歇尔将军①强有力的主持下，波哥大正举行第九届泛美会议。会议是华盛顿为了遏止"共产主义威胁"而倡议召开的。学生大会是对泛美会议的政治反击。卡斯特罗 7 日在第七大道的办公室拜见了盖坦，两人一见如故，谈得很投机。盖坦向这个古巴青年及其同伙许诺帮忙找个开会的地方，会议闭幕时组织一次群众集会。他们商定 4 月 9 日下午两点再次碰头，以最后确定一些细节问题。可是盖坦在约会时间的前 15 分钟死了。卡斯特罗得知死讯时，正在盖坦的办公室附近和一个伙伴转悠，以等待会见时间的到来。

这位后来的古巴领导人当时还是一个年轻的革命者，没有受过马克思主义教育，不具备马克思主义思想，不过倒是读过许多政治理论书和几本关于革命的书，迫不及待地要采取行动。所以，当他置身在缺乏领导的疯狂而混乱的人群之中时，卡斯特罗觉得这正中下怀，便全身心地投入一生的第一次革命中去了。然而，他的第一个壮举——毁坏一台打字机——却算不得什么很革命的行动。诚然，这并非他的选择，因为决定参加战斗之后，卡斯特罗首先遇到的是一个可怜的人，他刚从一个机关办公室抢来一台打字机，正为砸不烂它而急得团团转。卡斯特罗别无他法，只能以自己的力气和身材帮助那人，于是他将机器高高举起，往下一摔。两人都满意之后，卡斯特罗沿着第七大道继续前行，走到一个哗变的警察局，连推带搡地挤进去拿了一支毛瑟枪、一件警用大衣、一双靴子和一顶无檐帽，随即上了战场。两天里，他曾经误入总统卫队，曾经在一座兵营门前鼓动群众与士兵，曾经力图保

---

① 乔治·马歇尔（1880–1959），美国陆军上将，曾任美国国务卿和国防部长等职。

卫国家广播电台。在此之后的一天拂晓，他守卫着蒙塞拉特山下的几道山梁。

卡斯特罗终于确信这不是自己盼望的革命，而是海拔 2600 米的高原上的一次骚乱。于是，他决定寻找那几个伙伴，返回旅店。但更糟糕的是他到了旅店，得知警察正在搜捕他们，因为他们是对这场大火负有责任的"古巴学生中的共产党分子"。卡斯特罗认为他们一旦被捕，很明显，就会连性命也难保。他们怀着十分鲜明的政治目的来到波哥大，这本身已经给了政府的警察以口实，使其得以制造一种假象，连同其他假象一起掩盖政治谋杀豪尔赫·埃塞尔·盖坦的真相。所以，假如大学生菲德尔·卡斯特罗当时没有设法及时躲进古巴大使馆的话，几十年后，或许就不能向朋友加夫列尔·加西亚·马尔克斯讲述"4 月 9 日"中他的冒险举动中的"难以置信和不堪回首的往事"了。

抢劫、混乱、镇压的三天过去了，和波哥大及全国其他城市所有的公共机构与部门一样，国立大学被关闭了。加夫列尔没了公寓，没了大学，没了可以午休的咖啡馆。他认识波哥大已经五年，短短几天之前他还在这里一个咖啡馆一个咖啡馆地跑，感染着比以往任何时候都严重的文学麻疹——这样的波哥大如今已不复存在并将永远不会存在了。于是他高高兴兴地返回加勒比地区，实现了从前一年就萦绕心头的夙愿。4 月 20 日他偕朋友何塞·帕伦西亚乘坐一辆 DC-3 型汽车抵达巴兰基亚市。弟弟路易斯·恩里克两天前已经回到了这里。

"波哥大事件"不是所谓"暴力时期"的开端，却强烈地激化了这一时期（共计死亡 30 多万人，并且使得暴力长期成为哥伦比亚社会的结构性因素之一），它是哥伦比亚有史以来暴乱最为严重的两三个时期之一，可对加西亚·马尔克斯和他的文学来说，则是一个意外的机会。

195

动乱将他赶回加勒比地区，与故土的重逢不仅使他感到温馨、激情充溢、神清气爽，而且使他从这一暴力事件开始，发现或者重新发现了自己作品的重大主题。波哥大的环境，就他所读的书、所交的友，特别是这座城市所赋予他的前景而言，对加夫列尔大有裨益。但到后期，由于首都所充溢着的高谈阔论与学究气氛，那种环境变成了一种对他略微有害的影响。

因此，他回到巴兰基亚这座他喜爱的城市，3 岁之前就认识的城市。在这里，红绿灯和西蒙·玻利瓦尔逝世 100 周年纪念活动中的黑色小飞机，曾经使依偎着外婆的他眼花缭乱；在这里，他同父母一起生活了两年；在这里，他读完小学的后两年和中学头两年。他撰写并发表最早的符合韵律的诗以及最早的简短的新闻报道——或者叫记者的习作，也是在这座城市。回来之后，他到这里的大学打算继续法律专业二年级的学习，但是发现由于"波哥大事件"暴力活动的波及，巴兰基亚大学也关闭了。于是加夫列尔前往神奇而平静的卡塔赫纳德印第亚斯市，6 月 17 日这天在当地的大学注了册。

但是，加西亚·马尔克斯真正感兴趣的不是法律专业，而是继续写作和投身新闻业。在波哥大人当中生活的五年已使他身上的加勒比文化印记大为褪色，回故乡后他发觉自己对跑街生活的喜爱甚于一切，他大量搜集故事、神话、信仰、人们微不足道的幻想与微不足道的失败、巴耶纳托小调等。此外，"波哥大事件"令他睁开了眼睛，向他表明在首都撰写和发表的短篇小说几乎完全脱离了本国的现实。因此，那座衣冠楚楚者的城市，连同它的寒冷、它的绵绵细雨以及它的象牙之塔中的文学，此时全部被他置诸脑后了。还有从诸如卡夫卡、乔伊斯①、博尔赫

---

① 詹姆斯·乔伊斯（1882–1941），爱尔兰作家，主要作品为《尤利西斯》。

斯等作家那里扭曲地接受的东西也一并被他抛弃。

　　在这种情况下，大概是 5 月 19 日，加夫列尔在这座殖民时代建造的古城的一条街道上同医生兼小说家马努埃尔·萨帕塔·奥利维亚不期而遇。前一年在波哥大街上加夫列尔曾经碰见过他，还诚恳地对他说想回加勒比地区生活和写作。加西亚·马尔克斯不会不知道，两个月前，多明戈·洛佩斯·埃斯考里亚萨（民间诗人"独眼"洛佩斯的弟弟）在卡塔赫纳市创办了一家进步报纸《宇宙报》，主编是克莱门特·马努埃尔·萨瓦拉，此人是一个神秘而稳健的左倾分子，可他的学术造诣、高尚情操和高度热情足以使他成为全城青年记者及青年作家的导师和楷模。加夫列尔觉得《宇宙报》里不仅有他需要的安身立命之所，还有他正在寻找的新闻学校和他所急需的经济来源。所以，这次偶然遇见已是知名记者、同样也是逃离"波哥大事件"而栖身于卡塔赫纳的萨帕塔·奥利维亚，加夫列尔便求他帮忙，将自己引见给克莱门特·马努埃尔·萨瓦拉。

　　萨瓦拉跟加夫列尔在编辑部长谈之后，很喜欢这个阿拉卡塔卡镇的年轻人，喜欢他的短篇小说——他在《观察家报》上早已看过，喜欢他的文学知识，喜欢他想在新闻界工作的迫切愿望。萨瓦拉慧眼识俊杰，一下子就看出加西亚·马尔克斯是他要借助新办的报纸发展一种新型新闻业所需的栋梁之一，因而毫无保留地向他敞开了报社和他本人的友谊之门。5 月 20 日，萨瓦拉用见报的一篇热情洋溢的短文欢迎加夫列尔，文章介绍了他的简历，说他刚进卡塔赫纳大学，然后预言："这位学者、作家、智者在其事业的这个新阶段，对于人和事物激励他不断创作的那一片完整的想像天地，绝对不会缄默不语，一定会在这些版面予以表现。"

可是，录用考试却着实让这个报业学徒大失所望。克莱门特·马努埃尔·萨瓦拉叫他自由命题写篇文章，加夫列尔便驾轻就熟地以其想像，以其无法抑制的赋诗欲望，以恣肆的行文完稿交卷。马努埃尔·萨瓦拉抽出红铅笔，在字里行间的空白处重写一遍。当天晚上，加夫列尔拿着试卷，对比社长的写法和自己的写法，潜心揣摩，找出了根本性的区别。第二篇文章交上去后，红笔删改的就少了。过了大约两个星期，他写的东西再经社长审阅，红道道便一点也没有了。短短几个月之后，他的文风文笔令报社同仁大为折服，就连克莱门特·马努埃尔·萨瓦拉本人都说加夫列尔不仅是前程无量的报人，还是前程无量的作家。

加西亚·马尔克斯的另一种生涯就这样开始了。他后来成了西班牙语国家最优秀的报人之一，或许也是这些国家首屈一指的记者之一。跟绘画、电影、文学一样，办报也是加夫列尔最早的爱好，这可能萌发于儿童时代外祖父念报给他听的时候。前文讲过，加夫列尔 13 到 15 岁时，曾经不太顺利地试图为圣约瑟学校的《青年》杂志撰写新闻报道；在锡帕基腊学校殚精竭虑地同马里奥·孔维尔斯一起给《文学报》写了第一篇通讯。他在《宇宙报》工作的 20 个月，连同 43 篇署名文章和更多的未署名文章，是报人与作家生涯的重要开端，因为报人加西亚·马尔克斯与扎根于加勒比文化沃土之中的真正的作家加西亚·马尔克斯是同时诞生的。

他后来说，能够及时摆脱波哥大那种学究式的文学环境，重新置身于加勒比文化中，开始做另一种作家，这实属奇迹。他曾经在《观察家报》发表最早的三个短篇小说，这很好，意味着他从正门迈入文学殿堂；曾经阅读卡夫卡、乔伊斯、博尔赫斯、托马斯·曼、陀思妥耶夫斯基、加尔西拉索、克维多及其他作家，这是好上加好，因为阅读增加了他的自信心和当作家的功底；曾经结识了许多同他一样被缪斯打动的挚友，使他受益匪浅，因为同他们一起阅读和探讨提高了他的文学修养。不过，有一个问题加夫列尔始终没弄明白，这问题他从中学时代就已经隐约看到，即现实与文学的关系的问题。他发现，波哥大城的大多数学者和作家的文学虽然在街头与咖啡馆展示，却是一种脱离本国生活本国现实的文学，他自己便是这种病态时势的受害者——最早的短篇小说（甚至包括在卡塔赫纳市即将发表的三篇）是那么矫揉造作和空洞无物，尽管是以顽固盘踞着头脑的童年经历为基础的——得益于卡夫卡、乔伊斯、博尔赫斯的影响之前，他几乎是机械地从童年经历中提取素材。

所以，他想要做的报人与作家只有当他与加勒比文化再度相会之后才能出现，加勒比地区将是解决文学脱离现实及创作脱离文化这一问题的地方。加西亚·马尔克斯将要在卡塔赫纳和巴兰基亚获得一部分密码，这些密码能使他像大海进入沿海人的生活以及沿海人进入大海那么容易和直接地把文学与现实结合起来。第一个环境将是《宇宙报》编辑部，第一个活动空间将是殖民时代遗留的卡塔赫纳城，第一批伙伴将是他和构成"卡塔赫纳小组"的友人：前面提及的克莱门特·马努埃尔·萨瓦拉、埃克托·罗哈斯·埃拉索、古斯塔沃·依巴拉·梅拉诺，还有那些进进出出于这个小组，抑或与之保持一种相邻关系的人：卡洛斯·阿莱曼、多纳尔多·博萨·埃拉索、马努埃尔·萨帕塔·奥利维亚、奥斯卡·伊·拉米罗·德拉·埃斯普列亚、乔治·利·比斯韦尔·科特斯、桑坦德尔·布兰科·卡维萨。这是一个朋友的小组、文学伙伴的团体，对于加西亚·马尔克斯来说，这个小组可能同后来 50 年代初他在巴兰基亚市加盟的另一个朋友们的小组一样重要。

作家本人后来说，对他而言，萨瓦拉比《百年孤独》里的"加泰罗尼亚智者"的原型和"巴兰基亚小组"的文学导师之一的拉蒙·宾耶斯还要重要。可能如此，因为萨瓦拉不但像一年前爱德华多·萨拉梅亚·博尔达在文学方面对加夫列尔所做的那样在新闻界发现了他，帮助他学习新闻学，而且在将近三年的朝夕相处中，以自己在古希腊古罗马文学、近代现代文学、音乐等方面的渊博知识影响了他。克莱门特·马努埃尔·萨瓦拉写过几部自由党领袖的传记，人们认为他是发现巴耶纳托音乐的文化价值的第一人，或第一批人之一。巴耶纳托音乐后来对加西亚·马尔克斯影响颇深。萨瓦拉寡言少语，性格内向，常常需要别人催促才讲话，然而他对文化和优秀青年如此热心，寡言的秉性并不妨碍他与周围的青年人保持融洽的关系。他的话匣子一旦打开，年轻人会发现原来他沉默寡言的性格挡不住对文学的崇尚。萨瓦拉在波哥大、巴兰基亚、卡塔赫纳等地完全投身文化与新闻事业之前的 20 年代，因受俄国革命和墨西哥革命①引起的时髦热潮的影响，是政治团体"新人"（豪尔赫·埃列塞尔·盖坦也曾参加这一团体）的成员。随后他恰巧做了苏联大使馆的秘书，这阻碍了他实现崇高的愿望——受命担任哥伦比亚驻毕尔巴鄂②的领事。

年长加西亚·马尔克斯六岁的诗人、画家、小说家埃克托·罗哈斯·埃拉索，是《宇宙报》杰出的撰稿人，博览群书的贪婪读者和引人入胜的谈话者，一张口便会吐出一套套生动奇异的比喻。"他是一个文学通，犹如一部能走路、说话和包办一切的书。"他的活力与想像力，他的明快、流畅、掷地有声的文辞，他对隐喻的感悟力，使文学修养与新闻知识处于当时那个阶段水平的加西亚·马尔克斯获益匪浅。加西亚·马尔克斯不久便承认，结识埃克托对他意味着一种"极好的受益无穷的经历"。

---

① 指 1910 年墨西哥国内反对迪亚斯独裁统治的资产阶级民主革命。
② 西班牙北部一港口城市。

跟罗哈斯·埃拉索年龄相仿的古斯塔沃·依巴拉·梅拉诺是在波哥大的罗萨里奥圣母院寄宿学校念的中学，他在这里熟读希腊及西班牙的经典作家。返回卡塔赫纳市后，他经营特内拉田庄，农闲时节学习希腊语。加西亚·马尔克斯和罗哈斯·埃拉索从事报业，他则在圣佩德罗克拉维尔学校教书，更重要的是按部就班地阅读希腊、西班牙和美国经典作家的著作，并做读书笔记。后来到海关当了律师的依巴拉·梅拉诺是一个十分和善和真诚的人，谈吐流利舒缓，他读的书在社团成员中大概是最艰深的。

这两人和加夫列尔组成了社团内一个拆不散的"三人同盟"，三个人只服务于文学这一根神经和一个声音。当然他们一直受着大师克莱门特·马努埃尔·萨瓦拉的培养，萨瓦拉像对待读者一样，每天在《宇宙报》社用选自本国及世界诗集的100首诗滋补他们三人。每人涉足的领域差不多都界限分明，罗哈斯·埃拉索博览群书，侧重诗歌；依巴拉·梅拉诺珍爱古希腊与西班牙优秀的经典诗作；加西亚·马尔克斯在从未放弃读诗的前提下，仔细研究小说的写作技巧。还有三件事物却是三人共有的：友谊、文学、城市。

在卡塔赫纳这座昔日殖民时代的传统社会的影响超过现代社会影响的神奇的小城，这个文学爱好者团体属于具有从生活到文学再从文学到生活的十分丰富的阅历和真正活跃的少数居民之列。当时的社会则将他们看成怪人和无所事事无处不在的文人，因为随时随地都能看到他们：上午、下午、夜晚；在报社，在比埃德拉波帕区（罗哈斯·埃拉索与伊巴拉·梅拉诺居住于此），在这座被城墙环绕的城市中心（加夫列尔在这里的弗朗哥·穆内拉一家的宅院里居住），在圣多明各广场，在玻利瓦尔公园，在书记员门廊，在飞马座码头，在颇具现代气息的"大嘴"地区，在海滩。

加夫列尔给《宇宙报》写完署名或不署名的文章常常是大约下午1点钟，下午其余时间跟罗哈斯·埃拉索、依巴拉·梅拉诺、多纳尔多·博萨谈诗吟诗。前半夜从国际电讯上挑选和改编新闻；时间来不及时向排字工人直接口授文稿；和同事们聊天并且不知不觉地在聚谈中把次日报纸的大部分版面准备妥当，这样直到凌晨一两点报纸印完。接着，惯于过夜生活的加夫列尔和排字工人及编辑做完扫尾工作，一块儿去百年公园和中心市场所在的阿尼玛斯湾的码头观看黎明时分的热闹场景；去玛蒂尔德阿雷纳莱斯旅店；或者去海港区殖民时代遗留下来的老式酒馆，喝着浓烈的甘蔗酒听人讲梦游者的故事，并将部分传闻拿来作报纸和小说的素材。加西亚·马尔克斯后来在回忆中，特别感激守夜人讲的那些故事。守夜人在讲述的同时，用指关节的叩击来探察尘封于那座殖民时代建造的酒窖场里的往昔岁月。许多段子是守夜人自编的。比如他讲了埋葬在那里的一个阿比西尼亚①女奴的故事。这女子是本城一个富翁花费与她体重等量的黄金买来的，后来，富翁又想摆脱这女人美貌的诱惑，亲手杀了她。作家也像卡塔赫纳城那位富翁一样被迷住了，不过使他着迷的是这个故事，直到45年之后将故事写入小说《爱情和其他魔鬼》，他才摆脱了迷惑。不过，令加西亚·马尔克斯后来最为感激那位没有留下姓名的富于想像力的守夜人的，是那个关于"布拉卡曼"的传说。这个一半是巫师一半是强盗的人被召到卡塔赫纳城，给一位溺毙于水池的总督的尸首涂抹防腐药膏，以便总督死后仍然统治他的领地。

加夫列尔阅读、评论并且和小组的朋友交换欣赏的那些作品的作者，从古希腊古罗马及西班牙的经典作家，到依然风靡哥伦比亚的"石

---

① 即如今的埃塞俄比亚。

头与天空"流派的成员都有，还包括霍桑①、爱伦·坡②、梅尔维尔③、克尔凯郭尔④、克洛岱尔⑤、福克纳⑥、多斯·帕索斯⑦、卡波特⑧、考德威尔⑨、弗吉尼亚·伍尔夫⑩、戈麦斯·德拉·塞尔纳⑪、巴列霍、聂鲁达以及他奉为圭臬的"二七年一代"的西班牙诗人。1948年10月下旬，机缘凑巧，加夫列尔·加西亚·马尔克斯、古斯塔沃·依巴拉·梅拉诺、埃克托·罗哈斯·埃拉索和克莱门特·马努埃尔·萨瓦拉，在加勒比饭店与"二七年一代"的主要成员达马索·阿隆索⑫进行了深入的交谈。这位前来就西班牙文学做了两次讲座的《愤怒之子》的作者，虚心地倾听了他们的见解，了解了他们的作品。罗哈斯·埃拉索向达马索吟咏了自己的诗作，依巴拉·梅拉诺给他看了自己的散文。

---

① 霍桑（1804-1864），美国作家。最先在作品中反映美国社会生活。代表作《红字》及《七个尖角顶的宅第》。

② 爱伦·坡（1809-1849），美国诗人、小说家和文艺批评家。他开创了美国侦探小说和科幻小说的先河。

③ 梅尔维尔（1819-1893），美国后期浪漫主义小说家。作品多与航海有关，富有现实感并带有种种象征性。《白鲸》系其代表作。

④ 克尔凯郭尔（1813-1855），丹麦出生的19世纪著名的宗教哲学家，被认为是存在主义创始人。

⑤ 克洛岱尔（1868-1955），法国诗人、剧作家、散文家，20世纪上半期法国文学主将。

⑥ 福克纳（1897-1962），美国小说家。作品采用象征主义及现代派手法，如内心独白等，但又有自己的发挥与创造。其文体既简单明了又复杂晦涩。

⑦ 多斯·帕索斯（1896-1970），第一次世界大战后美国"迷惘的一代"的主要小说家之一。创作中采用"新闻短片"和"摄影机镜头"等新手法，使得人物真实生动，文字简洁而富有诗意。

⑧ 卡波特（1924-1989），美国小说家、剧作家。早期小说发展了美国南部的哥特小说传统。

⑨ 考德威尔（1903-1987），美国作家。其作品直言不讳谴责社会不平，代表作《烟草》。

⑩ 弗吉尼亚·伍尔夫（1882-1941），英国女作家，她对小说的形式曾作出独特贡献，也是当时最优秀的评论家之一。《达洛维太太》是其小说代表作。

⑪ 戈麦斯·德拉·塞尔纳（1888-1963），西班牙多产作家，在小说、散文、剧作等方面均有建树。作品以幽默风趣见长。

⑫ 阿隆索（1898-1990），西班牙诗人、文学评论家。早期作品倾向于现代主义。

当时正陶醉于自己第一批短篇小说的加西亚·马尔克斯，向诗人的妻子、小说家埃乌拉莉娅·加尔瓦里亚托展示了那些得意之作。返回西班牙后，达马索·阿隆索在见报的一篇文章中，饶有兴趣地谈到了加勒比海边那一群痴迷文学的青年，说自己发现他们懂得很多，创作欲很旺盛。

这伙嗜书如命者当中，依巴拉·梅拉诺读书最有条理，人也谦虚，数他钻研得最深。他保存着所有的读书笔记，拥有一套系统的卡片，上面摘录着"黄金世纪"诗歌中他所认为的精彩词句——认为它们精彩一是因为其深刻寓意，二是因为具有现代诗歌的预兆。这样，加西亚·马尔克斯了解了依巴拉对《七个尖角顶的宅第》、《白鲸》和索福克勒斯的见解，读到了他从加尔西拉索·德拉·维加、圣胡安·德拉·克鲁斯、路易斯·德·莱昂修士、洛佩·德·维加、克维多、贡戈拉等人的作品中采撷的珠玑。依巴拉·梅拉诺建议朋友们细心阅读上述诗人，因为他们预示了现代诗歌的某些要素。加西亚·马尔克斯遵循这些指导——他后来称之为无比珍贵的指导，重读了西班牙的经典诗作。在重读过程中，他的眼光同在锡帕基腊市甚至更早期读这些诗的时候大不一样了。从此以后，加夫列尔与"黄金世纪"庞大的诗人家族永远形影不离了，无论走到哪里，都随身带着一部西班牙经典诗歌选集的善本。

他们高声朗诵的那些作品中，依巴拉·梅拉诺后来回忆时记得有《白鲸》和《达洛维太太》。他们几个曾经到卡塔赫纳市一个叫"图尔巴科"的居民区度周末，沿着那里的小丘行走的时候，他们放声朗读加夫列尔十分喜爱并且深受其影响的弗吉尼亚·伍尔夫的小说，一边念一边热烈地议论，高兴得如同发现了一条新路。热情高涨的自然要数加西亚·马尔克斯，不久，他便在第一部长篇小说《枯枝败叶》里，证实了这种热情。

罗哈斯·埃拉索和加西亚·马尔克斯在文学及报业上的合作关系与邻居关系，常常以"舔斗鸡主义者"的方式表现出来。"舔斗鸡主义者"这种无拘无束的想像，使得加勒比人在承担生活和面对生活之时，少了安第斯高原人的那些条条框框和繁文缛节。好比一个村子的邻里之间互相借盐借锤子借鞍子一样，《宇宙报》各专栏的邻居互相借形象、意境、隐喻、主题和人物。更有甚者，有一回，作为天经地义的事情，加西亚·马尔克斯主持的"句号，转行"专栏刊登了罗哈斯·埃拉索的一篇文章，内容涉及一位虚拟的诗人塞萨尔·格拉·巴尔德斯。之所以为虚拟，实际上这是由罗哈斯·埃拉索杜撰并经小组成员认可的一个变异的名字，他们以此影射美国诗人的典型，顺便也对该国的生活、世人和知识界进行无所顾忌的嘲笑，然而这种揶揄又是十分严肃的，因为后来在与虚拟诗人的漫谈中，卡塔赫纳小组成员们逐渐清楚地认识了美国的历史、文化及艺术。

这一时期，加西亚·马尔克斯在与小组成员阅读的同时，还同卡塔赫纳市的青年知识分子和律师拉米罗·德拉·埃斯普列亚一块儿读书。这样，他涉猎的范围广了，理解也加深了。拉米罗不属于卡塔赫纳小组，但加夫列尔跟他的个人关系及文学关系和其他朋友的关系一样深厚，一样富于成果。

几年之后做了《观察家报》常务撰稿人的拉米罗，1947年毕业于波哥大的哥伦比亚走读大学法律专业，但和当时许多大学生一样，第二年由于"波哥大事件"没有获得学位，于是待在卡塔赫纳城赋闲一年半，阅读以前因为学习而没空阅读的各种书籍。在这个文学热潮涌动的时期，有一天，拉米罗在这座殖民城市的一个角落碰到了刚来此地的加夫列尔·加西亚·马尔克斯，两人一见面就谈文学，交换书籍，随后一块儿阅读，直至 1949 年中期。他俩读的作家实际上和小组内部阅读的一样：福克纳、多斯·帕索斯、卡波特、斯坦贝克①、萨罗扬②、赫胥黎③、马拉帕尔泰④和弗吉尼亚·伍尔夫。关于卡波特和萨罗扬，两人争论不休，而对福克纳与弗吉尼亚·伍尔夫的新颖的小说则一致钦佩。一般来讲，他俩的小说观的近似程度比加西亚·马尔克斯与小组其他成员的小说观的近似程度要高，因为二人均偏重小说。

连接他们的还有彼此相似的"舔斗鸡主义者"态度。这态度可以是积极的和聚合性的，比方说当 1949 年 7 月，他俩各自把一篇讲演稿献给学生选美活动产生的两位皇后那次。两人的文章是蹩脚又咬文嚼字的，合乎时尚，却塞入了足以令两人背地里笑个痛快的滑稽和揶揄之词。沆瀣一气的嘲笑与讽刺以交换作品收尾：加西亚·马尔克斯和拉米罗各自念了对方的文章。正如何塞·阿卡迪奥第二与奥雷良诺第二童年所做的游戏一样，文章将永远交换下去，结果后人把实际是拉米罗写的一篇东西说成是加西亚·马尔克斯的，又把加西亚·马尔克斯的一篇文章说成是拉米罗的。

"舔斗鸡主义者"另外的形式可能是消极的，却同样富于成果，譬如讲，当他俩傍晚一块儿前往玻利瓦尔广场听性学故事的时候。广场位于从前的宗教裁判所大殿及书记员门廊前面，讲故事者是他俩的朋友安东尼奥·路易斯·卡夫拉莱斯，别名尼奥利斯·卡夫拉莱斯，是个床铺

---

① 斯坦贝克（1902-1968），美国小说家。曾长时期当工人，笔下的劳动者真实可信，代表作为《愤怒的葡萄》（1939）。他于 1962 年获诺贝尔文学奖。
② 萨罗扬（1908-1981），美国作家。作品大都基调乐观，较典型地反映了美国社会关于成功的梦想。
③ 赫胥黎，指 A. 赫胥黎（1894-1963），英国文学家、神秘主义者。12 岁即开始写小说，著有《针锋相对》（1928）、《猿与本质》（1949）等。
④ 马拉帕尔泰（1898-1957），意大利记者、剧作家、小说家。系四五十年代该国最有影响、最有才华、同时也最有争议的作家之一。

制造商，想像力极为丰富。他的故事有一个特点，主人公均为他的生殖器——一个冒险经历引人发笑的完整人物。尼奥利斯对加西亚·马尔克斯和拉米罗十分愉快地讲道，自己阳物勃起时，他给它梳头——因为它有头发，梳一个中分式的，之后用手托着它四处展示，让女人们观看。又说，他进电影院得买两张票，一张给自己，一张给阳物。他常常是一边看电影，一边拿肘部撞击它，与它争抢爆玉米花。有几次，他这位爱神之弟极不满意地说："'尿里死'，你别操了，咱们走吧，这电影不行。"于是他领它出来，带它去厕所，再到影院前庭四处展示，好让女人们欣赏。尼奥利斯·卡夫拉莱斯有时叙述的细节既荒诞不经又真实可信，例如他给这一对人迷的听众说，有一次他喝醉了，第二天早晨醒来非常难受，可他的那一位却异常坚挺。他拍了拍它的头以示寒暄，阳物却发出跟巴卡拉特鸡尾酒杯一模一样的"丁零当啷"声！于是他打开淋浴器想洗澡，一摸水太热，便说："算了，别洗它了，它会裂开的！"

尼奥利斯·卡夫拉莱斯的《阳物乱嗙》像《一千零一夜》里的故事一样，总也讲不完，因为关于其阳物的走运与背运调的变奏越来越繁多，越来越丰富。拉米罗·德拉·埃斯普列亚认为，这些形象生动幻想奇异的故事，在性学方面给了加西亚·马尔克斯很深的影响，这远远早于他阅读《卡冈都亚和庞大固埃》①，此书对他构思布恩迪亚家族的男人强健的性机能无疑是一种启迪和帮助。

进入《宇宙报》社不久，凭借着同故乡的重逢、小组内的气氛和对美国作家们的阅读，加西亚·马尔克斯在长条状的新闻纸上，开始撰

① 即《巨人传》（1532-1564），法国人文主义者拉伯雷的滑稽嘲讽故事，作者借用一帮粗野下流的人们的游历和遭遇来嘲讽当时的迷信和愚蠢。

写一本尚未构思完毕的老也脱不了稿的书，力图使之成为他的第一部长篇小说。前文讲过，到那时为止，他已经创作了几个梦魇内容的短篇小说，这些酷似卡夫卡手笔的东西虽然是从童年所见所闻的几个幽灵那里获取的灵感，但毕竟显得做作和空洞。通过阅读美国作家，他逐渐看清那样写不行，明白了自己在阿拉卡塔卡镇的童年的整个天地和外祖父母的宅院，以及外公参加过的战争和美国人对香蕉种植园的剥削，都值得诉诸笔端。于是写起了《家》，动笔时对怎么走和走到哪里去，不甚了了，却知道从哪里出发。他将需要两年来醒悟自己已步入歧途，需要三四年来最终确信这部小说对文学经验不足的他而言，是一个"多么大的包袱"，因为他在那个年龄想写的实乃大名鼎鼎的《百年孤独》。

加西亚·马尔克斯运用美国作家们尤其是福克纳提供的方法，勤奋地撰写第一部长篇小说。人到哪里，一卷长长的新闻纸便带到哪里：编辑部、咖啡馆、广场、村镇，还把书稿念给亲人和文学伙伴们听，同他们一块儿讨论——从前写作最早的几个短篇小说，以及后来创作每一部作品时都是这么做的。有几个周末，他去图尔巴科镇郊区拉米罗一家居住的"鬼岭"田庄，向拉米罗及其兄弟和母亲一连几个小时整章整章地读"大部头"——朋友们为其难产作品《家》取的绰号，念着念着有时突然停住，攥紧拳头，神情刚毅地说："这个人物还得再加强。"有一回读稿时，拉米罗的妹妹托马莎发现了这位青年小说家的一个人物的原型，令他吃惊不小。当时加西亚·马尔克斯正念到对奥雷良诺·布恩迪亚上校的描绘，托马莎忽然打断他："那是拉斐尔·乌里维·乌里维将军。""您怎么知道？"他惊奇地问。她答道："从手腕看出来的，因为乌里维·乌里维将军的手腕就这么粗壮。"浸泡着李子干的陈年甘蔗酒给漫长的读稿会增添了乐趣，酒是拉米罗的父亲藏在车库里的，拉米罗和加夫列尔拿一根细管偷着喝。

加西亚·马尔克斯掌握的素材实际上已经多种多样，有外祖父母的宅院及他们本人，作为背景的阿拉卡塔卡镇的悲剧，外祖父参加的战争，乌里维·乌里维和本哈明·埃雷拉两位将军近乎神秘的形象，关于奥雷良诺·纳乌丁、弗朗西斯科·布恩迪亚和拉蒙·布恩迪亚这三位上校的传说。既然与童年的世界及加勒比文化已经再度相会，那么，就不是以什么基础来写而是如何写的问题了。正像他本人后来承认的，他将需要15年来学会如何写它。

　　从我们得知的这部小说的片断，以及读过其中几章的拉米罗·德拉·埃斯普列亚等人的评论可以看出，它的中心主题确系描写那所宅院和只是限于经历家庭悲剧的一个家长制家族——布恩迪亚一家人；还能看出，有一位中心人物奥雷良诺·布恩迪亚上校，他在器物本身似乎也具有生命的一个世界里，忍受着自己的孤独（军事失败的产物）。充溢于《家》的这些片断当中的孤寂情调，并没有对于人、事物和流逝的时光的怀念那么强烈。然而总的说来，这部作品未经深思熟虑，结构松散，题外话太多，对于时间因素驾驭笨拙，其写作手法是一种难以同幻想衔接的单纯的现实主义手法。因而，加西亚·马尔克斯的这部未成稿作品未能博得友人们喜爱，更要紧的是也未能博得自己的喜爱。于是，经过几起几落，他逐渐放下了《家》，写起了《枯枝败叶》及短篇小说集《蓝宝石般的眼睛》里的其他篇章。与此同时，他继续在报社工作。正像多年之后他所承认的，当时面临的问题是，21岁时想写的那部小说对于文学经验欠缺的他而言，是一个"多么大的包袱"。

　　这一时期，大约在1948年9月，加西亚·马尔克斯的生活中发生了一件最具决定意义的事情：遇到"山洞里的舔斗鸡主义者"，即巴兰基亚小组的那些挚友。在卡塔赫纳市，他早已从报纸上和克莱门特·马努埃尔·萨瓦拉那里得知，大西洋省首府巴兰基亚市的文学热锅正在剧烈沸腾，往炉里添柴的有阿尔丰索·富恩马约尔和赫尔曼·巴尔加斯两位报人、阿尔瓦罗·塞佩达·萨穆迪奥这位报人兼小说家、画家阿莱汉德罗·奥夫雷贡、何塞·费利斯·富恩马约尔和拉蒙·宾耶斯两位大师以及其他人。其中有人已就加夫列尔发表在《观察家报》上的短篇小说写过评论。

尚不清楚加西亚·马尔克斯与巴兰基亚的朋友们何时进行了第一次接触。赫尔曼·巴尔加斯多次重申他和阿尔瓦罗·塞佩达·萨穆迪奥首先在《国民报》编辑部认识的加夫列尔："他来打听我们，我们交谈了片刻，各抒己见。夜晚我们一块儿去游玩。"可能这是头一回接触，不过，似乎无可置疑的是，第一次正式的详细的会晤大概是在那一年的9月，当加西亚·马尔克斯和依巴拉·梅拉诺专程前往巴兰基亚市寻访他们之时。

会晤是纯粹文学性的，即友好的。整个一下午和晚上一部分时间，加夫列尔·加西亚·马尔克斯和古斯塔沃·依巴拉·梅拉诺，同阿尔丰索·富恩马约尔、赫尔曼·巴尔加斯及阿莱汉德罗·奥夫雷贡进行了长谈，互相切磋，没完没了。唱主角的是富恩马约尔与依巴拉·梅拉诺，他俩渊博的学识将众人引入法国史诗及西班牙史诗这一荆棘丛中，探讨《熙德之歌》和《罗兰之歌》是分别由一个人或几个人构思的；它们是否形成了传说，尔后由编纂者赋予了形式；是否真正产生过法语或西班牙语的一种能够转化为史诗的传说。蓦然间，在酒精加文学的纷乱讨论中，响起了加西亚·马尔克斯的声音，他有理有节，一语中的，缕析问题之精确犹如外科医师。他的发言，连同早先那几篇小说赢得的名声，深深地打动了阿尔丰索·富恩马约尔，即作家何塞·费利克斯·富恩马约尔之子、《先驱报》副主编。当晚间聚会结束时，他以知己的口吻恳求加夫列尔翌日早晨返回卡塔赫纳之前同他再谈一次。

富恩马约尔抢先在自己的报上赞扬刚认识的这位阿拉卡塔卡镇的青年的优点，抢先力图说服社长以及主编胡安·费尔南德斯·奥尔特加，使他俩相信《先驱报》需要这位文学和报业新秀。社长和主编承认热心的富恩马约尔不无道理，但又让他正视一下严酷的现实：报社经济境况窘迫，再聘用一个人实属奢望。富恩马约尔依然据理力争，诚心诚意地说："我同意你们的看法。不过，如果加夫列尔·加西亚·马尔克斯来和我们一起干，你们把我的薪水分一半给他好了。"社长惊奇地望着他，说自己不知道他傻得竟至于肯做这种事情。"当然啦，"富恩马约尔最后说道，"我是傻透了，才要做这样的事情。"

然而，尽管加西亚·马尔克斯也早已凭直觉感到在这座城市和这些新朋友当中有适合自己的氛围，而他们却不得不在 15 个月后，才使他进了《先驱报》社，并且定居于巴兰基亚市。

一般都认为加西亚·马尔克斯撰写《枯枝败叶》是在巴兰基亚市，具体说在《先驱报》编辑部和"摩天大楼"妓院。其实是在卡塔赫纳，只不过从 1950 年头几个月起在巴兰基亚重写了一遍。

前文讲过，美国小说家给了他动力和方法，以使他从童年的个人及家庭经历出发，力图构筑自己的小说世界。可是《家》的试图失败了。于是，他从主干剪下一些枝条，用不同的方法分别扦插于大树附近，直至某一天在一部完整的长篇小说里获得大树的精髓。于是《枯枝败叶》便成了第一个茁壮成长的枝条。尚不清楚此书何时开始写，不过据考证可能是 1948 年的最后几个月开始动笔的，当时他已经拿第一部长篇小说碰过了运气，并且同罗哈斯·埃拉索和依巴拉·梅拉诺一块儿阅读了《我弥留之际》①与《达洛维太太》②，这两部作品写作手法上对各种流派的兼收并蓄，使他得以第一次广泛地接近了自己的童年世界。

他撰写《枯枝败叶》，热情比写《家》时高涨得多。与此同时，他继续在《宇宙报》工作，继续负责来稿不多的专栏"句号，转行"，继续和小组内的友人们在真正的文学讲习所的聚会上贪婪地读书，继续在卡塔赫纳大学攻读法律专业，哪怕仅仅为的是取悦于巴望家里出个律师的父亲。过度的劳累加上经济拮据，终于损害了他的健康。古斯塔沃·依巴拉·梅拉诺后来回忆道，加西亚·马尔克斯那阵的生活条件非常艰苦，一篇文章报社仅付他32分钱，但"从未听他在任何情况下提过'钱'字。他仿佛万事不靠人，仿佛是一个超脱了经济状况的人，一门心思扑在诗歌与小说上的品德高尚的人"。拉米罗·德拉·埃斯普列亚得知加夫列尔每篇文章所得报酬时，心直口快地说《宇宙报》在剥削他，说他面色十分苍白，劳累过度，劝他另外找个地方，在较为舒适的条件下工作。

处于这种状况，作家在卡塔赫纳夏季③料峭的清晨患肺炎便不可避免了。于是1949年3月末，他回到苏克雷镇父母身边休养了一个半月（很奇怪，外祖父也是3月死于在圣玛尔塔市暗含危险的清晨得的肺炎）。然而，罹病却增加了他的文学资产，这不仅因为在家有时间和恬静的心情来完成《枯枝败叶》第一稿，还因为养病期间在家里芒果树的浓荫下看了不少重要书籍。读到没书可读时，便给一直与之保持牢固

---

① 《我弥留之际》（1939），美国作家福克纳的长篇小说，描写丈夫本德伦及其一家在护送亡妻灵柩回归故里的途中遇到的种种磨难。

② 《达洛维太太》（1925），英国作家弗吉尼亚·伍尔夫的作品，描写女主人公在伦敦一天的生活，她的内心活动和行动是小说的中心。

③ 哥伦比亚处于南半球，季节与北半球相反。

的友好关系的巴兰基亚的朋友们写去一封信，要他们寄些读物来。拉蒙·宾耶斯——加泰罗尼亚智者、赫尔曼·巴尔加斯和阿尔瓦罗·塞佩达·萨穆迪奥每人装了一小箱书，一并由阿尔瓦罗交给加夫列尔的弟弟路易斯·恩里克·加西亚·马尔克斯，让他负责将三箱书通过航空邮寄和水路运到苏克雷镇。哥哥打开邮包，看见三个潘多拉盒子般——因为装的什么书都有——的书箱，里面主要是欧洲现代小说，还有福克纳、多斯·帕索斯、卡波特、安徒生、德莱塞①、赫胥黎、考德威尔和弗吉尼亚·伍尔夫的作品中许多他没看过的书。

加西亚·马尔克斯躺在莫哈纳河畔拴于两棵芒果树之间的吊床上，开始读书。他不光阅读，而且像把钟表卸为一个个零件那样分解和拆卸每部短篇与长篇小说，直到弄清小说艺术多种多样的复杂结构为止。两三个月后给巴兰基亚的朋友还书时，他已经写完了《枯枝败叶》的第一稿，而且早已大体上解决了小说的技巧问题。

父亲的土方偏方和母亲的精心照料加快了他的康复。痊愈后，他于5月中旬返回卡塔赫纳市，重新投入《宇宙报》的工作。他的朋友兼专栏邻居埃克托·罗哈斯·埃拉索用一篇见报的未署名的文章欢迎他，文中宣布了这位22岁的青年作家第一部长篇小说的完稿："在莫哈纳河边……加西亚·马尔克斯对其题为'我们已经割了草'的长篇小说——即将问世——进行了最后的润色。我们有机会拜读了大部分原稿，我们现在可以将他看做目前在哥伦比亚进行的重大努力之一，这些努力是为了使我国在当代小说潮流中争取居于上游地位。"

那些日子，确实全部看完已经最终定名为《枯枝败叶》的这部小说的，是系统研读古希腊经典作品的学者古斯塔沃·依巴拉·梅拉诺。

---

① 德莱塞（1871-1945），美国小说家。其文学成就在于突破了美国文坛极为顽固的"高雅传统"，取得了现实主义的胜利。

他以这位朋友和小组伙伴受之无愧的爱慕的关切态度阅读了小说，并且基本同意罗哈斯·埃拉索的未署名文章做出的判断。然而令他格外激动的是在加西亚·马尔克斯这第一部长篇小说里，他发现了索福克勒斯于公元前5世纪在《安提戈涅》中涉及过的一个课题。无论那个希腊人还是这个哥伦比亚人，在其作品中，面对全村人反对埋葬一具尸体这件事，都是强化和反映具有冲突性质的中心事件。所以，当依巴拉·梅拉诺归还原稿并且惊喜地告诉加西亚·马尔克斯这小说有一部分像《安提戈涅》时，他异常惊喜，向依巴拉借来索福克勒斯这部作品，跑回去迫不及待地看起来。

22岁的哥伦比亚青年小说家与古希腊大师题材巧合，使依巴拉·梅拉诺认为自己的朋友有实力成为真正能与古典作家产生共鸣的不同凡响的小说家。从此，他十分关注朋友的每一部短篇及长篇小说的发表。而加西亚·马尔克斯呢，他贪婪阅读索福克勒斯的全部著作，其痴迷之程度犹如9岁看《一千零一夜》和稍后看卡夫卡、福克纳及弗吉尼亚·伍尔夫的著作。他参考依巴拉·梅拉诺的笔记并按照其指导研究索福克勒斯，据他说依巴拉甚至出题考查他对这位希腊大师的阅读。凭借现在和从前所受到的启示，加西亚·马尔克斯改写了《枯枝败叶》的部分内容，还引用了《安提戈涅》的一句话作为书前题词，以表示对索福克勒斯（从那以后，这位大师成了他经常请教和离得最近的老师）永久的感激与钦佩。这一引语是作家给那些目光敏锐的批评家设置的第一个圈套——后来这些人果真以这句语录为依据，诠释和证明索福克勒斯对加西亚·马尔克斯的深刻影响。

作家的创作起初无疑受到西方文化限制的这一影响不能否认，然而，终究是阿拉卡塔卡镇的历史和作家奇异的童年，在威廉·福克纳与弗吉尼亚·伍尔夫的作品照耀下，给他第一部长篇小说提供了基本的沃土；他出生的宅院——有茉莉花，有家族的鬼魂；那个药店的房子——将其主人安东尼奥·巴尔博萨大夫，同自杀的绰号"法国人"的比利时人埃米利奥先生糅合在一起，塑造出自杀身亡的神秘医生；外祖父令人尊敬的形象——始于巴兰卡斯县的迁徙，他那几个祖籍瓜希拉省的印第安仆役，他事业的成功；母亲外柔内刚的模样；父亲总爱东跑西颠的秉性；联合果品公司和香蕉产业开发所意味的虚假繁荣，以及公司撤走后留下的废墟与荒凉；每天上午 11 时开来的黄火车，与此同时作家正在小小蒙台身上梭利学校接受启蒙教育。总之，无能为力地看着历史之风刮过的阿拉卡塔卡镇延续数百年的悲剧。

如果说，失败的《家》是一个包含了连同《百年孤独》在内的未来作品的核心与重要人物的尚未成型的胚胎，那么《枯枝败叶》已是明明白白地预示加西亚·马尔克斯的奇特风格与创作实力的第一部长篇小说了，尽管其结构上修辞上仍存在着不规范的缺点。这部作品宣告了马孔多镇的诞生，同时又像《家》一样，预先确定了到《家长的没落》为止几乎所有的未来作品的模式。

"波哥大事件"促使加西亚·马尔克斯逃离首都一年之后，他就这样占有加勒比文化与童年的那些奇异的鬼怪，并置身其中，步入有生以来最具决定性的一个时期。假若没有及时返回加勒比地区，并且及时认识到创作力来自人民平凡的想像和创造，领悟到文学作品产生于作家的才能同其家族环境和更多人的传统的结合，那么，他的文学命运就完全不同了。

但是，旅居卡塔赫纳市 20 个月当中在《观察家报》发表的 3 个短篇小说，以及《宇宙报》《句号，转行》专栏刊载的 43 篇文章，似乎有些背离那条开始于《家》继续于《枯枝败叶》的尽管还很狭窄然而不失正确的道路。

加西亚·马尔克斯之所以已经和他的题材及文化再度相逢，却还要在《死亡的另一条肋骨》、《镜子的对话》和《三个梦游症患者的痛苦》中，继续走那条开始于波哥大时期的最早的短篇小说的心理分析为主的抽象的路子，是由于在他而言，与过去决裂从来都不是一蹴而就的，而是沿着一条美学效应与美学思考的十分规则的路线，逐步完成的；还由于伴随着《第三次无奈》发端的那种噩梦、精神恍惚和冥界解体的主题，仍然在为他赢得荣誉，使他被有些人视为国内最优秀的短篇小说家之一。

虽然他是在"4月9日"暴力冲突的背景下进入新闻界的，然而，《宇宙报》社的那个加西亚·马尔克斯的文人气质仍然多于报人气质（尽管他在报社的大部分劳作消失于社论和未署名文章之中）。一开始他就想当记者，新闻版面的记者，但很快发现行不通，因为那些固定的撰稿人俨然以版面主宰者的身份行事。所以，他逐渐将自己主持的专栏《句号，转行》变为一种实验室，以便思考生活和文学中他最感兴趣的事情，实验一种抹去新闻与文学界限的自己的风格。可以肯定——从他最初的短篇小说里也可以看出——《百年孤独》的作者并非一直都写得那么好，他那简洁明快、有条不紊、富于启示、铿然有声的文笔，是艰苦磨炼和长期探寻的结果。他在卡塔赫纳写的那些绝少提及毁灭国家的暴力现象的文章，大多数失于打捞自"石头与天空"派之河的那些雕琢的和古怪的隐喻之堆砌，以及常常陷入不知所云之境地的冗长和隐晦的句式，因为作者那时尚未找到文学与新闻之间人们所能接受的交汇点。然而，后期的文章有了明显的进步，从中可以发现许多东西，其中之一即是篇幅短小和语言犀利的文风，以及精美考究的词句——那是他从一位主要的老师拉蒙·戈麦斯·德拉·塞尔纳身上审慎地学到的。

在卡塔赫纳城、《宇宙报》和朋友这三者构筑的生活、报业、文学的欢乐场景中，大学成为生活中最令人厌倦的东西。虽然1948年5月初前后重新开始上法律专业二年级时已经很晚了，加上经常缺课，他还是念完了二年级，而且成绩是读法律专业总共三个年级期间最好的——尽管罗马法得了二分，不及格。翌年上三年级，课缺得更多，学习成绩明显下降：民法勉强得了三分，及格；法医二分，不及格；民法论坛没有交非交不可的期末专题论文，不及格。算上二年级的罗马法，累计三门不及格。这一情况，直到在巴兰基亚市居住一年之后，于1951年1月返回卡塔赫纳大学准备在四年级注册时，他才得知。这时校方告诉他，若打算接着读法律专业的话，必须重修三年级。他当然是断然拒绝了这一无法接受的要求，从此永远离开了课堂。学校这一羁绊——萧伯纳有时候认为学校是人们接受教育的一大障碍——的解脱将会有利于他的文学活动。

早在实际上已经脱离大学的1949年底，他的文学成绩就很优异了。有了给他带来优秀短篇小说家这一令人羡慕的名声《观察家报》发表的六篇小说；写完了《枯枝败叶》第二稿，马孔多镇那片天地由此有了眉目；阅读了古典与现代诗歌及小说的精华；熟稔了小说艺术（例证是"句号，转行"专栏最近那篇献给埃德加·爱伦·坡的文章，还有那些日子他为朋友乔治·利·比斯韦尔·科特斯的长篇小说《蓝雾》所作的序文）；自觉地不可放弃地占有着加勒比文化和自己童年的奇异世界。卡塔赫纳城与卡塔赫纳朋友使他得以重新掌握了自己的源泉，丰富了成为作家和报人的基本要素——从锡帕基腊市的那些年起就想当作家和报人。

然而，在后来的20年里，加西亚·马尔克斯与卡塔赫纳的关系爱恨交加。作家很难忘掉饥肠辘辘、经济拮据和《宇宙报》那点可怜巴巴的薪水，尤其很难忘掉对他这个来自边远地区的小记者显示出睥睨之情的卡塔赫纳资产阶级的某些阶层的傲慢与庄重。但同时，他也忘不了该城这两年已经给予和在他后半生还将继续给予他的东西，因为这座英雄城市同阿拉卡塔卡镇、苏克雷镇、巴耶杜帕尔县、巴兰基亚市一样，是作家的永不枯竭的文学源泉。犹如影随其形，这座殖民时代的城市将要在两本短篇小说集和四部长篇小说里跟着他，其中有谢尔瓦·马利亚·德·托多斯·洛斯·安赫莱斯①时期的奴隶制的卡塔赫纳，有玻利瓦尔的共和国时期的卡塔赫纳，有《霍乱》②里19世纪的卡塔赫纳，有依靠旅游业发展的现代卡塔赫纳。他后来在《爱情和其他魔鬼》的卷首按语中说，就在它那古老的圣克拉拉修道院，他偶然"觅得"一主题，45年后，主题成长为那部小说；就在它港口区那些殖民时代遗留的酒馆，他从一位不知姓名的守夜人嘴里听来一个故事，这故事即为《兜售奇迹的小贩，好人布拉卡曼》的渊源；就在40年代末的卡塔赫纳，《家长的没落》中的那座无名城市开始构思成熟；就在它的一个浴场，《雪地上的血迹》的主人公们将要相识；就在这座城墙环绕的都市里那些十分适宜谈情说爱和吟咏诗歌的角落，《霍乱时期的爱情》中的弗洛伦蒂诺·阿里萨和费尔米纳·达莎相爱、离别和重逢。

1949年12月移居巴兰基亚以前，神奇之城卡塔赫纳给他的生活又带来一件快事，即结识诗人和小说家阿尔瓦罗·穆蒂斯这位好朋友。

26岁的穆蒂斯堪称一位特别重交情讲义气的游历四方的好汉，情趣高雅的音乐迷，和广泛涉猎诗歌、小说及历史典籍的读者。跟著名的

---

① 《爱情和其他魔鬼》中的少女主人公，受折磨而死埋入修道院的墓地，200年后出土时，其头发长达22米零11公分。
② 《霍乱》似指《霍乱时期的爱情》。

218

长辈和植物学家何塞·塞莱斯蒂诺·穆蒂斯不同，阿尔瓦罗剖析的不是植株，而是一堆一堆的诗歌与小说。他常常隐藏起诗人和中世纪史学家的真实身份，去从事各种职业，如广播电台播音员和几家企业的促销经理。所以，40 年代末他来大西洋沿岸地区并非为了寻觅灵感，而是作为哥伦比亚保险公司的推销部经理来的。在巴兰基亚市他会见了"巴兰基亚小组"的朋友阿尔丰索·富恩马约尔、赫尔曼·巴尔加斯和阿莱汉德罗·奥夫雷贡。这些人跟他谈起了加博①——一个清瘦、蓄着小胡子并且跟他们一样看重友情痴迷文学的小伙子。不过力主他认识一下这个眼球突出的阿拉卡塔卡镇青年的，则是诗人埃克托·罗哈斯·埃拉索。就像爱德华多·萨拉梅亚·博尔达在波哥大给阿尔瓦罗讲的一样，罗哈斯对他说："你一定要见一见加博。""不对，你一定要了解一下加博。"他坚持道。然而，穆蒂斯 1949 年底在卡塔赫纳认识加西亚·马尔克斯，却并不是通过他们之中任何人，而是通过加夫列尔大学时期四人文学小组的朋友贡萨洛·马亚里诺，一切皆起因于贡萨洛没见过大海。

与其他相遇不同之处在于，穆蒂斯和加西亚·马尔克斯的相遇并非偶然，实属必然——仿佛命运早已安排好了。实际上他俩已经互相阅读了两年，并且从波哥大的那段落拓不羁的时期开始就多次失之交臂。他们两人之间一人第一次出现于另一个人的生活中，是加西亚·马尔克斯撰写第一部短篇小说之时。那阵子加夫列尔受卡夫卡《变形记》的启迪，创作《第三次无奈》已经有些日子了。正在这时，1947 年 8 月 22 日，他读到了爱德华多·萨拉梅亚·博尔达那篇给他以写完小说的最后动力的短文，文中出现了阿尔瓦罗·穆蒂斯的名字——是作为一

————————

① 朋友和熟人对加夫列尔的简称。

文学副刊的投稿人当中日后必成大器者之一提及的。两周后，文学副刊登载了穆蒂斯的第一首诗，比加西亚·马尔克斯第一部短篇小说见报早了一个星期。穆蒂斯第二首诗又先于加西亚·马尔克斯第二部短篇小说20天发表。因此，既然他们对这个副刊以及萨拉梅亚·博尔达的所有言论非常关注，两人那时想必就已经互相阅读了。

　　大约1947年底或者1948年初那些日子，他俩在国家图书馆音乐厅第一次打过照面。加西亚·马尔克斯是音乐厅稀稀拉拉的听众之一——他常常是躲在咖啡馆的，而那一位则是23岁的青年，"鼻子上有纹理，眉毛像土耳其人。身材魁梧，鞋却穿得和水牛比尔①的一样小。下午4点钟他准来音乐厅，要求演奏门德尔松②的小提琴协奏曲"。虽然协奏曲的关键部分反复演奏，虽然穆蒂斯的相貌特征十分明显——一看便知是意大利比萨市的犹太人后裔，却得足足过去40年后，加西亚·马尔克斯才从穆蒂斯评论门德尔松的一次即兴谈话中，听出这"洪亮的声音"就是多年前下午4点必到国家图书馆小音乐厅，点奏同一支乐曲的那个23岁的年轻人的。

　　那一时期，在"4月9日"之前的许多个月，他俩常常各自去第七大道那些顾客盈门的咖啡馆，如"磨坊"或者"阿斯图里亚斯"，很有可能在这里也照过面。无论如何，确切无疑的一点是，"波哥大事件"中那场扑不灭的大火，后来将加西亚·马尔克斯第一批短篇小说和穆蒂斯第一本诗集《天平》统统化为灰烬。

　　这样，当贡萨洛·马亚里诺于1949年10月或者11月前后，在卡塔赫纳德印第亚斯市给他俩互相引见的时候，相遇实际等于是预先约

---

① 一位探索美国西部印第安人生活的野外考察员的外号，其真名叫吉列尔莫·费德里科·戈迪（1846–1917），大概他的脚很小。
② 19世纪德国著名作曲家。

定的会面。穆蒂斯与马亚里诺也是当天上午在波哥大市中心刚刚相识的，当时马亚里诺说自己能够背诵许多首诗，却没见过大海。闻听此言，穆蒂斯觉得很难相信居然有人没有见过大海，当天下午就把他领到卡塔赫纳，让他在城墙下尽情尽兴地观赏大海。不过，一旦加西亚·马尔克斯出现，对于见到海洋的庆贺便不如对于友谊的庆贺那么长久，那么感人了。

穆蒂斯和马亚里诺随即去了《宇宙报》社，想把加夫列尔从日常事务中解脱出来。可他不在，两人决定在"大嘴"街区的一个小旅店等候，于是坐到屋顶平台上喝酒聊天，同时观赏加勒比海岸黄昏美景的出现与消失，直到一场暴风雨夺去了他们的享受。当波涛汹涌的海面渐渐掀起巨浪，椰子从树上橄榄球似的纷纷落地的时候，加西亚·马尔克斯蓦然出现，宛若暴风雨中的幽灵。阿尔瓦罗·穆蒂斯发现他从雨幕里走了出来，看得真真切切：苍白的面容，极度消瘦的身躯，过长的小胡子，似能洞穿心灵最隐秘之处的眼球突出的双眸，一件颜色土气的杜鲁门牌衬衫。"哎呀，真是太麻烦了！"他对两位朋友说。他们谈啊谈，聊啊聊，一瓶又一瓶的烈酒喝干了，一个夜晚半个白天耗尽了。谈"麻烦的事情"，"谈人类全部命运的共同事例"，总之，谈"一天接一天的日子即是生活"——他们的老师和朋友奥雷利奥·阿图罗的贺诗如是说。当然也谈了文学，主要是威廉·福克纳的小说。穆蒂斯从此明白了这位美国大师堪称富于革新精神和思想深邃的小说家，却并非一般所认为的优秀作家。两个朋友之间的争论持续了30年，直至一天早晨，旅居墨西哥城的加西亚·马尔克斯用一个电话使之宣告结束——"是大师，"他在耳机里向对方承认，"您说得对！但福克纳并非那么好。"

两人后来阅读的书籍，除了康拉德和博尔赫斯的著作以外，别的不尽相同，但是他俩的修养一样，都潜心阅读过"黄金世纪"的诗人、普鲁斯特、鲁文·达里奥、巴勃罗·聂鲁达和赫尔曼·梅尔维尔（从《白鲸》里，加西亚·马尔克斯为自己那一鸿篇巨制的成名作摄取了神秘养分；穆蒂斯则从中发现了某些要素以构思《瞭望员马克罗尔》中的人物）。还有，两人都接受过"石头与天空"流派主将爱德华多·卡兰萨的教诲及诗歌方面的指导：穆蒂斯是在罗萨里奥圣母院的教会学校由卡兰萨讲授的课堂上；加西亚·马尔克斯是在《星期六》周报中卡兰萨主持的副刊上。

　　然而，两位朋友在后半生对文学谈得少了，而"麻烦的事情"即生活谈得多了；他们关心亲朋好友胜过关心自己；他们互相喜爱，互相尊敬——这仅仅由于一个是阿尔瓦罗一个是加夫列尔，无须加上姓氏，也无须依托他们的著作。彼此除了聪明、和蔼、豪爽这些共同点，其他方面一概大相径庭的这两人之间的诚挚友谊实为一个例外。两位风格迥异的作家，其作品却贯穿着一个共同的执拗念头：前进，成熟，接近根源——穆蒂斯接近科埃约镇和安贝雷斯县，加西亚·马尔克斯接近阿拉卡塔卡镇和苏克雷镇。

第八章

1949 年圣诞节时，加西亚·马尔克斯已经定居巴兰基亚市了。不久，于翌年 1 月 5 日开始在《先驱报》的每日专栏"长颈鹿"编辑室工作。他先后为这个专栏撰写的将近 400 篇文稿均以笔名"塞普蒂莫斯"①签署，这借用的是伍尔夫《达洛维太太》里一个精神正常的疯子的名字。

　　如今，卡塔赫纳已经成为过去。它是一口无底的历史深井，一座"埋葬活人的坟茔"。在作家职业生涯关键的两年里，它的神奇、美丽和恬静给他编织了一段硕果累累的舒缓的日子。然而卡塔赫纳的社会规模及文化范围十分有限，文学地位几乎没有——当然，假若不算杰出的大诗人路易斯·卡洛斯·洛佩斯和著名的豪尔赫·阿特尔的话，才能这么说。另一方面，当地资产阶级以轻蔑的态度对待这位青年报人。干了两年，他现在觉得工作如同例行公事。《宇宙报》社那点可怜巴巴的工资吃饭都不够。最糟糕的是，古斯塔沃·依巴拉·梅拉诺和拉米罗·德拉·埃斯普列亚已于 7 月底迁往波哥大，埃克托·罗哈斯·埃拉索马上也要移居他乡。小组既然已经解散，加西亚·马尔克斯就遇到了恰当的

---

① 这个主人公最终因发疯而自杀。

时机以最终定居巴兰基亚。这座城市，那年刚从波哥大回来时他便想迁居到那里去，这里等待他的有新的朋友、新的成果、更加充实的生活和未婚妻梅塞德斯·巴尔恰·帕尔多，一位面庞清秀的相貌颇具异国特征的文静和神秘的 17 岁的姑娘。

巴兰基亚这个大西洋省的首府，不具备卡塔赫纳那样的历史、神奇和美丽。这是一座沸腾的城市，自 40 年代初开始，这里商业发达，社会繁荣，文化昌盛。20 世纪以来各地移民（犹太人、德国人、法国人、西班牙人、意大利人、阿拉伯人）的涌入使它成了当时哥伦比亚境内各国人杂居的世界性城市，取得内河航运主要港口的地位后，它即变为哥伦比亚最重要的国门，从而替代了卡塔赫纳及圣玛尔塔，甚至替代了波哥大。波哥大由于所谓的"暴力"现象，在各国报刊上依然是臭名远扬的热门话题，并因此陷入前所未有的孤立境地。

然而，50 年代中期，加西亚·马尔克斯写道，巴兰基亚是"一个没有历史的城市"。从根本上讲确实如此，这座城市不像卡塔赫纳抑或圣玛尔塔那样为英雄豪杰所缔造。它曾是加勒比地区最不起眼建立最晚的都市之一，而且整个殖民统治时期都孤零零地在炎热、尘土和潮湿中昏睡。

如同任何一部田园小说的情节，1629 年，一些农夫和牧人在马格达莱纳河西岸建立了巴兰卡斯德圣尼古拉斯村镇。由于卡塔赫纳及圣玛尔塔在商业、海运及河运业方面占据统治地位，以及大船无法逆流而上抵达马格达莱纳河口，后来改称巴兰基塔斯的这个村镇被排斥于商业和水运业之外，孤立停滞了 200 年。慢慢地，特别是萨瓦尼亚海港建成以后，巴兰基亚开始从殖民时代的沉睡中醒来，到了 19 世纪中叶马格达莱纳河上有轮船航行之时，它一跃而为哥伦比亚最大的内河港口，从此成了大西洋岸边首屈一指的重镇。

在加西亚·马尔克斯离去 7 年，于 1949 年 12 月重返巴兰基亚定居的时候，与沿海其他通都大邑相比，它依然算做一个没有历史的城市，但它早已是沿海地区举足轻重的商业、政治和文化中心。因而在这里，人们头脑中格外牢固格外自觉地存在着一种古老的观念，即哥伦比亚的环加勒比地区是另外一个国家，仅有官僚和政治与中央集权制的内地尚存联系。在这一观念的基础上，作家的新朋友们曾经发挥了主导作用。他后来在《格兰德大妈的葬礼》中，亲切地给新朋友取了"拉奎瓦酒吧的舔斗鸡主义者"这个永恒的绰号，他们是"巴兰基亚小组"的精英阿尔瓦罗·塞佩达·萨穆迪奥、赫尔曼·巴尔加斯、阿尔丰索·富恩马约尔、阿莱汉德罗·奥夫雷贡。将他们紧紧联系在一起的是两位老作家何塞·费利克斯·富恩马约尔和《百年孤独》里的"加泰罗尼亚智者"的原型拉蒙·宾耶斯。

多亏了他们，加西亚·马尔克斯找回了这座他喜爱的城市，原封不动地保留着曾让少年加比托眉开眼笑的景物的城市。马格达莱纳河带着湿热浓重的污浊空气，从四面八方浸润它，而鲜鱼味与那些滞留河湾的腐烂的番石榴散发的气味相混合。街上一群群乱纷纷的沿海人，在难以忍受的炎热中，跳着梅伦盖舞、锥形鼓舞和化装舞行进，这些舞蹈与他们贴得如此之紧，犹如河流带来的潮气贴着他们的肌肤。虽然城区很热，巴兰基亚人并未摒弃幽默、永远的"舔斗鸡主义者"举动和接连不断的狂欢，或许他们以此作为一种方法来保持日常生活中最起码的必需的机智。

城里的普通居民中，出租汽车司机得到了作家的青睐和友谊。他称这些人为"一般意义上的冠军"，与其保持着持久的友好关系，在闲来无事的夜晚乘坐他们的车转遍了巴兰基亚的大街小巷。他结交的朋友包括克里门大街及"摩天大楼"妓院的妓女、郊区酒馆的侍者、理发师、卡车司机、港口渔民——后来在该港口初步构思了《没有人给他写信的上校》。圣尼古拉斯广场、华人居住区、米亚奥家族的胡同、黑埃乌费米亚妓院、幽静的玻利瓦尔街区、进步大道、"7 月 20 日"大街上的德梅特里奥·巴尔恰药店，是加西亚·马尔克斯这次在大西洋省首府居住的短短四年里时常光顾的地方。然而最常去的，或者说盘桓终日的场所，则有《先驱报》编辑室、"世界书屋"、"哥伦比亚咖啡馆"、哈比酒吧和罗马酒吧——小组的午间文学恳谈会场。

　　在"摩天大楼"妓院里睡很少几个小时之后，加西亚·马尔克斯约莫中午时分到"哥伦比亚咖啡馆"，和友人们进行当天的第一次会面。接着去报社履行编辑、社论撰稿人及专栏主持人的职责。下午再进那家咖啡馆和几乎与之毗邻的"世界书屋"，谈书论书，浏览刚从布宜诺斯艾利斯到的书：卡夫卡、乔伊斯、弗吉尼亚·伍尔夫、福克纳、海明威、卡波特、加缪①、萨罗扬、萨特②、博尔赫斯、聂鲁达、科塔萨尔③、费利斯贝托·埃尔南德斯④的新作，其中有的外国作品由博尔赫斯及其朋友们翻译或者作序，这些书几乎全是南方出版社、洛萨达出版社和南美洲出版社⑤出版的。开书店的隆东兄弟要订货时，加西亚·马尔克斯及朋友帮助他们在书目中挑选，填写订单，成箱成箱的书随轮船运到后，加西亚·马尔克斯他们非常高兴。每当书店关门，他们便去咖啡馆，咖啡馆关门，再去位于幽静的玻利瓦尔街区中心地段的哈比酒吧

---

① 加缪（1913-1960），法国作家，存在主义文学流派的创始人之一。其作品表明世界和人生的荒谬性，人的责任就在于反抗这种荒谬的存在。

② 萨特（1905-1980），法国作家、哲学家，存在主义文学流派的倡导者。

③ 科塔萨尔（1914-1984），阿根廷作家，被称为拉丁美洲"文学爆炸"四主将之一。

④ 埃尔南德斯（1902-1964），乌拉圭重要作家之一，创作题材十分宽泛。曾从事音乐研究，系拉丁美洲自省文学流派的先驱之一。

⑤ 三家均为阿根廷的出版社。

或者罗马酒吧，他们争论起来既激烈声音又大，间或夹杂着别的顾客闻之咋舌的粗俗话语。他们有时到华人居住区或"快乐"居民区的"黑埃乌费米亚"妓院，根据口袋里钱的多少买些吃的喝的。翻翻这本书翻翻那本书，聊聊这件事聊聊那件事，喝一杯这种酒喝一杯那种酒，吃一口这个吃一口那个，于是乎，等加西亚·马尔克斯回到"摩天大楼"妓院的卧室的时候，已是半夜 12 点或凌晨 1 点了。不跟朋友聚会和逛街的晚上，他就待在空荡荡的报社编辑室，或者赶写第二天的专栏文章，或者撰写《家》，或者修改已经修改了不知多少遍的《枯枝败叶》。

这种对于生活、报业和文学的极大热情的动力，来自那些"拉奎瓦酒吧的舔斗鸡主义者"，尤其是塞佩达·萨穆迪奥、赫尔曼·巴尔加斯和阿尔丰索·富恩马约尔，他们同拉蒙·宾耶斯这个加泰罗尼亚人与何塞·费利克斯·富恩马约尔一起，指导他的阅读，修改他的短篇及长篇小说的草稿，称赞他的非凡才华，给予他生活上的各种帮助。跟他们在一起，他抛开了清规戒律，摈弃了繁文缛节，以期适应这个新的"舔斗鸡场所"，并在行文中名正言顺地放手使用卡塔赫纳时期他曾经深恶痛绝的粗俗词语，因为他很快明白了巴兰基亚朋友们的污言秽语，不过是亲密、喜爱和诚挚友谊的标志罢了。久而久之，他将他们托举于感激的圣坛，承认他们做他一生中"最好的朋友"的特权，允许他们以真实的姓名、真实的癫狂、真实的豪举，自由自在地优哉游哉地倘佯于《没有人给他写信的上校》和《百年孤独》的书页里。

小组的核心成员阿尔瓦罗·塞佩达·萨穆迪奥，是文艺复兴运动的潜心研究者，他把出众的才能分散在报业、文学、电影、广告、公司及其他许多稀奇古怪的事情上。从外表看，他是一个粗野的加勒比人：一绺绺乱蓬蓬的头发遮盖着额头，脚下是一双卡车司机穿的土制凉鞋；言语粗鲁，笑声大得足以吓跑鳄鱼；天生容不得形式主义和庄重矜持。然而跟他接触多的人和朋友都知道，他性情温和腼腆，待人赤胆忠心，是一个执着于自己的爱好与信念的质朴忠厚之人。他的短篇小说几乎是背着朋友写的，每天早晨5点起床，坐到一把维也纳出产的摇椅上，阅读能够到手的一切书刊，直至天光大亮。塞佩达·萨穆迪奥实质上是个胆怯的孩子，他的生活以童年的记忆为标志，这些出自谢纳加市那座深宅大院里昏暗的和墙壁被硝腐蚀的屋子的记忆，老是纠缠和折磨着他。阿尔瓦罗1926年3月30日生于巴兰基亚市，幼年时住在谢纳加市的深宅大院。他很小的时候父亲就去世了，孤儿身份将他永远隐藏在那所神秘莫测的宅院。后来由此产生了零散的诗句，他以恰如其分的优雅，把诗句加进了短篇小说集《那时我们都在等待》里的几部作品，以及长篇小说《深宅大院》当中，这两本书以其朴实无华、简洁明快、富于启示、丝毫不追求雕琢与浮夸的风格，给哥伦比亚小说界带来一股革新之风。

塞佩达·萨穆迪奥出生时，其朋友加西亚·马尔克斯的父母还正在经历艰难恋爱的最后波折，随后在与谢纳加市相邻的圣玛尔塔市缔结良缘。他出生的时候，距离1928年12月6日对香蕉园工人的杀戮（就发生在谢纳加市那座深宅大院几个街区之外的地方）还有两年又八个月。这一惨案在日后的岁月是朋友俩共同关心的问题，它把他们更加密切地联系在一起，以至于成了《深宅大院》的惟一题材，以及《百年孤独》里一个血淋淋的令人震惊的事件。

塞佩达·萨穆迪奥和加西亚·马尔克斯的关系超过了朋友，两个人好得成了一个人。两人有许多不同之处，特别是形体，但相同点却在主要方面：友谊、加勒比和对加勒比的爱、文学、报业、电影、福克纳、海明威、萨罗扬、多斯·帕索斯，以及同波哥大那些过分讲究穿戴的文人墨客的长期牴牾。正是塞佩达·萨穆迪奥硬让这位挚友熟悉电影，了解美国各种文学流派及新闻界——加西亚·马尔克斯在卡塔赫纳市的时候，已经开始和克莱门特·马努埃尔·萨瓦拉、古斯塔沃·依巴拉·梅拉诺、埃克托·罗哈斯·埃拉索一块儿研究这些东西了。两位挚友相识的那天晚上，塞佩达·萨穆迪奥把新朋友领回书满为患的家里，指着书对他说："这些全部借给你！"加西亚·马尔克斯谈起在卡塔赫纳阅读过霍桑、梅尔维尔和爱伦·坡，塞佩达恰巧不太喜欢这几个作家，便以其特有的风格说："那些全是狗屁。你应该读当代的英国和美国作家。"即乔伊斯、伍尔夫、福克纳、海明威、多斯·帕索斯、卡波特、考德威尔和萨罗扬。加西亚·马尔克斯与卡塔赫纳的友人们一块儿阅读的确实是这些作家。

塞佩达·萨穆迪奥爱好新闻专业和上述作家的文学作品，于是进了哥伦比亚大学[①]，1950 年中期获得新闻专业学位，尽管去纽约读书不过是一个借口，其实是想见识一下这座都市，了解他所钦佩的作家们的国度。回国后，他向小组这口沸腾的文学之锅倾倒了自己对于美国电影业和那座大都会发达的报业的了解与评价，以及经过他筛选的美国文学中的优秀作品，以此巩固了小组的尤其是加西亚·马尔克斯的美学思想体系。

文艺复兴研究活动过多，阿尔瓦罗·塞佩达·萨穆迪奥显得对其他东西都不是特别喜爱，只是泛泛地爱好。然而，在逝世的前三年，他逐渐倾向于早先对电影的爱好（1954 年开始投身电影业，拍了《蓝色龙虾》），摄制了旨在推销商品的各种纪录片。1972 年 10 月 12 日，在纽约纪念医院，白血病浇灭了他的生命之火。在人生最后一段时光，他所

---

① 指美国纽约的哥伦比亚大学。

憧憬的美好计划即是舍弃一切计划，到萨瓦尼亚海港一心一意地著书立说。由于他的英年早逝，巴兰基亚小组失去了一位性情豪爽、眷恋故土、偷偷写作的成员。尽管加西亚·马尔克斯不愿看到朋友撒手人寰，他的死亡却是五年前《百年孤独》里预言过的——这部小说的结尾部分有这样几句话："阿尔瓦罗第一个听到了离开马孔多镇的劝告，变卖了一切，包括那只拴在家屋门廊吓唬过路人的老虎。然后，在一列永远没有终点站的火车上，买了一张永远有效的车票。"

赫尔曼·巴尔加斯和阿尔瓦罗相貌不同，但人品与学问一样。巴尔加斯 1919 年生于巴兰基亚，1991 年逝世。在小组里，他与众不同的不光是太高太瘦和有一双"绿眼——绿得如同魔鬼"，还有阅读经典作家、著名作家及关注文学新人时的热心与细心。一旦翻开书本，他能看看停停地连续读上五六个小时，身边无论发生什么事情，也休想叫他两眼离开书页，人仿佛长在了书上。他如饥似渴，通宵达旦，一星期通读普鲁斯特全集，在朋友中传为美谈。不过他读书可不是人们通常所说的一目十行，而是像蚂蚁一样孜孜不倦，持之以恒，一句一句地细细品味。可能更多因为这一点，而不仅仅由于他的古道热肠，朋友加西亚·马尔克斯多年以后，才将自己的书稿从巴黎、墨西哥以及他所在的任何地方，寄给巴尔加斯这位思想敏锐的批评家，征求他的意见——巴尔加斯熟悉短篇和长篇小说的历史演变过程，因而对问题观察和理解得非常全面。

身为报社社长、能够应付裕如地撰写由不署名的社论到标题套红的报道的任何文章的记者、文艺批评家和广播电台播音员（演播过加西亚·马尔克斯一生惟一一次改编的广播小说《道路已经封锁》，作者为奥尔加·萨尔塞多·梅迪纳）的赫尔曼·巴尔加斯，是小组成员和他们作品的最勤奋的宣传者——这是他热爱文学和看重友情的正常体现。所以，他是远方朋友最热心的通信人，与富恩马约尔一起，把朋友加西亚·马尔克斯索要的书籍和稀奇古怪的手册寄往巴黎、加拉加斯或墨西哥。还是1949年4月，当加西亚·马尔克斯在苏克雷镇养病的一个半月期间，赫尔曼·巴尔加斯就同塞佩达·萨穆迪奥和拉蒙·宾耶斯一块儿，满足了这个阿拉卡塔卡人的迫切要求，寄去了所有能够弄到的书籍，让他躺在芒果树荫蔽下的吊床上有东西可读。

对文学的偏爱和对真挚友谊的崇尚，使得他在《百年孤独》中跟奥雷良诺·巴比洛尼亚一起，负责回复寄自巴塞罗那的加泰罗尼亚智者的一封封充满乡情乡思的来信（确有其事），并且焚烧行将毁灭的马孔多镇郊区的一家小妓院，以证实那纯粹是他和友人们的一个杜撰。

与塞佩达·萨穆迪奥或许还有小组其他成员开朗豪放的性格相对的，是阿尔丰索·富恩马约尔持重、谨慎、严肃的个性。他是小组的学术指导者，四个小伙子中的老大哥，1994年以77岁的高龄仙逝。天生近视、总戴一副架子粗大的眼镜、系着领带的阿尔丰索，好像是巴兰基亚这座"舔斗鸡主义者"的府城中心的一位"衣冠楚楚"的学者。仅仅好像是。其实，他非常幽默，而且幽默得机智和高雅、尖锐和锋利——刮脸刀片似的锋利。但无论如何，阿尔丰索始终是小组里最严肃认真的一个，这种严肃认真的作风，无疑源于在风流儒雅的父亲身边的耳濡目染和潜移默化。其父何塞·费利克斯·富恩马约尔是小说家和报人，收藏了十分丰富的西班牙语、英语及法语书籍。阿尔丰索学的即是这几种语言。

无论小组成员的个性如何，他们的共性在于合作、友谊、"舔斗鸡主义"以及对于生活、新闻业和文学的热爱。与卡塔赫纳小组几位成员过从甚密的富恩马约尔，1948年9月的一天下午在巴兰基亚市一家酒馆跟加西亚·马尔克斯头一回见面时，他那文学百科全书般的广博知识令后者惊叹不已。富恩马约尔宁愿牺牲自己一部分薪金，也要聘请加西亚·马尔克斯到他任副主编的《先驱报》社工作。又是他，1949年12月17日欢迎加西亚·马尔克斯来到报社和这座城市，并且顺便夸他是"哥伦比亚十分耐心而又十分怀疑地翘首以待、终于才盼到的优秀短篇小说家"。

文艺批评家和杰出的记者富恩马约尔贡献给小组的，有渊博的文学知识，特别是关于古希腊古罗马经典作品的知识；还有他的愿望，即以《先驱报》或者他和加西亚·马尔克斯主办的《报道》周刊为基础，开创一种崭新的兴旺发达的新闻事业。文学追求者和传播者的身份，甚至反映在衣袋上。他的衣兜时常鼓鼓囊囊，里面装着从朋友那儿要来的或送给朋友的草稿和剪报。一天夜晚，他在黑埃乌费米亚妓院遗失了拉蒙·宾耶斯的一个剧本的原稿。加西亚·马尔克斯在这件真事的基础上，将富恩马约尔这一极富个性的特点写进了《百年孤独》的末尾："阿尔丰索为了翻译（加泰罗尼亚智者的）这些手稿学会了加泰罗尼亚语，于是衣袋里常揣着一卷书稿——他的衣袋总是装满了剪报和特殊职业情况的记事本。一天晚上，他在几位由于饥饿而卖身的姑娘家里丢失了口袋里的手稿。得知此事，明智的祖父非但没有像阿尔丰索担心的那样大事张扬，反而笑得前仰后合，说那才是文学自然而然的命运。"

阿尔丰索·富恩马约尔、赫尔曼·巴尔加斯、阿尔瓦罗·塞佩达·萨穆迪奥，再算上加夫列尔·加西亚·马尔克斯，将是在行将毁灭的马孔多镇同奥雷良诺·巴比洛尼亚一块儿，什么酒都喝什么话都讲的那"四个满嘴脏话的小伙子"；将同现实当中一样，由加泰罗尼亚智者的钟爱与教诲维系在一起。现实里和小说中，四人的交谈都是开始于一家书店，结束于妓院，其间，呷着甘蔗酒和烧酒，像跨越白昼和黑夜之间的界线那么坦然地跨越现实与虚构之间的界线。联结他们四个人的是巴兰基亚城、友情、文学、新闻业、学者拉蒙·宾耶斯、有些无规律却有成果的生活以及本质十分纯洁的"舐斗鸡主义者"。

"四个满嘴脏话的人"其实应该是五个，因为如果没有五人当中粗话最少的阿莱汉德罗·奥夫雷贡，小组的核心完全是不可想像的。当时国内名气最大的画家奥夫雷贡是小组一位十分杰出的成员。

身为西班牙贵胄的奥夫雷贡1920年生于巴塞罗那，曾经旅居巴黎，对这座大都市了如指掌，也曾领略过古代罗马人创建的恬静的法国小镇阿尔巴的田园风光。然而，他40年代中期回到巴兰基亚，却拒绝接受实力雄厚的家族企业——奥夫雷贡纺织厂一个办公室给他安排的舒适的领班职务，而跑到哥伦比亚东部的卡塔屯博油田开卡车去了。幸好，他在波哥大的国家图书馆举办的第一次画展，使他部分地摆脱了卡车司机的荒唐命运，再次鼓舞他继续绘画。他的兴趣日益浓厚，直至变为一种无法抑制的唯此独尊的爱好，不分时间不分场合地作画。在圣布拉斯大街自己的画廊，奥夫雷贡开始用矫捷的秃鹰、硬鳍鱼、凶猛的公牛、飞鸟和热带景物之中突起的狂飙，来填充哥伦比亚及拉丁美洲的历史。非凡的造诣使他成为能将器物与生灵化做色彩及线条协调明暗协调的画家，就连他常常做给朋友们吃的"石器时代的半生不熟的饭食"，在加西亚·马尔克斯看来也是运用形体与色彩的知识而不是运用烹饪技术做出来的，因为奥夫雷贡会把风景画的材料倒进锅里，让它们在"大量的水中和他娴熟的绘画技巧一块儿煮开"。

奥夫雷贡和塞佩达·萨穆迪奥是小组里两个性格非常外向的人，但塞佩达只不过有些过激言行罢了，可奥夫雷贡却危险地接近了自杀的深渊。与其"海盗般的明亮眼睛"和"亲切而蛮横的西班牙老人的双手"相宜的是，他经常跟拉奎瓦酒吧——从1954年起，小组挪到了这里——的店主爱德华多·比拉以怪诞的方式进行赌博，以满足他强烈激情的需要。他并非每次都赢，但良好的身体及心理素质做了抵挡生活中的这些或那些波折，如黑暗中救助落水者这样的波折的盾牌。奥夫雷贡以一次曾经吞食一只活蹦乱跳的蚂蚱那样的疯狂果敢，一天傍晚在大谢纳加市钓鲱鱼时，捞起了一个从小船上落水淹死的人的躯体。后来，加西亚·马尔克斯和奥夫雷贡一喝醉，他就让画家讲这件事，作家认为这件事最像奥夫雷贡的工作（因为他绘画"犹如黑暗中打捞溺水者"）。多年以后，这件事提供给加西亚·马尔克斯一个题材，从而写出了《世界上最漂亮的溺水者》这一出色的自传性小说。

最能表明奥夫雷贡和小组全体成员人格的事情，大概莫过于画家与打算买他一幅画陈列在梵蒂冈画廊的教皇代表的晤谈了。奥夫雷贡这位举世公认、能言善辩以使买主出高价的著名画家，向梵蒂冈索价颇高。教皇代表得知画家的要价，先是恭维奉承了一番，接着使出外交手腕以掩饰其吝啬，称他的报价合理是合理，不过他的作品将要同许多画挂在梵蒂冈的画廊，谁都知道这是能让画家名声大振的。见对方没有心动，人也没有被捧得飘飘然，教皇使节又饶给画家 1.5 万场弥撒以拯救他的灵魂，"因为我知道您需要这些弥撒。"他说。奥夫雷贡以面临深渊时曾经表现出的那种坦然，立即结束了商谈："神甫您听着，价钱一分我也不降。至于弥撒嘛，您说降多少我降多少。"这件事清楚表明了画家的人品，和全小组的一个特点，即投身工作和生活，心无旁骛，不为可能得到的荣华富贵、可能听到的甜言蜜语所动。

奥夫雷贡、塞佩达·萨穆迪奥、富恩马约尔、巴尔加斯和加西亚·马尔克斯，是小组里簇拥着何塞·费利克斯·富恩马约尔和拉蒙·宾耶斯这两位泰斗的五位常务成员。其余更多的成员，如阿尔弗雷多·德尔加多、"大活宝"奥兰多·里维拉、胡利奥·马里奥·圣多明各、胡安·费尔南德斯·雷诺维茨基、罗伯托·普列托、里卡多·贡萨莱斯·里波伊、基克·斯科佩伊、贝尔纳多·雷斯特雷波·马亚、卡洛斯和拉米罗·德拉·埃斯普列亚兄弟、贡萨洛·贡萨莱斯等人，以或长或短的间歇进进出出于小组。罗哈斯·埃拉索和诗人阿尔瓦罗·穆蒂斯隔三岔五地以参观者身份突然造访小组，后者是蓝萨航空公司公共关系部经理，每周都来巴兰基亚市。

上述两位导师都将他们的身心融入了小组火热的文学生活。记者、小说家何塞·费利克斯·富恩马约尔1885年生于巴兰基亚，1966年卒于该城。他的文笔朴实、精练、清秀文雅，堪称楷模。他的短篇小说集《丧命街头》中的篇章最早发表于《报道》周刊，何塞·费利克斯用这些作品，向小组的年轻人展示了隐藏于平凡的日常生活、市井平民的渴望与忧愁、乡间神话传说中的无穷无尽的诗意，同时向他们表明，小说创作最有效最高雅的表现手法，正如海明威所劝导的那样，是朴实无华和清丽明朗的风格。这样，人物、事物、行动本身便带着自己的形容词，不容雕琢浮夸和文学上的偷梁换柱有立锥之地。

"加泰罗尼亚智者"或"任何书都读过的老者"拉蒙·宾耶斯，在咖啡馆的闲聊中，告诉小组成员在什么情况下和什么时候该读哪些书籍哪些作家，以提高他们的修养。同时，指导他们拆卸世界文豪的短篇小说和长篇小说，辨认并区分零件、螺栓和螺母，而后怀着找到诀窍的喜悦，再把它们重新组装。如果年轻人在拉蒙·宾耶斯认为值得怀疑的某部作品的迷宫徘徊良久而不得要领，他就在"世界书屋"、"哥伦比亚咖啡馆"或者哈比酒吧叫他们想一想荷马，从而很快将他们领到井井有条的境地。大家尊敬他，因为他意味着他们"每天24小时"里"最愉快的一小时"。

睿智、仁慈、宽厚的拉蒙·宾耶斯的历史，1882 年开始于比利牛斯[①]山区的贝尔加村。他孩提时便去了巴塞罗那，非常年轻就开始从事文学活动，不到 30 岁已经是西班牙小有名气的诗人和剧作家，不久即被收录进埃斯帕萨百科全书。然而，1913 年的某一天，宾耶斯对巴塞罗那的文化氛围失去了兴趣，离开了文学界和这座城市，来到香蕉产区的首府谢纳加市——在时间与空间上，同深刻影响加西亚·马尔克斯一生的另外两个人重合，这二人即是在相邻的阿拉卡塔卡镇居住多年的作家的外祖父尼古拉斯·里卡多·马尔克斯·梅希亚和本哈明·埃雷拉将军。宾耶斯在谢纳加给一家香蕉公司当了一年会计，孤寂、社会的贫穷和工作的单调使得他把目光重新投向了文学。翌年，多亏《神曲》赋予的美感弥补了他的失意，他与文学重归于好，迁往巴兰基亚市开了一家书店，办了一种文学杂志《呼唤》。这个杂志在哥伦比亚大西洋沿岸的文化和文学生活中，留下了重要印迹。

　　在"仿佛两面相对的镜子一般的两种思乡情结"的困扰中，将近 40 年间，这位令人尊敬的加泰罗尼亚人在巴塞罗那与巴兰基亚之间打了几个来回，却未能完全拿定主意倾向于两个城市中的哪一个，因为巴塞罗那是他长久怀念的地方，而巴兰基亚又是他实实在在的友谊与爱情的所在地——宾耶斯早已在此娶了一位本地女子玛丽娅·萨拉莎尔为妻。

　　1931 年 5 月，西班牙阿尔丰索十三世的君主统治垮台之后，拉蒙·宾耶斯第四次回到巴塞罗那，支持共和派，准备永远留在祖国。但弗朗哥主义的胜利迫使他于 1939 年 2 月出走法国，一年后返回巴兰基亚。这一次在大西洋省首府连续住了十年，尽管在巴兰基亚生活多年，并且在

---

① 位于西班牙与法国之间的一道山脉。

此结交了许多朋友，他却一直未能喜欢上这座混乱、炎热、遍地尘土的城市。宾耶斯住的屋子堆满书本，还有一张写字台、一台打字机、一个大箱子、两幅画、一个衣柜、一个洗手盆和一张床。他每天清晨早早起来，到一所女子学校讲授历史和文学课；中午在"哥伦比亚咖啡馆"跟小组的朋友喝可口可乐，给他们谈论自己喜欢的作家与作品；下午穿着睡衣在窗前写剧本、文章和致欧洲朋友的书信；傍晚去"世界书屋"、"哥伦比亚咖啡馆"或哈比酒吧，同友人继续交谈，继续喝可口可乐。他在巴兰基亚的最后十年就是这样度过的。直到有一天，第一次凭直觉感到自己大限将至，便再次收拾行囊，于1950年4月15日登上飞机，前往魂牵梦绕的巴塞罗那，因为一想到自己将被葬在那座闹嚷嚷乱哄哄的城市的墓地他就忐忑不安。然而，短短几个月后，他就太晚太晚地悟觉到自己梦中的那个巴塞罗那已经不复存在，那仅仅是乡思中的一口陷阱。自己已经不大像加泰罗尼亚人，而更像加勒比地区的哥伦比亚人，对他而言，实实在在的东西除了死亡的临近，便是大西洋彼岸那个喧嚣、炎热、遍地尘土的巴兰基亚城。他真想死在那里，死在诚挚的不讲条件的朋友们的厚爱之中。果然，拉蒙·宾耶斯于1952年5月5日逝世的前几天，买了一张船票，重返并且永远地留在了哥伦比亚。

不管怎样，他留下了。这不仅因为15年之后，他将以"加泰罗尼亚智者"的名称在《百年孤独》里成为永恒的人物，还因为他曾在《先驱报》和哥伦比亚及拉丁美洲最具先锋派特色的杂志之一《呼唤》上，以及作为逍遥派学者在酒吧和咖啡馆聊天中的不倦教诲，这些都使他永在。

在20年代末只存在了三年的《呼唤》上，宾耶斯发表了切斯特顿[①]

---

① 切斯特顿（1874-1936），英国评论家、诗人、散文家和小说家，以精力充沛和体形矮胖著称。一生著述颇丰。

著作的最早的西班牙语译文，并且用克洛岱尔，纪德①，米沃什②，阿波利奈尔③，勒韦迪④，马克斯·雅各布⑤，维森特·加西亚·维多夫罗⑥，何塞·埃乌斯塔西奥·里维拉⑦，莱翁·德雷夫⑧及其他人的作品丰富了哥伦比亚的文学生活。他特别注重宣传现代美学思想体系，以期帮助哥伦比亚摆脱文学上的孤陋寡闻。他既批判西班牙人和波哥大人那种行不通的语言纯正主义，也批判拉丁美洲人的种种语病、使用语言的轻率及愚昧无知。然而，他不相信现代文学中心总是巴黎、伦敦或者纽约，他认为一个人在美洲某个穷乡僻壤完全能够阅读和创作现代文学作品。从 40 年代起，这一重要思想给巴兰基亚小组的阅读、思想、创作提供了理论基础。那个具有普遍性的小镇，即凝聚着美洲地理、历史、人民、文化的那个名副其实的小世界的这位加泰罗尼亚作家提出和宣传的理论，正对加西亚·马尔克斯的心思，正是他逃出"波哥大事件"的大火回到加勒比地区以来，先在《家》后在《枯枝败叶》里苦

---

① 纪德（1869—1951），法国作家，他以正直崇高的思想、和谐纯粹的风格，作为继承法国古典传统的伦理家而进入法国文学大师之列。
② 米沃什（1911— ），波兰裔美籍作家、翻译家、评论家和 1980 年诺贝尔文学奖获得者。曾参加第二次世界大战，战后发表的诗集《解救》（1945）成为在共产党波兰第一批发表的作品之一。
③ 阿波利奈尔（1880—1918），法国诗人。参与了 20 世纪初法国文艺领域中风靡一时的所有先锋派运动；亦可称为超现实主义诗歌的先驱。
④ 勒韦迪（1889—1960），法国诗人、伦理学家、小说家。童年在乡野度过，这使他对大自然有一种恐慌感，处于时刻准备对大自然的重压进行斗争的精神状态中。他的反传统的诗歌艺术手法，给超现实主义以很大的启发。
⑤ 雅各布（1876—1944），法国诗人。在 20 世纪初探索现代诗新方向时曾起决定性作用。
⑥ 维多夫罗（1893—1948），智利诗人，自称为短命的先锋派运动"创造主义"之父。其作品对后世拉丁美洲诗人产生了强烈影响。
⑦ 里维拉（1889—1928），哥伦比亚诗人、小说家。描写南美洲热带丛林的小说《旋涡》是其代表作。
⑧ 格雷夫（1895—1976），哥伦比亚诗人。坚持诗歌的交响乐性质，他以娴熟地使用最创新的手法，而成为 20 世纪拉丁美洲杰出的诗人之一。

苦探索的东西，而且在卡塔赫纳市早期撰写的一篇文章中，他已经试图给后来的马孔多镇描绘一个大致的轮廓。

有拉蒙·宾耶斯和何塞·费利克斯·富恩马约尔这两位十全十美的导师，有小组里那些亲如兄弟、富于进取精神和"舔斗鸡主义者"的朋友，又身处50年代的巴兰基亚这样一座开放的世界性城市，难怪多年以后，加西亚·马尔克斯多次真诚地直至夸张地说，一辈子最出成果最令他惊叹的时期，就是在巴兰基亚和朋友度过的那三四年；还说这些人是"一生中第一批和最后一批朋友"——《百年孤独》里便是这么写的。然而，这一恰当的称赞，却贬低了卡塔赫纳小组的朋友们，以及他本人在克莱门特·马努埃尔·萨瓦拉、埃克托·罗哈斯·埃拉索和古斯塔沃·依巴拉·梅拉诺身边时所取得的成就。这位新作家同巴兰基亚的友人们在一起时的全部收获，几乎都是他同卡塔赫纳的友人们在一起时开始种植的东西的自然和必然的产物。那些东西有：与加勒比文化的重逢；从童年世界的角度，对于自己作品中的重大题材与固执念头的发现；对适合自己的主题的小说风格与表现手法的寻觅；寻找马孔多镇（将要容纳经过移植的他的全部经历全部幻想的那一具有普遍性的小镇）并使之成形；对古希腊古罗马经典大师，尤其是索福克勒斯的发现，找到阅读西班牙"黄金世纪"经典作家的一种现代方法。总之，那些在他一生当中跟遇到卡夫卡和索福克勒斯同等重要的事情，即发现威廉·福克纳、弗吉尼亚·伍尔夫、赫尔曼·梅尔维尔。与人们后来的说法相反，发现这三位作家并不是他同巴兰基亚的朋友在一起之际，而是他开始供职于《宇宙报》以后同卡塔赫纳的朋友相聚之时。

换言之，卡塔赫纳时期与巴兰基亚时期，不是加西亚·马尔克斯人生及文学生涯发展的两个孤立的阶段，而是紧密联结的一个整体，因为两个时期是一种起承关系。况且，两个小组的成员之间也有着思想上文学上的接触，一些人甚至是好朋友。世界性城市巴兰基亚和它的文人墨客给予未来的《百年孤独》的作者很多帮助，特别是小组成员与他结下了兄弟般的亲密情谊，这些不可否认。40年代末，英雄城市卡塔赫纳几乎土气的边鄙氛围消失了，卡塔赫纳小组解体了。于是，巴兰基亚一伙青年人自愿充当这个阿拉卡塔卡镇人的摇篮和最后的支柱，以使他在社交、身心、报业、文学诸方面臻于成熟，从而开始那部不朽巨著缓慢的创作进程。

决定性的飞跃在《先驱报》编辑室得到巩固。阿尔丰索·富恩马约尔打了胜仗，将朋友加西亚·马尔克斯安排到报社，为此他一连数月舍弃了一半薪水。作家负责国际版面，职责是筛选和改编电传打字机打出的电讯稿，并给稿件拟订标题。然而，就像在卡塔赫纳一样，他想当新闻版面的普通记者。也像在《宇宙报》社一样，他知道无法遂愿，因为那些搞新闻报道的都是久经锻炼的记者，而且这些人俨然以版面主宰的身份行事。所以，他只能甘当一名偶然写写社论和长期负责专栏的撰稿人，于1950年1月5日开始了哺育出400头"长颈鹿"的漫长而多产的时期。跟这种安静的哺乳动物（拉蒙·戈麦斯·德拉·塞尔纳给它们的定义为"被好奇心抻长脖子的马"）一样，他近似悄然地从专栏观察和评论一切抑或几乎一切；又像长颈鹿一样，以高超的文笔和丰富的想像，成为最显眼的人。成绩还不止这些，他甚至造成了报纸编辑部的多人旷工。加西亚·马尔克斯有个习惯，即去就近的路口买香烟、喝上几盅并且继续讲他的故事，这样编辑部大多数人就跟着出来了。一天，社长大吼大叫，声震屋瓦，把他踢出《先驱报》社。又是富恩马约尔出面充当加西亚·马尔克斯的辩护人和保护人，顶住了是他表兄的社长，对他说："卡洛斯，你听我说，加夫列尔是《先驱报》社的重要人物。你还没有发现，他是一块尚未切磨的钻石。你别傻啦。"胡安·费尔南德斯·雷诺维茨基也这么认为，他建议担任报社董事长的父亲吸收加西亚·马尔克斯做合伙人，"深信这是我们为未来做的最好投资"。

当时23岁的加西亚·马尔克斯是一个精神非常健康的疯子。或许因此，他才用弗吉尼亚·伍尔夫作品中的一个人名"塞普蒂莫斯"作为笔名，签署所有"长颈鹿"栏文章。他雄心勃勃，希望做无须形容词修饰的真正的作家。他非常清楚自己正在经历的重要时期，明白这些将自己的看家本领传授给他的朋友是不可多得和无法替代的。这一点，使得他激情勃发，劲头十足，拼命工作。除了每天的专栏文章和隔三岔五的社论，他同时写着两部长篇小说和几个短篇小说，独当一面地主持《报道》周刊，一天至少看一本书，像在卡塔赫纳一样晚上和朋友喝得醉醺醺的，直到忽然在周围的姑娘中选出一位美女皇后哈哈一笑为止。1950年也许是加西亚·马尔克斯一生最多产、最紧张、最眼花缭乱的一年，也是不可重复的一年，其间，最大的幸福便是离未婚妻梅塞德斯·巴尔恰更近了，这位埃及血统的漂亮姑娘从前在未婚夫的假期，在位于"7月20日"大街与65号街交点的父亲的药店柜台后面等待过他。

不过，在那些没有透过日常言谈举止真正了解他的人，如出租汽车司机、酒吧侍者、克里门大街的妓女和妓院老板看来，作家似乎并未处于最好的年头。对他们而言，他不过是个态度温和的"胡乱穿衣的疯子"——面色苍白、十分消瘦、头发粗硬、眼珠凸出，确切地说，是个不合潮流的年轻人。他走起路来快步如飞，裤子在腿上绷得紧紧的，颜色土气的衬衣露在外面，鞋子破旧，不过这旧鞋还没有颜色刺眼的袜子更惹人注目。

表面上看，加西亚·马尔克斯在巴兰基亚时，为了能够享受一时的甜蜜而采取的生活方式中，有很多疯癫和情感受虐狂的成分。一开始，他不得不在妓院睡了将近一年。《先驱报》社一篇专栏文章三比索和一篇社论四比索的报酬仅能勉强维持生活，他只好寻找一个低廉的地方睡觉。在克里门大街"那些由于饥饿而出卖肉体的姑娘们"的帮助下，发现了生活中一个大便宜——一天24小时只需1比索50分的寝室。这是一座四角形的四层老楼，没有电梯，名称很可笑，叫"摩天大楼"，坐落于《先驱报》社对面的雷亚尔大街。楼房下半部分是公证处，上半部分是妓院，房顶平台有公用淋浴室，供妓女、妓院老板和房客轮流洗澡。加西亚·马尔克斯的房间为正方形，面积九平方米，朝向街道，外面烦人的噪声能从窗户传进来。不过，凭窗眺望，他可以看到能够触发乡思的两棵老扁桃树。玛丽娅·恩卡纳西翁是长期住在这家妓院的房客，长得活像一株粗壮的花，身上散发着泡过熏衣草水的气味。她以应急情人所具有的尽心尽力和无私精神，给加西亚·马尔克斯洗涤和熨烫仅有的两条紧身瘦腿裤子和三件颜色扎眼的衬衣。

"摩天大楼"的门房与作家之间建立了一种习惯式的关系。加西亚·马尔克斯下午、晚上或者凌晨回来时，给门房1比索50分，这位黑人达马索·罗德里格斯便把房间钥匙给他。几个星期后，这种关系变得有点机械了。可是，一天夜晚——另外还有许多次——作家手头没有1比索50分，于是向达马索描绘了自己生活中的悲剧，从时常在胳肢窝夹着的皮夹里，掏出写在新闻纸上的手稿，说："您瞧，现在您看见我手里拿的这些纸，是我最重要的东西，价值比1比索50分多得多。我把它放在您这儿，明天给您钱。"达马索不光答应了，还把这种做法当成制度予以接受：加西亚·马尔克斯拿得出1比索50分的时候，他要钱；拿不出时，他就把装有《枯枝败叶》草稿的皮夹作为抵押品收下。

这样，将近一年光景，他有了固定的便宜寝室，受到玛丽娅·恩卡纳西翁的精心照管，做了达马索和妓女们的朋友。这些烟花女子尊敬他，在一定程度上如喜欢兄长般地喜欢他，生活中碰到难事还求他帮忙出主意，或者代笔给她们那些指望不上的情人写信。她们始终不知道他是谁，虽然认为他明显有学问，而且常有不一般的朋友开着官方的汽车来找他。早晨，她们借给他肥皂——他几乎从来没有肥皂，请他分享临时凑合的一顿有啤酒有煎鸡蛋的早餐。有时候，作家也将她们请进自己房间，吹起赫尔曼·巴尔加斯送的六孔萧，唱巴耶纳托小调给她们听。

　　说心里话，"摩天大楼"的生活在这位意欲完全靠笔耕谋生——巴兰基亚城谁也不敢这么做——的青年作家看来，并不太坏。在某种意义上，窑姐们的地狱对于他那种要反映丑恶现象的艺术家的愿望来讲胜似天堂，至少他的老师威廉·福克纳曾这样认为。福克纳在那次会见《巴黎评论》杂志记者时发表的著名谈话中说，"艺术家最好的工作环境是妓院"。他解释道，那里上午清静，便于写作；晚上人多热闹，还有烈酒，便于交谈。而加西亚·马尔克斯当时走得更远，因为隔开各个房间的薄薄的脆弱的墙壁，使他得以偷听嫖客对租赁来的女人说的私房话。他们常常是城里受人尊敬的知识分子、政治家和政府官员。加西亚·马尔克斯从妓女的诚实与嫖客的人性——隐蔽的人性——那里学到了不少东西。譬如，嫖客们逛窑子并非只是为了做爱，还要向自己的露水伴侣畅叙衷肠，讲他们个人的事情。"摩天大楼"妓院后来几乎原封不动地搬进了《家长的没落》，并且成为他几部短篇和长篇小说中永远营业的另外几家妓院的原型，这不是凭空得来的。看门人达马索·罗德里格斯后来被移植到短篇小说《咱们镇上没有小偷》里，成了偷台球的人物达马索，这也不是凭空得来的。

遵循福克纳的准则，加西亚·马尔克斯也在"摩天大楼"妓院经营他的文学盛事。坐在那间窗外有一棵枯萎的巴旦杏树的小屋的木床上，认真仔细地修改前一天熬夜在《先驱报》编辑室写出的东西。编辑部装着氖气灯和老式的四个长叶片的电扇，电扇徒劳地转动着，无力驱逐炎热。电传打字机的敲击与远处传来的楼底的印刷机的轰鸣，使编辑室显得更加空寂。一旦电传机键骤然停止敲击，加西亚·马尔克斯脑子顿时一片空白，仿佛里面完全被掏空了。然而电传机那密集的冰雹落地般的敲击刚一重新响起，形象与故事情节马上复归脑海。于是，当外面的克里门大街连同它气氛颓废的酒吧和粗俗的音乐，呈现出一派热闹景象的时候，他依然坐在阿尔丰索·富恩马约尔那台雷明顿牌旧打字机前，不停地吸烟，力图从自己体内发掘出阿拉卡塔卡镇的和童年时代的鬼怪幽灵，以便撰写《枯枝败叶》第三稿，或者写老是拖着完不了稿的《家》——这第一部长篇小说，还是当初在卡塔赫纳《宇宙报》刚当编辑的时候，于 1948 年中期开始动笔的。有些夜晚，在报社干完双份工作后，他去给一位堪称密友的出租汽车司机"猴子"格拉当副驾驶员，拉着乘客消失在沉睡的城市迷宫般的街巷，直到黎明时分城市在鲜鱼和烂水果的气味中苏醒。这时，面色苍白得如同在炼狱中赎罪的鬼魂似的加西亚·马尔克斯，才带着从不知姓名的乘客那里听来的趣闻逸事，回到"摩天大楼"妓院的房间。

在某种程度上他确是鬼魂。1950 年初，两易其稿的《枯枝败叶》步履蹒跚地来到了世界。加西亚·马尔克斯按照阿尔瓦罗·穆蒂斯的建议，将书稿交给出版代理人胡利奥·塞萨尔·比耶加斯，以期在布宜诺斯艾利斯由洛萨达出版社付梓。分娩完（他这样认为）这部小说，他重拾《家》的创作，在 1950 年头几个月加紧撰写，这一摞总也写不完的书稿厚了又薄，薄了又厚——那个广袤的内涵丰富的无法包容的世界，一经诉诸笔端，就成了一团烦人的乱麻。

然而，青年小说家最大的精神痛苦倒不是无法脱稿的《家》，而是这一年头几个月被出版社退回来的《枯枝败叶》。起初，稿子由比耶加斯连同爱德华多·卡瓦耶罗·卡尔德隆的《背过身去的基督》一块儿交给洛萨达出版社，目的在于为哥伦比亚小说界争得新的地位。看过《枯枝败叶》的朋友毫不怀疑它会被选中和采用，因为它虽然是加西亚·马尔克斯最不完美的一部小说，可在当时的哥伦比亚及拉丁美洲小说界，这一按照作者对童年的回忆，并且混合运用福克纳和弗吉尼亚·伍尔夫的技巧来展开一个索福克勒斯式的主题的作品，完全是革命性的。但是，那家阿根廷出版社的审稿委员会不仅否定了加西亚·马尔克斯的第一部重要著作，还寄来一封由审稿委员会主席吉列尔莫·德托雷——豪尔赫·路易斯·博尔赫斯的妹夫署名的言辞尖刻的信。

这一天，青年小说家闷闷不乐地来到报社，走近阿尔丰索·富恩马约尔低声说："我想跟您谈谈，不过要在那儿谈。"他指了指远处的一家商店。于是，在那些喝着啤酒的巴兰基亚肉店老板当中，加西亚·马尔克斯掏出洛萨达出版社的信，递到朋友厚厚的眼镜片下面说："您看看这信。"富恩马约尔看罢也愣住了。西班牙人吉列尔莫·德托雷在信中先是承认《枯枝败叶》的作者有几分赋诗的才能，然后断言他不是写小说的材料，没有任何前途，建议他最好改行干别的事情。

从13岁开始写作算起，一直是作品一脱稿立即能够发表的加西亚·马尔克斯，这一下可真病倒了。多年以后他承认，那时"如果不是当作家的愿望十分强烈的话，就会永远地抛弃文学"。挽救他的有始终不渝的愿望，还有小组的朋友和诚挚的评论，大家一齐将他拉出了泥潭。阿尔丰索·富恩马约尔鼓励他，提醒道："每个人的第一本书都不是最好的"，无论如何他的小说不错；又说，知名批评家吉列尔莫·德托雷提出如此愚蠢的意见，这会导致他本人在文学评论界身败名裂。而拉蒙·宾耶斯则一段段一章章地评论这部小说，让作者看到它的长处与不足。宾耶斯的敏锐和真诚帮助青年小说家不但战胜了极大的沮丧，而且几个月后（大概是那年五六月间）着手写《枯枝败叶》的第三稿。这期间，加泰罗尼亚智者已于 4 月 15 日启程，最后一次返回巴塞罗那，小组的年轻人失去了这位长者的友情和文学指导。可是他们热情十分高涨，4 月底创办了自己的刊物《报道》周刊。

阿尔丰索·富恩马约尔办《报道》周刊的计划由来已久，最初产生于小组在"哥伦比亚咖啡馆"的一次例行聚会。多年以来，他一直在哈比酒吧、罗马咖啡馆、"世界书屋"（这些也是小组成员的午间聚谈场所）、报社编辑部和半个巴兰基亚城为此而奔走呼号。新近受命担任打击小偷小摸、游手好闲、吸食毒品等现象的八级警察法官的拉米罗·德拉·埃斯普列亚，建议他们为办此刊物组建一家股份有限公司，并且将周刊暂时命名为《投资者》。1950 年 4 月一天下午在"世界书屋"的一次聚谈会上，计划得到落实，富恩马约尔促使大家同意《报道》这一刊名。编辑委员会推举富恩马约尔为主任，加西亚·马尔克斯为总编辑。进入编委会的实际上是小组所有成员，从最核心的中坚人物到边缘的游移分子都有：拉蒙·宾耶斯、何塞·费利克斯·富恩马约尔、赫尔曼·巴尔加斯、阿尔瓦罗·塞佩达·萨穆迪奥、胡利奥·马里奥·圣多明各、阿尔丰索·卡博内伊、拉斐尔·马里亚加、胡安·费尔南德斯·雷诺维茨基、阿尔弗雷多·德尔加多、贝尔纳多·雷斯特雷波·马亚、梅拉·德尔马、贡萨洛·贡萨莱斯。画家阿莱汉德罗·奥夫雷贡、阿尔丰索·梅洛和"大活宝"奥兰多·里维拉负责插图。加西亚·马尔克斯有时也亲自动手，运用早年练就的技艺，绘制或者临摹一些插图。

阿尔丰索·富恩马约尔后来回忆说，那天下午小组内的热情格外高涨。他们出了"世界书屋"沿街行走时，加西亚·马尔克斯停下来抓住阿尔丰索的胳膊，非常高兴地说："老师，我们的小组多好哇。"就阿尔丰索所知这是第一次使用"小组"一词来称呼他们的群体，尽管是普罗斯佩罗·莫拉莱斯后来在一篇登载于波哥大的《观察家报》上的文章里，以"巴兰基亚小组"命名他们的团体。这件事同时也说明了小组的一个重要特征——自然与自发，因为与卡塔赫纳小组一样，巴兰基亚小组首先是一伙在某些方面，尤其是新闻和文学这两个至关重要的方面志同道合的朋友的组合。拉奎瓦酒吧的舔斗鸡主义者们常常非正式地聚会，维系他们的是友情和消遣感——这是他们对于自己投身艺术与文化之举的理解。富恩马约尔本人于逝世六年之前再一次说，他们曾经"在阅读上教导和指引过加夫列尔，可我们是作为个人而不是作为有组织的小组进行的，因为我们从来都不是有组织的小组，尽管有些研究者认为我们是"。然而，巴兰基亚小组是美洲大陆最活跃、学术水平最高的文学团体之一。无论哪个艺术团体或学术团体，只要产生出阿尔瓦罗·塞佩达·萨穆迪奥、阿莱汉德罗·奥夫雷贡、加夫列尔·加西亚·马尔克斯的作品那样的传世之作，它的主旨就完全实现了。巴兰基亚小组成员们最终紧密团结在《报道》周围，每人都在周刊上发表一部或几部作品，这雄辩地宣告，这个小组并没有因为缺乏多多少少正规的学院式形式和氛围，就忽视了其本质的东西——作品与社会影响。

《报道》庞杂的性质本身——既是体育周刊又是文学周刊这一现象，揭示了小组成员们一贯的统一的思想，即如同加泰罗尼亚智者所教导的那样，剥掉生活的严肃性，并且从文学、新闻和文化中全部剔除庄严的成分。这份外观简朴的杂志创办于哥伦比亚足球运动的鼎盛时期，因此，它力图将体育当做商业诱饵，借以从事和传播他们真正感兴趣的新闻与文学。这样，在一篇涉及本市下水道系统的报道，或者一篇关于某位体育明星的专访之后，读者便可以看到一些正经八百的东西，如卡夫卡、萨罗扬、博尔赫斯、海明威、科塔萨尔、费利斯贝托·埃尔南德斯乃至加西亚·马尔克斯自己的短篇小说。

《报道》于 4 月 29 日星期六创刊后的一段时间，编辑部里热火朝天，稿件雪片似的飞来，富恩马约尔和加西亚·马尔克斯接收来稿，给文稿安排应有的恰当的版面，几乎应接不暇。大家都投了稿，有报道、评论、通讯、诗歌和短篇小说。《报道》创刊 15 天之前返回西班牙的拉蒙·宾耶斯，从巴塞罗那寄来短篇小说及评论。胡安·费尔南德斯·雷诺维茨基从巴黎、贝尔纳多·雷斯特雷波·马亚从美国也寄来稿件；塞佩达·萨穆迪奥在周刊发表了一些优秀的短篇小说；小组的另一位导师何塞·费利克斯·富恩马约尔，拿出了《丧命街头》这本集子里的七部具有革新倾向的短篇小说，这些作品后来对塞佩达·萨穆迪奥和加西亚·马尔克斯影响颇深。后者在《报道》上发表了那部无法完稿的长篇小说《家》的一些片段，和短篇小说集《蓝宝石般的眼睛》中最好的篇章——这些是后期每当来稿匮乏时的后备稿件。

《报道》在《先驱报》社出版，全部由加西亚·马尔克斯编辑，他每星期薪金为 25 比索（有生以来最丰厚的收入）。开始几期颇受欢迎，读者以为这是体育刊物。到了后来，他们发现在体育的幌子下，遮掩着"左翼分子标榜的自由异端"倾向和塞入的文学货色，逐渐地就不再买了。于是，编辑部加大了体育栏目的分量，就连加西亚·马尔克斯也写了一篇体育报道——有生以来第一篇体育报道，题目叫《华服美饰的运动员》，简要介绍乌拉圭"青年足球队"成员贝拉斯科埃切阿。然而，与当时大多数杂志一样，《报道》的命运是可以想见的。富恩马约尔和加西亚·马尔克斯迫不得已，在体育这个他们并不在行也几乎不感兴趣的方面投入更大的力量。仅有的这两个人不得不把刊物的编辑、发行、收款统统包揽在身，不久便疲惫不堪了。周刊渐渐衰落，终于在创刊 14 个月后，由于经济问题和缺少专稿而停刊。

不过，加西亚·马尔克斯在《报道》破产前早已离开了，于 1951年 1 月迁居卡塔赫纳市与父亲和弟弟古斯塔沃住到了一起，开始在卡塔赫纳大学附属的省立中学教西班牙语，同时试图在这个大学法学系四年级注册，以完成 1949 年底中断的学业。

尽管结局令人厌倦，《报道》却在本质上不但联系着加西亚·马尔克斯有生以来工作最紧张的一年，与小组的友人连续相处时间最长的一年，而且联系着他的第二种文学表现手法，即《一个溺水者的故事》、《没有人给他写信的上校》和短篇小说集《格兰德大妈的葬礼》中大部分作品所使用的十分简练、十分明晰、十分客观的手法的发展。这第二种手法，起到了平衡和补充《蓝宝石般的眼睛》里前六部短篇小说、《枯枝败叶》、短篇小说《格兰德大妈的葬礼》、《百年孤独》和《家长的没落》中所运用的第一种，即抒情的巴洛克式的表现手法的作用。

那一年《报道》登载的《蓝宝石般的眼睛》中最后几部短篇小说《六点钟到达的女人》、《石鸻鸟的夜晚》和《有人弄乱了这些玫瑰》，是加西亚·马尔克斯第二种风格的典范，是一种质的飞跃。飞跃产生于作者对加勒比文化最终和牢固的掌握，产生于两年的办报经验，产生于对海明威、多斯·帕索斯、卡波特等作家以及长篇与短篇侦探小说的阅读。前两部短篇小说构思的经过，不但表明了加西亚·马尔克斯与朋友在生活上文学上的亲密无间，而且显示了这位青年小说家和报人，在将身边的现实化为作品的首要源泉方面，已经具有的引人注目的才华。

富恩马约尔有时从外国杂志翻译或盗用的侦探小说太长，便叫加西亚·马尔克斯缩写但不是概述至一定的篇幅。于是，作家拿起铅笔，删除那些释义性和单纯描述性的语句，使小说尽量减到只剩下实质内容，以至于这项多次进行的工作对他而言成了培养自己风格的训练班。有几个月，小组其他人也看豪尔赫·路易斯·博尔赫斯和阿道夫·比奥伊·卡萨雷斯①主持编纂的一套侦探小说集《第七个圆圈》。就在这段时间，富恩马约尔跟加西亚·马尔克斯打赌，赌后者能不能写得了侦探小说。作家接了挑战，做了一番必要的调查，拟定了提纲，便动笔写起来。

在翻弄身边的现实以搜寻小说的素材时，加西亚·马尔克斯想到了那个曾经使画家阿莱汉德罗·奥夫雷贡白等一场的模特儿的故事。奥夫雷贡作为一名美术学校教师，他提议物色一个活生生的女模特儿给学生摆姿势，但当时巴兰基亚城的习俗尚很拘谨，要找模特只能在没有偏见的妓女圈子里找。奥夫雷贡着手寻找，有一天，在富恩马约尔、赫尔曼·巴尔加斯和小组里最洒脱最怪诞的人物"大活宝"奥兰多·里维拉的帮助下，找到了一位。这个女人要求奥夫雷贡代笔，用英文给布里斯托尔②一个海员写封信，奥夫雷贡照办了。她不太明白画家说的事情，不过答应第二天下午3点来美术学校。结果根本没来。这件事和其他趣闻一样，很快在小组内外不胫而走。加西亚·马尔克斯抓住这个不知姓名的妓女，把她变成侦探小说中的人物。他必须撰写这篇所谓的侦探小说才能在跟朋友打赌中获胜。其实，他原本不必借助于那个女人，因为他就生活在"摩天大楼"的妓女之中，与她们同甘共苦，十分熟悉

---

① 比奥伊·卡萨雷斯（1914-1999），阿根廷小说家。为阿根廷乃至拉丁美洲幻想文学重要代表。著有多部短篇小说集及长篇小说《莫雷尔的发明》（1940）等。
② 英格兰一海港城市。

她们的处境和那令人无比厌恶的职业。

正如两年后他在致朋友和同乡贡萨洛·贡萨莱斯的一封信里所讲的那样，他"从前的浪漫主义"很快干预了缺乏经验的生疏的侦探小说的创作，打赌用的那个小说扔到一边去了。不过，加西亚·马尔克斯写了《六点钟到达的女人》，这是《蓝宝石般的眼睛》集子里的第一部逼真的短篇小说，虽有瑕疵，却是一生创作的优秀短篇小说之一。尽管作者本人承认它"似乎更像海明威的而不像加西亚·马尔克斯的"作品，尽管《六点钟到达的女人》与海明威的《杀人者》在环境及某些要素上的确雷同，可事实是，哥伦比亚青年作家的小说较之他的美国老师的小说，不仅结构更加紧凑，而且从美学角度看，也达到了更高的水准。因为伴随着《六点钟到达的女人》，《一个溺水者的故事》和《没有人给他写信的上校》的那个文笔细腻、条理分明、风格清雅洗练的作者业已崭露头角。

稍后，在这条新的道路上，从他和小组其他人经历的许许多多趣闻中的一件事情出发，加西亚·马尔克斯写了《石鸻鸟的夜晚》，这部小说立刻得到了诗人豪尔赫·萨拉梅亚和阿尔瓦罗·穆蒂斯一类读者的赞扬。

和许多个夜晚一样，加西亚·马尔克斯一天夜晚偕友人前往"欢乐"区的美妙的黑埃乌费米亚妓院（跟衰落时期的马孔多镇上的皮拉尔·特内拉的妓院一模一样）的酒吧。这酒吧对他们而言是一种不可替代的诱惑——偷偷出售的巴卡迪牌甘蔗酒，价格全城最低。与人们的传言相反，富恩马约尔后来强调说，他们谁也未同那些"由于饥饿而跟人睡觉的姑娘"发生过一丝一毫的性关系，他们去只是要喝 13 比索一瓶的甘蔗酒，并在舞场观看美国水手摇晃着害羞的大孩子一样的身子跳舞。舞场里，妓院养的石鸻鸟母鸡似的走来走去。有一天加西亚·马尔克斯在那里睡着了，富恩马约尔摇着他的肩膀，问道："石鸻鸟啄瞎咱们眼睛怎么办？"人们都知道，这种鸟一见小孩的瞳仁里有什么东西在动，就以为那是小鱼，便上去啄孩子的眼睛。让朋友这句话吓醒的加西亚·马尔克斯一睁眼看见了舞场上的石鸻鸟，他丰富的想像力很快勾勒出三个被石鸻鸟啄坏眼睛的盲人在一家妓院摸索着走来走去的情景。这就是他的第二部优秀短篇小说《石鸻鸟的夜晚》的源头，这部作品是为了填充《报道》周刊空余的版面而在一天晚上一口气写成的。

上述两部短篇小说与身边的现实之间这种后者滋养前者的关系，也就是青年报人与现实的关系，却不是将要孕育后来那个短篇小说《有人弄乱了这些玫瑰》的那种关系。这部作品的基础确切地说，是作家从前在阿拉卡塔卡镇旧居耳闻目睹的那些常常游荡于宅院的鬼魂，以及一个人执意要人把鲜花和爱意的信物摆到自己墓前的着魔般的念头。表现手法类同前几部短篇小说的《有人弄乱了这些玫瑰》，所影射出的是另一种飞跃，即在加西亚·马尔克斯的小说中，死亡第一次不是一种深重的苦难，而是尚存一线希望甚至一丝魅力，以便在生死之间继续活下去的一种迷人的状态。小说里那个想从家庭祭坛偷些玫瑰摆在自己坟头的小孩，已经不是上了讣告、以苦为乐、由于躯体在阴间分解和无法与活人沟通而痛苦不堪的死人，而是本身具有吸引力，并且知道自己可为和不可为之事的一个冷静的活死人。从这个小孩开始，一群活死人出现了。加西亚·马尔克斯后来对《佩德罗·帕拉莫》①的阅读，使他们的形态更加丰满成熟。他进而强化这一法则，显露其怪癖，从而使之充斥于《百年孤独》全书。

---

① 系墨西哥作家胡安·鲁尔弗的中篇小说，亦译为《人鬼之间》（1955）。作品打破时间、空间界限，打破生与死、现实与梦幻界限，通过一系列对话、回忆、独白、私语、暗示等的组合，描绘一个衰败的村庄。该书被视为拉美魔幻现实主义经典作品。

第九章

· 巴耶杜帕尔和瓜希拉省的售书人
· 与海明威、弗吉尼亚·伍尔夫、拉斐尔·埃斯卡洛纳、
  利桑德罗·帕切科同在根源的根源
· 找回的时间

死人在加西亚·马尔克斯的小说里渐趋平静，预示着梅尔加德斯和普鲁登西奥·阿基拉尔的生机勃勃的王国即将诞生。相反，他却在近处被死神斫骨①时飞溅的碎片击中了，因为朋友卡耶塔诺·亨蒂莱·奇门托 1951 年 1 月 22 日清晨在苏克雷镇的遇害，大概是他青年时期经历的最为严重的事件。这一谋杀填入他记忆之中的，已经不是失去外祖父和阿拉卡塔卡镇的美好童年所导致的那些小石子一般的伤心，而是棱角锋利的大石块似的刺痛，直到 30 年后写了《一件事先张扬的凶杀案》，他的悲痛才得以消散。

　　惨祸发生时，加西亚·马尔克斯已经离开巴兰基亚，回到卡塔赫纳与父亲加夫列尔·埃利希奥和弟弟古斯塔沃团聚，弟弟尚是一个 15 岁的少年。父亲跟弟弟正在找房子，准备马上就把全家人从苏克雷镇搬迁过来。与此同时，作家继续往《先驱报》社寄专栏文章和社论，一面开始在大学附属的省立中学教西班牙语，他太晚地异想天开要重新在法学系注册以完成学业，尽管这是出于家庭压力而非本人意愿——其实从 1949 年岁末起他就已经抛弃了法律专业。更糟的是当时连三年级的成

----

① 《圣经》认为，人的大限一到，死神就手持镰刀收割他的骷髅。

绩单也没领，只是当他后来到四年级注册的地方报名时才知道三门课不及格。这样，若想当律师，三年级课程从头到尾都得重修。加西亚·马尔克斯拒绝再受这种折磨，从此永远离开了教室。加西亚·埃希利奥得知儿子放弃法律专业，不靠它解决一辈子的职业问题，铁了心要干新闻和文学这一行，他非常生气，毫不理解地说："你将来就吃纸吧。"后来果真如此，至少此后 15 年他是吃纸的。

从内心来讲，这件事他并非觉得无所谓。相反，两手空空来玩惟一一张感兴趣的牌，他很担心。朋友卡耶塔诺·亨蒂莱·奇门托的惨死是他的一大损失，也是死者家庭和整个苏克雷镇的一大损失。他十分伤心，以至于在惨案最初的冲击下，他无法遏止地拿起笔，将悲剧写成一个长篇报道，还曾想去苏克雷镇采访，以便详尽全面地揭露这一罪行。可是，联系大学注册、教学工作和全家人的很快到来，这几件事情加在一起，使得苏克雷之行无限期地推迟了。然而从深层次上说，大概是预见到采访的前景不妙，况且他又是一家边远地区报社的一名新手，这才放弃了努力，将热望变为 30 年间始终耿耿于怀和慢慢加温的一个文学题材。

跟大西洋沿岸大多数城镇一样，苏克雷的暴力现象，特别是政治、经济和道德性的暴力现象已露端倪。这种暴力找到了一个表达方式，那就是臭名昭著的匿名帖儿，即苏克雷人 40 年代末开始互相张贴在对方家屋墙壁上的纸条。利用后来成为《恶时辰》素材的这种匿名帖儿或传单，人们以匿名形式互相诽谤，从而滋生种种事端以致引起几桩血案。流血事件虽然不多，结果却毒化了镇子的风气。就在这种相互猜疑相互告发和暴力活动暗中进行的背景下，奇卡·萨拉斯兄弟为了雪耻杀害了自己的朋友卡耶塔诺·亨蒂莱·奇门托。镇上的环境无法忍受，加西亚和马尔克斯夫妇决定迁往卡塔赫纳。家是那年 2 月搬的，正好在卡耶塔诺遇害一个月之后。

全家从 1939 年 11 月起就住在苏克雷镇，这是他们头一回在一个地方连续居住这么长时间，享受平静的相对富足的生活。在这里，诞生了报务员与上校之女的 11 个孩子中的最后 4 个，即搬家那年已经 10 岁的海梅、7 岁的埃尔南多、5 岁的阿尔弗雷多和刚满 3 岁的埃利希奥·加夫列尔；在这里，父亲曾是医院的象征，他当顺势疗法医生和药剂师，获得了企盼已久的业绩，并且在租过几家房子之后，终于在莫哈纳河畔一片芒果林里盖起了宽敞的"鸽子一般白"的自家住宅；在这里，加西亚·马尔克斯作为学生、青年报人、作家，曾经是自由而幸福的，假期在那片芒果树的浓荫下，躺在吊床上贪婪读书，撰写小说；在这里，他深入研究长篇小说的写作技巧，完成了《枯枝败叶》第一稿；在这里，十一二岁时他失去了童贞；在这里，他消受过青楼女子玛丽娅·阿莱汉德里娜·塞尔万特斯的柔情蜜意，听说了一个后来被唤做"埃伦迪拉"的女孩那"难以置信的凄惨故事"以及另外许多人的故事，那些人物后来都被他写进了小说。一如阿拉卡塔卡、巴兰基亚、巴耶杜帕尔、卡塔赫纳，苏克雷也将是他文学创作的一眼旺盛的源泉。再者，正像阿拉卡塔卡是马孔多镇的原型一样，苏克雷作为村镇的原型，将要出现于《没有人给他写信的上校》、《恶时辰》，以及短篇小说集《格兰德大妈的葬礼》中的大部分短篇小说和《一件事先张扬的凶杀案》之中。

很奇怪，二十世纪二三十年代，苏克雷镇经历了类似阿拉卡塔卡镇一二十年代那样的繁荣。而且，苏克雷逐步的衰落突然加快的原因，也同断送了作家故乡的繁荣的原因差不多。

建镇 200 年之后的 20 世纪初，苏克雷镇成为马格达莱纳、考卡、圣豪尔赫和莫哈纳等河流冲积形成的这一盆地的经济链条上的重要一环。这个盛产牲畜、甘蔗、水稻和玉米的村镇，由于来了德国、意大利、黎巴嫩、叙利亚、埃及的移民，经济、社会、文化等方面取得了长足的发展。移民是 20 世纪头 20 年到此定居的，起初做货郎，叫卖日常器皿如坛坛罐罐之类，后来就成了富裕商人、牧民和农民。有了亨蒂莱·奇门托、加里巴尔迪、帕里西等家族的意大利人和纳赛尔、巴尔恰、库雷、汉纳等家族的阿拉伯人，苏克雷镇不仅经济进入了黄金时代，而且文化事业持续发展，体育、戏剧、音乐、电影成为日常生活的一部分，而在周围别的地方，这些活动很少或者根本就没有。在其鼎盛时期，苏克雷拥有两个飞机场，每周起降六架飞机。它还是哥伦比亚第一个拥有发电厂和制冰厂的城镇。

　　苏克雷镇除了不卫生，另一个大问题就是交通不便、与世隔绝。夏季干旱，主要水道莫哈纳河无法行船；冬季，道路则完全被水淹没。为了解决这个问题，附近马哈瓜尔村的西班牙传教士兼教区神甫何塞·加瓦尔达说服了当地人，使他们相信必须开凿一条两公里长的运河，夏天将水从考卡河引入莫哈纳河。就像何塞·阿卡迪奥·布恩迪亚在如日中天时期马孔多事事顺遂一样，这项自发的所有人都参加的工程于 1938 年告竣。但事先未经仔细研究便仓促开工，为工程埋下了祸根。由于基础不牢，汹涌的考卡河水年年冲刷运河出口——从完工之日起称为"神甫河口"的两侧，河口逐渐扩大，开始一年加宽一米半，以后冲刷日甚一日，10 年间加宽了 50 米。洪水泛滥，年复一年地冲毁庄稼、工厂和房屋。苏克雷镇的衰败是一种缓慢的无法减轻的极度痛苦，就像阿拉卡塔卡镇从 1932 年开始所经历的衰落一样——当年 10 月，联合果品公司开挖的沟通几条河流的人工水道引发了水灾，结果葬送了香蕉产业的辉煌。

加西亚与马尔克斯夫妇1939年11月移居此地之时，苏克雷镇已经走上了穷途末路，可他们还来得及享受些许繁荣，繁荣尽管是残余的，却足以让全家老少将40年代作为他们或许最幸福的时期载入记忆。由于当地卫生状况不好，加夫列尔·埃利希奥便开了家药铺和这一带最好的顺势疗法诊所，收入足够他体面地养活一大家子人，还在河北岸建造了自己宽敞舒适的住宅。每逢岁末年初，当苏克雷的青年学生从国内的名牌中学名牌大学返乡度假之时，作家及其弟弟妹妹格外高兴。加夫列尔在巴兰基亚、锡帕基腊和波哥大念书那些年，一放假就赶紧回家，欢欢喜喜过一段时光。摆脱了功课的束缚、无情的寒冷及安第斯高原人的繁文缛节，12月和1月对他意味着重获自由。炎热的气候、茂盛的植物、芒果树和番石榴树的荫蔽、巴耶纳托小曲、不尽的舞会、故事与传说、沿海人开朗的性格，总之，加勒比地区丰富多彩的现实生活的一切，将他重新置于他的文化他的精神与物质生活的重心。

然而，使这个阿拉卡塔卡青年心灵充溢着最大的幸福的，是以前在这里的学生舞会上认识的一位埃及血统的姑娘梅塞德斯·巴尔恰·帕尔多。她家住在广场附近一所宅子，跟卡耶塔诺·亨蒂莱家是对门。梅塞德斯也是学校一放假就从蒙波克斯县或者恩维加多市回来，以加深同那位锡帕基腊中学生和卡塔赫纳《宇宙报》的青年编辑之间牢固的然而进展缓慢的恋爱关系。

这段时间大家全到齐了：梅塞德斯、加夫列尔及弟弟妹妹、何塞·帕伦西亚和卡耶塔诺·亨蒂莱（加夫列尔的两个挚友，他每次往返于家乡与外地，他俩都是他沿着马格达莱纳河、圣豪尔赫河、莫哈纳河航行时的旅伴）、萨拉莎尔家和萨恩斯家的孩子，以及所有的人。这些人聚集在港口与教堂之间的惟一的广场上娱乐、嬉戏、交谈。到了年终，苏克雷装饰一新，全镇为了热闹分为"上苏利亚"及"下贡戈维奥"两部分的时候，他们在广场举行庆祝活动和竞赛。两部分的年轻人秘密地各自制作面具，排练节目，演习队形，到了指定的那一天那一刻，双方的队列在街道游行，然后汇集到广场，观众自发组成的评委会对获胜的一方予以奖励。这是一种绚丽多彩、人头攒动、热闹非凡的场景，富翁穷汉一样欢乐，因为苏克雷居民认为自己首先是善良平和的人、品德高尚的人。

加夫列尔失而复得的生活中的娱乐聚会，也开到了他称做"医院"的父母建起的大宅院里，活动的高潮是晚上围坐在一起的恳谈。加夫列尔及弟弟妹妹、朋友们论说巫婆与鬼怪，讲述当地流传的故事。一个浪迹天涯的犹太人的故事，特别是那个拉谢尔佩县的女侯爵的故事，给加西亚·马尔克斯提供了重要素材。后一个故事他在周围的村镇旅行时听过多次，40年代末还去拉谢尔佩县查访传说中的事情，后来将它写成了《大西洋沿岸的一个地区》。他的这第一篇小说体报道，非常清楚地显示了未来的《格兰德大妈的葬礼》及《百年孤独》将要采用的叙事脉络。

传说女侯爵是个金发白人，终生未嫁，在她那囊括数个城市的庄园里活了200多岁。她心地善良、令人敬畏——因为她会念咒降福或降祸，所以在拉谢尔佩县是替她效劳的人们的"大妈"。这个西班牙女侯爵独自住在府邸，不过每年要到全部的领地长途巡游一次，看望受她保护的人，诊治病人，解决各种经济问题。临死前，她将一部分物质财产和精神财富分给了六名嫡系家族，又让牲畜围绕她跑圈（从府邸门前经过，一直跑了九天），直至跑出了拉谢尔佩县的谢纳加镇的轮廓，此镇位于苏克雷西南和圣豪尔赫河与考卡河之间的拉瓜里帕跳动沼泽的那边。女侯爵的宝藏和长寿秘诀埋在谢纳加镇中央，于是这个金发的富有的西班牙女人死后用神话与传说继续行使其统治权。

《大西洋沿岸的一个地区》所显示的加西亚·马尔克斯记者兼作家的双重阅历，使他七年之后在《格兰德大妈的葬礼》中，以夸张的文笔和气势磅礴的叙述手法，在神话传说方面拓宽了《枯枝败叶》里刚刚出现的马孔多镇的前景，预示了《百年孤独》的诞生。拉谢尔佩县的女侯爵的传说清楚地证实了他已经知道的东西（对此他曾经下的定义是"非现实事物的现实主义"，或者"十分合情合理的非现实"），即神话、传说、信仰及迷信构成一种与客观现实本身同样强大抑或比它更为强大的准现实的框架，并且决定着人们的思想与行为。所以在他的作品中，"现实"这一概念的内涵将要扩大，将要变得较为复杂，他为这种现实所承担的作为作家的责任也将随之扩展和变得较为复杂。

　　女侯爵是格兰德大妈这一人物的主要原型，但不是惟一的原型。40年代，加西亚·马尔克斯得知苏克雷镇有一个富裕而怪异的女人玛丽娅·阿马莉娅·桑帕约·德·阿尔瓦雷斯（格兰德大妈正式名称为玛丽娅·德尔·罗萨里奥·卡斯塔涅达·伊·蒙特罗），她家住着一幢荷兰式的两层小楼，面对广场，挨着卡耶塔诺·亨蒂莱·奇门托也就是未来的圣地亚哥·纳萨尔①的家。这女人完全是个母权制的家长，其家族为镇上的首富之一，拥有庄园数座，牲畜多群。她不仅炫耀她的财富，也炫耀她愚蠢的无知，说知识和科学尤其是数学不但无用反而有害。面对知识世界，她洋洋得意于自己的财富世界。玛丽娅·阿马莉娅·桑帕约·德·阿尔瓦雷斯去世后，葬礼办得隆重辉煌，铺张扬厉，来了许多名人要人，以致此后好几年她的子孙和亲戚仍然大肆宣扬葬礼的气派和奢华。

---

① 《一件事先张扬的凶杀案》中的受害者。

格兰德大妈的原型并不限于上述两个传说中的女人，因为幼年加比托的阿拉卡塔卡镇早已给这一人物的塑造提供了几个原型，联合果品公司和作家的姑姥姥弗朗西斯卡·西莫多塞阿·梅希亚便是。前文说过，那家美国公司仰仗其法律和独立王国的地位，成了香蕉贸易中的大妖魔，几乎毫无制约地控制着当地所有的村镇、哥伦比亚政府的高级部门、土地、水源、交通设施，甚至掌管着香蕉产区居民所呼吸的空气，所以老百姓称它为"尤乃大妈"[①]。该公司在当地炙手可热的权势，儿童加比托在家里通过姑姥姥弗朗西斯卡的言谈肯定也感觉到了。人称"玛玛大婶"的弗朗西斯卡是家里的格兰德大妈，地道的管家婆。她管得那么多，权力那么大，甚至临咽气时还就自己的葬礼下达最后的命令——后来格兰德大妈也是这么做的。

　　所以，格兰德大妈这一产生于 1959 年中期和堪称拉丁美洲文学作品最成功的典型之一的形象，是建立在时间空间各不相同的几个原型基础上的，它的成功塑造是长期和平静的思索的结果。犹如外祖父母家的玛玛大婶、香蕉产区的"尤乃大妈"、作家青年时代的苏克雷镇的玛丽娅·阿玛莉娅·桑帕约·德·阿尔瓦雷斯、邻县拉谢尔佩的女侯爵，以及 19 世纪（包括 20 世纪一部分）期间，土生白人的贵族阶级，也是这样在哥伦比亚政治生活中发号施令的。这个由殖民时代的社会渣滓形成的封建地主的贵族阶级，后来在一场又一场战争中演化变换，直至在政治上同与其最相似的自由党人沆瀣一气，炮制出 19 世纪末国家政治生活的"大妈"——两党制的复兴政权。

　　玛玛大婶既在实际上养育了加西亚·马尔克斯，又在他童年先于他父亲把疆域辽阔的玻利瓦尔省（从前该省的版图包括如今的苏克雷

---

① 尤乃系"联合果品公司"第一个单词（联合）的译音。

省）的文化要素传授给他，因为她的故乡就是加勒比平原文化的伟大发源地玻利瓦尔省埃尔卡门县，她在那里同表兄即作家的外祖父一起长大。玛玛大婶给阿拉卡塔卡镇这个家带来了玻利瓦尔省各村镇的许多风俗习惯，如外祖父母带来瓜希拉省的风俗习惯。因为加西亚·马尔克斯成长过程中知道自己的深根伸向东部的瓜希拉省，伸向西部的平原——父母和姑姥姥是那里的人，而他的一家 40 年代也将居住在那里。

虽然路易斯·恩里克·加西亚·马尔克斯和利希亚·加西亚·马尔克斯后来肯定地说，大哥在《爱情和其他魔鬼》的卷首按语里提到的 12 岁的神奇的侯爵之女在现实中不是那个样子，即使在外祖母特兰基丽娜随口胡编的故事中也不是那个样子，但是外婆凭着丰富的想像将拉谢尔佩县女侯爵的传说予以改编，塑造出 12 岁的侯爵之女的形象，这也不无可能。女侯爵的事情，则十有八九是掌握着大量玻利瓦尔省各村镇民间传说的玛玛大婶讲给外婆的。可以肯定的一点是，9 岁第一次去辛塞县（父亲的故乡）和 12 岁第一次去苏克雷镇的加西亚·马尔克斯从一开始就对这两地的人物、故事、传说真诚地表现出很大的兴趣，仿佛他们和它们是阿拉卡塔卡镇的人物、故事、传说的延伸与补充。

进入他记忆的首批故事之一，是音乐家华金·维加的猝死。华金是镇上乐队的低音乐器演奏者，据说曾经"吃过小孩"。结果有一天下午，他正在苏克雷剧院奏乐鼓舞观众，被他情妇的丈夫干净利落地一刀砍了头。这大约是 1940 年 5 月即加西亚与马尔克斯夫妇一家刚搬到苏克雷时的事情，这是他们在这个镇子目睹的第一个死人（最后一个将是卡耶塔诺·亨蒂莱）。这位倒霉的低音乐器演奏家 15 年后在《恶时辰》里，变成了让塞萨尔·蒙特罗用猎枪打死的单簧管手帕斯托尔。

最令加西亚·马尔克斯震动的，是关于一个不知姓名的瘦骨嶙峋的女孩的故事。据他说是他在苏克雷镇认识的，当时他已经意识到自己早晚要当作家。那女孩受着一个老妇的残酷剥削，这老妇被作家在一部著名的短篇小说里写成女孩的"残忍的祖母"，这女孩"是一个走村串镇的流动妓院，哪儿举行本地保护神的祭祀及庆祝活动，这祖孙俩就去哪儿营业，她们自备帐篷，自备乐队，自备售酒售饭亭……女孩在苏克雷只待了三天，可能她留给人们的记忆却持续了很长时间"。对于作家而言，这一记忆将要持续终生甚至更长久——她首先通过《百年孤独》的篇章跟随他，继而在他的一部电影剧本里寻觅位置，最后在《纯真的埃伦迪拉与残忍的祖母——一个令人难以置信的悲惨故事》中找到了独自的小说空间。

另一位青楼人物，与作家过从甚密交情颇深的青楼人物，也将给他留下富有成果的印记，这就是《一件事先张扬的凶杀案》中的鸨母玛丽娅·阿莱汉德里娜·塞尔万特斯。"4月9日"之后，在哥伦比亚中部和东部逞凶肆虐的暴力活动的枝节部分，蔓延到了北部的科尔多瓦省和玻利瓦尔省，特别是苏克雷镇所在的考卡河与圣豪尔赫河之间的地区。虽然延伸过来的仅仅是暴力的细微枝节，苏克雷却戒严了，1948年底开来一支警察队伍以加强镇压力量。就在这时，塞尔万特斯作为一个警察的情妇出现了。斗转星移，时过境迁，情夫后来走了，她留了下来，在镇上开了惟一一家妓院。加夫列尔和苏克雷所有的小伙子都上过她的床，领略过她的诱惑男人的技艺。不过，塞尔万特斯是世上最稀奇的鸨母，俨然是小伙子们的第二母亲，就连一些母亲知道儿子在她的妓院时也很放心。年轻人聚在这里吃大众化的粗茶淡饭，庆祝节日生日，玩纸牌，遇事求她出主意。更有甚者，塞尔万特斯根据一些地方的守护神祭祀与庆祝活动的日期确定好巡回演出的路线，带上妓院的姑娘们，随同加夫列尔、何塞·帕伦西亚、卡耶塔诺·亨蒂莱及其他朋友前往马哈瓜尔、瓜兰达、圣马科斯和开米托一带，在简陋的场地表演斗牛，原来玛丽娅·阿莱汉德里娜·塞尔万特斯曾经还是大西洋沿岸地区第一位女斗牛士。可是有一天，她走了，怎么样来的就怎么样地走了——坐着同一种小船，沿着同一条莫哈纳河。加西亚·马尔克斯后来使她从遗忘的陈迹中复原，连同她的真名、她的妓院、她引诱异性的技艺、她非凡的勇气一道写入了《一件事先张扬的凶杀案》。

这一时期，暴力活动在哥伦比亚猖獗至极，在苏克雷镇所察觉到的暴力活动最初的确是令人忧虑的迹象之一，就是波哥大一位牙医为躲避首都激烈的暴力冲突流亡到了镇上。他来时十分沮丧，对本国的政治制度十分不满。他在镇上开了自己的诊所，加西亚·马尔克斯跟这位牙医很熟，因为牙医在镇上落脚时，他正在苏克雷养病——在卡塔赫纳市夏季的清晨患上了肺炎。这位衣冠楚楚的牙医作为《有这么一天》和《恶时辰》里的牙科大夫，自然是扩大了他的小说人物的队伍。

在这种暴力活动的背景下，匿名帖儿的幽灵在 40 年代末和 50 年代初占领了苏克雷镇的大街小巷。有一张匿名帖儿塞进了米格尔·帕伦西亚（未来的《一件事先张扬的凶杀案》里的巴亚多·圣·罗曼）家的门缝，告发他的未婚妻马加丽塔·奇卡·萨拉斯（未来的作品里的安赫拉·比卡里奥）嫁给他时并非完全的处女。据此她的两个哥哥维克托·马努埃尔与何塞·华金·奇卡·萨拉斯（未来的孪生兄弟佩德罗·比卡里奥和帕布洛·比卡里奥）于 1951 年 1 月 22 日星期一的上午杀死了自己的朋友卡耶塔诺·亨蒂莱·奇门托（未来的圣地亚哥·纳萨尔）。

镇子所处的戒严状态，连同随之而来的镇压浪潮、文官政府与军事政权的腐败、抖搂出一些家庭丑事的令人焦虑不安的匿名帖儿，弄得苏克雷的社会环境和政治氛围让人无法忍受，居民们开始举家逃亡，这跟香蕉园工人大屠杀和 1932 年 10 月水灾之后阿拉卡塔卡镇的情景一模一样。譬如在 1949 年底，梅塞德斯家即巴尔恰·帕尔多家族离开此镇，迁往巴兰基亚市。14 个月后，加西亚与马尔克斯夫妇一家走了。尽管卡耶塔诺·亨蒂莱的遇害可能促使这家人加速移居卡塔赫纳市，但事实上做出搬家决定在先，所以惨案发生时作家和父亲及兄弟古斯塔沃已经在卡塔赫纳为全家迁来做最后的准备。

就在 1 月 22 日星期一的早晨，路易斯·恩里克·加西亚·马尔克斯和马戈特·加西亚·马尔克斯还跟卡耶塔诺·亨蒂莱去了码头，将母亲路易莎·圣地亚加写给父亲加夫列尔·埃利希奥的一封信托人捎走。8 点半，小船离岸驶向马甘格镇，他们三人目送小船缓缓行进，渐渐远去。河水很浅，漂着一层油牡荆，这种游动的水生莲类植物的深紫色花朵，曾经在那位初出茅庐的作家的第一篇抒情散文《一河之瞬间》里，神奇地雨点般地从天而降。

一刻钟后，奇卡兄弟俩杀死了卡耶塔诺·亨蒂莱。一大早他们就满镇子找他，后来决定一边喝酒，一边在他家对面的饮牛槽和小公园的巴旦杏树一侧等他。他俩是被害者的好朋友，但镇上强大的伦理观念迫使他们把非杀他不可的悲剧招揽到自己头上。他们的妹妹马加丽塔被上周六刚娶了她的米格尔·雷耶斯·帕伦西亚休回娘家，因为她向丈夫承认自己婚前已不是处女，承认前一个未婚夫卡耶塔诺·亨蒂莱夺去了她的贞操。跟所有人一样，奇卡兄弟懂得名声一旦遭到玷污，那就只能用血洗刷，就像十年前音乐家华金·维加的下场一样。所以他们面临两种选择，要么杀掉那个朋友，要么自己让全镇人当做胆小鬼来耻笑。

卡耶塔诺·亨蒂莱是意大利人，身材修长，相貌堂堂，出身高贵，家道殷富，加之在波哥大哈维里亚纳大学学医，因而是镇上最受女性注

268

目的单身汉。他是加西亚·马尔克斯及其弟弟妹妹青年时期的挚友，也受到全镇人甚至后来杀他的人的喜爱，只有从前的未婚妻马加丽塔·奇卡不喜欢他，将昔日的情分变做深深的忌妒与怨恨，或许因此她声称卡耶塔诺使其失节。其实信她的人并不多，因为苏克雷人都知道卡耶塔诺并非惟一一个品尝到她的处女甘露的人。

在码头跟路易斯·恩里克和马戈特分手以后，8 点 30 分，卡耶塔诺去换衣服，因为刚才讲好过一会儿去他们家接路易斯·恩里克，带他参观自己的埃尔维尔屯庄园。可他没有直接回到位于街道斜尽头和公园对面的家屋，而是拐进了右边玛丽娅·阿马莉娅·桑帕约·德·阿尔瓦雷斯（格兰德大妈）家所在的小巷，先去看望未婚妻尼迪亚·纳赛尔。仅仅 15 分钟后他从原路返回，转过街角走进公园，正要迈进自家临街大门之际，看见何塞·华金·奇卡从公园另一端朝他走来，一面大骂着，手中挥舞着一把刀。卡耶塔诺吓坏了，拼命敲门，敲得惊天动地，他母亲非但没开，反而拿杠子把门顶得更紧，她以为儿子在楼上的房间，叫门的是奇卡兄弟，企图闯进来杀她孩子。未能得手的何塞·华金·奇卡被人抓住了，卡耶塔诺趁机顺人行道跑了，跑过两家宅院的门前，惊恐万状地钻进穆尼维与格雷罗夫妇家的街门，直奔院子尽头蓄水池旁边通往小巷的后门，正想拉开门闩跑回自己家时，被紧追不舍的维克多·马努埃尔·奇卡这个年纪小力气大的凶手赶上了。

卡耶塔诺的母亲胡列塔·奇门托一星期以来让一个凶兆惊扰得一直惴惴不安。十天前一个周六的夜晚她家开舞会，当时下雨，有个人拿着一把黑雨伞来了，进了门把伞靠在一个角落控水。一位被热烈的场面撩拨得感情激昂的姑娘抓起雨伞打开，撑着它和那个人在人群里翩翩起舞。卡耶塔诺的母亲见状夺过雨伞，惊恐地问道："你不知道它会带来厄运？"正因为如此，当得知奇卡兄弟在追杀她儿子的时候，她比谁都害怕，关严了临街的门窗，监视在公园那边等候卡耶塔诺的凶手。正因为如此，儿子拼命叫门时她以为是奇卡兄弟想冲进家来杀人，赶忙用杠子把门顶得更紧。

只是当听见邻居家的喧闹和"卡耶塔诺让人杀了"的叫喊声时，她才出去察看究竟，见儿子不在现场，便折转回来，却发现他趴在正厅里，奄奄一息，正用双手堵着往外流的碎肠子。卡耶塔诺在穆尼维与格雷罗夫妇家的蓄水池旁，被维克托·马努埃尔·奇卡疯狂地捅了16刀，几乎刀刀都在致命处。受害者带着重伤，挣扎着抄近路经过与莫哈纳河的次要水道平行的胡同，从厨房逃回了家。

《一件事先张扬的凶杀案》对于谋杀及其前因后果和犯罪现场的描述，十有八九与实际案情相符，只是捅圣地亚哥·纳萨尔的不是兄弟俩之一，而是两人一起动手，轮番下刀。遇难者不是在邻居院里而是靠着当时确实未能敲开的自家街门惨遭毒手的。加西亚·马尔克斯没有采用朋友卡耶塔诺·亨蒂莱的临终遗言："好妈妈，要忍耐，要克制，要冷静。我是无辜的。"也没有照搬他最后望着兄弟们说的话："你们给我报仇啊。"但是30年后，当他即将把这部小说稿寄出付印的时候，却很不及时地得知了雨伞的故事。在加西亚·马尔克斯这样一位十足的有心人和十分迷信的作家眼里，黑雨伞是这桩无法避免的凶杀案的不祥氛围中最恰当的预兆。

在众人的极端悲痛和沉默中，卡耶塔诺·亨蒂莱·奇门托很快被安葬于苏克雷镇的墓地。家人在花岗岩墓穴上立了一块碑，上面有铅锡合金铸造的流苏、树叶和花朵，有卡门圣母和两位缄默天使的雕像。出生日期（1927年3月2日）前的星星标志与死亡日期（1951年1月22日）前的十字标记下面，常常摆着一大堆各种各样的鲜花，惟独没有可恶可憎的雏菊，因为那是导致卡耶塔诺丧命的罪魁祸首的名字①。然而苏克雷镇大多数人，包括加西亚与马尔克斯夫妇一家都认为害死卡耶塔诺的不仅是他从前的未婚妻马加丽塔·奇卡·萨拉斯，还有全镇人遵循的严厉的道德法典。奇卡·萨拉斯兄弟实际上根本不愿杀死自己的朋友卡耶塔诺，就像43年前加西亚·马尔克斯的外祖父在决斗中不得不杀死自己的朋友梅达多·帕切科·罗梅罗时，原本并不想杀死他一样。可是，前者与后者，害人者与被害者事先都被衍生自一种僵化伦理的社会惯例束缚了。从这个意义上讲，奇卡·萨拉斯兄弟导演的悲剧，如加西亚·马尔克斯后来所说的，是一种"责任在于群体"的犯罪。这一观点就是30年后他在《一件事先张扬的凶杀案》里将要展开的主题，与此同时也对他的老师索福克勒斯关于无情的命运的论点予以质疑。或许因此，在卡耶塔诺遇害事件的叙述中，能够看到尤利乌斯·恺撒谋杀案②的影子。那是对作家最具吸引力和影响最大的一桩历史罪案。

卡耶塔诺的个人悲剧如此惨烈和持久，作家以文学形式再现朋友之死的愿望如此强烈和持久，以致小说发表后，作家错误地解释说，谋杀发生"前不久，我意识到了自己这辈子将会成为什么人。我如此急切地想要讲述这一案件，以致也许是它彻底确定了我的作家生涯"。其实，惨祸并非发生在他意识到自己将要当作家之前，也不是确定他的职业的事件，尽管原本确实可以成为那样的事件。

一般来讲，决定一个人成为作家的因素，以及通过其作品巩固他的作家地位的原因是多种多样的，既复杂又简单，既明显又隐秘，既自觉

---

① 西班牙语的"马加丽塔"意即雏菊。
② 恺撒系公元前1世纪罗马将军、政治家，他改变了希腊—罗马世界的历史进程，并使之成为无可逆转的定局。他于公元前44年3月15日在罗马元老院大厅被刺而死。

又不自觉，常常模棱两可和含混不清，因为它们连具体的事物也不是，而是不同的情形聚集起来的一种朦胧状态。就加西亚·马尔克斯而言，促使他选择作家职业并且巩固这种选择的一些主要人和事，前文已有交代，其中最重要（或最明显）的有外祖父母、《一千零一夜》、离别阿拉卡塔卡镇、在锡帕基腊和波哥大感到的孤寂与看到的前景、西班牙"黄金世纪"及哥伦比亚"石头与天空"流派的诗人、卡夫卡的《变形记》、与加勒比文化的重逢、对于梅尔维尔和弗吉尼亚·伍尔夫尤其是福克纳和索福克勒斯的阅读。所有这些以及许多事情都发生于未来小说中的圣地亚哥·纳萨尔遇难之前，况且悲剧发生时加西亚·马尔克斯早已写过了大约 500 篇专栏文章和《蓝宝石般的眼睛》集子里的短篇小说，《枯枝败叶》至少三易其稿，并且以那时的年龄坚持在写题为《家》的《百年孤独》。所以他当时已经是作家，甚至是优秀作家。为了其文学世界与想像天地而不是其职业的最终巩固，他只缺翌年 3 月随母亲返乡的阿拉卡塔卡之旅，以及与朋友拉斐尔·埃斯卡洛纳在塞萨尔省和瓜希拉省的几次漫游。

加西亚与马尔克斯夫妇一家在卡塔赫纳市的头几年，是其漫长磨难的开始，实际上这磨难持续了整个 50 年代。精打细算的新生活水平与众多孩子的学费，对家庭经济提出了新的要求，加夫列尔·埃利希奥一人已经无法满足这种要求，第一次不得不求助于几个大孩子的合作，以便维持家人的生活。家里除了 11 个婚生子女，还有父亲的 4 个私生子女（婚前两个：阿维拉多和卡门·罗莎；婚后两个：安东尼奥和埃米）。于是，加夫列尔、路易斯·恩里克、马戈特和年仅 15 岁的古斯塔沃均为家庭经济奉献了绵薄之力。多亏了父亲政界的那些熟人，路易斯·恩里克和马戈特分别在农业部及省财政厅谋到了固定的职业，加夫列尔与古斯塔沃则在卡塔赫纳市政府找到了临时工作。作家的差事是在全国人口登记部门设在玻利瓦尔省的分支机构打杂。可是，尽管家境贫寒和父亲百般央告，他却不愿接受他的第一个也是最后一个公职，铁了心要"吃纸"，把打字机抓得更紧了。舍弃了法律专业，他加倍努力做新闻工作，重新为《宇宙报》撰写不署名的文稿，同时继续给《先驱报》邮寄"长颈鹿"（日趋减少的专栏文章）。就在这段时间，母亲向他要钱给位于"船尾"区雷阿尔大街的新居添置家具。加西亚·马尔克斯向阿尔丰索·富恩马约尔求助，后者从报社的资金里借给他 600 比索，条件是写社论来偿还。此后五个月期间，作家每周寄去七篇社论，外加"长颈鹿"，直至还清欠款。

加西亚·马尔克斯用这笔钱买了一年前他亲手为之戴花冠的巴拉诺阿狂欢节埃丝特·阿维拉的一些家具，和弟弟古斯塔沃给母亲送去了。以后的 40 年里，这些家具挪来搬去，从位于郊外的"船尾"区的第一个家，搬往托里塞斯区、托里尔区、洛阿马多尔区，直至舒适安静的拉曼加区，其移运路线与购买它们的过程一样不同寻常。

为选美中夺魁的小姐加冕并致词称赞，是作家生活中一件十分异乎寻常和不可思议的事情，因为他一直都在不停地抨击全国的演讲泛滥和遴选美女活动的蔓延（如同《格兰德大妈的葬礼》中所描写的那样），所以他一时心血来潮所作的致辞加冕之举，只能理解为是那种亘古至今的"舔斗鸡主义"使然——早在 1949 年 7 月他就开始同拉米罗·德拉·埃斯普列亚一起在卡塔赫纳市奉行这一主义，给首批大学生中的"皇后"戴了花冠。或许正是这个原因，当巴拉诺阿狂欢节上"十分令人满意的姑娘"埃丝特·阿维拉小姐加冕之际，他重复了一年前祝贺卡塔赫纳市的埃尔维拉·贝尔加拉或者埃尔维拉·普里梅拉加冤所说的话，让米利都[①]、埃斯库罗斯[②]、索福克勒斯、伊索、拉美西斯[③]、鹿特丹的埃拉斯穆斯[④]、尤维纳利斯[⑤]、大卫[⑥]为她的倾城美貌与蓬勃朝气作证。他重复了第一篇贺词的两个整段，更令人忍俊不禁的是那贺词还是拉米罗·德拉·埃斯普列亚写的。

作家把这些事情当做年轻人的恶作剧忘掉了。相反，购买阿维拉小姐的家具一事，也许永远忘不了，因为为了偿还富恩马约尔的600比索，他不得不违背自己的意愿，说不定还违背自己的政治信仰与思想信念，撰写大量的社论。由此落下一个病根——对社论这一体裁永远失去了兴趣。

还清账之后，7月初，他把给巴兰基亚市那家报纸的撰稿工作暂停了一段时间，再次紧张地撰写《家》这一久拖未了的"大厚本"，并且带着办报与文学目的外出旅行了几趟，他还准备出版第一个完全自办的报纸——篇幅极小和昙花一现的《微缩报》。这份奇特的报纸有8版，24英寸长，印数500份，出报时间仅为1951年9月18日至23日，由作家及其他撰稿人下午在卡塔赫纳市亲手免费分发。

他的小报没有任何政治倾向，只是力求以迅速的愉快的方式给读者提供经过压缩的当地新闻及国内与国际要闻。尽管篇幅短小，财力微薄（办报经费为28比索），《微缩报》堪称一种大胆的出版物，或许夸张的出版物，夸张得如同其创办者兼社长的文风。他在发刊词中这样表

---

① 米利都，古希腊哲学家。
② 埃斯库罗斯，古希腊戏剧家。
③ 拉美西斯，古埃及法老。
④ 鹿特丹的埃拉斯穆斯，荷兰人文主义学者。
⑤ 尤维纳利斯，古罗马最后也是最有影响的一位讽刺诗人。
⑥ 大卫，古以色列国第二代国王，犹太诗人。

达自己的夙愿和憧憬："当开始工作之际，我们向国内报界和商界以及全社会致意。我们承诺尽力完成这项奇妙的日常任务，任务的关键即是每天下午给舆论界发去一份加急电报。"但是，"每天下午"结果仅有六个下午，因为本市的"土耳其人"（阿拉伯人）和商人后来不在这小报上做广告了。于是，加西亚·马尔克斯与主编吉列尔莫·达维拉以富于诗意的玄奥方式停办了报纸。他们的方式体现在最后一期的社论里："面对如此喜人的前景，我们将把本报压缩到极限，直至无影无踪——我们找不出比这更为体面的办法了。《微缩报》今后将以虚幻的形态继续出版发行——其实还有许多报纸的确也应这么做。从即刻起，本报开始成为……世界上第一份无形报纸。"

身受经济问题的困扰，厌倦了正在变为例行公事的新闻工作，加之希望继续深入地了解自己童年时代去过的以及外祖父母生活过的那些村镇的民俗与历史，从1951年底到1952年1月，加西亚·马尔克斯漫游了马格达莱纳省、塞萨尔省、瓜希拉省，有些地方是他的新朋友、巴耶纳托音乐作曲家拉斐尔·埃斯卡洛纳陪着去的。埃斯卡洛纳虽然年轻，却作为巴耶纳托音乐的一位革新者已经饮誉一方。

拉斐尔·埃斯卡洛纳和加西亚·马尔克斯是巴兰基亚小组的文学与新闻事业十分红火的1950年3月底，在巴兰基亚市认识的，两人一见如故，继而结下了深厚的持久的友情，这友谊在日后对作家的文学创作影响甚大。一天下午，作家去罗马咖啡馆听作曲家为他演唱《中学里的饥饿》。埃斯卡洛纳的这支歌涉及了圣玛尔塔市、香蕉产区、丰达西翁县和巴耶杜帕尔县，描述了作曲家在圣玛尔塔的塞莱东中学念书时所经受的孤寂和饥饿。其实这也是作家的经历，他在锡帕基腊和波哥大当穷学生时同样忍受过饥饿和孤独。他之所以喜爱巴耶纳托歌曲，是因为此曲已经成为了对他启发最大的一种文化参考和文学参考。他不仅能够背诵埃斯卡洛纳写的歌词，并且能伴着六孔萧以良好的天赋演唱这些歌，而且能演唱这一音乐门类的所有经典作品。

作家从小就对巴耶纳托音乐（包括梅伦盖舞曲、漫步舞曲、斯昂舞曲、普业舞曲、大鼓舞曲）颇感兴趣，在锡帕基腊和波哥大时兴趣愈发浓厚。"波哥大事件"的大火之后返回巴兰基亚和卡塔赫纳，彻底悟觉到这种音乐犹如加勒比地区的空气，是他生存所须臾不可离开的。不光生存离不开它，写作也离不开它。

一如故事与传说，一如"好汉弗朗西斯科"传奇故事的余波，一如沿海人的风俗、梦想与失败，巴耶纳托歌曲荡漾街头，充溢着一个稍稍大于其古代起源之地的地缘文化疆域。尽管它最终获得的籍贯是塞萨尔省的首府巴耶杜帕尔，但是实际上，它的摇篮有许多地方——从里奥阿查（一般认为手风琴经由这里传入哥伦比亚）起，到香蕉产区为止，期间的主要地区有托马拉松、巴兰卡斯、丰塞卡、比亚诺瓦、乌鲁米塔、巴耶杜帕尔、马纳乌雷、埃尔帕索、谢纳加德萨帕托萨县的旧辖区（昆比亚舞曲诞生于此）、埃尔班科、蒙波克斯、普拉托、谢纳加。这一辽阔的三角形地区位于阿里瓜尼、塞萨尔、下马格达莱纳等三条河的流域，即加西亚·马尔克斯的外祖父母及他的童年时代所属的文化区域，因而也是滋养《百年孤独》和他的大部分作品的区域。

这种俗称"巴耶纳托"的歌曲起初是一种民间诗歌、一种说唱艺术，它产生于古老的牧牛生产方式的背景下，发展于围绕这一生产活动出现的印第安人、黑人及西班牙人的民族、经济、文化融合的进程中，这一点，由它的伴奏乐器欧洲手风琴、非洲鼓和印第安人用以模仿鸟鸣的美洲唢呐体现了出来。在最初的游唱中，向导领着牛群经过一望无际的草原，一边行进，一边随着十分简陋的乐器的节奏，用单调的嗓音咏

276

叹自己的职业的乐趣与难处，其诉说比歌咏更重要。而后，当巴耶纳托随着手风琴、鼓、唢呐的加入在音乐上成型的时候，乐器——尤其是手风琴的演奏技艺——也具有重要性。手风琴几乎总是由作曲者兼歌手本人来弹奏，所以伴奏之美与充满诗意的含量恰当的苏格拉底之前的哲学的歌词之美等量齐观。从这个意义上可以说，一位真正的自编自演的巴耶纳托歌手，只有受到能够打动名副其实的艺术家的那种发自内心的需要的驱使，才会谱曲和演唱。

最伟大最神奇的巴耶纳托音乐家似乎是弗朗西斯科·莫斯科特·达莎——人们更愿意用"好汉弗朗西斯科"来称呼他。他的生平融入了神话与传奇，不过有些资料尚属真实：1880年4月24日生于托马拉松县，从小就显露出演奏手风琴的才华。后来背着琴漫游四方，说唱歌曲、新闻，足迹遍及里奥阿查、巴耶杜帕尔、巴兰基亚和整个香蕉产区。拉斐尔·埃斯卡洛纳说曾于1948年在里奥阿查附近见过他，而对于加西亚·马尔克斯而言，"好汉弗朗西斯科"仅仅是神话、文学、音乐、民俗的一个深受欢迎的共生体——后来即照这个样子使他在《百年孤独》里获得了新生。像"好汉弗朗西斯科"一样，也在剽悍的手风琴演奏动作中战胜了魔鬼的帕乔·拉达和佩德罗·诺拉斯科，是巴耶纳托音乐伟大的神话般的三部曲里的另外两个名字。

40年代初受到克莱门特·马努埃尔·萨瓦拉和马努埃尔·萨帕塔·奥利维亚的影响，加西亚·马尔克斯怀着不仅是艺术家的而且几乎是科学家的热忱对这种音乐产生了兴趣。此时，巴耶纳托歌曲在其初始的范围以外鲜为人知，尽管它正处于黄金时期，拥有七位说唱传奇故事的艺人：阿维利托·比亚、克雷斯森西奥·萨尔塞多、米格尔·卡纳莱斯、埃米利亚诺·苏莱塔、莱安德罗·迪亚斯、路易斯·恩里克·马丁内斯和年轻老练的拉斐尔·埃斯卡洛纳。当时的文学新人加西亚·马尔克斯研究了巴耶纳托的歌词，发现它包含着睿智与诗意，叙述奇闻逸事和一般故事的语气平静坦然，宛如外祖母、《一千零一夜》和《罗曼采罗谣曲》叙事时的那种"木头脸"；再深究，得知那些故事来源于歌手本人的经历以及亲身所处的家庭环境与社会环境，是外祖父母生活过的巴耶杜帕尔和瓜希拉地区艺术、文化、道德风尚的汇编。这一研究和发现，为他提供了一个基本诀窍以构思自己的作品，特别是《百年孤独》。正像 30 年后他所讲的那样，这部著作可以说是一曲小说形式的巴耶纳托长歌，即构筑于童年、外祖父母、老宅、阿拉卡塔卡镇、香蕉产区及整个加勒比地区的基础之上的一个漫长而富于诗意的流畅故事。

这样，加西亚·马尔克斯对巴耶纳托音乐的兴趣，将要连着他作品的构思及源泉，而所有这一切尤其连着他和作曲家拉斐尔·埃斯卡洛纳的友谊，因为他同埃斯卡洛纳继续深入探讨了这种歌曲，并且大约从 1950 年 4 月到 1953 年中期两人多次结伴外出旅行。

埃斯卡洛纳与作家同岁，1927 年 5 月 27 日生于巴耶杜帕尔县附近的帕蒂亚尔镇，也像作家一样在少年时代写过情诗，也是中途辍学。只差一年就中学毕业的时候，一次炽烈的初恋使他离开了圣玛尔塔市的塞莱东中学，返回巴耶杜帕尔经营父亲的庄园。他俩的共同点不止这些，岁月与巧合会带来更多的共性。两人的一个姓氏相同（加夫列尔实际上姓马丁内斯·马尔克斯，拉斐尔姓埃斯卡洛纳·马丁内斯）；都是在艺术上反对因循守旧的人，都是扎根于本土文化的乡下人；作家的外祖父和作曲家的父亲都是千日战争中的上校，后半生都在等待退役年金；作家与作曲家都待人和蔼、受人爱戴，两人都慷慨大度，对朋友很讲义气；作曲家发表第一首歌曲及作家出版第二本书都在麦德林市，二者的作品均引起强烈的国际反响。还有，这两人到了老年，都在本国那些显赫寡头的奉承和引诱下，变为哥伦比亚文化界爱好虚荣的自我中心主义的尊贵长者。

初次见面，二人在罗马咖啡馆那几棵鼠见愁树的浓荫下，喝着凉啤酒，聊起了巴耶纳托音乐和他们彼此间的相同与相似，聊了好几个小时。加西亚·马尔克斯谈到阿拉卡塔卡镇、家族、朋友，埃斯卡洛纳讲述新谱的曲子、帕蒂亚尔镇、巴耶杜帕尔县、拉巴斯镇，他在这几个地方都有水稻种植园，邀请加西亚·马尔克斯尽早前去参观。由于作家马努埃尔·萨帕塔·奥利维亚（系两人共同的朋友，曾安排两人的会面。几个月前加西亚·马尔克斯曾和他去过巴耶杜帕尔县）在拉巴斯镇当医生，加西亚·马尔克斯很快去了该镇，住在埃斯卡洛纳的父母家里。

作家在马格达莱纳、塞萨尔、瓜希拉三省腹地的村镇进行这些重要旅行的年份及日期现在还很不清楚，其原因一是史料的匮乏与单薄（他一生的这个阶段文字记载最少），二是加西亚·马尔克斯本人前后说法不一，自相矛盾。大部分研究者提到的旅行是一两次，而不知道实际次数要多得多。第一次大概要算约在 1949 年底至 1950 年初的巴耶杜帕尔和拉巴斯之行，邀他前往的是马努埃尔·萨帕塔·奥利维亚，萨帕塔一直寻找一个边境村镇落脚，以躲避政治迫害，所以刚被任命为拉巴斯镇的医生。第二次旅行好像就去了巴耶杜帕尔，大约在 1950 年 4 月，是此前几个星期在巴兰基亚认识的埃斯卡洛纳请去的。一周里，他俩由几名手风琴演奏家陪伴，置身于漫步舞曲、斯昂舞曲、梅伦盖舞曲的特有氛围之中，走遍了巴耶杜帕尔县及其偏僻的角落，搜集奇闻逸事和传说，拜访当地传奇式的人物，其中几位早已铭记于作家的头脑——孩提时从姑姥姥们和外祖父母讲的故事中就熟悉了他们。不过，大部分时间是待在主人家里聆听年事已高的克莱门特·埃斯卡洛纳讲故事，这位老年人在千日战争中是上校，跟他外公一样。于是，尼古拉斯·马尔克斯上校的外孙再次听到了关于神奇的自由派首领

279

拉斐尔·乌里维·乌里维的那些熟悉的趣闻，里奥阿查、卡拉苏阿、埃尔班科、谢纳加等战役的士兵奋勇杀敌和捐躯沙场的熟悉的故事，野战医院数百名伤兵那熟悉的呻吟，有关退伍年金的熟悉的牢骚——将近50 年后，参加过那场兄弟相残的战争中的老兵没有一个人领到年金。年迈的埃斯卡洛纳的荣誉感，这位真正的老资格的自由党人不可收买的政治立场和威严的相貌，不仅让加西亚·马尔克斯想起了外祖父的样子，而且强化了未来的《没有人给他写信的上校》的人物原型。

开头两次在巴耶杜帕尔及其周围的旅行，仅仅是激起了作家的好奇心，促使他深入了解巴耶纳托歌曲的发祥地、长辈跋涉过的区域和千日战争的疆场，并且找到流逝的时光的头绪。这样，辞去《先驱报》的工作（一还完富恩马约尔 600 比索的账就辞了），以及作为独立的社长和记者用短暂的小小的《微缩报》碰过运气之后，加西亚·马尔克斯再度前往巴耶杜帕尔、拉巴斯、马纳乌雷及其毗邻的一些村庄，首次仔细地考察了几个月——我们可以大致确定是在 1951 年 10 月或 11 月至1952 年 1 月。他走遍了这些地方，做了大量的笔记，他意识到正在发掘自己和未来作品的深根。这期间，埃斯卡洛纳和萨帕塔·奥利维亚，尤其是前者这位对当地了如指掌的家喻户晓的作曲家，一直是他的向导和保护人。

在马纳乌雷县，作家见到了那个仅有一条街、位于一片郁郁葱葱的高原上、沉浸于千年的寂静之中的村庄，他从小就通过家人的讲述知道这个村子。他的母亲曾被带到这里小住，以忘记阿拉卡塔卡镇邮电所的那个报务员。丽贝卡·布恩迪亚①那个背着一袋父母的骨殖、带着失眠

---

① 《百年孤独》中的人物。

症的病菌来到马孔多镇的讨人嫌的女孩，也将在这个村子诞生。到了拉巴斯，他像在巴耶杜帕尔一样，继续调查年老的被人遗忘的上校们的命运，采集神话与传说，也同当地歌手一起娱乐，这些人演奏的梅伦盖、漫步、斯昂等歌曲诉说着战争中的英雄业绩与动人的爱情故事，一如古老的西班牙歌谣。拉巴斯最令他着迷的是，在一个居住着温和的农民的村庄存在着大量的"原汁原味的巴耶纳托音乐"，这里的手风琴大师很多，如胡安和达戈维托·洛佩斯兄弟，唱歌蔽鼓吹唢呐对许多人来说是家常便饭。既是歌手们的医生，又在理论上代表他们的观念的马努埃尔·萨帕塔·奥利维亚后来回忆说，在这个巴耶纳托的音乐天堂，加西亚·马尔克斯"听歌唱歌击鼓"，他陶醉了，一年之后，他作为出售分期付款的百科全书和技术书籍的代理书商再次莅临这一地区时，又体验了同样的欢乐，采撷了同样多的关于这种音乐的资料。

这次旅行结束后，他返回巴兰基亚再进《先驱报》社，于1952年2月8日恢复主持"长颈鹿"专栏。旅行见闻使得原先搁置的热望重新涌动，他想撰写通讯，要从事一直想从事的新闻业。他打算用搜集的材料写一个长篇通讯，就像一年前打算以朋友卡耶塔诺·亨蒂莱·奇门托的遇害为题写长篇报道一样。然而不久便意识到，旅行见闻与感受超出了一般通讯的范围，因为那是自己的根和自己久远的记忆，于是将它作为文学素材，留给了《家》这部希望"两年之内脱稿"的"700页的鸿篇巨制"。他是这么设想的。他确实重新投入了这第一部长篇小说的创作，以期顺利完稿。但是过了一个月，大约在3月的头一个星期，发生了一件意义深远的事情——他和母亲回阿拉卡塔卡镇变卖外祖父母的老宅。故乡之行连同接下来的瓜希拉省之旅，将要最终确定他文学创作的范围。

外祖父母和姑姥姥们逝世后，阿拉卡塔卡镇的老宅一直空着，任凭杂草丛生，幽魂出没。加西亚与马尔克斯夫妇曾将房子租给阿库尼亚与贝拉卡萨老两口——作家启蒙女老师的公婆，无奈时间一长，房客便忘记交房租了。加西亚与马尔克斯夫妇一家前不久迁居卡塔赫纳之后，经济拮据，入不敷出，于是决定把老屋以7000比索的价钱，卖给一直很穷但刚刚中了彩票大奖的一对农民夫妻，拿这笔钱盖起了位于卡塔赫纳城的"船尾"区与洛阿马多尔区之间的房子。

路易莎·圣地亚加·马尔克斯从卡塔赫纳前往阿拉卡塔卡，途中在巴兰基亚市和刚从巴耶杜帕尔来的儿子不期而遇，儿子最近让返祖的鬼怪完全迷了心窍，执意要跟她一块儿去。母子俩坐小船到谢纳加镇，碰见了作为农业部职员刚住在这里的路易斯·恩里克。作家和母亲乘坐黄色小火车抵达阿拉卡塔卡镇——小时候他天天上午看见这种火车开到这里。

火车到站时，正是盛夏时节的3月一天当中最热的时辰，他们走在尘土飞扬的街道上，想找个巴旦杏树或者鼠见愁树的绿荫也找不到。10岁或11岁离乡的加西亚·马尔克斯，发现一切都和以前一样，只不过方位稍有变动。一方面，他看到的阿拉卡塔卡镇和他童年时毫无二致：同样的火车站，同样的掩映于芒果树林的蒙台梭利小学校，同样的饮牛槽，同样的布满灰尘的街道和巴旦杏树，同样的锈迹斑斑的铁皮作房顶的小屋，同样的简陋的店铺和酒馆，同样的忧心忡忡的人们；另一方面，他觉得街道比印象中的窄了，房屋比记忆里的旧了低了，巴旦杏树比脑海中的更要老朽且落满尘土，"四街角"那片地方不像原先那么大那么圆了，他受洗礼的那座教堂的塔楼也没有那么高了。跟他一起在小小的蒙台梭利学校启蒙的孩子们，如今和他一样是25岁的人了，可大多数人既无前途又无希望。许多上年纪的人完全被贫穷和寂寞拖垮了，小时候他所畏惧的那个样子很凶的人，如今成了吊床上躺着的一个没牙的瘦骨嶙峋的老头。特别是他诞生于斯的外祖父母那宽敞、清凉、喧闹的宅院，已是崩溃了的天国，仿佛一幅昔日的辉煌黯淡之后形成的讽刺画。比起他记忆里保存的完好无损的老宅和阿拉卡塔卡镇，真实的镇子已被时间摧垮了。这段破坏性的时间不多不少，恰好是加西亚·马尔克斯生活在巴兰基亚、锡帕基腊、波哥大、卡塔赫纳和又一次在巴兰基亚的14年。其间，他成为作家，享受了大城市的文明，具有城市人的视野。

加西亚·马尔克斯和母亲拐过外祖父母的老宅斜对面的街角，走上埃斯佩霍主教大街时，在委内瑞拉医生安东尼奥·巴尔博萨的老药店门前停住脚步。虽然天气炎热，医生的老婆仍然在用缝纫机做活。路易莎·圣地亚加·马尔克斯简单地招呼了一声："大嫂，您好！"安德里娅娜·贝尔杜戈起初有些迷惘，待辨认出对方，她俩便抱在一起，默默地流泪，什么话也没说，只是默默地流泪。一旁的作家也沉默无语。听到店铺里面一道幔帐后接连传出衰老的巴尔博萨大夫轻轻的咳嗽，他不禁感喟岁月之无情。老人将他让进屋里，叫他坐到自己身边，一连几个小时讲述自他走后镇上发生的一切。于是加西亚·马尔克斯扪心自问：在此之前写的东西，跟老医生刚才的叙述，跟自己正在看到的周围的事物，尤其跟流逝的时光，是否有些许关系。因为一个重要的问题在于，他"感觉时间已经过去了"，感觉"把他和镇子分开的不是距离而是时间"。那段过去了的时光，即自己童年的时光和外祖父母的时光，一直是他早期小说的核心，不过，只是以一种不成熟的混沌的方式做了他早期小说的核心。

除了外祖父母的宅院，巴尔博萨家的药店是作家记忆之中的一个重要地点。当年，这里是天各一方的父亲和母亲在遭禁的爱情时期遥遥相会和互致情书的场所，是作家最早知道一些药物名称的地方，也仿佛是他的第二家园。如今，这里再度成为他文学生涯中一个意义最为深远的经历完成的地方。这经历即是一种确认，由两位老邻居的拥抱和他同药店老板的长谈予以强调的确认，确认他与阿拉卡塔卡或曰童年之间，出现了一道不可逾越的时间鸿沟。这一点证实之后，他的文学创作必须重新定向。

当然如此。不过，他未来作品（包括《枯枝败叶》第四稿）的质的飞跃，并不仅仅取决于这次阿拉卡塔卡之行，还取决于以前的几次旅行。这些经历将给予他的《家》中，也就是他耿耿于怀的童年情结中所缺少的时空的深度，并将促使他的新闻作品同样发生质的变化，逐渐增加这种作品的文采与活力，减少其新闻性及沿袭性（就像"长颈鹿"专栏的《近似奇迹的某事》和长篇通讯《大西洋沿岸的一个地区》所表明的那样）。

多年以后，加西亚·马尔克斯之所以把阿拉卡塔卡之行作为也许是他文学生涯的一次决定性的经历予以赞扬，是因为故乡之旅对他产生了巨大的影响，为他确定了思考的范围，使他调整了创作计划。因而——且举一例——1967 年 9 月在利马国立工程大学他对新朋友马里奥·巴尔加斯·略萨说，从那次回乡起，具体地讲从母亲和老邻居大嫂长时间的默默无语的拥抱起，他便"萌发了用文字讲述这件事情的全部由来的念头"，暗示此事是他文学创作的真正开端。又过了 16 年，在会见《花花公子》杂志记者时他说得明明白白："那天我意识到，此前我写的全部故事仅仅是文人的清谈之作，与现实毫无联系。"

他既不是那时"萌发了用文字讲述这件事情的全部由来的念头"，也不是此前所写均为"文人的清谈之作"。实际上，正如前文所述，早在故乡之行五年以前，他就以《第三次无奈》和《蓝宝石般的眼睛》集子中的其他短篇小说，试图开始寻根之旅，试图再现失去的童年时

284

光、外祖父母的宅第和外祖父母本人。这种努力，由于重返加勒比地区和阅读福克纳而通过撰写无法完稿的《家》，得以继续。在《枯枝败叶》前三稿中，他已经第一次取得了局部的胜利。问题是，到那时为止，加西亚·马尔克斯尚在锻造自己的武器，尚在惊异于迷惘于所阅读的作家（福克纳、弗吉尼亚·伍尔夫、索福克勒斯），尚缺乏足以囊括童年的视角，因此不曾给予首批小说以完整的自主性和逼真性。所以，一旦到阿拉卡塔卡镇，便觉得（这是一种自己冤枉自己的行为）还没有开始郑重其事地创作，觉得此前的作品"与我在这里看到的事物相去甚远"，因而纯粹是文学习作，跟现实和流逝的时光毫无关联或者关系不大。

清醒地认识到这一点，对他而言实乃天意，因为这一认识给了他极大的耐心，并且向他表明，艾略特①所说的回到他出发的地点，并且第一次真正认识这个地点，比他想像的还要漫长，还要崎岖。刚卖了7000 比索的外祖父母的宅院，是一切的出发点和目的地、开端和终结，至少到《百年孤独》为止是如此。然而，宅院之后还有另外一些宅院，阿拉卡塔卡之后还有另外一些阿拉卡塔卡。加西亚·马尔克斯在早期小说里一直试图捕捉的那种停滞在家中的几乎说不清道不明的时间后面，还有一种近似和混淆于沿海地区的历史时间及文化时间的充满活力的大跨度时间，即外祖父母在瓜希拉省居住和从巴兰卡斯镇迁徙到阿拉卡塔卡镇的时间；千日战争及里奥阿查、卡拉苏阿、谢纳加等战役的时间；"好汉弗朗西斯科"和巴耶纳托歌曲的时间；受到侮辱和迫害并被遗弃在圣佩德罗阿莱汉德里诺庄园的处于弥留之际的玻利瓦尔的时间；说的再远一点，是 16 世纪袭击里奥阿查和卡塔赫纳的弗朗西

---

① T. S. 艾略特（1888-1965），英国诗人、剧作家、文艺批评家和编辑，对两次世界大战期间的 20 世纪文化产生极大影响。本书卷首所引诗人的诗句，即为本书的主题思想。

斯·德雷克①的时间。

他比以往任何时候都急切地要深入了解瓜希拉省和外祖父母的历史，在回巴兰基亚市的火车上就问起了母亲，问他们究竟是怎样的人，从什么地方和什么时候到阿拉卡塔卡镇的，44 年前外公在决斗中不得不杀死的那个人是谁。总之，从哈雷彗星出现的那年起，和外祖父母一家共同重建阿拉卡塔卡镇的都是哪些人。

加西亚·马尔克斯后来回忆说，一到巴兰基亚，他便很快动笔写了《枯枝败叶》，也就是说放弃了无法为继的第一部长篇小说"大厚本"，开始走上了另一条路。然而，就像经常发生的那样，他的回忆不符合事情的时间顺序。这部小说，当时他不是开始写，而是重写，因为早在 1948 年中期第一稿就完成了——古斯塔沃·依巴拉·梅拉诺对此予以证实。况且，只需稍加分析作者的风格的发展过程就会一目了然。再说，他返回阿拉卡塔卡镇时，可能已经得知小说稿被出版社退回——这大概也是促使他重写的一个原因。

加西亚·马尔克斯拿这些不准确的资料如此当真，以致《百年孤独》发表后他在写给赫尔曼·巴尔加斯的一封信里，又把一个情况弄错了——他断言，就在那次陪伴母亲返乡（他总说是 1950 年，而不是 1952 年）期间，他重新看到"马孔多"这一香蕉种植园的名字，并选择它为自己的文学天地命名："实际上，我认为小时候坐火车经过时，肯定多次看见过那个写着庄园名称的牌子。1950 年我重新看到了它，便决定我的文学作品里的阿拉卡塔卡镇采用它的名字。不过在此之前，我把这个牌子忘得一干二净了。"在会见《花花公子》记者时，他又

---

① 德雷克（1540—1596），英国著名航海家。环航世界的第一个英国船长。曾率舰队入侵大西洋沿岸，掠夺和破坏西班牙海外领地，并于 1588 年打败西班牙的无敌舰队。

重复了这个谬误："顺便说一下，在那次旅行中，我和母亲从我自幼熟悉的一个香蕉园前经过，标志牌上写的庄园名称为'马孔多'。"小时候见过这个名称，长大乘火车经过瓜卡马亚尔村时仍然见过几回，这当然不假。但重新看到这个名字，并且决定首次在《枯枝败叶》里采用，则不是在1950年，否则，除非是从这部小说第三稿起便采用了这个名字。可这似乎是不可能的，因为古斯塔沃·依巴拉·梅拉诺以其清晰的记忆担保说，他能够"证明在我读它（《枯枝败叶》）之时，书稿中已有'马孔多'这三个字眼"，也就是说，那是1949年7月以前的事情，彼时的加西亚·马尔克斯尚在卡塔赫纳市，刚从苏克雷镇养好肺炎回来。

　　1952年3月作家重新看到写在蓝色焊锡板上的白字"马孔多"时，他所做的实际上是给稍后动笔的第四稿确认他的选择——"马孔多"以其深厚的神秘的读音，果然做了他以阿拉卡塔卡和童年为基础塑造的神奇世界的名字。之所以要确认，是由于先前他曾经犹豫过，想过或许该给那片文学天地取名"巴兰基亚"。可是，加泰罗尼亚智者拉蒙·宾耶斯建议不用此名，说他听着太耳熟，太没有文学韵味，会削弱小说的可信性。宾耶斯也像他的高徒一样，主张那个以密码形式容纳一切的世界村应该具有美学意义。

　　从阿拉卡塔卡镇回来不久，加西亚·马尔克斯给《观察家报》社的同乡贡萨洛·贡萨莱斯（外号歌革）[1]写了一封信，信中除了别的事情外，还描述了家乡破败和孤寂的景象："它依旧是个布满灰尘的村镇，一片寂静，处处有死人。它令人难过，也许太令人难过了——年老的上校们在后院的最后一株香蕉树下慢慢死去。数量惊人的60岁的

---

① 《圣经·旧约》中玛各地方的国王，因背叛神遭到惩罚。

处女们面色灰暗，在她们昏昏欲睡的下午两点钟，很难看出她们身上残存的最后一些女性的特征。"接下来写道："这次我冒险而去，不过我觉得并未空手回归。等《枯枝败叶》出版了，惹得老上校们拔出枪来特意向我发动一场内战的时候，就更不是空手而归了。"这样写是因为他曾经对贡萨洛说，他想用"群众征订的方法出版"这部小说，并将洛萨达出版社退稿时给他提的那个"看似冠冕堂皇实则包藏祸心的建议写进前言"。

设想仅仅是设想。它的没有实行，或许由于依据意义深远的故乡之行中的体会和出版社退稿引发的感触，修改和重写原稿的一些章节所花的时间比预计的要多；或许因为他刚刚明白，与以前的情形相反，今后稿子写完就该放进抽屉，让"神灵不断地去修改"，让具有卓越鉴赏力的朋友和文学伙伴去品评；或许因为这第一部长篇小说由于订数不足他干脆不出了。

加西亚·马尔克斯重写《枯枝败叶》的劲头，从1952年2月至12月发表于《先驱报》的专栏文章减少的数量上可以推断出来。这段时间，见报的专栏文章从前几年的每月25至30篇，下降为8至12篇，12月仅登出两篇，外加他从《枯枝败叶》里抽取的一章《冬季》——三年后重印时题目确定为《伊莎贝尔在马孔多观雨时的独白》。不过，不情愿给《先驱报》撰稿，还可以用工作的劳累和单调来解释，而这工作对他已经没有太大的吸引力了——其缘由简单地说，是这一工作已经让他得到了四年以来孜孜以求的东西，即锻造和砥砺他一直想当的记者和小说家的武器。所以，当放弃报社工作的机会到来的时候，他满心欢喜地离开了报社和这座城市，作为代理书商前往马格达莱纳、塞萨尔、瓜希拉三省的城镇乡村。

这一回，机遇就像从前多次出现和以后在他的关键时刻还将出现一样地出现了，仿佛命运正把他生活的零散头绪打结并系在一起。胡利奥·塞萨尔·比耶加斯——就是将《枯枝败叶》寄往布宜诺斯艾利斯的洛萨达出版社的那个代理人，新近在巴兰基亚开了个书店，经销分期付款的图书，并且撺掇加西亚·马尔克斯做他的代销人。这个流落异乡的秘鲁人曾在布斯塔曼特·伊里维罗总统的政府当部长，后来被奥德里亚将军的独裁政权逼迫流亡到哥伦比亚，做各种生意。十分健谈和知识渊博的比耶加斯是一个十分冷漠的人、喜欢幻想的人、狡猾地钻法律空子的人。他来巴兰基亚堪称流亡中的流亡，因为他在波哥大被指控利用布宜诺斯艾利斯的洛萨达出版社代表的身份大肆侵吞别人的财产，这才逃了出来。

　　加西亚·马尔克斯见跟着比耶加斯也许比在《先驱报》社赚钱多，特别是有了恰当的借口在祖辈曾经居住过的瓜希拉省的村镇仔细察访，没有多想便答应做他的代销人，这年 12 月开始走乡串镇，干起了兜售分期付款图书的新营生。在圣玛尔塔市，他惊喜地碰见了兄弟路易斯·恩里克，哥儿俩结伴从圣玛尔塔来到谢纳加镇，作家就在这个昔日的香蕉产区中心地区展开工作。1928 年 12 月工人在这里惨遭杀戮；外祖父母定居阿拉卡塔卡镇之前在这里度日月；加泰罗尼亚智者拉蒙·宾耶斯刚来哥伦比亚时在这里碰运气。

　　几天后，加西亚·马尔克斯扩大了活动范围，由路易斯·恩里克陪着去了巴耶杜帕尔、拉巴斯、马纳乌雷，途中经过瓜卡马亚尔、塞维亚、阿拉卡塔卡、丰达西翁和埃尔科佩伊等地。所到之处，兄弟二人拜访医生、律师、法官、公证人、镇长，作家试图说服他们相信他从一只大黑箱子取出的各种技术书籍，是他们日常工作最好的盟友，10 卷一套，附带插图，共计 1.25 万页的《乌特哈》百科全书辞典是弥补他们的知识欠缺的灵丹妙药。他的缺乏经验和十分腼腆自然是此项新工作的最大障碍，可尽管如此，还是卖出去几本——就如此广阔的地域而言，几乎等于一本没卖。这样，开头的热情过去之后，加西亚·马尔克斯越来越觉得兜售分期付款图书的行商职业不舒服。相反，了解各地的民俗与历史，与村里人和曾经等待退伍年金的老上校们闲聊，伙同拉斐尔·埃斯卡洛纳、马努埃尔·萨帕塔·奥利维亚和弟弟路易斯·恩里克，与巴耶杜帕尔、拉巴斯、马纳乌雷等地的歌手们联欢，才是他真正感兴趣的事情。

路易斯·恩里克返回谢纳加镇时，加夫列尔同已经陪了他一星期的拉斐尔·埃斯卡洛纳和利桑德罗·帕切科一起，漫游了整个瓜希拉省，直至里奥阿查市，沿途在祖辈曾经涉足的村镇，如乌鲁米塔、比亚诺瓦、埃尔莫利诺、圣胡安德尔塞萨尔、丰塞卡、巴兰卡斯、托马拉松以及马纳乌雷等地盘桓考察。最热的时辰他不走路，就近找家简陋的旅馆待在里面，阅读行囊里的侦探故事和长篇小说，这些书看完了，再把他这个卖书人的样书中的百科全书及技术书籍拿出来读。在有的村镇他采集到一些对写作有用的东西，而在另外一些村子，他只是播撒读书的种子。巴耶杜帕尔县欢迎旅店的主人维克托·科恩后来回忆说，加西亚·马尔克斯当时很瘦，头发粗硬，唇髭稀疏，眼球突出，步履轻快，吃饭来得准时，胃口很好，可是钱很少，少到临走时才给了科恩53哥伦比亚比索，而他这几个星期的食宿费应是122比索53分。加西亚·马尔克斯这个失败的卖书人，从样书里拿出几本留给店主，又打了个欠条，写明尚差多少钱，之后便忘了这码事。可维克托·科恩没有忘，欠条他保存了30年，直到1983年4月在一次朋友的娱乐性聚会上，向刚刚成为最新的诺贝尔文学奖得主的债务人予以出示。从此，这件趣闻便名列那些最受欢迎的令外地客人大饱耳福的巴耶纳托说唱节目的排行榜之首。

大概是在这个客店，作家读一个短篇小说读得入了迷，后来这篇小说对他的文学生涯产生了划时代的影响。几个月前，《生活》杂志开始出西班牙语版，它的文学栏目常登一些当代最优秀的美国作家的短篇小说，加西亚·马尔克斯及巴兰基亚的朋友们以与日俱增的急切心情注视着每一期《生活》的出版。有一天，身受令人窒息的炎热气候困扰的作家忽然收到朋友寄来的一个邮件——第七期的《生活》西班牙文版，载有《老人与海》。小说的篇幅为20页，每页的文字排成宽宽的两纵列，配以精美的插图，读起来很舒服；首页上方刊登着青年海明威的照片，未留胡须，唇髭和头发花白；相片背景为古巴的科西马尔小渔村，也就是小说里那个村子的原型。如同看见其他重要作品，加西亚·马尔克斯专心致志阅读《老人与海》，忘记了巴耶杜帕尔那即使背阴处气温也有40度的炎热气候。读了这篇作品"犹如拉响了一根爆破筒"，福克纳的巨大影响遂被抵消，而海明威这部小说清晰的空间、清晰的结构、清晰的风格为他提供了一个恰当的实验室，以便深入研究短篇小说形式方面的诀窍。不久他就以《一个海上遇难者的故事》和《没有人给他写信的上校》为起点，熟练地运用了这些窍门。

　　另一次不同寻常的阅读的爆炸性虽稍逊一筹，不过，对马孔多镇缔造者的影响却更具决定意义，这便是在瓜希拉省腹地又一家就近找到的客店，他轰着蚊子忍着酷热，对弗吉尼亚·伍尔夫的《达洛维太太》的重读。自从五年前在图尔巴科田庄跟罗哈斯·埃拉索和依巴拉·梅拉诺读了这部长篇小说以后，重读对他而言就成了如同索福克勒斯的《俄狄浦斯王》、卡夫卡的《变形记》或笛福的《瘟疫年纪事》那样的不可替代的指南针和楷模。然而这一次，产生奇迹的并不是对全书而只是对开头部分的阅读："但是（轿车）里面确实坐着一位大人物；大人物正在从这里路过，她隐身遮面，与平民之隔伸手可及，这些老百姓或许是第一次也是最后一次与英王陛下，即国家永不磨灭的象征近在咫尺；这个国家将来会被辛勤的考古工作者在时间废墟的挖掘中发现，当伦敦变成一条长满野草的小径的时候，当所有那些在这个星期三的上午匆匆行进于人行道上的人都变成白骨，白骨里剩下的几枚结婚戒指埋没于自身尸体化做的泥土和无数个镶过牙齿的金质外壳之中的时候，轿车里的那张脸将大白于天下。"

20年后他诚恳地说，那次旅行中如果没有领会这段文字天命般的意蕴，他后来就会成为另一类作家，甚至另一类人，因为"它彻底改变了"他的"时间感"，使他"在一瞬间预见到马孔多镇崩溃的整个过程及其最终的结局"。还有，他尚未意识到的是，这段话也许给他提供了《家长的没落》和《爱情和其他魔鬼》第一章的遥远的根源。

不过，加西亚·马尔克斯的表白仅仅道出了一部分实情。实际上，是那段文字的重读连同游历巴耶杜帕尔和瓜希拉省的体验，加上随母亲的阿拉卡塔卡之行，引导他把一直驾驭的《家》、《枯枝败叶》和《蓝宝石般的眼睛》集子中的短篇小说里的凝滞的时间，看做流动的和磨损性的。这些作品讲述的是同停滞的时间一块儿连续禁锢于四壁之间的人物与现实，以及对抽象时间的回忆与怀念。在小说《家》里，被童年的深宅大院幽闭着的奥雷良诺·布恩迪亚上校的回忆不过是漂浮在时间海洋上面的纷乱的缅怀思绪的表皮，那些时间已经逝去，但上下文中并无交代。《枯枝败叶》里提到一家人夜间关在屋里守护一具尸首，这家人来自大山那边，曾在那里经历战争的劫难，这是一场不现实的战争，因为从时间上讲，它没有可信的历史背景。

多亏了《达洛维太太》中的那段话和他的那些踏访，加西亚·马尔克斯开始从文学意义上弄清了历史中的时间和传说中的时间，意识到将它们与家族的时间连接起来并让它们流动起来的必要性（或曰不可避免性）。当他本人置身于长辈们生活过的村镇和跋涉过的道路之时，他笔下的人物仿佛也觉得必须这么做。走在巴耶杜帕尔和瓜希拉省那些尘土飞扬的糟糕透顶的路上，他终于悟出了这一点。他所走的每一条路，所造访的每一个村镇，都曾经是家事史实的发生地，例如巴兰卡斯——外祖父母在此大概住了15年，1908年10月19日傍晚，厄运在此降临到他们头上；例如卡拉苏阿和里奥阿查——千日战争期间，尼古拉斯·里卡多·马尔克斯·梅希亚上校在这两个地方战斗过。或古或今，瓜希拉省始终都是弗朗西斯·德雷克、探险者们以及"好汉弗朗西斯科"的造访之地。

所以他和拉斐尔·埃斯卡洛纳的漫游以及和梅达多·帕切科·罗梅罗外孙利桑德罗·帕切科的相遇，不仅是对他的祖辈的时间和他的文化的最初根源的勘探，而且是与历史中的时间和传说中的时间的相会。在根源的根源，他找到了失去的重叠的时间，这些时间后来滋养了他的作品，尤其是《百年孤独》。

大约在1953年五六月间返回巴兰基亚的时候，寻找根源及兜售分期付款图书的活动突然中止，原因是那位秘鲁前部长胡利奥·塞萨尔·比耶加斯被逮捕，并被押解到波哥大的莫德洛监狱。然而，一个实力强大的加西亚·马尔克斯，一个饱读诗书的阅历丰富的头脑充满人物、故事、神话、传说的加西亚·马尔克斯业已造就。接下来固然须补充大量辅助性的经验，但育苗的沃土在他的记忆与情感中已经积累够了。剩下的事情主要是一个酝酿和思索的过程，一个经常地狂热地进行文学加工的过程。

第十章

1954 年 1 月底，加西亚·马尔克斯重返波哥大，到《观察家报》社任职。他抵达老特乔机场时，带着周游世界常带的那只箱子，手里拿着两个包。他把包递给诗人阿尔瓦罗·穆蒂斯让他放进汽车的后备箱里，两包东西是《家》和《枯枝败叶》的手稿。《枯枝败叶》至少大改了四遍，正像游荡的幽灵似的四处寻找出版者。相反，《家》写了半截，正在等待完稿的时机。然而如果仔细想想的话，时机已经到了，因为《家》的命运只能像亚当的苗圃，从它的一条肋骨上长出了《枯枝败叶》，从它的另一条肋骨上还将全部或者局部地衍生出《没有人给他写信的上校》、《恶时辰》和《格兰德大妈的葬礼》。包容一切概括一切的小说之河《百年孤独》，将要发源于《家》的积淀和其他更多的事物。

这两部手稿，是作家走向自己童年的以及父母与外祖父母的神奇天地的漫长而崎岖旅途的扎实开端。尽管他很不情愿，却又是遥远的安第斯高原上的波哥大在他离去六年之后，将给予他足够的条件以继续这一内心之旅。其第一步，于七年前在同一座城市和这同一家报社，已经随着《第三次无奈》迈出了。

这一回，波哥大给予他的除了《观察家报》这个大舞台外，尤其为他创造了条件，一种补充条件，那就是让他对以不久前的巴耶杜帕尔和瓜希拉之旅为高潮的他所经历过、阅读过、撰写过、调查过的东西，予以思考和沉淀。但这个良机差点儿错过，因为加西亚·马尔克斯起初不想离开巴兰基亚和朋友，尽管他与阿尔瓦罗·塞佩达·萨穆迪奥刚刚结束在沿海地区最后的短暂的办报活动——后者是新创办的《国民报》的主编。

阿尔瓦罗·穆蒂斯回忆，《观察家报》社长吉列尔莫·卡诺与副社长、加西亚·马尔克斯文学才华的发现者爱德华多·萨拉梅亚·博尔达，曾在巴兰基亚打算撺掇作家跟他们一起干。穆蒂斯或许是为了防备沿海地区的浪荡生活腐蚀朋友的才华，便告诉社长把作家挖走，说这是值得的。那二人听了深信不疑，因为他们以前发表和赞扬过后来收入《蓝宝石般的眼睛》集子的短篇小说。可加西亚·马尔克斯对重返波哥大并未表现出太大的热情，虽然是去给一家那么有名气的报社当编辑。于是，吉列尔莫·卡诺和爱德华多·萨拉梅亚要穆蒂斯亲自出马，说服作家来《观察家报》。担任埃索石油公司公共关系部主任的穆蒂斯前往巴兰基亚，敦请作家到波哥大去，并给他留下了机票，可是，加西亚·马尔克斯却弄丢了机票，穆蒂斯又寄去一张。结果，加西亚·马尔克斯出于对穆蒂斯的感激而不是出于对返回首都的兴趣，克服了天生的恐飞机症，于1月末的一天出现在老特乔机场。

报社社长吉列尔莫·卡诺一见他，顿觉诧异，难以想像这个刚刚来自巴兰基亚、衣服颜色扎眼、唇髭太长、眼球突出、面色十分苍白、身体十分消瘦的年轻人，就是阿尔瓦罗·穆蒂斯和爱德华多·萨拉梅亚常常提及并且称赞其短篇小说与见报文章的那个大作家。于是，年老的卡诺对穆蒂斯表露了他的迷惘："好家伙！阿尔瓦罗先生，这小伙子也许有能耐，可他这副样子，我的老天爷！……"穆蒂斯马上打消了他的全部疑虑："他一定会成为您报社里最优秀的工作人员。他这样的人您还从来没有过。"短短几天后，卡诺把穆蒂斯叫进办公室，说："哎呀！阿尔瓦罗先生，您说得太对了，那家伙是一流的，万分感谢。"

当时，《观察家报》的社址在希门内斯德克萨达大街一座楼房的二三层，几乎位于全国的政治中心，离它的竞争对手《时代报》社也很近。那楼的四层以上是阿尔瓦罗·穆蒂斯供职的埃索公司的办公室。起初那几天，加西亚·马尔克斯就在这位友人的办公室待着，躲避寒冷和孤寂，时而也写篇社长或副社长吩咐他写的文章，因为卡诺家族知道他的作家才能毋庸置疑，可在证实他的报人品质之前不敢贸然聘用。就在他感觉谋到一个固定职位的希望渺茫，想回巴兰基亚之时，《观察家报》聘任他为编内编辑，月薪900比索。这是他有生以来最为丰厚的经济收入。现在可以讲究一下了，可以生活得较为安逸些，给父母弟妹的帮助稍微多些——他们在卡塔赫纳市艰难度日已经满三年了。他自己则可以搬出穆蒂斯的母亲在乌萨肯区的宅院，住到报社附近一位法国女士开的膳宿公寓。爱娃·庇隆①当舞女那阵曾住过这所公寓。

实际上，加西亚·马尔克斯作为波哥大这家晚报的社论撰稿人、电影评论家和明星记者工作的18个月期间，活动范围就是公寓、穆蒂斯的办公室、报社编辑室和市里的各个电影院。

当时平均印数为6.5万份的《观察家报》，是位居《时代报》之后的哥伦比亚第二大报，历史最久——19世纪末由卡诺家族创办于麦德林市。它和竞争对手《时代报》一样，受着自由与民主原则的支

① 原名爱娃·杜阿尔特（1919－1952），阿根廷将军和政治家胡安·多明格·庇隆（1895－1974）的前妻。

配，但与之不同的是相对独立于哥伦比亚根深蒂固的寡头政府，同时谋求为崭新意义上的新闻和文学事业做些贡献。它的编辑和撰稿人大多是隐蔽的或深或浅的进步自由派或者左派知识分子和作家。这两种情况，使阿拉卡塔卡的青年作家得以在报社有容身之地，并且能够愉快地表达思想。他的熠熠才华还将表现在其他事情上，如逐渐地越来越多地获得上司和同事的支持与信赖。

如同成名之前所到之处的情形一样，加西亚·马尔克斯走进《观察家报》社时没人敲锣打鼓。尽管七年间在这家报纸发表的那些短篇小说给他赢得了声誉，可是刚来那阵他在编辑堆里很不起眼，他所属的编辑室的主任何塞·萨尔加后来回忆说，跟加西亚·马尔克斯交往的人当时仅限于他、吉列尔莫·卡诺、爱德华多·萨拉梅亚·博尔达（尤利西斯）以及同为阿拉卡塔卡人的贡萨洛·贡萨莱斯（歌革）。然而，这个腼腆的报人慢慢地让报社内外的人赞许起他的"舔斗鸡主义者"的性格和他的文风，竟至成为明星记者。他和上司的私人关系工作关系一贯密切和融洽。平易近人、严于待人、胆小怕事的社长吉列尔莫·卡诺，给他这位忘年交和编内编辑提供了一切支持（经济上的支持并非那么充足）。不知疲倦的编辑室主任何塞·萨尔加，几乎一天24小时同加西亚·马尔克斯携手工作。可这个老报人丝毫感觉不到自己职业的愉悦和浪漫，有一天居然建议身边的阿拉卡塔卡人为了报业拧断文学天鹅的脖子，而忘记了正是文学才华在很大程度上支撑着他优秀的新闻作品。相反，对这一点，另一位上司和老师、副社长爱德华多·萨拉梅亚·博尔达一贯很清楚。就其态度、杰出的工作能力、非凡的作家兼记者的气质、渊博的知识来讲，博尔达一人抵得上整整一个报社。出于和詹姆斯·乔伊斯在文学风格上的类同，或许还出于和他容貌的相似，多年来他以"尤利西斯"的笔名主持一个专栏，谈论一切文化及文学话题。这个专栏是《观察家报》的读者尤其是青年作家们天天品尝的一盘美味佳肴。诚如前文所讲，对于加西亚·马尔克斯而言，它远远超出了珍馐美味，他对这一专栏的阅读，是促使他撰写第一部真正意义上的短篇小说《第三次无奈》的缘由之一。也正是在这个叫做"城市与世界"的专栏，博尔达在给他发表第二个短篇小说的三天之后宣布，随着加西亚·马尔克斯的出现，哥伦比亚文学界未来的天才诞生了。

加西亚·马尔克斯来《观察家报》社时，萨拉梅亚·博尔达正在继续创作那部提炼自瓜希拉省肺腑的富于诗意的著名长篇小说《我自为舟的四年》。30年代，加西亚·马尔克斯的外祖父母奔波于瓜希拉省的时候，萨拉梅亚·博尔达在巴兰基亚的罗马咖啡馆企图自杀，朝自己打了一枪。幸好他这部惟一的小说使他跟动荡不定的过去算清了账，让一位大师的智慧、举止、习惯得以平静。这些情况，加西亚·马尔克斯在称他为自己的"克里斯托瓦尔·哥伦布"和"真正的文学之父"时，心里是十分清楚的。但他俩首先是同舟共济的朋友和伙伴，二人虽说是在这位阿拉卡塔卡人为《先驱报》撰稿时于巴兰基亚成为朋友的，但40年代末在波哥大通过歌革贡萨洛·贡萨莱斯的介绍就已经认识了。歌革是加西亚·马尔克斯的同乡和远亲。还在上大学的时候，作家曾经和一个朋友去给博尔达送一篇早期的短篇小说的稿子，但他腼腆得实在叫人惊异，竟然连楼都不敢上，只是让朋友将文稿拿上去，自己待在希门内斯德克萨达大街与第七大道的交叉路口等着。当歌革下楼请他上去好把他介绍给博尔达的时候，见到站在街口"怯生生地等待着结果"的，是一个忧郁、清癯、苍白、几乎快与白天不很明亮的光线融为一体的年轻人。

从那时起，爱德华多·萨拉梅亚·博尔达和贡萨洛·贡萨莱斯将要成为加西亚·马尔克斯的主要保护者、挚友及办报的伙伴，后者还与他具有根源和爱好番石榴味道方面的共同之处。与作家一样，歌革生于阿拉卡塔卡镇，在巴兰基亚读过书，曾是《报道》周刊撰稿组的成员，后来做过政治犯的辩护人，并最终成了《观察家报》一位杰出的资深的撰稿人。跟同乡不同的是，歌革曾经是国家级的田径运动员，还得过一次国际象棋冠军，后来读完了法律专业，当了新闻学教师。就像以前在《宇宙报》社同诗人兼画家埃克托·罗哈斯·埃拉索所做的那样，加西亚·马尔克斯同歌革再次玩起了互相模仿对方写文章的游戏，他甚至胡诌了一个笔名撰文发问，以使歌革在自己的专栏"问与答"里回答关于作家与作品的形形色色的问题。

所以当时波哥大这家晚报里充盈的是友谊、合作、强烈的敬业精神兼而有之的气氛，一如从前在《宇宙报》和《先驱报》时的情景。后来人们传说他供职于《观察家报》的18个月期间实际上住在报社。但是，他当时依然跟报社外的朋友和文学活动保持着密切的关系。因此何塞·萨尔加后来回忆说，有时候作家早晨来上班时带着熬夜的黑眼圈和一脸的倦容——在波哥大的那些夜晚的很大一部分，他用来写短篇小说，读他喜爱的书，或者逢场作戏，跟早先结交的沿海地区及波哥大的友人们纵情狂欢。

这段时间，虽然重新联系上了"波哥大事件"之前念大学那几年的一些旧交，如贡萨洛·马亚里诺和路易斯·比亚尔·博尔达，又在新闻界文学界交了许多新友，但他不可一日不见的则是阿尔瓦罗·穆蒂斯、南希·维森斯和哥伦比亚电影俱乐部的创建者之一路易斯·维森斯，尤其要见穆蒂斯，因为他俩之间的友谊一直是一种长久谈论一个话题的友谊，这个话题就是两人后来逐渐定义的所谓"麻烦事"，即"一天接一天的日子即为生活"这一话题的延续。尽管看来很奇怪，但维系穆蒂斯和加西亚·马尔克斯的，应该说确实是个人之间的友情，而并非以文会友的关系。然而无论如何，通过一次次的谈心、饮酒、欢聚，穆蒂斯渐渐将朋友置于古典音乐的天国和狄更斯与康拉德的意蕴丰富的篇章，从此就这样开始了科埃约县的诗人对阿拉卡塔卡镇的小说家的几乎保密的教学。此前，生活中的几件普通的"麻烦事"，确实把他俩的关系加深得超越了友谊和个人共谋的范围。其中值得记住的一件，便是美国百万富翁贝德福德前一年在巴兰基亚的逝世。

相貌仿佛跟海明威一个模子倒出来的贝德福德，那天作为标准石油公司的代表从纽约乘坐私人飞机来了。少数人的诗人和埃索公司公关部主任阿尔瓦罗·穆蒂斯，负责组织最高规格的接待活动。为壮声势，穆蒂斯邀请了记者和巴兰基亚小组的几个成员，如加西亚·马尔克斯、富恩马约尔和赫尔曼·巴尔加斯。不料在普拉多饭店的房间里，死神最后一次十分恶劣地捉弄了这位器宇不凡的百万富翁，让他心搏骤停，气绝身亡，倒在自己的粪便上。于是，穆蒂斯接到经理的指示：把这个大块头的死人尽快从那里弄出来，连夜运回纽约。可这若照官僚机构规定的程序去办，肯定行不通。穆蒂斯叫来加西亚·马尔克斯和富恩马约尔，帮他取得了免办死亡证等文书的权利和将尸体搬运并送回国内的许可。这件事改变了他们。加西亚·马尔克斯和穆蒂斯从此意识到，他俩被一种超越友谊的共谋，即文学意图相同的共谋永远联系起来了。事实上正如穆蒂斯后来亲口承认的那样，一个有钱有势的富翁在几乎匿名的不体面的情况下的那种特定的死亡，使两位作家在各自的立场上猛然醒悟，并将死亡这一主题作为一个尚待从污秽方面和辉煌方面予以全面探究的现象给两人提了出来。

所以，他俩的作品迥异，可至少有一个意图和主体情结相同，即走向根源，走向记忆最初的发源地。或许因此，他们能够在后半生保持着一种很少向文学倾斜的高尚友谊。穆蒂斯的诚挚友情，以及维森斯一家和埃尔南多·特耶斯（作家与他度过了许多个"整日整日的朗诵扯淡诗的星期天"）的友谊，确实是加西亚·马尔克斯在《观察家报》工作的18个月里，获取慰藉的几乎不可或缺的支柱。这是由于波哥大不仅依然是一座像慢性病似的钻入他骨头的多雨、凄凉、天低云暗的城市，如今更成了患有暴力之癌的并且忍受着军事独裁政权肆虐的城市。

40年代中期安第斯高原的杰出的波哥大，有轨电车缓慢行驶，黄昏让烟垢染得灰蒙蒙的，年仅16岁的作家不得不在那里伤心痛哭。这些已经成为过去。如今它的人口开始翻番——"波哥大事件"及其四处蔓延的暴力活动引发了大规模的混乱的移民潮，涌入的移民结束了保存在殖民主义福尔马林中的这个通都大邑的那种西班牙语讲得纯正的习俗，开始将这里变为后来这样的布局分散和乱七八糟的首都。尽管多年以后加西亚·马尔克斯予以否认，但他重返波哥大后，确实再次徜徉于它那些秀丽的去处，再次光顾它那些传统的咖啡馆，如"自动"咖啡馆和阿斯图里亚斯咖啡馆。他是去了这些地方，虽然不像晃晃荡荡上大学的那几年是怀着对生活和文学的热爱而去，而是——说得准确一点——带着些许职业的匆忙去的，就像光顾全城的电影院那样。最安静最出成果的时刻他在公寓，在穆蒂斯的办公室，在《观察家报》的编辑室度过，而惟一的消遣时间是周末伴随着何塞·萨尔加和爱德华多·萨拉梅亚·博尔达来到的。此时，他们开上汽车，去北方的村镇喝啤酒，充分感受那里平原上的碧绿和静谧。这平原是地球上最美丽最能叫人放松心情的地方之一，就连印第安人的话语和忧郁也仿佛只是不同方式的寂静。但即便如此，朋友三人也未完全脱离工作，他们常常开着汽车收音机，音量放得远近都能听得见，以备播送什么重要消息，好随时驱车返回编辑部。

加西亚·马尔克斯怀着做一个成熟的报人和一个最优秀的使用西班牙语的记者的愿望，踏进这个编辑部的时候，哥伦比亚受古斯塔沃·罗哈斯·皮尼利亚将军的独裁统治已有八个月。可以这么说，既然加西亚·马尔克斯于40年代末暴力初露端倪之际投身报业，那么，成为成熟的报人恐怕需要等到这同一种暴力活动合法化之时。因为这将对他的作品产生重大的影响。

1953年6月13日，罗哈斯·皮尼利亚由人们早已熟悉的自由派-保守派寡头推举，掌握了政权。虽然在上台的一个星期前他表示反对用军事手段解决国家面临的严重局势（这表明政变是专制集团而不是军队的冒险举动），这位将军却执政近四年。魅力非凡的自由党领袖豪尔赫·埃列塞尔·盖坦遇害五年以后，暴力活动几乎蔓延到了全国并且日益加剧，其决定因素之一，就是马里亚诺·奥斯皮纳·佩雷斯和劳雷亚诺·戈麦斯的保守党政府①，特别是后者的政府对它给予官方的怂恿。戈麦斯当局披着文官政府的外衣，推行的独裁统治也许比罗哈斯·皮尼利亚的独裁统治还要残暴。统计数字显示，所谓暴力时期的15年里死亡的30多万人中，几乎一半属于奥斯皮纳·佩雷斯和劳雷亚诺·戈麦斯当权的1948②至1953这五年。当时的问题是，如何遏制那些极端保守派从官方渠道助长本来暗中进行的传统暴力活动。这种形势促使自由党专制集团和保守党专制集团中较为温和的派别达成协议，以推翻拥护佛朗哥的劳雷亚诺·戈麦斯，顺便消除早期的游击队所密谋策划的革命这一危险。解决的办法是制造一个独裁者，让他作为全体哥伦比亚人在这个危难时刻的拯救者和调解者，登上玻利瓦尔坐过的宝座，实施一种温和的过度性的独裁统治。

---

① 此两人的执政时期，前者为1946至1949年，后者为1950至1953年。
② 原文如此，应为1946年。

然而罗哈斯·皮尼利亚犯了一个损害国家的错误：人家给他规定的角色本来是装扮的独裁者，他却假戏真做，把上峰的权力窃据了将近四年。这种极其严重的篡位，哥伦比亚的政治寡头自然不能饶恕。于是，这位由两个党派推上台去的独夫民贼又被两个党派拉下台来。作恶多端的一生加上劣迹昭彰的执政期，使他最终成了哥伦比亚人民的头号敌人，因为他的所作所为已经表明他是民主的头号敌人。一场全国规模的公民罢工终于迫使罗哈斯·皮尼利亚于1957年5月10日下台。对阴谋政治和下流政治颇具讽刺意味的是，罢工是自由党领袖阿尔贝托·列拉斯·卡马戈和极端保守分子劳雷亚诺·戈麦斯煽动和领导的，这二人不久前还是不共戴天的仇敌。几个月以前他俩在西特赫斯镇①达成协议，联手反对罗哈斯·皮尼利亚的独裁政权。然而这个协定也自相矛盾地反对民主，据此成立的"全国阵线"实为两党寡头的肮脏交易的产物，其目的是夺回政权，在随后的16年间轮流坐庄，公平地重新分配权力及与其有关的一切肥缺美差。

　　上台伊始，古斯塔沃·罗哈斯·皮尼利亚做出姿态，要止住暴力导致的国家躯体的大出血。随即就像可以想见的那样，他很快凶相毕露，张牙舞爪，靠刺刀枪弹解决问题了。起初，加西亚·马尔克斯从"两害相权取其轻"的观点出发，认为罗哈斯·皮尼利亚较之于劳雷亚诺·戈麦斯的残暴的文官独裁政府还不算太坏，据他说，罗哈斯·皮尼利亚的文治武功里，最值得牢记的两宗是"军队在首都中心开枪打散了和平示威的游行队伍，屠杀学生；便衣警察杀害数目永远弄不清的一批星期日斗牛爱好者"，因为他们在斗牛场起哄，嘲弄皮尼利亚的女儿。杀戮学生的情景，碰巧于1954年6月9日在希门内斯格萨达大街让加西亚·马

_____

① 在西班牙巴塞罗那市。

306

尔克斯亲眼看到，他当时探望胡利奥·塞萨尔·比耶加斯之后从莫德洛监狱往回走——比耶加斯就是前一年他兜售分期付款图书时与之合作的那个前秘鲁政府部长。这场大屠杀不仅意味着哥伦比亚政治历史的剧变，而且意味着加西亚·马尔克斯的政治觉悟和文学觉悟的剧变，因为就在这一独裁统治的局面中，在独裁政府产生和运作时的暴力猖獗的背景下，他将彻底地倒向左派。这场大屠杀同样将会影响到他一大部分新闻作品，将会融入他的《恶时辰》、《没有人给他写信的上校》、《格兰德大妈的葬礼》等小说之中，权利与暴力题材将在这些小说里得到扩展和丰富。

加西亚·马尔克斯的无疑源于外祖父品格的社会主义和反帝国主义思想，在锡帕基腊市中学的教室里由于历史课老师的庇护而增长，在卡塔赫纳和巴兰基亚继续逐步成熟，成熟得如此缓慢如此机密，以至于很少有朋友知道早在《先驱报》时，他就向哥伦比亚共产党交党费。后来在波哥大，又同样秘密地和《观察家报》社几个伙伴一起继续这样做。

就在这个时期，作家最靠近当时处于地下的共产党，甚至加入了它的一个支部。但他与共产党接触的时间很短，行动仅限于跟它的几个小头目讨论政治问题和意识形态问题。该党的总书记希尔维托·比埃拉①得知这一情况，便派人把他叫到自己家，对他说不入党而待在一个支部没有意义，叫他直接跟自己联系，还说以后将给他的新闻工作提供他所需要的一切信息。比埃拉的态度其实是一种形式，想以此博得这位正在崛起的新秀的支持和同情。共产党人十分清楚《观察家报》的明星记者即将产生的与日俱增的影响，看到 1955 年 5 月《枯枝败叶》的发表

---

① 埃拉（1911－?），1930 年参加创建哥伦比亚共产党，后历任该党总书记、主席、中央政治局书记等职；1959 年曾访华；1974 年起为众议员。

所带给他的文学地位，他们甚至不辞辛苦地向作家提出教条主义的损害文学的建议，声称他这部小说的神奇情节和抒情风格对深入了解哥伦比亚当前的现实来说并非完全恰当。这项反映在他后来几部作品的写实性上面的建议，曾使加西亚·马尔克斯多少有些迷惘，直到撰写《百年孤独》时才完全恢复了创作自由。

然而加西亚·马尔克斯从未动摇过自己的信念，始终认为作为作家，他与现实的关系不能是教条的排他的关系，相反，必须是开放的和包容任何一种现实的关系。其证据即是他的短篇和长篇小说以及大量的新闻作品。在波哥大的这一时期，从1954年2月开始给社论栏目《日复一日》撰写不署名的稿件，到后来写影评和最后去第一线当记者，他的新闻作品变得较为成熟了。

《日复一日》那时犹如《观察家报》皇冠上的宝石，撰稿人是社长吉列尔莫·卡诺、副社长爱德华多·萨拉梅亚·博尔达（尤利西斯）、编辑部主任何塞·萨尔加、贡萨洛·贡萨莱斯（歌革）。加西亚·马尔克斯一进报社即为这个栏目撰稿，这确凿无误地表明上司是极其器重地接纳这个新职员的。事实如何呢？他的第四篇社论《孤独的女王》见报后，尤利西斯告诉他，此文说明他能够当之无愧地给这个专栏供稿。这篇社论还表明如同在《宇宙报》和《先驱报》一样，新闻评论依然是一个实验室，供他筛选和练习驾驭他的文学题材：爱情与死亡，孤独与思乡，权力和权力的孤独，初始的时间与时间的流动和停滞，作为地球的世界与漫长的旅行，以及包含于上述主题里的对日常琐事的最终超越。因此，虽然他后来写影评当记者去了，可并未舍弃新闻评论，每当上司叫写，他就抽时间写。加西亚·马尔克斯后来回忆说，社论栏一出现空白，吉列尔莫·卡诺或者何塞·萨尔加就来找他，伸出拇指和食指在空中比划所需要补白文章篇幅的大小，由他任意就随便哪个题目搞出一篇急就章来。

正是在《日复一日》登载他几篇零零散散的影评短文后，上司给了他一个机会，叫他每周就第七艺术①出一篇专栏文章。这么一来，他又兼顾了另一个专栏《波哥大电影·每周新片》，这个专栏应该算是哥伦比亚电影批评的开路先锋。从这扇为电影胶片洞开的窗户，加西亚·马尔克斯热情地而不是职业性地把自己对电影由来已久的迷恋表达了出来。这迷恋，在幸福的童年时代依偎着外公尼古拉斯·里卡多·马尔克斯·梅希亚上校的日子里，让外公拉着手在阿拉卡塔卡镇看汤姆·米克斯的和另外一些不太适合小孩看的电影之时，就已经有了。所以，他对电影的爱好，至少和对文学、绘画、报业的爱好一样久远，在卡塔赫纳和巴兰基亚，他一直都是电影迷，练出了优秀观众的内行眼力。他和巴兰基亚小组的朋友，尤其是和阿尔瓦罗·塞佩达·萨穆迪奥一起认识到，电影是几乎与文学一样奇妙的表达思想和感情的手段。这一认识，跟塞佩达·萨穆迪奥带着满脑子的美国新闻业及电影业的消息从美国归来分不开，也跟他新结交的加泰罗尼亚朋友路易斯·维森斯，以及1950年10月维托里奥·德·西卡的电影《偷自行车的贼》给他的强烈震撼分不开。这部影片，特别是其中"意味深长的人性"的细节刻画方面所表现出的意大利新现实主义的气势，在他身上打下了永不磨灭的印记，"意味深长的人性"将是他的小说的要素之一。所以，1954年2月27日开始每周一次的影评时，加西亚·马尔克斯不仅具备优秀观众的内行眼光，还有些许威望，以及关于第七艺术的广博的美学和哲学知识。然而，不懂电影技术的加西亚·马尔克斯写起影评来，不会太超

---

① 一般认为是指在古希腊人所称的六种艺术（雕塑、绘画、建筑、戏剧、音乐、文学）之外的电影。

出热情颂扬和妙语连珠的界线。而在类似于他所阅读的文学书籍和他所营造的文学意境的电影情节和细节的理解上，显然他是驾轻就熟。

做每周影评人的 18 个月，还给加西亚·马尔克斯增添了一份功劳，即不仅成为哥伦比亚电影批评的先锋之一，而且成为创办民族电影业的最坚定的推动者之一。从这里，不久他跳跃到罗马的电影实验中心，然后于 60 年代中期在墨西哥变成一位备受磨难的电影编剧，最终于 20 年后创建和领导了设在哈瓦那的拉丁美洲新电影基金会。

可是，抵达罗马之前，他还差当记者的第一个时期的那么多文章没有写呢。为了让他迈出办报和文学生涯中这决定性的一步，毫无疑问，《观察家报》领导者们既要考虑开头几个月他表现出的工作劲头的忽大忽小，又要考虑哥伦比亚作家艺术家协会因其小说《周末后的一天》在 7 月份授予他的引起轰动的全国短篇小说奖。

《枯枝败叶》冬眠五年并且被出版社毫不留情地退稿之后，这个奖是加西亚·马尔克斯作为作家所获得的第一次重要承认。可是多年以后回忆时他贬低这个奖，说他参加征文比赛其实是一位担任作家艺术家协会秘书的朋友要他这么做的，因为别的参赛者水平很低。于是他才拿定了主意，交了那篇尚未完稿的短篇小说给朋友。他在锡帕基腊国立中学念书时的文学课老师、诗人卡洛斯·马丁回忆说，他当时和埃尔南多·特耶斯作为评奖委员，在评选标准不一致的情况下，做出了很大的努力才使得评委会把一等奖给了《周末后的一天》。几个月前才利用工作间隙写成的这篇小说，表明加西亚·马尔克斯进入《观察家报》社时正是一位相当成熟的作家，因为这个短篇展示了他后来的优秀作品所具有的叙事的精明和修辞的智慧。同《枯枝败叶》、《礼拜二午睡时刻》、《格兰德大妈的葬礼》和《百年孤独》一样，在马孔多镇登记注册的

《周末后的一天》，是关于马孔多镇的第二篇发表作品，它所反映的马孔多是一个贫穷与孤寂交加的处于崩溃阶段的神奇村镇，从中明显看得出它曾经历过各种瘟疫和天灾人祸。

瘟疫与灾祸——以孤独这一最大瘟疫为开端的这两大基调——将概括加西亚·马尔克斯的文学作品和新闻作品里面的一切。

他为《圣经》、索福克勒斯、笛福、加缪所鼓舞，从外祖父讲的故事、沿海地区和阿拉卡塔卡镇流传的故事以及祖国的历史典籍里不断看到，他的村镇他的国家长期遭受各种瘟疫和灾难的侵袭与戕害，如战争、隐性暴力、自然资源的被掠夺、社会及经济上的被排斥、洪水、蝗虫、政治交易、文化模仿以及文化上的精神分裂症等。如今处于成熟的门槛边缘的27岁的他，正在亲身体验这些灾难：国家又一次在蔓延开来的暴力活动中受煎熬。这暴力是政治在哥伦比亚的特殊运作方式的直接表现——它不是作为一种共存形式和领导形式，而是作为一种持久的日常的中世纪式的时疫运作的。孤独的政治含义初露端倪的《枯枝败叶》，就触动了哥伦比亚社会的这种深深的须根。不久，在《恶时辰》和《没有人给他写信的上校》里，加西亚·马尔克斯更靠近更直接地涉及它们。赴欧洲的前一年，他写的大部分通讯以值得称颂的美学形式坚持了这种政治作为和思想态度。

很凑巧，与加西亚·马尔克斯阅读的书籍和偏爱的题材一致的是，他作为《观察家报》特派记者撰写的第一篇报道的内容将是一场自然的（同时也是）社会的灾难——麦德林市新月城区恶性的地面塌陷。凑巧的事情不是一件而是两件：这些日子作家正打算应朋友阿尔瓦罗·穆蒂斯之邀前往海地；他抵达麦德林市后，差一点儿辞职并返回巴兰基亚。

虽然采写报道他不是新手（已经写过关于拉谢尔佩县的女侯爵的

出色的系列报道、《华服美饰的运动员》；游览沿海各地后写了许多通讯和游记），但作为一家报纸的特派记者专门从事此业尚属首次。如此重大的责任使他非常害怕，多年以后他回忆说，吓得就跟小时候在阿拉卡塔卡镇撞见老宅里时常游荡的幽魂一般。所以到了麦德林的旅馆，他就想辞职并且直接从这里返回巴兰基亚。见外面正下着雨，他很高兴——这么一来便不必面对现实了，便可以一动不动了，就像孩提时让鬼怪吓得坐在椅子上一动不动似的。可是雨很快停了，再没有借口逃避任务了，只得开始行动，坐上出租汽车去新月城区，途中得知灾害已发生两个星期了，现在那里一个人也没有，便吩咐掉头驶向灾难中死人最多的拉斯埃斯坦西亚斯街区。在这里采集到大量的像但丁作品里描述的那么可怕的逸闻和故事，其中最凄惨最像小说情节的事情是，死者大多不是新月城区的居民，而是走了几公里的路去那儿找死的可怜的人们。见报的消息不言而喻地揭露了政府管理上的疏忽和该承担的责任，重点报道说，由于缓慢涌出的地下水未被疏导，塌陷从 60 年前就已经开始；又说大部分遇难者的死因并非完全是接二连三地大面积的地层沉降，还有在没有任何官方救援的情况下，人们的互相帮助帮得过了头。

采访许多人和了解许多情况后，面对如此繁多如此丰富的材料——故事、奇闻、人物、数据，加西亚·马尔克斯想起了曾经听朋友阿尔瓦罗·塞佩达·萨穆迪奥讲过的归纳自美国报业的一些规则，即如何将这类材料组织成流畅、明快、有条理的文章的规则；还想起了最喜欢读的丹尼尔·笛福的《大疫年纪事》。他首先运用了不久前作为个人调查沿海地区城镇的现实的经验。

这年 8 月初分三次刊登的通讯《安蒂奥基亚省灾难的始末及其总结》的新闻及文学成就，几乎一夜之间把它年轻的作者变成了明星记者。这第一篇之后，加西亚·马尔克斯又写了那个时期的另外一些重要报道：《哥伦比亚不承认的乔科省》、《从朝鲜到现实》、《三连冠者自我揭秘》和关于海上遇难者路易斯·阿莱汉德罗·贝拉斯科的那篇反响最强烈意义最深远的《我的历险纪实》。

关于乔科省的报道，对于加西亚·马尔克斯而言，意味着一次确确实实的返回根源之旅。从下飞机的那一刻起，他就置身于这样的一片天地：在此，出于种种原因，他回到了出生地阿拉卡塔卡镇。同第一次采访一样，他也感到了童年的那种恐惧。不过就在觉出恐惧之时，他已与恐惧达成了共存共处的默契：跟海明威笔下那个令人难忘的人物弗朗西斯·马科姆伯不同，加西亚·马尔克斯没有试图以任何大胆的举动将畏惧排出体外，而是驯服它，使之越来越具有独自的意识，直至把它变为友好的敌人，变为贝壳里的珍珠。另外他还悟出，自己的恐惧就是全体人类在人生紧要关头萌生的那种存在主义的恐惧，因而消除它的努力是徒劳的。

关于乔科省的报道的起因是一个令人捧腹的故事，它显示了新闻报道风险的一面对加西亚·马尔克斯的吸引程度，以及他何以认为新闻报道跟小说一样是虚构性和真实性并存的作品。

一切开始于独裁者罗哈斯·皮尼利亚的政府决定撤销乔科省的建制，并将其辖区划归相邻各省的时候——被人遗忘的遥远的乔科省濒临太平洋，黑人占居民的大多数。面对这一事件，面对不采取任何行动的乔科人，《观察家报》驻乔科省首府基布多市的记者想出一个好主意，往波哥大发了一份加急电讯稿，说该市持续举行游行示威，反对中央政府这个无缘无故的蛮横霸道的决定。在常驻记者第二次发来电讯稿之后，社长动员加西亚·马尔克斯前去采访这一影响全国的事件。当他和摄影记者走下陈旧的卡塔利纳牌飞机，冒着类似阿拉卡塔卡镇的难以忍受的炎热，走在基布多的街道上的时候，没有发现一丝一毫的游行示威的踪迹，只见到总是那么安详的乔科人忍着下午 3 点的炎热，懒洋洋地躺在吊床上或者坐在紧靠街门摆放的凳子上。

终于找到常驻记者普里莫·格雷罗时，他也懒洋洋地躺在吊床上。他对作家说，所谓的游行示威纯粹是自己编造的瞎话，其实此地平安无事，没有任何人抗议什么事情。几乎花了两天时间才到基布多市的加西亚·马尔克斯回答道，他不想和摄影记者空手返回波哥大，所以必须把游行组织起来，以便发出人们在报社翘首以待的新闻报道。于是他们去省长官邸，给省长讲清了形势。省长用一份庄严的公告召集了游行示威。

过了几天，《观察家报》刊登了游行的第一批照片，接踵而来的是数日后的又一批报道，甚至还有被波哥大的中央集权主义整治得气急败坏的乔科省的政治家们。每天连续不断的游行队伍变成一条波涛汹涌的大河，与此同时，加西亚·马尔克斯从地理、历史、经济、文化角度考察了乔科省，撰写出分四次见报的堪称其整个新闻生涯中最优秀的通讯《哥伦比亚不承认的乔科省》。他一如既往地以翔实的文献资料为基础，并怀着明显的同情心，向人们展示了一个自然资源丰富、土地肥沃而人民贫穷并被中央政权抛弃的乔科省。

这里同他的出生地阿拉卡塔卡镇和广义上的故乡加勒比地区灾难频仍矛盾重重的历史一模一样。自然资源的丰富与土地的肥沃造成了居民的贫穷——在阿拉卡塔卡及香蕉产区是由于香蕉的种植，在乔科省则是由于黄金和白金的开采。不光政治上和经济上一样，更重要的是地理、社会、文化方面的一样。当他遇到同样的植物和同样的食物，看见同样的锈迹斑斑的白铁皮顶子的木屋，看见乔科人忍着下午 3 点的酷热懒洋洋地躺在吊床上或者坐在紧挨街门的凳子上，走进人们的房屋看到同样的蚊帐和同样的老式桨叶风扇，特别是当他从乔科人的脸上看到那种事先知道自己注定战败的人的高傲的庄重表情时，加西亚·马尔克斯觉得——仿佛时光不曾流逝而是绕圈运转——他再一次来到了阿拉卡塔卡镇，是的，确确实实返回了根源。这将给他增添力量，鼓舞他去构思马孔多镇，将其作为哥伦比亚古老和长久现实的显而易见的喻体来构思。

撰写接下来的长篇通讯《从朝鲜到现实》当中，他的感觉与上次相同，抑或更糟，因为又遇到类似外祖父的和参加过最后一次大规模内战的所有老兵身上的那种历史。

在劳雷亚诺·戈麦斯的保守党政府做出派遣 4000 名志愿人员参加朝鲜战争的决定三年之后，许多人变成总共 1000 公斤骨灰回来了，另外一些人变成了打上战争与孤寂的灰暗印记的无法适应社会的公民。专项奖金及终身年金的诺言原本就纯粹是驱赶他们去进行一场无谓冒险的谎言。加西亚·马尔克斯这一报道还披露，朝鲜战争的幸存者们当初是在双重悲剧中应征入伍的——他们大多是暴力活动最为猖獗的那些年代被迫背井离乡的农民和失业的乡下人，因而把受人驱使奔赴那遥远的与己无关的战场当做摆脱每时每日的苦难的一条出路。他们的苦难同尼古拉斯·里卡多·马尔克斯上校与千日战争中其他老兵的苦难一样，只是前者比后者大了两三倍。哥伦比亚又一次充斥着没有任何人给他们写信的士兵和上校。

关于罗德里戈·阿雷纳斯·贝坦科特——一位刚刚以其作品在墨西哥获得成功的雕塑家——的一篇轻松愉快、趣味盎然的报道，是马孔多镇的构筑过程中的一个喘息。即便如此，报道暗含的意思依然是批评性的：国内的现实状况对知识分子和艺术家没有多少吸引力，他们不得不移居国外。那时加西亚·马尔克斯希望能够去欧洲，加上阿雷纳斯·贝坦科特的经历跟他的生活和谋求当作家的努力有某些相同之处，所以这篇通讯可以部分地看做是自我写照。跟雕塑家一样，他也曾奔波于各个城市之间，有什么地方住什么地方，有什么饭吃什么饭，然而一门心思地追求着自己的理想。就像不久之后作家到了巴黎是由于朋友帮忙一样，雕塑家曾经在最困难的时候得到朋友帮助，得以给麦德林市的《哥伦比亚人报》撰稿，所用笔名是平平常常的 PRAB（意即"为了罗德里戈·阿雷纳斯·贝坦科特"）。和他一样，加西亚·马尔克斯从前是今后也将永远是优秀的艺术家、知识分子和政治家的朋友，向他们学习，根据情况互相帮助。与雕塑家一样，作家也是共产党的秘密党员，数年以后也是在那个阿兹台克人的国家①获得了成功。这篇题为《一位被墨西哥收养的伟大的哥伦比亚雕塑家》的通讯的作者，怀着亲身经历的感受，幽默、流畅、清晰、愉快地描写了那种寻觅生路寻觅成就的生活。1995 年 5 月逝世的三年前，阿雷纳斯·贝坦科特回忆说，加西亚·马尔克斯当年在波哥大的"自动"咖啡馆采访他时，事先对他的苦难和奇迹已经了如指掌，仅仅向他提了几个问题，仿佛那篇报道已经写好存在脑海了——确实，报道的一部分已存在于作家已走过的人生道路上了。

据贝坦科特回忆，作家那时身体清瘦，面容苍白、精力充沛、烟抽得很凶，浓密的唇髭修剪得很齐。他走进希门内斯格萨达大街上的"自动"咖啡馆时，穿着一身与四周色调很般配的颜色黯淡的衣服，一件典型的波哥大样式的外衣。此时，令《观察家报》社社长大惊失色的颜色扎眼的服装已属陈迹。波哥大知识界文学界精英们的荟萃之地《观察家报》社和"自动"咖啡馆的氛围，将加博（当时人们已经这样称

---

① 指墨西哥，阿兹台克是其古老民族。

呼他）造就成与众不同、出类拔萃的作家和诺贝尔奖得主。他那些无限虔诚的崇拜者，如爱德华多·萨拉梅亚·博尔达和路易斯·维森斯就是这样宣扬的。维森斯是一位加泰罗尼亚知识分子和电影工作者，在作家学习电影学过程中起到过引路人的作用。

关于海上遇难者路易斯·阿莱汉德罗·贝拉斯科的那篇报道的巨大成功，以及评论界对初版《枯枝败叶》的欢迎，将要证实和加深这种信念。

轮到加西亚·马尔克斯讲述那个落水者的不幸遭遇时，这个故事对国内报界而言已是一个陈旧的话题，没有预示太大的新闻价值。《观察家报》社社长吉列尔莫·卡诺不太情愿地接待了路易斯·阿莱汉德罗·贝拉斯科，或许因为他相信自己那位记者会妙笔生花，弄出一篇报道，尽量卖个应得的价钱。然而不久，这一连载的系列报道成了一件头等的报业大事、文学大事、政治大事。

通过14次每次大约4小时的采访，在一种记者兼心理分析医生的艰苦劳作中，伴随着一杯又一杯的咖啡，他一步一步、一天一天地再现了路易斯·阿莱汉德罗·贝拉斯科历险的经过，幸运的是主人公具有非凡的记忆力和出众的叙述本领。这位水手起初只是一个劲儿地讲自己的英雄事迹：跟风浪的较量啦、驾驭木筏啦、与鲨鱼搏斗啦、控制自己的思绪啦等等，直到记者发问"你没发觉四天过去了你还没撒过尿吗？"时，才停止了自夸。外表是记者的加西亚·马尔克斯在实质是小说家的加西亚·马尔克斯的急切催促下，需要知道一切：落水者孤零零地漂流时想了些什么？想起了什么？在木筏狭小的活动空间怎么熬过来的？何时看见第一只海鸥和第一条鲨鱼？在希门内斯格萨达大街一家狭窄的咖啡馆进行的采访每告一段落的黄昏时分，加西亚·马尔克斯走出来，胳肢窝夹着笔记回到编辑部，长时间地打字，完成当天的一章。有几天出报时间紧迫，快截稿了，编辑部主任何塞·萨尔加只好守在打字机旁，打完一页赶快抽出来，纸拿在手里还是温乎的，也来不及改，直接交给排字工。

洋洋洒洒的通讯分 14 次刊出。大约写到第 6 天，年老的加夫列尔·卡诺为找到了一只下金蛋的母鸡而兴奋不已，走上前来问道："请您告诉我一件事，我的小同名人：您写的这是小说还是事实？"加西亚·马尔克斯回答："是小说，之所以是小说，因为是事实——而且很详细。""您能向我保证是事实？""我能向您保证是事实。"于是，年老的卡诺提了一个他最关心的问题："那您说一说，您觉得能写多少章？""大概 14 章。"加西亚·马尔克斯说。"不，"社长要求道，"应该至少是 50 章左右。"此时，《观察家报》的印数实际上已经翻了一番。

许多年后作家承认，当时写《我的历险纪实》的时候，也并不清楚他正在做什么——除了知道是向读者原原本本地讲述水手路易斯·阿莱汉德罗·贝拉斯科坐着木筏在加勒比海漂流 10 天的经历之外。这条原因加上别的原因，使得他和水手决定文章用第一人称来写，见报时署水手的名字。因此直到 15 年之后，这篇通讯重印，冠以《一个海上遇难者的故事》的题目出单行本的时候，加西亚·马尔克斯的名字才与它联系在了一起（汇集 14 章的特辑增刊除外）。而通讯的实际经济收益和新闻成就留给了报社，文学成就则由路易斯·阿莱汉德罗·贝拉斯科代为接受了。稍后，正像单行本的序言所说，加西亚·马尔克斯把这一作品的西班牙文版权赠给了水手，因为"有些书不属于写它的人，而属于为它经历磨难的人"。水手在 12 年里拥有版权，直到作家不做任何解释地予以收回为止。

水手历险的陈旧故事如今让加西亚·马尔克斯一讲，就有了两个爆炸性成分，一个是道德和政治类的，一个是文学类的。前者最终恶化了

《观察家报》与罗哈斯·皮尼利亚独裁政府的关系，后者使报道如此增色如此具有折服力，以致读者接受了以新颖的小说技巧加工过的陈旧故事，顺便也增强了政治类爆炸性成分的力量。

路易斯·阿莱汉德罗·贝拉斯科成了民族英雄，总统为之授勋，到全国各地巡回讲演。可他只讲人家让他讲的，说他的英雄业绩，即坐着木筏在海上没吃没喝地随波漂流 10 天后才生还的起因是，1955 年 2 月 28 日，刚在美国亚拉巴马州莫比尔市修理过的卡尔达斯号驱逐舰返回卡塔赫纳德印第亚斯市的基地，途中遇到暴风雨，暴风雨将他和七名战友卷入加勒比海。然而，当这位水手厌倦了等同包庇犯罪行径的沉默，厌倦了美女皇后们的亲吻，厌倦了让他作为英雄和楷模在电视上露面，厌倦了利用他做各种骗人的广告的时候，便到《观察家报》社揭了老底。其实，出事那天根本没有什么暴雨，只是风把军舰刮得严重倾斜了一下，甲板上没有码好的走私货物散落开来，八名水兵随货坠入大海。路易斯揭发的是一项严重罪行和两项重大错误。

从这一刻起，溺水者不再是榜样，不再是民族英雄，失去了海军中的职位。与此同时，这家报社这位记者受到强大的压力。但压力未能阻止一周后那篇报道作为特辑增刊全文重印，外加证明溺水者的揭发属实的照片。

这不算例外。那一报道是报社翌年 1 月被查封之前，同独裁政权对抗的最强音。加西亚·马尔克斯的大部分报道是对那一社会制度的根本反抗和对独裁统治的正面指控。反抗与指控或多或少地存在于有关安蒂奥基亚市地层塌陷、乔科省的被排挤、朝鲜战争的老兵、"灰口"区长期未解决的问题、雕塑家阿雷纳斯·贝坦科特、溺水者、暴力活动和军事镇压导致的 3000 名背井离乡的儿童的报道中。从本质上讲，加西亚·马尔克斯的新闻作品是政治文章和革命文章，比同时代大部分左派人士的文章的政治性革命性强得多。它们之所以通过了政府的新闻检查，是因为作家与他的同志们的不同之处在于，他不搞政治煽动和政治集会，也不接受莫斯科僵化的马克思主义所特有的虚幻的理想主义思想，而是在新闻作品的每一行每一页（多次采用党内朋友们提供的材料）研究、思索、讲述哥伦比亚的现实。实际上在后来的短篇小说里也是这么做的，只不过方式不同罢了。

撰写新闻报道时的这种艺术上的细心，无疑是使其作品得以在日益严格的书报检查中来到读者面前的特洛伊木马。《一个海上遇难者的故事》则达到了堪称典范的高度，它是新闻、文学以及对于现实的研究与传播依据永久的美学原则进行的一种完美的结合。诚如前文所述，加西亚·马尔克斯应用这些美学原则始于《蓝宝石般的眼睛》集子里后面的几部短篇小说，确切地讲，始于《六点钟到来的女人》和为《先驱报》撰写的无数篇评论与通讯。意大利新现实主义电影、美国新闻业以及阿尔贝·加缪，欧内斯特·海明威、杜鲁门·卡波特等作家作为福克纳影响的补充与对比，成为在第二次风格变化中他汲取灵感的典型，这一阶段经过《没有人给他写信的上校》和《恶时辰》的辉煌道路，将要达到《一件事先张扬的凶杀案》及《爱情和其他魔鬼》这样温和而恬静的完美。

因此，1955 年 5 月《枯枝败叶》的出版，似乎是他小说创作的这一时期的一件尽管喜人然而奇怪的突如其来的事情。实际上，这是魔幻之路和第一次风格变化的扎实开端，这一变化通过《周末后的一天》和《格兰德大妈的葬礼》将他引向《百年孤独》。创作风格的第一次改变是六年前于卡塔赫纳市，在赫尔曼·梅尔维尔、威廉·福克纳、弗吉尼亚·伍尔夫以及与加勒比文化和童年鬼怪的重逢的影响下开始的。

就连《枯枝败叶》的首次出版，也未能完全消除自从布宜诺斯艾利斯的洛萨达出版社退稿以来，加西亚·马尔克斯这部处女作所蒙受的伤害。一个富于冒险精神的犹太人萨姆埃尔·利斯曼·巴翁在波哥大仓促出版了它，出版资金少得可怜，以致爱德华多·萨拉梅亚·博尔达和加西亚·马尔克斯只好自己招呼那些关系不错的书商到西帕印刷厂仓库买上十本五本的，剩下的好像全被利斯曼·巴翁侵吞了——其实这可怜巴巴的一版总共才印了大概不超过 1000 册，虽然版权页上的正式印数写的是 4000 册。加西亚·马尔克斯的老朋友兼伙伴、小说家马努埃尔·萨帕塔·奥利维亚后来回忆道，他得到了一部分赃物，是利斯曼·巴翁给的 500 本《枯枝败叶》，用以顶替他的《中国，上午六点钟》的稿酬，这本书不久前出版，跟《枯枝败叶》同属一套丛书。几年里，这位卡塔赫纳作家只得拿上这堆小说，尽力而为地四处推销，以兑现自己的稿费。而加西亚·马尔克斯则要再等四年，到 1959 年 8 月为筹备第一届哥伦比亚图书节而再版《枯枝败叶》，并且印了当时堪称天文数字的 1 万册的时候，才拿到了稿酬。

　　不过，定价每册五比索的初版《枯枝败叶》出书的情况还说得过去。卡塔赫纳女画家塞西莉亚·波拉斯设计的封面（图案为一个小女孩坐在椅子上等待），书前献词是给亲密无间的拉奎瓦酒吧的舔斗鸡主义者赫尔曼·巴尔加斯的。作为补偿，小说出版后，波哥大和全国各地的知识界文学界一片赞语。爱德华多·萨拉梅亚·博尔达和埃尔南多·特耶斯在《观察家报》上欢迎它的问世，对作品大加颂扬。后来创立了虚无主义的贡萨洛·阿兰戈在《哥伦比亚人报》上同样予以盛赞。巴兰基亚小组的朋友们甚至召开座谈会和举行宴会来评论和介绍这部小说。

这是他撰写的第一部也是倾注心血最多的一部长篇小说，又是出版的第一本书，因而加西亚·马尔克斯像可以想见的那样，慷慨地向友人和从前的文学伙伴签名赠书。青年作家还特地寻找故旧中的一个人，向他表示敬意。他来到昆迪纳马卡省教育厅，走进中学与师范处的办公室，将胳肢窝夹着的一本余温未尽的书送给新上任的处长。书上的题词是："赠给卡洛斯·胡利奥·卡尔德隆·埃米达老师——您曾经预料到我将会撰写这些故事"。老教师一见从前的学生进门，便知他为何而来，因为这一时刻是他早就料到的——40年代中期在锡帕基腊国立中学，他曾为这个学生在书的海洋里指点迷津，劝他远离中学生情调的情诗，专攻非韵文，多读短篇及长篇小说，以期成为哥伦比亚最优秀的小说家。从那时起，他就知道这一时刻会到来。

评论界对《枯枝败叶》的欢迎，连同关于海上遇难者路易斯·阿莱汉德罗·贝拉斯科的报道的引人注目的成功，巩固了加西亚·马尔克斯在国内的文学地位，而《观察家报》社则把他看做全体编辑人员中的佼佼者。这些，想必是报社领导人认为是时候了，是该把这颗报界明星作为特派记者派往欧洲的决定性理由。

第十一章

1955 年 7 月，加西亚·马尔克斯作为《观察家报》记者被派往欧洲。关于这一派遣的主要缘由，存在着种种猜测。依据作家本人编造的神话，人们也许会说那篇有关海上遇难者的报道一发表，罗哈斯·皮尼利亚的独裁政府便在政治上敌视他，所以他的赴欧差不多等于强制流放，按照接近报社社长们的想法的观点，人们也许会讲他去欧洲实际上是对他一年半以来的编辑工作和记者工作的成绩的一种鼓励。权且把这些相互关联的说法当做姑妄言之吧，事情的经过会使人们发现真正的原因是个人性、爱好性、职业性的。一方面，加西亚·马尔克斯赴欧的愿望由来已久，因为他想去罗马研究电影，他需要拓宽自己的文化视野，需要从各个角度观察哥伦比亚及拉丁美洲；另一方面，《观察家报》领导人怀着企业家的实用主义的机警，意识到派自己的明星记者去欧洲，是那时他们可以进行的一笔最好的投资。这是他们第一次大胆地向欧洲派出特派记者。

　　报社头头们或许也发觉了这位记者在工作强度大头绪多、频频出差、详细调查、撰写社论影评长篇报道的 18 个月里积累的疲劳，或许他们想用这一美差和 300 美元的月薪来顺便减轻他的重负与劳累。

　　因为疲劳是显而易见的。就在加西亚·马尔克斯动身前往日内瓦采访四国会议的仅仅三天以前，他才刚刚发表了关于三次夺冠的自行车运动员拉蒙·奥约斯的长篇系列报道。可能他原本希望这个系列作品能像水兵遇险的故事一样再度引起轰动，但很快觉察出这篇报道尽管写得不错，却跟那篇不可同日而语，因为这回撰稿的，不仅是一个不熟悉自行车运动这一领域及其术语的记者，而且是一个明显疲劳的人。一年半的超负荷的紧张的工作之后，作为报人，加西亚·马尔克斯的工作量达到了他在波哥大这一时期的极限。且举一例，阿尔丰索·富恩马约尔和阿尔瓦罗·穆蒂斯后来回忆时，都记得最后几个月里加西亚·马尔克斯十分疲惫和厌烦。这是他一有机会就溜回巴兰基亚市的原因之一。有时社长家的人也催他回去，以躲避军人政权可能的报复。不过，驱使他返回巴兰基亚的主要原因，是他需要再次闻到番石榴（他后来以此比喻思乡之情和对加勒比地区的需要）的香味；需要见到文学小组的朋友们——如今他们改换了聚会地点，跑到一个叫做拉奎瓦的新酒吧去了；需要看望恋爱已久的未婚妻"神圣鳄鱼"梅塞德斯·巴尔恰·帕尔多，她依然不慌不忙地等着他，依然在父亲的药铺柜台后面写信给他。

不过，得到去欧洲的机会之前不久，这位疲顿的记者好像有过一次短暂的喘息。据何塞·萨尔加回忆，那时他俩在为一件事忙碌，这件几乎与人类的记忆一样古老，并且弄得创建波哥大城的西班牙征服者们一刻不曾平静的事情，便是一批数量惊人的财宝。全城都在传说：玻利瓦尔广场上正对着国民大厦的那个地方的下面，埋藏着一批财宝，其数量之大，即使罗伯托·路易斯·斯蒂文森[1]本人得知，也会钻出坟墓去挖掘的。加西亚·马尔克斯和猴子萨尔加这两个睡不着的报人朝着与

---

[1] R. L. 斯蒂文森（1850—1894），英国著名的冒险故事和散文家。他以最脍炙人口的小说《金银岛》（1883）而一举成名，这部构思精妙、技巧高超的作品，既是男孩子喜爱的惊险故事，也是对人的行为动机的暧昧性所作的诙谐评论。

人们传闻所讲的相反的方向寻找，发现了一个已经开始变为现实的传说——在希门内斯德克萨达大街一所宅子里，见到了正在挖掘的试图通往财宝所在地的地道。然而，报社对欧洲之行忽然催得紧了，一个新闻报道的题材就此半途而废。假如加西亚·马尔克斯以探宝为题，运用他写冒险小说的同样手法，说不定又有一篇闳中肆外的特写问世。可是，另外一些惊险、珍宝和磨难在大西洋彼岸等着他呢。

据加西亚·马尔克斯所讲，临行前报社的友人为他饯行，活动搞得太欢快太热闹了，以致第二天他睡过了头，误了那班会在30多个小时内将他送到巴黎的飞机。幸好这架"超级星座"飞机在第一个中途站巴兰基亚出了故障，他才搭乘另一架飞机经由麦德林航线前往，于3个小时后赶上了它。实际上，过去的三天，作准备、出现惊喜、与朋友告别的三天，全都热热闹闹。

和往常一样，阿尔瓦罗·穆蒂斯这位办事利落而且对此类事在行的朋友，不用出埃索石油公司的办公室，48小时就给他办妥了出国的一切手续。首先为他送行的报社提供了机票和旅费，旅费很少，他只好四处找挚友筹措些钱作为补充。当时正在波哥大的画家阿莱汉德罗·奥夫雷贡，送给作家几条自己在巴黎时穿过的长尼龙秋裤来御寒，但加西亚·马尔克斯那时太瘦，致使画家的馈赠好像成了嘲讽而不是支持。"尤利西斯"的侄子阿尔贝托·萨拉梅亚采访过关于印度支那和平问题的上一次日内瓦会议，他为作家写了一封介绍信，让他交给意大利电影中心的阿根廷电影工作者费尔南多·比里。"尤利西斯"本人在自己主持的每日专栏《城市与世界》里，以最良好的祝愿和最诚挚的爱戴、友好、钦佩之情为作家送行，说他们将很难适应"离开加博"的日子。后来第一个出版《没有人给他写信的上校》的诗人豪尔赫·盖坦·杜兰到作家的房间跟他告别，顺便扒拉了几下他的废纸堆，捡回了《伊莎贝尔在马孔多观雨时的独白》，不久登在了他主办的杂志《神话》上面。一年半以来几乎天天和作家见面的阿尔瓦罗·穆蒂斯，那些日子跟他越发亲近，和妻子玛丽娅·路丝·蒙塔内一次次地请他吃晚饭，在餐桌上给他讲欧洲及其历史与文学。对于这两位亲如兄弟的朋友来说，这是他们的友谊所经历的第一个严重时刻。第二个严重时刻是 12 年之后，当作家离开墨西哥，移居巴塞罗那的时候。

在巴兰基亚，他跟前往巴黎的飞机进行联系，度过了在国内的最后一夜。这里的事情有点不妙，已经等了他 10 年——这期间，她逐渐长大，他的事业逐渐稳定，不久前，他俩正式订婚——的未婚妻梅塞德斯脸拉得老长，心里很难受。尽管如此，她还是向未婚夫表示，只要他——她的加比托能够最终实现赴欧的夙愿，她同意推迟几个月结婚。阿尔瓦罗·塞佩达·萨穆迪奥、阿尔丰索·富恩马约尔、赫尔曼·巴尔加斯等几位文学小组的朋友的心情是矛盾的，既悲伤，又高兴得不得了，因为他们比谁都清楚这一欧洲之行对朋友的创作才华所具有的决定性意义。于是，朋友们替他保管了一部分书籍，在巴兰基亚市各家报纸撰文送别，在拉奎瓦酒吧热情招待他——他去波哥大时他们已经把聚会地点挪到这里。1955 年 7 月 15 日星期五上午，朋友们将他送上刚刚修好的"超级星座"。

第二天下午抵达巴黎，飞行时间长达 30 小时左右，因为飞机先后在百慕大群岛、亚速尔群岛、里斯本、马德里停留，几次更换螺旋桨。他是报界名人，又是《观察家报》特派记者，所以坐头等舱。头等舱还有一个乘客叫费尔南多·戈麦斯·阿古德洛，是新近成立的哥伦比亚电视台的台长，前往法兰克福采购辅助设备。加西亚·马尔克斯和他建立了一种以对音乐的共同爱好为基础的友谊，在飞机上自然是边喝酒边谈论音乐，直到航空小姐发布通知时才停止。当时飞机已经飞抵巴黎，即将降落，航空小姐要求旅客系紧安全带，身体蜷缩成众所周知的胎儿姿势，因为这架疲惫不堪的"超级星座"的起落架放不下来。

第二天，7月17日星期日，加西亚·马尔克斯乘火车去日内瓦，当天下午就到了，此时距他从巴兰基亚出发已经两天。尽管那年夏季摄氏30度的气温是两个大陆之间惟一类似的地方，他对世界的看法仍然和那条衔住自己尾巴的蛇一样①："我从火车上朝铁路两边张望，发现青草和倚着阿拉卡塔卡镇的火车窗口看见的青草一模一样，分毫不差。心想，飞了那么长的距离，喝了那么多的饮料，换了那么多次螺旋桨，结果呢，草仍然一模一样，还是在阿拉卡塔卡火车上看见的那样的草。"这种拿异国现实跟自己童年的现实比较的做法，不仅是作家观察世界的一个习惯，而且是避免让欧洲的新奇事物弄得眼花缭乱的一个办法。

表面上他没有被弄得眼花缭乱，但发第一份电讯稿时他感到恐惧，同一年前作为特派记者撰写关于麦德林市新月区地层塌陷事件的第一篇报道时，一样厉害的恐惧。在日内瓦一下火车，他立即走进一家第一眼看见的旅馆，换了衣服出了门，走到街上看了一下表，想起来此时大约是波哥大的上午10点或11点钟，觉得还来得及把第一份电讯稿发出去。可怎么发呢？他不知道去联合国大厦怎么走，更糟糕的是除了母语别的语言一概不会——他的法语水平太低，讲得嗑嗑巴巴的。他沿街前行，忽然看见一个长得像巴斯克人的德国神甫说着一口标准的西班牙语，此人就成了救星。在联合国大厦，他终于恢复了常态，振作起来，因为遇到了拉丁美洲报界的记者和几个哥伦比亚人，其中有正在无拘无束地遨游欧洲的自由撰稿记者卡洛斯·普约·德尔加多，和《时代

---

① 比喻他的目光回到了自己的出发点。

报》特派记者、散文家、历史学家赫尔曼·阿西涅加斯。后者的一部著作《加勒比地区传记》令他难忘，这本具有妩媚之美的书为他全面地深刻地展示了他的故乡，并且最终增加了他原有的对埃米利奥·萨尔加里一伙海盗的兴趣。

四国首脑的代表艾森豪威尔将军、布尔加宁、艾登、富尔举行的会议自然引起了全世界的关注。可是加西亚·马尔克斯来到日内瓦，得知会议由于 30 度气温而休会的时候，他认为这只能解释为这座城市对这一重大事件的漠不关心，因为在巴兰基亚炎热的天气不会使城市生活停顿下来，反而能让全城到处人来人往，熙熙攘攘。于是，他以初来乍到的"硬充好汉的加勒比人"的轻率，原原本本地采集了这个情况，编造出第一条电讯《日内瓦冷漠地对待会议》。第二天的《观察家报》即以此为标题在头版刊登了这条消息。

关于历时一周和全世界 1000 多名记者前去采访的这次会议，他还写了两条电讯和六篇很长的报道。然而，这位已经称得上优秀与杰出的记者在同欧洲的第一次接触中，却未能显示其优秀与杰出。除了素材的运用及情节的构思两方面，很难相信写于日内瓦的第一批文章的作者，跟撰写《哥伦比亚不承认的乔科省》和《我的历险纪实》的是同一个记者。三条电讯六篇报道，不仅缺乏他那一贯的功力，而且作为内容的趣闻逸事和资料如此肤浅空泛，以致一下子把加西亚·马尔克斯置于一种不合逻辑的境地：在全世界的政治首都，他成了低能的没见过世面的记者。而从前在哥伦比亚边远省份工作时，他则是优秀的才华横溢的记者。不过，之所以这样是由于时间紧迫，由于和其他记者一样对四国首脑会议围绕世界政治问题所策划的阴谋不知就里。此外，他不了解日内瓦及其历史，不懂外语又使他无法扩大消息来源，这才比较巧妙地停留在了事情的表面，并且讲一讲笑话，"舔一舔斗鸡"。向生于马甘格村的未婚妻，向《观察家报》社的朋友，向巴兰基亚的铁哥儿们寄去等于当面挤眉弄眼的信，以期顺便表明欧洲这块旧大陆并未叫他眼花缭乱。

不过，这是暂时的退步。一旦在罗马随后又在巴黎定居，时间宽裕，开始参观欧洲其他城市，逐步学习意大利语和法语，他马上写出了无愧于"世界上最好的职业"的华美文章，例如关于罗马姑娘魏尔玛·蒙特丝遇害事件的长篇通讯。此文创作之精细，能让我们想起那篇关于坠海水兵路易斯·阿莱汉德罗·贝拉斯科的报道。日内瓦的经历数年后在《异国旅行故事十二篇》之一里，作为富于成果的参考资料派上了用场。在欧洲，他是记者、作家、电影人。12 篇故事即是身兼三职的加西亚·马尔克斯撰写的一种小说体的回忆录。罗达诺河、莱芒湖、布尔格勒富镇、卡尔维诺的雕像、夏季的茉莉、车站的回忆、那年夏天巴黎的气息本身和它的咖啡馆，为 25 年后描写马提尼克①一位被推翻和流亡的总统的《一路顺风，总统先生》，营造了故事的环境。

根据同《观察家报》社商定的计划，加西亚·马尔克斯从瑞士到了意大利，采访即将举办的第 16 届威尼斯电影艺术博览会。后来，他怀着顽固不化的"舔斗鸡主义者"态度回忆说，日内瓦会议结束后，报社来电报要他前往罗马，准备教皇一旦由于噎嗝长逝，便予以报道。前一年秋天作家还在波哥大的时候，庇护十二世②呃逆发作，病情危急，可现在圣体早已康复，三年后才魂归西天。罗马确实是作家最向往的地方之一，因为那里有电影实验中心，在那里也许能见到他所崇拜的维托里奥·德·西卡和塞萨雷·萨巴蒂尼③。当时接触过加西亚·马尔克斯

---

① 马提尼克，岛屿名，位于东加勒比海的向风群岛中部，现为法国海外省。
② 庇护十二世，名叫巴塞利（1876-1958），1939 至 1958 年为罗马教皇。
③ 萨巴蒂尼，意大利电影演员兼导演。

的人后来众口一词地说，他那阵患着的电影麻疹跟文学麻疹报业麻疹一样严重，或者更加严重。

7 月的最后一个星期日，他在火车站突然感到的炎热气候，比起巴兰基亚的炎热来不是湿热，却一样严酷或许更为严酷——这是掺和着这座城市里具有千年历史的尘土的 35 度的高温。"跟阿拉卡塔卡一样"，他心里念叨着，想在已经瘫痪的城市寻找某个不畏酷暑依然干活的人，帮助搬运他这个周游世界者的箱子。找到了一个，这个既是搬运工又是他第一个向导的人，把他领到了附近民族街的一幢简陋的旅馆大楼。

他后来回忆道："那是一座十分破旧的用七拼八凑的材料翻修过的楼房，每一层就是一家单独的客店。窗子离罗马大剧院的遗址很近，看得见已成废墟的看台上数以千计的猫由于天热而昏昏欲睡，闻得见猫尿发酵后的浓烈臊味。我这位靠着给旅馆拉房客挣点儿份子钱的慈厚的向导，给我推荐三层的客店，说就这儿的店钱里包括一日三餐……当时是下午 5 点钟，前厅坐着 17 个英国人，全是男人全穿短裤全在打瞌睡。乍看上去，我觉得他们一模一样，仿佛是一个人在一排镜子里照出的 17 个影像。最引我瞩目的是他们那髌骨突出的粉红色的膝盖……然而，冥冥之中来自加勒比地区的不知什么奇异的声音在我耳旁悄悄地说，那一排粉红的膝盖为不祥之兆。于是，我告诉向导带我到另一家前厅没有这么多英国人坐着的旅馆去，他什么也没问就领我去了另外一层。当天夜里，住在三层旅店的 17 个英国人和其他客人吃罢晚饭，全都中了毒。"

在罗马遇到的这第一件事情，后来为他的另一篇旅行故事《十七个中毒的英国人》提供了素材，只不过小说里的中毒地点是那不勒斯，另一座在他身上打下永久性印记的意大利城市。这个炎热的孤独的

8月里，罗马成为一眼涌流出故事和人物的永不枯竭的清泉。可这个月加西亚·马尔克斯只给《观察家报》发出去两篇简短的通讯，一是介绍庇护十二世在卡斯泰尔甘多尔福镇①度假情况的，一是报道世界各地代表探讨耶和华历史遗迹问题的会议的。五个月出了五篇有关教皇的报道。他对教皇的关注可以这样解释：一方面，作为人和作为文人，他对上帝这一造物主所造之人之物怀有兴趣，况且教皇的友谊与陪伴在一位著名作家看来是非常值得骄傲的事情；另一方面，作为记者，他对一位由于去年秋季噎嗝症严重复发而更加出名的人物怀有兴趣——庇护十二世犯呃逆那阵，他跟何塞·萨尔加在《观察家报》编辑部一连三个星期忐忑不安。所以8月初，他跟随教皇到了卡斯泰尔甘多尔福镇的避暑城堡，在那里两次参加了谒拜教皇的典礼，站在离这位纯洁的大人物很近的地方，从近处看见基督耶稣的代表，并且仔细观察了他那双"仿佛用漂白剂搓洗过的寄生者的手"，这给他留下了十分深刻的印象。从此，教皇成为他的短篇和长篇小说里的人物，短暂然而经常地出现于书中。

第一次是将教皇写进了短篇小说《格兰德大妈的葬礼》，让他坐着一辆黑色马车，恰好也从卡斯泰尔甘多尔福镇出发，抵达大名鼎鼎的马孔多镇，出席那位封建女族长的葬礼。最近的一次，教皇以其本名出现在异国旅行故事之一的《女圣徒》中，故事的主要情节本来是加西亚·马尔克斯在罗马的那些欢快的日子里听来的一则奇闻。

据他一篇登报的令人难忘的文章说，他住在波尔赫塞镇附近安静的帕里奥利区的一座公寓与哥伦比亚男高音歌手拉斐尔·里维罗·席尔瓦相邻的时候，马加里托·杜阿尔特②的原型来了，好像要找位作家写

---

① 位于意大利中部，为罗马教皇避暑之地。
② 《女圣徒》里奇异女孩的父亲。

他似的。但是，多亏众人捐助才从遥远的哥伦比亚安第斯山区一个村庄来到这里的"马加里托·杜阿尔特"，要办的是一件庄严得多的事情——争取教皇给其七岁夭折但尸体多年不腐的女儿谥以圣徒称号。哥伦比亚领事打发他来里维罗·席尔瓦这儿，让歌手在公寓给他找个住处。那天，"马加里托·杜阿尔特"向两个人讲了他女儿离奇的故事，附带提到一路上的波折和来罗马的目的。"马加里托·杜阿尔特"万万想不到的是，这趟罗马之行，将会因他执着于一件旷日持久的伟业而把他变成后半辈子关押在罗马城中的囚徒。他的终极目标大概落空于和教皇的一次私人会晤。

与"马加里托·杜阿尔特"在古老的罗马城销声匿迹的同时，加西亚·马尔克斯继续旅行和写作，继续在通向那一鸿篇巨制的道路上成熟，却未敢紧紧抓住一个本身就颇具文学性和结局根本无法预料的题材。如果当时把这个故事写成文学作品，会显得不真实。30 年后在《女圣徒》里，这一题材的文学性果真未能得到充分利用。

女圣徒的故事加深了加西亚·马尔克斯与拉斐尔·里维罗·席尔瓦之间刚刚建立的友谊。后者和前者一样，原本也是地位卑贱的哥伦比亚人，靠着坚忍不拔的刻苦训练成长为男高音歌手。8 月，这位特派记者注视着教皇的行踪，并且一步步地再现罗马姑娘魏尔玛·蒙特丝遇害一案（这件丑闻两年以来弄得意大利人忐忑不安）的审理。与此同时，歌手每天清晨 7 点早早起床，在安静的帕里奥利居民区的房顶上可着嗓门练声。午饭后当罗马全城居民睡午觉时，这两人骑上一辆借来的自行车在城里游逛，或者去波尔赫塞大街找那些身穿缎子和粉色府绸衣服的"愁眉苦脸的雏妓"，随后在附近的十字路口喝杯冷饮。

男高音歌手旅居罗马已经六年，加西亚·马尔克斯曾经就他在欧洲获得的成功写过一篇通讯。作家刚来那几个月，歌手的友情对他是很大的支持。他不懂意大利语，而工作又要求他接触各种人和查询大量的资料，就像 8 月一整月加上 9 月一段时间撰写魏尔玛·蒙特丝遇害事件的详细的长篇报道时那样。那时，歌手自然而然地充当了向导和翻译。这一报道是他从欧洲发出的第一篇优秀作品。来欧洲将近两个月了，尚无任何有分量的新闻报道发表，起初写的那些东西实属空洞无物的急就章。因此他全力以赴地创作这篇内容广泛、材料翔实、叙述全面的特写。他比谁都清楚，报社派他出来为的是让能下长篇通讯这种金蛋的母鸡到欧洲继续产蛋。《世纪丑闻》堪称又一项报业成就，但首先是未来的《一件事先张扬的凶杀案》的作者证实其技巧的一次出色的实验。尽管它的风格不如《一个海上遇难者的故事》那样温柔、明快、紧凑，但对案件审理的叙述、包含于叙述之中的谋杀过程的再现、对搜捕凶犯的经过和魏尔玛真实性格的交代，这一切表明加西亚·马尔克斯已是一位成熟的小说家，掌握了撰写其传世之作的非凡手法。但是，他还要"心不在焉"几个月，继续做电影梦，继续在内心深处渴望成为塞萨雷·萨巴蒂尼，或许还想成为维托里奥·德·西卡。

在 8 月底 9 月初举办的第 16 届威尼斯电影艺术博览会上紧张的采访活动，大大助长了"心不在焉"的状态。两个星期夜以继日地看电影，看得他有生以来第一次深深地沉迷于电影之中。电影节的气氛是宜人的。清冷的秋天过早地降临到这座处处小船飘荡的水城，世界各国代表团陆续抵达，尤其前所未有的是东欧社会主义国家在刚刚闭幕的日内瓦会议的精神鼓舞下，战后首次参加了电影节。加西亚·马尔克斯异常亢奋（他的稿件中明显流露出这种情绪），以至于第二周之后他建议一位年轻的法国导演去哥伦比亚拍摄其下一部影片，他肯定地说，只要拟拍的电影有利于培养哥伦比亚演员和技术人员，并且真正具有哥伦比亚气息,"那里准会有人愿意与意大利合拍"。这番夸大其词的话,完全符合他旨在促进建立本国电影事业的由来已久的空想。

他在这届电影节上的另一项实实在在的成果,是联系好了十天以后途经奥地利前往捷克斯洛伐克和波兰的事宜。依然靠拢哥伦比亚共产党的加西亚·马尔克斯有一个夙愿,即实地考察现实中的社会主义,因为他一直非常怀疑一种仿佛一切宗教一样,建立在教条之上和实际上依靠糟糕透顶的官僚集团运行的体系。去波兰还有一个目的,就是参加华沙电影节,他已经作为哥伦比亚代表受到了邀请。他从的里雅斯特市①搭乘火车,于9月21日夜间到达维也纳。维也纳当时仍是战后协议所规定的进入东欧地区的必经之地。

然而此后四年,他不得不对自己同现实的社会主义的首次接触保持沉默。哥伦比亚的反共产主义思潮跟西班牙和美国一样愚蠢和根深蒂固,而且这个国家是军人独裁政府掌权,只要仅仅被人得知他越过了"铁幕"②的边界,他和报社就会遭殃。所以当时他只能说去了维也纳,发出了以维也纳为题的三篇报道,而将波兰和捷克斯洛伐克这两个话题,留到了两年以后在巴黎撰写系列通讯《"铁幕"里的九十天》时才讲。

维也纳迷住了他。漫游过碧波粼粼的水城威尼斯之后,他觉得这座"第三个人"的城市③宛若一片广袤的楼宇组成的金色森林。这里生活着100万热情快乐的维也纳人——赢得了第二次世界大战的大国前不久解除了对奥地利的管制,维也纳人终于完全自由了,所以越发快乐

---

① 的里雅斯特,位于意大利东北边境。
② 铁幕系曾任英国首相的温斯顿·丘吉尔1946年创造的一种说法,用以形容当时苏联推行的旨在把东欧社会主义国家与西欧国家隔离开来的政策。
③ 这是关于维也纳城三篇系列报道的总标题。

了。然而，更令加西亚·马尔克斯着迷的是卡罗尔·里德①的电影里的维也纳。徜徉于奥森·韦尔斯②和约瑟夫·科滕走过的那些地方时的惬意，再次证明他来欧洲寻觅的是电影而不是文学。但与他密不可分的文学总是伴随着他。返回罗马的前几天，在拉丁美洲学生喜欢光顾的一家酒馆，他遇到了一位女子，后来在作品中他常常将她的名字改做弗拉乌·罗维塔（在《我被雇来圆梦》里称她为弗拉乌·弗丽达）。他这位安第斯山区的女同胞完完全全是一个活生生的文学形象，因为她就是靠着在一个维也纳人的家里给人圆梦来谋生的。

就像他所有的短篇和长篇小说都取材于生活一样，《异国旅行故事十二篇》取材于这几年游历半个欧洲期间了解的故事和认识的人物。可是，若想确定真人真事有多少文学虚构有多少实际上是不可能的，因为与其他著作不同的是，12篇故事的素材的真实性只有加西亚·马尔克斯自己提供的证据可以证明，这些证据零零散散地分布于他的访谈录和见报文章。当然从深层次讲，关心这个问题的只有那些擅长无谓之争的评论家，因为从那时起直到永远，关于弗拉乌·罗维塔的那个轻率的难以置信的故事在阿拉卡塔卡镇这位魔术师的手中委实是千真万确的事情。

无论怎样，据作家本人讲，弗拉乌·罗维塔那个秋天也为他做了并且圆了一场梦。他俩最后一个夜晚沿着多瑙河岸边走边聊的时候，她推心置腹地说自己最近一个梦和他有关，叫他马上离开维也纳并且五年之内不要再来。满脑子层层叠叠地装着许多加勒比人的迷信的加西亚·马尔克斯，登上了黎明的第一趟火车返回罗马，永不再去那座"第三个

---

① 卡罗尔·里德（1906-1976），第二次大战后英国最卓越的电影导演之一。
② 奥森·韦尔斯（1915-1985），美国电影演员、导演、制片人和剧作家。主要影片有《公民凯恩》等。

人"的城市了。

整个 11 月和 12 月，《观察家报》刊载了加西亚·马尔克斯三篇关于维也纳的报道，三篇关于吉娜·劳洛勃丽吉达①和索菲娅·罗兰②的报道，以及另外四篇关于教皇的报道。与此同时，他用功地在电影实验中心学习导演。大约是 10 月底经新的保护神、阿根廷电影人费尔南多·比里介绍在这个中心注了册。

思想左倾的比里被迫逃离庇隆独裁政权统治的祖国，来到电影实验中心已经五年了。经过以"公民凯恩"为题的一场严格考试之后，他学了两年导演课程，如今作为维托里奥·德·西卡和塞萨雷·萨巴蒂尼的助手，已是小有成就了。所以在这个欧洲的电影圣地，加西亚·马尔克斯再也找不到比他更合适的领路人和保护人，来实现自己从影的夙愿了。日后拉丁美洲整整一代卓越的电影工作者都是这里培养的。

后来永远留在比里脑海的作家形象，就是这年秋天两人在电影实验中心见面时他的样子：中等身材、非常清瘦、脸色苍白，唇髭又黑又浓；头戴贝雷帽，身穿长得几乎遮住脚后跟的大衣。诗人豪尔赫·萨拉梅亚的儿子、"尤利西斯"的外甥阿尔贝托·萨拉梅亚，在波哥大写了一封举荐信，让加西亚·马尔克斯交给比里，信中恳求比里帮助他的朋友——一个希望进入电影界的记者兼作家。比里非常高兴地向作家介绍了所有的情况，领他转遍了电影中心，把他引见给以后可能用得着的人。

加西亚·马尔克斯一见比里，就知道自己又找到了一位终生的挚

---

① 劳洛勃丽吉达（1927—　），意大利电影女演员、专业摄影记者。
② 索菲娅·罗兰（1934—　），享有国际盛誉的意大利女演员，最擅长扮演富于激情而又带有乡土气息的女人。

友。他所了解的罗马，也从与男高音拉斐尔·里维罗·席尔瓦合住的狭小的帕里奥利居民区，扩展至比里贴满剪报的房间所在的西班牙广场大街9号和附近的西班牙咖啡馆，二人在此喝着咖啡，几小时几小时地谈论拉丁美洲电影业的未来，憧憬着以后能在一起共同从事电影业——30年后，在圣安东尼奥德洛斯巴尼奥斯①的电影学校，果然实现了这个愿望。所以，加西亚·马尔克斯只在电影实验中心学习了大约两个月，既不是没有朋友和援助，也不是一开始就迷住了他的令人赏心悦目的历史悠久的罗马古城的过错，而只能归咎于这个中心传授电影艺术时依然使用的效果甚微的迂腐方法。

作为非常热爱电影的人和熟谙小说技巧的作家，他十分清楚剧本是支撑故事片的看不见的梁柱，因此他几乎无条件地钦佩萨巴蒂尼这位隐藏于德·西卡及其他导演的成功影片幕后的巨匠。跟文学家和小说家加西亚·马尔克斯的兴趣与追求最相似的即是电影剧本，因而他的学习目的非常明确——研究剧本，只研究剧本。但中心不设电影剧本专业，仅在导演专业开了一门剧本课程。他只好在导演专业报了名。

对迂腐的教学方法由来已久的过敏反应，使得他不久便开始在课堂上打哈欠和旷课了，就像在波哥大和卡塔赫纳学习法律的短短几年里的情形一样。课堂上的理论太多太多了，因为教师们认为对于未来的导演和剧本作者而言，最有用处的知识是电影美学、电影语言理论和电影社会经济学史。加西亚·马尔克斯很快就失望了，之所以忍耐了七八周左右，是由于对自己学习意大利语的长进甚为满意，并且发现了地下室里颇具吸引力的其他事情：在电影资料馆看早期的经典作品，跟罗莎多博士在一起。这是剧本作者们不甚关注的一位女士，尽管她是一位了不起

---

① 位于古巴哈瓦那省西部城市，有温泉，为疗养胜地。

的剪辑课教师——操纵声画编辑器的魔术师。她一再向学生们强调，不了解犹如"电影之语法"的蒙太奇规则，就永远成不了优秀的编剧。加西亚·马尔克斯听罢是那样地兴奋，以致最后几个星期他实际上一直同罗莎多探讨电影故事的连续性问题。一年后，摄影师吉列尔莫·安古洛向罗莎多问起加西亚·马尔克斯时，她仍然记得自己教过的这个最好的学生，并且对他移居巴黎诚挚地表示遗憾。

就在这两个月里，加西亚·马尔克斯具有了（或曰忍受了）在电影《真可惜——他是无赖》拍摄过程中，担任导演阿莱杭德罗·布拉塞蒂的第三助手的短暂经历。一开始他很高兴，这并非完全由于中心安排的这个工作，主要是有机会见识扮演女主角的索菲娅·罗兰。然而根本没见着，他后来回忆说："因为在一个月里，我的工作就是在路口拽一根绳子，阻止看热闹的人过线。"

但是，在这件事情上人家几乎把他当做小厮并不足为惜。假如在摄制组的差事稍微诱人一些，他的电影欲将被强烈地刺激起来，他的命运说不定将会永远改变方向，他将推迟或许彻底取消在巴黎同《没有人给他写信的上校》的约会、在墨西哥同《百年孤独》的约会、在巴塞罗那同《家长的没落》的约会，以及同其他许多重要著作的约会。这些作品得以问世，其部分原因即是他的电影梦的一再破灭。

然而，在加西亚·马尔克斯的人生旅途和文学旅途中，巴黎却是不可缺少的。1955 年 12 月的一天夜晚乘火车从罗马来到巴黎之时，想来他会和老师海明威一样，觉得"巴黎的确是欢乐之都"。倒不完全因为它的来自世界各地的人流、它的文学传说、它的圣诞节灯光，而是因为作家看到战后的一代年轻情侣们到处亲吻：在火车上，在广场上，在公园里，在电影院，在咖啡馆。触目皆是的大庭广众之下的亲昵举动所流露出的愉悦，可能让他这样富于想像和情感的"粗鲁的加勒比人"觉得，这座光明之城，这座"全人类向往的城中之冠"，大大超过了他那位美国老师对其评价的程度，堪称永恒的伊甸园，仿佛原罪不曾发生，还可以违背神命。① 因为即便是在拥有上千年性爱艺术历史的罗马，他尚感到那儿的爱情依然是一种令人羞怯的需要严肃对待和掌握分寸的稀罕的美事。

巴黎就是巴黎——聂鲁达用"时间过去了，巴黎却没有过去"的诗句为之下评语的城市；能把超现实主义那样的文学艺术运动，或者阿尔及利亚战争② 与1968年5月学潮那样的痛苦事件，化为一阵阵过眼烟云，从而无动于衷地继续矗立于塞纳河畔的城市；一句话，涌动着先锋派潮流而精髓未变，并且或许因此不向外国人的梦想开放，在满足他们的渴望方面小气得近乎吝啬的城市。这一点，加西亚·马尔克斯不久便会亲身体验到。尽管如此，缔造马孔多镇——那里发生的一切都是真实的——的小说家，将要在这座代表欧洲文明的充满矛盾而又令人叹为观止的大都市，在欢乐和忧愁（深深的使人不安的忧愁）之中生活两年，撰写一部杰作，获得一种敏锐的鲜明的眼光以审视哥伦比亚和拉丁美洲。

当时他找不到比拉丁区居雅斯大街再好的地方。这条街的旅店里，被放逐的和自愿放逐的拉丁美洲人如此之多，以致街道开始被人叫做"居雅斯人部落"，因为那个时代独裁统治已经遍及拉丁美洲许多国家——存在着哥伦比亚的罗哈斯·皮尼利亚、阿根廷的胡安·多明

---

① 参阅《圣经·旧约》。指人类始祖亚当违背神命，与妻子夏娃偷吃禁果而犯下的罪称原罪，此处意即巴黎几乎回到伊甸园时代，男女可以赤身裸体。
② 阿尔及利亚于1954年11月发生武装起义，法国派兵镇压，从此两国发生战争，直到1962年阿尔及利亚正式独立。

各·庇隆、秘鲁的马努埃尔·奥德里亚、尼加拉瓜的阿纳斯塔西奥·索莫查、多米尼加的拉斐尔·莱昂尼达斯·特鲁希略、古巴的富尔亨希奥·巴蒂斯塔、委内瑞拉的佩雷斯·希门内斯等独裁政府。加西亚·马尔克斯先在拉斯帕伊大街的法国文化促进会里面住了些日子，接着搬到圣米歇尔大街对面拉克鲁瓦夫妇开的破旧不堪的佛兰德旅馆。这里有另外一些拉丁美洲人，如古巴诗人尼古拉斯·纪廉和刚从马略卡①回来的青年学生普利尼奥·阿普莱约·门多萨。后者后来成为他的挚友和哥伦比亚的优秀记者。虽然七年前在波哥大一家阴暗的咖啡馆，路易斯·比亚尔·博尔达曾为他俩互相介绍过，但两人各自通过报纸和共同的朋友所了解的对方的情况，确实比通过回忆 40 年代末那次短暂的会面而了解的要多。

著名报人和政治家普利尼奥·门多萨·内拉（自由党领袖豪尔赫·埃列塞尔·盖坦的亲密合作者和进步周刊《星期六》杂志社的社长）的儿子普利尼奥·门多萨，与父亲赶上了目睹盖坦死于病夫杀手胡安·罗亚·谢拉枪下的情景，这给他的人生与政治生涯留下了不可磨灭的印记。少年时的普利尼奥就在《星期六》周刊上发表了最早一批抒情散文。加西亚·马尔克斯跟他头回见面的那个时期，已经看过这些文章。作家当时正念法律专业二年级，刚在《观察家报》发表了三个短篇小说。是年未满 16 岁的普利尼奥·门多萨，对那位 20 岁的沿海青年会阅读自己多亏父亲关照才得以发表的首批抒情散文多多少少感到了一点惊讶。

但他当时不知道的是，这个沿海青年从锡帕基腊中学时代起，便是父亲办的周刊，尤其是周刊的由"石头与天空"派的诗人爱德华多·卡

---

① 马略卡，西班牙岛屿，位于地中海西部。

兰萨主持的文学副刊的贪婪读者。中学生加西亚·马尔克斯仿照副刊一个栏目的样式在自己主办的第一家报纸《文学报》上开辟了专栏《哈维尔·加尔塞斯的抒情散文》，于1944年7月在专栏登载了第一篇抒情性散文《一河之瞬间》。

换句话说，就像加西亚·马尔克斯跟别的挚友（穆蒂斯、塞佩达、萨穆迪奥、富恩马约尔、巴尔加斯）的关系一样，早在生活让他和普利尼奥于圣诞节前夕，在拉丁区巴黎大啤酒杯酒吧结为朋友之前很久，文学与报业已经使他俩逐渐靠拢。那个下午他们正好畅谈了生活、报业、文学。

当时，普利尼奥·门多萨正跟另外两个哥伦比亚人——作家阿图罗·拉瓜多和数学家兼文学家卡洛斯·奥夫雷贡在一起，忽然看见了穿着缀有皮鬃鬃的驼色大衣的他——还是拳曲的黑发，还是浓密的唇髭，还是有个瘊子。这副模样，在《枯枝败叶》出版后已为哥伦比亚报界所熟悉。于是他们聊了小说，聊了福克纳，聊了他在日内瓦、罗马、威尼斯的采访活动。但加西亚·马尔克斯给对方的印象不太好，其生分而自负的谈吐让普利尼奥觉得此人傲气十足，甚至认为他是被初期的荣誉冲昏了头脑，要么就是沾染了某些波哥大暴发户的那种目空一切的习气。

然而圣诞节的第二天晚上，误解冰释。这天普利尼奥·门多萨邀请加西亚·马尔克斯前往格奈古大街哥伦比亚建筑师埃尔南·比耶科的家里，跟他的几个朋友一起吃晚饭。众人在阁楼的壁炉上烤着火就着味道鲜美的色拉和波尔多红葡萄酒，吃光了一只香喷喷的猪肘子。踌躇满志的特派记者脱去假面具，弹着吉他唱起了朋友拉斐尔·埃斯卡洛纳谱写的歌曲。不过，普利尼奥·门多萨完全看到了那个兄弟般亲密而朴实的加博，那个真实的仿佛在自己家里一样的加博，则是三天之后的事情，当入冬以来的头场大雪覆盖了巴黎的屋顶、街道、公园的时候。下得沸沸扬扬的鹅毛大雪改变了世界的形象，也改变了加夫列尔自身以及在普利尼奥心中的形象。普利尼奥后来回忆说，这个高兴时容易接近、愉快时性格外向的阿拉卡塔卡人在卢森堡广场和圣米歇尔大街奔跑起来，欢呼雪的奇迹。皑皑白雪已不是属于圣诞节明信片与仙女故事的文学题材，而是切切实实的冷冻水的奇迹，一如五岁时外公拉着他的手，领他到香蕉公司特派员办事处看到的冷冻棘鬣鱼上面的冰块。

　　普利尼奥·门多萨为他们两人高兴："谢天谢地，他真好！"并且深信这是一场长久而诚挚的友谊的开端。他后来也变成加西亚·马尔克斯在巴黎、加拉加斯、莫斯科、波哥大、哈瓦那、巴塞罗那艰难地从事新闻工作时的朋友和志同道合的伙伴。12月的最后一星期和整个1月份，他俩都在一起，游览这座永恒的都市里人们一般常去的那些景点，拜访新交的朋友，直到普利尼奥·门多萨返回加拉加斯。他一家流落委内瑞拉后，已经在那里居住很长时间了，这次回去他将投入《精英》和《时刻》这两家杂志的工作。

　　可是，首先挫伤加西亚·马尔克斯锐气的，不是出身高贵的名媛巴黎，而是他本国的军人独裁政权。同别的民主派报纸一样长期跟罗哈斯·皮尼利亚发生龃龉的《观察家报》，被迫停刊，一停就是两年多。报社关门的消息是作家和普利尼奥在学府大街一家咖啡馆，从《世界报》上看到的。加西亚·马尔克斯一时没有发愁，因为他本来就打算在法国尽量多待些日子，好把那些一拖再拖的短篇和长篇小说写完。不过从前报社按时寄来的支票如今没有了。2月初无法向拉克鲁瓦太太付房租，于是这位老看见他开夜车写作到天亮的房东，将他打发到八层的阁楼去住，等交齐房钱再搬下来。

　　他的经济状况不久似乎有所好转，因为2月15日新创刊的《独立者报》开始出版。它是代替《观察家报》的，头两个月由曾经当过总统和将来还要当总统的阿尔贝托·耶拉斯·卡马尔戈主持，他是一位宽容而精明的政治家和杰出的作家与报人。加西亚·马尔克斯在新报上登出了分17次连载的又一篇通讯《法国的秘密进程》。但即使这样，支票也不能准时寄到，尽管他不断致信编辑部主任，详尽诉说自己令人震惊的困苦生活。自4月这个"最残酷的月份"起，支票再也不来了。《独立者报》4月15日停刊后，报社寄来了回国的机票。他退了机票，留在巴黎，靠着这笔退票款维持生活，以期撰写"关于匿名帖儿的小说"——他为它已经苦恼了三个多月。

　　前一年12月那天下午在巴黎大啤酒杯酒吧遇到普利尼奥·门多萨时，作家对他说决心坐下来写完"匿名帖儿的故事"。这件陈年旧事从苏克雷——他全家生活了12年、他自己度过学生时代无忧无虑的十分幸福的假期的村镇——时期开始一直在他脑际萦绕。这事虽然含混不清，却曾像达摩克利斯剑[①]一般高悬于苏克雷人的尊严与安全之上。大约在40年代末，苏克雷镇的墙壁上开始出现匿名帖儿，内容是人们的各种互相指责。堵塞民众之口的戒严状态和肆虐全国的暴力活动助长了匿名帖儿的滋生和蔓延。这些搅乱人心的小纸片，在道德、社会、政治方面造成了令人惊恐不安的局面，逼迫许多户居民，如巴尔恰·帕尔多一家和加西亚·马尔克斯自己全家移居他乡。作家给上述形势又添加了早在1940年初也是发生于苏克雷镇的一件事：镇乐队的低音乐器演奏者华金·维加被他情妇的丈夫砍了头。脑子装着这种设想、村镇的真实面貌、阴凉处亦高达30摄氏度的气温和水面漂浮着油牡荆的河流，加西亚·马尔克斯于1月的一天夜晚把自己关在佛兰德旅馆的房间里，一

[①] 典出希腊神话，叙拉古王请其宠臣达摩克利斯赴宴，让他坐在宝座上，头上方悬着一把用马鬃拴着的利剑。人称之为达摩克利斯剑，比喻随时可能发生的危险。

口气竟写满了十页四开的纸，继而立刻觉得手中的东西不是短篇而是长篇小说。于是，他制订出详细的计划，发狂似的写出了多年以后称为《恶时辰》的作品。

他总在夜里写作。写的时候穿着厚厚的衣服，腿挨着暖气片，因为只有寒冷和噪音会打扰他的工作。未婚妻"神圣鳄鱼"梅塞德斯的照片摆在目光可及的地方，窗外是宛若"时间的古老的眼睛"一般的拉丁区的房顶，这从心理上给他弥补了屋顶低矮并且倾斜的阁楼里空间狭小的不足。家具简朴：一个小衣柜、一张普通的床、一个带灯的床头柜、一张写作用的放打字机的桌子，红色的便携式打字机是普利尼奥·门多萨以40美元卖给他的。索邦大学的钟声每个小时都在催促时间前行，他则驻足于自己小说中的虚幻世界的非常缓慢的时间里，伴随着一支接一支的香烟和一页接一页的稿纸，使劲敲击打字机的键盘，直到黎明时分窗外传来运垃圾的卡车的响动，或者卖面包的小贩的吆喝，这才从作品中的时间回到现实，上床睡觉，继续呼吸着室内充满两盒廉价香烟的烟雾的空气。

中午前后醒来，到旅馆的公用浴室洗个淋浴，穿上两条牛仔裤中的一条、一件旧毛衣、缀着皮鬆鬆的驼色大衣、戴上围巾。在门厅，善良的拉克鲁瓦太太一边摩挲着卧在写字台上的几只猫，一边一如既往地告诉他钟点，交给他信件。

拉丁区的小街道老是弥漫着炒栗子味儿，一旦忽然同持久不散的煮菜花儿味儿混合，便不知是什么味儿了。街上一处地方在响起乔治斯·布拉森斯的歌声之前和之后，可以听到手风琴拉出的怀乡曲。那些像他一样在拉丁区的卡普拉德和阿克罗波莱这两家便宜餐馆排队买饭的亚洲人、非洲人、拉丁美洲人，十分喜爱乔治斯的歌曲。

拜访一些友人，参观一些地方，随便在哪里发起"第三次冲击"

（吃晚饭）之后，深夜，身受煮菜花气味儿（一种纠缠他直到《百年孤独》和《雪地上的血迹》中的气味儿）折磨的他返回居雅斯大街的佛兰德旅馆，一级台阶一级台阶地爬上八层，重新关进阁楼撰写讲述匿名帖儿的小说。索邦大学的钟声依然一小时一小时地催促着时间前行，可他对此并不在意——他已再次走入自己作品的十分缓慢的时间和十分炎热的天气里了。

这部匿名帖儿题材的小说跟《家》一样，最终导致了故事和人物的"爆炸"，它们的数量比预计的激增，都需要空间和时间予以容纳。较之《枯枝败叶》，新作品对他而言多了一个困难。他想按照去年左派朋友们的建议，直接使用现实素材和真实的语言创作这部小说，来抨击十年以来国家所忍受的暴力猖獗的局面。在一个像苏克雷这样他非常熟悉的村镇的环境中，在他撰写的刊载于《观察家报》的那些通讯报道的基础上，《恶时辰》将怀着成为一部"反对罗哈斯·皮尼利亚独裁统治"的小说的坚定信念问世。书中把独裁政权予以缩小，镇长代表总统，法官代表司法部长，教区神甫代表红衣主教，镇上一位富翁代表寡头。

数月的紧张劳作之后，小说的一个次要人物开始成长，具有自身的重要性，直至走出这部小说，要求另起炉灶对其进行描写。他是参加过千日战争的老上校，由于担心香蕉树的气味会熏烂肠子而离开《枯枝败叶》里的马孔多镇，来到这个"镇子"（苏克雷这一名称从未在作品中出现过）住下来，一面等待领取退伍老兵的年金，一面饲养一只斗鸡。斗鸡确是他生活中的惟一希望。这样，大约到了1956年春天，加西亚·马尔克斯只好将匿名帖儿这部小说的500页手稿用一条五颜六色的领带捆好，搁置起来，以便满足老上校的要求——他后来成了加西亚·马尔克斯塑造的人物里刻画得最简洁、最着意、最真挚的一个。当《没有人给他写信的上校》第一稿写完时，流金铄石的夏天在拉丁区的房顶上已近尾声，而拖欠拉克鲁瓦太太的房租则月复一月地继续累积着。

在一生最为艰苦的这段岁月，他向所有的朋友发出了求助的呼唤。赫尔曼·巴尔加斯还在波哥大收到一个有点儿奇怪的要求——那位友人叫他尽快寄去一部关于斗鸡的专著，内容应尽量全面，应涉及斗鸡的种类及其特性和斗鸡场的运作机制。没有这样的书。惟一能写这种东西的人名叫基克·斯科佩尔，正在哈瓦那。赫尔曼·巴尔加斯求了他。短短数月之后，加西亚·马尔克斯在阁楼里得到了当时哥伦比亚最优秀的斗鸡专著。

这一年无疑是作家最穷的一年。比起这阵的贫穷，卡塔赫纳与巴兰基亚时期的贫穷是金色的贫穷，因为在地域广阔民风豪爽的加勒比地区，处处都有情愿为他倾囊和倾心的朋友。然而巴黎毕竟是巴黎。一年来，他从阁楼的窗子看见巴黎的天气由冷变热，再由热变冷，然而就连四季的更迭也未在这个精髓不变的王国留下丝毫印记。相反，他却像自己小说里的人物一样，活活地耗尽了自身。

正如加西亚·马尔克斯本人后来回忆的那样，那时他被迫天天过着非常艰难的日子，因为不可能在巴黎找到工作——仅仅会一点法语，根本无望领到就业证。所以他一边写小说一边还要想尽办法来维持日复一日的生活。吃完机票退款的最后一个法郎时，他搜集了一些瓶子和旧杂志旧报纸，拿去换回几个法郎。幸运的是他的餐桌上从未缺过一瓶葡萄酒和一个长条面包，他也总能在哪个朋友的厨房煮一点儿应急的意大利面条。有一个屡试不爽的办法——他和处境同样窘迫的拉丁美洲同胞发现，"买一块牛排，卖肉的会饶给一根骨头，用这根骨头可以熬汤。有时还有人借骨头熬汤，熬完再把骨头还回去"。

他当时认为，如果这种苦日子每坚持一天书稿就增加一页的话，他将逐步巩固小小的胜利，日益坚定地实现不可动摇的当作家的理想。可是到了不得不在地铁里讨要一个法郎的一天，他蓦然醒悟，明白了自己处境的严酷。创作小说的热情如此之高，撰写的效果如此令人满意，以致从未忘记人格尊严的他允许自己接受最贫穷的生存方式。然而当被迫讨要那个法郎——他坐过了站，要返回去没有钱——的时候，特别是给他法郎的那个倔强脾气的法国人连他的解释也不屑于听的时候，他明显地感到很难过很难堪。

然而这年9月他重操记者旧业，开始为加拉加斯的《精英》杂志撰稿。另外又找到一个体面地维持生活的营生：在太子大街的"梯子"夜总会唱歌——巴黎那些没有固定职业的拉丁美洲专业歌手和业余歌手都去那里唱歌。平时写作之余的拿手好戏是在吉他与六孔萧伴奏下唱巴耶那托歌曲，但在这里则跟委内瑞拉画家赫苏斯·索托搭伴，以二重唱的形式演唱兰切拉民歌。"梯子"夜总会的收入可比搜集旧报纸卖强得多了，平均一晚可得500法郎，合1美元多一些。

在这困难的一年，加西亚·马尔克斯写信给在波哥大的阿尔瓦罗·穆蒂斯和赫尔曼·巴尔加斯、在墨西哥的罗德里戈·阿雷纳斯·贝坦科特、在加拉加斯的普利尼奥·门多萨、在巴兰基亚的阿尔丰索·富恩马约尔、阿尔瓦罗·塞佩达·萨穆迪奥和阿莱汉德罗·奥夫雷贡等友人的告急信塞满了他们的信箱。有些信附带着文章，让朋友找个能付些许稿酬的地方去发表。朋友们对逆境中的他自然是尽力拉一把，不过当时的邮局毫无快递意识，他每天越是着急，越是觉得回信来得慢，好比电影镜头越是摄得快，放映出来的动作就越慢。但是真正的原因在于，朋友们得把钱换成美元寄给他，而兑换美元当时并非易事。更难的是得把美

349

元夹在信纸中，来躲避一个肯定将他列入黑名单的政府的检查。

在加拉加斯的普利尼奥·门多萨收到加西亚·马尔克斯的求助呼唤，立刻在自己主管的《精英》杂志上刊登他的评论和报道，以解燃眉之急。阿尔丰索·富恩马约尔、赫尔曼·巴尔加斯、阿尔瓦罗·塞佩达·萨穆迪奥和阿莱汉德罗·奥夫雷贡等人则成立了"援助加比托朋友协会"，换来一张面额百元的美元，接着聚集在"世界书屋"商量怎样将这张钞票寄给巴黎那位没有固定职业的朋友。身为共产党员的书店老板豪尔赫·隆东教给他们一个办法，给他们讲述他在波哥大的共产党党部如何学会把明信片从中间剖开夹寄密信。于是朋友们毫不走样地按照隆东说的办法，将百元大钞夹在明信片中间，小心翼翼地粘牢，再写上几句深切怀念热烈拥抱之类的话，寄给居雅斯大街16号的佛兰德旅馆里的加比托。到了邮局他们才想起加比托不知道这个窍门，也就根本想不到明信片里会有美钞，便又另外写了一封信说明原委，和明信片同时寄走。一周之后，加西亚·马尔克斯从阁楼下来吃午饭时，拉克鲁瓦太太亲切地交给他一个明信片。果然不出朋友所料，一见那纸片上净是些在他骨瘦如柴的此时此刻毫无用处的想念拥抱之类的话，他真的生气了，骂了句"这些狗东西"，随手将明信片扔进垃圾箱。幸好当天下午那封信到了，他急急忙忙下楼寻找那张极其可爱的明信片。很快找到了。

作家穷困潦倒之时，至少有人给他写信——虽然信到得迟了一些。可他小说里那位年老的上校，多年间靠自己的饥饿养活自己的上校，将在有生之年一直等待永远不会到来的退伍年金。

加西亚·马尔克斯笔下的人物中第一个鲜明的形象，是50年代初期在巴兰基亚的鱼市，怀着"静悄悄的忧虑"等待一只小船的一个男人。久而久之，这个形象自然而然地与作家的外祖父、曾在35年间等待领取"千日战争"参战老兵退伍津贴的尼古拉斯·马尔克斯的经历融为一体。外祖父的经历也是同一个阿拉卡塔卡镇的何塞·罗萨里奥·杜兰将军、巴耶杜帕尔县的克莱门特·埃斯卡洛纳上校和作家漫游哥伦比亚的加勒比地区那些村镇时密切接触过的另外许多上校与将军的经历，后来又成为参加朝鲜战争的老兵的经历，作家在其精妙的通讯中给我们叙述了这些老兵的凄惨境况。

1955年2月，上述那个人物的轮廓、性格、命运进一步清晰之时，作家在波哥大看了维托里奥·德·西卡和塞萨雷·萨巴蒂尼的电影《翁贝尔托·多莱尼科》。加西亚·马尔克斯后来亲口讲，翁贝尔托·多莱尼科·菲拉里这个人物以其悲惨的尊严与等待使他"不可抗拒地想起自己的外公"。那种等待在尼古拉斯·马尔克斯上校是每周一次的、定时的、并不是大惊小怪的，而对于每个星期四陪他去邮局的外孙来说则是十分可笑的。所以，当老上校这个人物脱离了以匿名帖儿为题材的那部小说，要求为自己另起炉灶时，加西亚·马尔克斯以为就此大概能写成一出喜剧，然而当他自己在佛兰德旅馆的阁楼，也等待一封拯救信，亲身体验外公的痛苦时，他很快明白那根本不是喜剧，而是无声的悲剧。自己所写的，也是自己正在经历的事情，仿佛书稿中的故事情节移到了现实当中。

如同卡夫卡的《变形记》、加缪的《局外人》、海明威的《老人与海》里的人物一样，加西亚·马尔克斯从个人的生活经历与本国的文化传统中发掘出的老上校这个人物，被他塑造成20世纪最辉煌的文学形象之一。通往根源的这坚实的一步，是在佛兰德旅馆狭窄的阁楼最终迈出的。在这里，在整个1956年，他懂得了真正作家的愿望与使命是任何东西，即便是饥饿都不能扼杀的。

从这年中期至第二年初期，这篇小说九易其稿，直至成为一部无可挑剔的小部头的杰作。然而当时只有作为第一批读者的朋友们知道这个作品。一年半时间，书稿从这座城市转到那座城市，从这个出版商转到那个出版商，谁也不敢出版。加西亚·马尔克斯用新闻纸将稿子抄成几份，分别寄给罗马的吉列尔莫·安古洛（他步加西亚·马尔克斯后尘去了电影实验中心）、加拉加斯的普利尼奥·门多萨、波哥大的赫尔曼·巴尔加斯。巴尔加斯和普利尼奥一样，跑遍了当地的出版社，寻找一位愿意出版的仁慈的有眼力的出版者，但就是找不到。人家全这么回答，"稿子似乎挺有意思，不过我们不能冒险。您若自费出的话，我们就干"。可他们要的价钱，几乎是等同于作家本人住店一年后拖欠慷慨的拉克鲁瓦太太的房租一样的天文数字。

拉克鲁瓦太太把作家收留在阁楼，一次也没管他要过钱。她觉得既然他每天夜晚不停地写作，他所做的事情必定多少有些意义，跟另外那些见天晚上唱歌酗酒的拉丁美洲人不同。她慷慨得过了头——这年年底，得到朋友埃尔南·比耶科资助的加西亚·马尔克斯，去向她支付拖欠的 12 万法郎的房租，她感到这数目太大，说不行，不能要这么多，让他先交一半，那一半以后再交。

加西亚·马尔克斯永远不会忘记拉克鲁瓦太太的大慈大悲，她的准时告诉他钟点以及她身边那些十分健壮的猫。而她，则会继续亲切地记着那一年里他的一成不变的身份："住在八楼的记者马尔克斯先生"。

1956 年底，作家离开佛兰德旅馆，搬到阿萨斯大街跟塔奇娅·金塔娜合住她的"仆人房间"。塔奇娅是个活跃、豪爽、"无所畏惧的巴斯克女人"，工作是家政服务，颇有志于往戏剧界发展。这一短暂而热烈的但由于双方性格及生活观不同而障碍重重的恋情，虽然最终淡化为长久的友谊，然而当时对困境中的作家而言，好比是上苍伸出的救助之手。跟"将军"——作家那些朋友给塔奇娅·金塔娜取的绰号——在一起，加西亚·马尔克斯得到了爱情、食物和舒适的住处，能够稍微安心地撰写那部关于匿名帖儿的长篇小说，一直写到 1957 年。两人尽管秉性各异，第一次严重的争吵却是因为塔奇娅鲁莽地指责他为何不改行干点儿别的什么赚钱的营生，而要写那些卖不出去的小说？这种责备，在像他那么执着的作家身上产生了严重的后果，从那天起，他越来越难于接受她慷慨的保护了。于是她懂了，这个性情温和然而迷恋文学至死不渝的情人，很快就不在她的"仆人房间"唱拉斐尔·埃斯卡洛纳谱写的《中学的饥饿》、《莎拉老太太》、《女罗盘手》等巴耶纳托歌曲了。

这一时期，他的拉丁美洲朋友以及阿拉伯和法国朋友的数量剧增。5 月初从加拉加斯到巴黎来过一趟的普利尼奥·门多萨后来回忆说，加西亚·马尔克斯那时已经有了 12 个法国朋友，这伙人忠厚诚实而放荡不羁，以各种办法谋生，每周五都在切鲁比尼大街的一个阁楼聚集。不过他只跟哥伦比亚及拉丁美洲的挚友在塔奇娅的住处聚会，围着一锅油汪汪的西班牙风味的杂烩米饭和几瓶好酒，来庆祝他们依然活着并仍在憧憬未来这一奇迹。常常是每个人来时都带着一瓶酒一截香肠或者一块奶酪——普利尼奥·门多萨、埃尔南·比耶科、阿图罗·拉瓜多，还有从莱比锡到此续签证的路易斯·比亚尔·博尔达都这样做。

伴随着一杯杯美酒和袭上心头的一阵阵乡愁，自然少不了阿塔瓦尔帕·尤潘基、拉斐尔·埃斯卡洛纳、乔治斯·布拉森斯的歌曲。加西亚·马尔克斯随着吉他的旋律，字正腔圆地唱着这些歌。那阵子，他不光能够听懂布拉森斯的歌词中的文字游戏，还能分辨所有品种的奶酪和葡萄酒的味道，并且成了熟悉巴黎的黑话和城区的偏僻角落的专家。让普利尼奥·门多萨惊异的是，仅仅一年半工夫，他似乎已对巴黎了如指掌，尽管还要拿出足够的时间来证实巴黎并非欢乐之都，确切地说而是一头猛兽——有点儿像摸彩摸到的那只老虎。

不对这个外国人的希冀与渴望开恩的巴黎，继续以其时间法术消耗着风尚和人，在圣日耳曼德斯普雷斯大街那些咖啡馆，萨特被当做世间一种稀罕的物件来展览，存在主义成了吸引游客的一块招牌。甚至于春季的一天，当加西亚·马尔克斯忽然看见欧内斯特·海明威与妻子沿着圣米歇尔大街散步的时候，也觉得他这位永远热爱巴黎的导师是一个干瘪老头儿。他像敬仰另一位美国大师威廉·福克纳一样地敬仰海明威，然而出了名的腼腆使他不知所措，站在对面的人行道上一动不动，只是两手卷做喇叭筒状斗胆喊道："老师——！"对方转身扬了扬手臂，几乎看也不看他地回答："朋友，再见——"当然大师根本想不到这个老远跟他打招呼的无名小卒，在他的教诲下刚刚写完一部堪同《老人与海》相提并论的篇幅短小的杰作，也想不到这个小人物日后会成为他的子弟中最出类拔萃的和饮誉世界的一个。

　　可是阿尔及利亚战争尚未成为过眼烟云，依然是具有威胁性的现实。加西亚·马尔克斯以其酷似阿拉伯人的面孔亲身体验了这一威胁。一天晚上他从电影院出来时，法国宪兵队将他当做阿尔及利亚人抓起来，侮辱他，把他同另外一些跟他一样忧郁、一样蓄着小胡子、一样受到侮辱的真正的阿尔及利亚人，关进了圣日耳曼德斯普雷斯警察局。为了排遣苦恼，那天夜晚他们唱起了乔治斯·布拉森斯的歌，一直唱到天亮。于是他做了他们、特别是医生阿默德·特巴尔的朋友，阿默德最终使他贴近了阿尔及利亚的独立事业。就在这一时期，他写了几篇关于阿尔及利亚战争和苏伊士运河争端的报道。

　　尽管如此，巴黎的艰难岁月中最值得铭记的还不是这一时刻，而是越过圣米歇尔大桥走向西特区的那天清晨。那一刻，他在雾霭中看见一张面庞和一双欲哭的土耳其式的眼睛的轮廓，慢慢的，轮廓越来越清晰，他惊呆了，因为他觉得看到的是正在走出饥饿的自己。体重大约减轻了 5 公斤，却磨炼得能够忍受任何饥饿；便携式打字机的键盘严重磨损，却打出了一部小小的杰作；更加世界化，却又比以往任何时候都更是哥伦比亚人和拉丁美洲人；更加睿智和从容，却怀着越过边境的强烈好奇心——普利尼奥·门多萨 5 月初见到的加西亚·马尔克斯便是这副模样。这年夏天，他俩游历了两个德国、俄国和乌克兰。

东德之行证实了加西亚·马尔克斯 1955 年秋天在波兰和捷克斯洛伐克看到的事情——从苏联输出的社会主义是窒息这个国家人民的一件奇怪的紧身衣，因为革命不是产生于他们本身的历史需要，而是在"不信任他们的情况下，将革命装进箱子"从莫斯科运来"放在那里的"。尤其到了莱比锡，作家论断的正确性就更加清楚了。

他俩打算穿越两个德国到达东柏林，中途经过海德堡、法兰克福、魏玛和莱比锡。路易斯·比亚尔·博尔达在莱比锡等他们，他在这个城市过流亡生活已有一年。比亚尔·博尔达跟加西亚·马尔克斯、贡萨洛·马亚里诺以及后来当了神甫的卡米洛·托雷斯都是波哥大国立大学法律专业的同学，这四个人当年还围绕着《理智报》——后来比亚尔·博尔达和卡米洛·托雷斯曾经主持过这家报纸——的副刊《大学生活》组织过一个大学生文学四人小组。罗哈斯·皮尼利亚独裁政府对左翼反对派的迫害加剧之后，比亚尔·博尔达同所有遭迫害的人一样被迫流亡国外，胳肢窝夹着一份奖学金去了莱比锡。他每次到巴黎看望加西亚·马尔克斯都是从莱比锡去的。在佛兰德旅馆和阿萨斯大街的仆人房间，夜晚他们长时间地谈论东欧国家的"现实的社会主义"，谈论卡夫卡描述的官僚集团的极其严重的障碍作用。这样，参观东德就成了作家的夙愿，比亚尔·博尔达的每回来访都催促他实现这个愿望。

恰当的时机来了。携妹妹索莱达刚从加拉加斯来的普利尼奥·门多萨，买了一辆很小的雷诺四型敞篷汽车，兄妹俩和作家开着它，以100公里的时速奔驰在从前希特勒为了战争建造的平坦宽阔的高速公路上。参观了海德堡漂亮的大学城、魏玛附近的布痕瓦尔德纳粹集中营遗址、歌德的著名的法兰克福①（在此他们拜访了哥伦比亚诗人爱德华多·科特·拉穆斯）之后，在莱比锡带上比亚尔·博尔达，他陪同这三人到了柏林。这次旅行不过两个星期，可对加西亚·马尔克斯来说，收获抵得上几年的经历。

自从在一个也分为两半儿的下午，越过分隔两个德国的疆界以后，他们又一次清楚地看到从外国输入的"现实社会主义"不仅运作不灵，而且跟马克思的社会主义，跟加西亚·马尔克斯及其同代人装在心里的那种空想的和纯理论的革命完全相反。他觉得边防哨兵"不灵活不称职，像是半文盲"；海关关长"体态和举止粗俗"；早晨，东德人像是"受到伤害的痛苦的人，毫无食欲地吃着一份有肉有煎鸡蛋的丰盛的早餐"；希特勒营造的高速公路很好，但俄国人把这些横亘于辽阔的撂荒地的公路弄得空旷荒寂，路上跑的只有他们的颜色单调的卡车；柏林的人行道一边是社会主义一边是资本主义，这荒谬绝伦；东柏林糟糕透顶；除了住着1万名受到官僚集团优待的工人的"丑陋滑稽的庞然大物"斯大林大街，大部分东德人的房屋仍然没有修缮；他们"贫穷和肮脏"，使用"粗糙的质量低劣的商品"；甚至柏林也像是一座"跟全国的经济状况相符的黯淡的城市"；比起漂亮的海德堡，莱比锡仿佛是"一座昏暗的城市，陈旧的有轨电车上挤满衣衫褴褛和神情沮丧的人"；动辄排队和定量供应商品"不起作用"，这一点"最像无政府状态"；就在莱比锡，他觉得令人困惑的是在"新的世界里，一切事物显

---

① 歌德生于法兰克福。

得陈旧、衰败、腐朽"，他"不理解东德人民夺取了政权、生产资料、商店、银行和交通设施，却又是一个忧伤的人民——我以前从未见过如此忧伤的人民"。

这些符合事实的正确见解，不仅对于加西亚·马尔克斯，而且对于路易斯·比亚尔·博尔达、普利尼奥·门多萨和索莱达·门多萨而言，都是痛苦的。在柏林和莱比锡他同这三个旅伴一整天一整天或者一整夜一整夜地谈论从国外输入的共产主义，和输出者莫斯科自己的共产主义的无法掩饰的悲剧。他们返回巴黎短暂停留之后，将于8月前往神秘之城莫斯科。

早在罗马的时候，加西亚·马尔克斯就多次想以报社特派记者的身份申请去苏联的签证，但四次被拒绝，因为当时不通过官方途径就无法到达共产主义的中心。现在依然如此，不过应邀参加莫斯科第6届世界青年大会的德丽娅·莎帕塔民间艺术团的途径巴黎，给他提供了一个机会——与普利尼奥·门多萨一起，作为成员加入艺术团。这个哥伦比亚艺术团由医生兼小说家马努埃尔·萨帕塔·奥利维亚担任团长。据作家后来回忆时说，委派给他的这个差使就像"驯兽师"，因为艺术团成员几乎是清一色的来自帕伦克①和马帕莱地区的粗野的黑人。自从40年代在波哥大相识以来，萨帕塔·奥利维亚确实是在加西亚·马尔克斯人生的关键时刻出现的天神派来的朋友之一：在卡塔赫纳德印第亚斯市，将他安置到《宇宙报》社；在拉巴斯县和巴耶杜帕尔县，领着他和拉斐尔·埃斯卡洛纳漫游巴耶纳托音乐的圣地；如今在巴黎，又与其民间音乐艺术团一起，为他进入共产主义天堂充当特洛伊木马。真是天遂人愿，就在最后一刻，德丽娅·莎帕塔艺术团突然少了一名萨克斯管

---

① 位于委内瑞拉北部的印第安部落。

手和一名手风琴手，加西亚·马尔克斯与普利尼奥·门多萨便作为假成员填补了空缺。就作家而言，作假只是形式上的，因为他敲鼓吹萧样样在行，巴耶纳托歌曲也唱得很出色。

艺术团扩大了，增加了埃尔南·比耶科、帕夫洛·索拉诺、波利多罗·品托、特雷莎·萨尔塞多、马蒂尔德·穆希卡等人。到了柏林，比亚尔·博尔达也加入了进来。起自巴黎的官方规定的漫长路线是柏林－布拉格－布拉迪斯拉发①－基辅－莫斯科。布拉格之前的头两段路程对于加西亚·马尔克斯和普利尼奥·门多萨而言是 30 个小时的名副其实的体罚，他俩在火车上站着，靠着厕所门，一个人的脑袋搭在另一个人的肩上，断断续续地打着瞌睡。其余的旅程比较舒适，他们长时间地聊天或者伴随着梅伦盖、慢步、斯昂等巴耶纳托乐曲在车厢里跳舞，窗外闪过的是令人心旷神怡的乌克兰的麦田和俄罗斯的中世纪的村庄。一路上，加西亚·马尔克斯除了煞有介事地作为鼓师参加民间艺术团的排练，还多次称赞俄国鱼子酱的美味，撩拨起旅伴们甚至包括那些粗野的黑人如狼似虎的食欲。真是说啥有啥，四天行程之后在莫斯科饭店吃早饭时，餐桌上摆着充足的鱼子酱。此外他们还洗上了漫漫旅途中盼之若渴的热水澡，得到了满意的补偿。

之后，加西亚·马尔克斯和普利尼奥·门多萨及其朋友们离开了艺术团，放弃了参加青年大会的机会，因为他们的兴趣在于继续打探"别人的生活"，在"现实社会主义"的天堂和大本营了解这一主义的奇迹与失败。所以 15 天里在莫斯科和斯大林格勒，他们观察一切，询问一切。作家一如既往地写下了大量的详细和全面的笔记，这些笔记于 9 月和 10 月变为脍炙人口的系列报道《"铁幕"里的九十天》。

----

① 如今的斯洛伐克共和国首都。

归程途中，作家在基辅与普利尼奥·门多萨分手，前往匈牙利。原来，在莫斯科期间，他设法挤进了一个布达佩斯邀请的 18 人的西方观察家小组，从而使两年前开始的在社会主义国家的游历更加完整。跟在苏联一样，他在匈牙利也参观了 15 天，躲过向导的监视，打听一切，把握一个 1956 年 10 月暴乱及苏联入侵的痕迹历历在目的国家的真实脉搏。9 月初，普利尼奥·门多萨返回加拉加斯之前，加加西亚·马尔克斯从布达佩斯打电话给他，十分激动地说："跟匈牙利相比，咱们看到的那一切都算不得什么。"

的确，他在这个国家看到的，是比刚到苏联和东德看到的还要严重得多的情景。多年来他一直坚持要去苏联权力的中心及苏联的卫星国看一看，这是他用以结束一代人关于"现实社会主义"的失败与奇迹，和向其他国家输出这种主义恰当与否的长期争论的一个灵验的方法。

在锡帕基腊中学，他和同学们跟着历史课、化学课、代数课老师阅读马克思主义书籍时，马克思学说的基本观点向他表明，社会主义至多算是资本主义与共产主义之间的一个过渡阶段，在这个时期应该促使客观条件与主观条件成熟起来，以使个人及社会脱离必然王国，走向自由王国，全面进入共产主义阶段。这就意味着在同无产阶级专政有机联系着的现实社会主义阶段，要用一些有效的生产资料，用足够的财富积累，用崭新的人类在社会方面、文化方面、精神方面高度的发展，将无产阶级专政及其铁一般集权的国家逐步变成社会自行管理的形式（因为马克思说过，使专政和国家永恒化就是使资本主义继承下来的历史上的不公正现象永恒化）。

然而差矣，加西亚·马尔克斯在苏联及其卫星国所看到的是支离破碎的社会主义。没有他们所讲的那种无产阶级专政抑或无产阶级政府，没有他们所讲的无产阶级的国家，而有一个首先为那个官僚阶层服务的武装到牙齿的全知全能的国家；没有任何把国家变为公民社会自行管理的形式的迹象，而有一个日益集权、日益强大、日益失去人性的国家；没有发展及财富积累，而有对于越来越严重的贫穷的分配；只有航天技术与军事技术同资本主义的一样先进或者比资本主义的更加先进。

所以，在莫斯科和斯大林格勒度过的什么都看什么都问的 15 天里，加西亚·马尔克斯公正地冷静地深入地了解了苏联现实当中非常复杂的情况，这些情况确实既不同于苏联自己的宣传，又不同于敌人的反宣传。他觉得莫斯科的人"都一样，个子一样，穿着旧的式样不好的衣服和质量低劣的鞋子"，然而他们自尊、豪爽、真诚，40 年严严实实的封闭之后，"急切地希望交朋友"。在目的是为了给客人留下好印象的商品橱窗的背后，"他们怀着在美国面前自惭形秽的沉重情结"。他觉得首都看起来十分干净，地铁、电影院、酒吧、宾馆、饭馆里面也一样干净，不过身穿式样难看的旧衣服的莫斯科人与自己的城市显得不和谐，就像一个忽然中了头彩的卡车司机那般怪模怪样的。一个苏联人，衣服可以很寒酸，鞋子可以更糟糕，但他会领着未婚妻走进一家很像样的饭馆吃大菜，喝香槟，挥霍一番。工人们"房子住得很挤，一年仅有权买两件衣服，然而光凭着得知一枚苏联火箭到达月球的消息时的高兴劲儿就会发福"。建设工程的宏大规模使他眼花缭乱，可建筑物的样式让他觉得跟人们的衣着一样落后。军事工业及航天工业的高科技同西方一样先进，相反，银行和政府部门的职员则为十分古老的算盘而伤透了脑筋（尽管国家拥有 17 种不同类型的计算机）。日常生活处处让人感到不顺当，因为就连厕所也发挥不好它应有的作用。总之他看到这套制度如此矛盾，以致"一个莫斯科人鞋子可以只有一双，家里的电视机却有两台"。他觉得俄国人非常熟悉国内政局，但对国外政局不甚了了。由于生产体系与外部世界隔绝，苏联人怀着开路先锋天经地义的自豪，花费全部时间发明西方早已发明的东西（一如《百年孤独》中的何塞·阿卡迪奥·布恩迪亚）。引起他格外注意的现象之一，是在"世界最大的村庄"莫斯科，流行一种乡下人的假谦恭的风气，这风气可能来源于"家长"斯大林的习惯与举止——他这个"格鲁吉亚的村夫，是把国家当成一家商店管理的"。因此，他觉得苏联的伦理道德跟基督教的伦理道德一样："在跟男人的关系上，这里的姑娘们有同西班牙姑娘们一模一样的尽人皆知的想法、偏见和心眼。"

在斯大林逝世的第四年，赫鲁晓夫向苏共中央委员会作历史性的报告之后，他已是被撕碎的巨大幽灵，但他依然在这个疆域辽阔的国家策划和运筹，仍使数以百万计的苏联人惊恐不安，动弹不得。他可没有在红场的列宁墓左侧白白地安睡这么四年。加西亚·马尔克斯看他不像是在死亡中长眠，倒像在冥府获得了新的平静的人生——超越死亡的大权在握的人生。他后来说，从斯大林保存极好的全知全能的尸体上看不出任何愧疚。涂抹防腐药物后显得舒展的小胡子和显得轻松的面容，显露出一种永恒的性质，如同这位无处不在的全知全能的统治者永恒的画像一样。从斯大林的永恒的时间里，从他30年间用以控制世界第一大国的专制权力中，从这位经过防腐处理的元帅那纤小的女人般的手上，将要显现另一个独裁者即《家长的没落》中那位同样胡作非为的无处不在的永恒独夫的神秘形象。

因此，这是一种处处都有明显矛盾和天天进行无效劳动的制度，输出这一制度只会造成更大的灾难，就像加西亚·马尔克斯在东德、波兰、匈牙利看到的灾难一样。捷克斯洛伐克是个例外，是"惟一的具有稳固的人民民主的国家"，作家在这里没有看到存在于其他国家的那种令人窒息的苏联影响，这或许因为她的人民富于建设精神和商业意识，不喜欢听政治上思想上的甜言蜜语。刚强与独立这两大民族特性，从捷克人的建筑物、文化、生活习俗的各个细节都表露出来。作家的导师弗兰茨·卡夫卡的出生地布拉格，是一座堪与世界名城譬如巴黎媲美的城市，那里有"秩序"、"雅趣"和"常人心态"。这样一个国家才可奢望拥有"欧洲最均衡的工业"。总之，捷克人"对自己的命运感到满意"。

虽然以批评的眼光看待"现实社会主义"，但是加西亚·马尔克斯的基本信念依然如故：作为一种进步、自由、相对平等的制度来理解的社会主义，能够而且必须成为全人类的归宿。然而在明摆着的事实面前，他不承认苏联的斯大林主义者的社会主义是真正的社会主义的典范，更不承认它是可以输出的样板。两年后，波哥大的《万花筒》杂志登载了系列报道《"铁幕"里的九十天》之后，在作者的两派朋友中引发了不同的意见。左派朋友指责他卖身投靠美国中央情报局，而最正宗的自由派友人则抱怨他这位信誉卓著的记者变成了倡导批评社会主义的人。第一个感到惊讶的大概要数作家的朋友、同事和老师爱德华多·萨拉梅亚·博尔达（尤利西斯）了。1957 年秋天加西亚·马尔克斯尚未去伦敦时，萨拉梅亚·博尔达在波哥大收到系列报道的稿子，是作者回巴黎后写的，他是想登在《独立者报》上。大作家和左翼人士萨拉梅亚是这家暂时替代《观察家报》的报纸的编辑部副主任，这一身份使他不能发表老朋友兼撰稿人的这组亲社会主义的报道。同时他十有八九已经意识到，系列报道所披露的事实对哥伦比亚容易受骗的拾人牙慧的左派是个沉重打击，便将稿件锁入写字台。两年后加西亚·马尔克斯返回波哥大又找出了这些文稿。

1957 年 10 月加西亚·马尔克斯在奈维依区一个"仆人房间"撰写《"铁幕"里的九十天》时，"不上相的摄影师"吉列尔莫·安古洛来到了巴黎。他是安蒂奥基亚省人，脚夫家庭出身，喜欢周游世界，后来成为作家最后一个结交的情谊长久的挚友。安古洛早已熟知加西亚·马尔克斯,找他找了一年工夫,跑遍了半个欧洲,然而这却是他俩头一回见面。两人起初是由雕塑家罗德里戈·阿雷纳斯·贝坦科特介绍,通过墨西哥与波哥大之间的通信成为朋友的。贝坦科特给作家寄去一本安古洛的摄影集,想登在《观察家报》上。一次次书信往来之后,安古洛一天来到波哥大见加西亚·马尔克斯,其他友人告诉说报社刚派他去了日内瓦、威尼斯、罗马。于是他通过书信与作家约定1956年夏天在罗马见面。可是等他怀着去电影实验中心学习导演的愿望到了意大利首都,加西亚·马尔克斯此时已经在巴黎居住半年了。两人又约好在柏林会面,以期一块儿进行上帝许诺的苏联之旅。不料约会再次落空,因为东德人禁止安古洛入境,他根本到不了柏林。折回罗马,他得到了一份写在新闻纸上的《没有人给他写信的上校》原稿的抄本,还有作家的口信,说等他从苏联回来一定在巴黎和安古洛相见。

安古洛来到佛兰德旅馆,拉克鲁瓦太太说"马尔克斯先生"不在,因为访问东欧国家的时间延长了,他从基辅又去了布达佩斯。好奇多于失望的安古洛决定就在这个旅馆等候,不想在忍受如西绪福斯式的惩罚,寻找这总也找不着的朋友。他请老板娘租给他一间最便宜的屋子,老板娘打发他去住八层那间永远有用的阁楼,那儿依然弥漫着煮菜花儿的气味,每个小时都能听见索邦大学的一串钟声。等人期间,这位摄影师天天去附近的电影院看老片子,以此消磨时间。秋天一个清冷的下午,一位跟他一样爱周游世界的沿海人打断了他的午觉。来人面色苍白,身体清瘦,唇髭浓密,目光迷离而暗含讥讽,裹着厚厚的大衣,系着毛线围巾,向安古洛问道:"老师,您在我的房间干什么?"至此,两年的书信友谊终于结束,而直接感受得到情谊、看得见举止、听得见言谈的真正友谊开始了——这也正是联结作家和阿尔瓦罗·穆蒂斯、拉斐尔·埃斯卡洛纳、普利尼奥·门多萨、阿尔丰索·富恩马约尔、赫尔曼·巴尔加斯、阿尔瓦罗·塞佩达·萨穆迪奥、阿莱汉德罗·奥夫雷贡的那种友谊。

此后的日子他俩天天下午见面，跟另外一些同胞在便宜的卡普拉德饭馆"发起第三次冲击"（吃晚饭），然后无一定时间一定路线地在拉丁区的街上转悠。有时候他俩同建筑师埃尔南·比耶科和"矮胖子"鲁伊斯一起纵酒狂欢，用丰盛的晚餐和足够的佳酿助兴，唱歌或者谈论任何人任何事。这些活动是作家 11 月去伦敦之前跟朋友们最后几次在巴黎饮酒作乐。美丽的巴黎城虽然对作家而言虚幻和吝啬，却在他难上加难之际慷慨地养活了他。

他去伦敦时抱的目的是，像刚到巴黎和此前在罗马那样，尽量生活（或者凑合）得时间长些，以便学习英语，继续撰写新闻报道和"关于匿名帖儿的长篇小说"。欧洲及苏联之行表明他的英语还得下大功夫，为此最好的方法是住在英语的发源地。加西亚·马尔克斯本来以为，靠着《独立者报》刊载关于社会主义国家的系列报道所付的稿酬可以在伦敦凑合一段时间，但是"尤利西斯"把稿件锁进了写字台，只有普利尼奥·门多萨将两篇报道（有关俄国与匈牙利的）大胆地登在了加拉加斯《时刻》杂志上——他刚担任该刊的编辑部主任。

加西亚·马尔克斯在英国首都待了不到两个月。这六七周时间实际上都关在肯辛顿大街的旅馆房间里，装作学英语，其实在阅读和撰写"关于匿名帖儿的长篇小说"派生的几个短篇小说——那部长篇的稿子仍然被一条彩色领带捆着放在箱子里。他对伦敦惟一深刻的记忆大概是海德公园一带拥挤嘈杂的人群，周六和周日他常去那里观看讲道者们的免费市场①，享受秋天微弱的淡淡的阳光。

虽然处于这种状况，加西亚·马尔克斯依然打算在欧洲继续讲述那个没有人给他写信的上校的凄惨和令人难以置信的故事。既然在巴黎艰难度日的时候能够写作，在伦敦为什么不能？就在他怀着这种比自己兜里的钱数还大的决心，感慨于又一个圣诞节和又一个孤寂的冬天这么快就要来临的时候，有一天收到一封发自加拉加斯的电报。由于普利尼奥·门多萨的介绍，《时刻》杂志社的社长提供机票，让他去当编辑，跟他们一起工作。八天以后，加西亚·马尔克斯带着很少的行李，于圣诞节前夕到达迈克蒂亚机场。此时距他作为《观察家报》特派记者前往日内瓦已有两年半了。

---

① 海德公园系伦敦最大的皇家公园，其东北角的大理石拱门附近有一块地方专作人们公开讲演之用，人称"讲演者之角"，故此处称为免费市场。

第十二章

加西亚·马尔克斯从孩提时代起就猜想加拉加斯是个什么样子，如今，玻利瓦尔的"不幸的加拉加斯"①——也是胡安娜·德·弗雷特斯所讲的仙女故事中幸福的加拉加斯，终于展现在眼前。可是，12 月 23 日的炎热的下午，他从头到尾地穿过了加拉加斯城却没认识到这是加拉加斯城，还一本正经地问开着一辆小型敞篷汽车来接他的普利尼奥·门多萨及其妹妹索莱达德城在何处。这或许由于作家记忆里还叠印着巴黎和伦敦，或许由于他心中原来想像的"解放者"神秘的摇篮②和胡安娜讲述的美妙的加拉加斯的外貌过于模糊，尽管这座城市由于所处的地形弯曲从远方不易看见。然而，作家很快就会发现这个由农村和城市构成的真正的自相矛盾的委内瑞拉首都，1958 年 1 月 23 日他目睹了独裁者马科斯·佩雷斯·希门内斯从这里逃往国外。

童年在学校听到过对西蒙·玻利瓦尔的颂扬，放学后听到过委内瑞拉流亡者们讲的故事，作家开始跟加拉加斯有了联系。这些流亡者，如巴尔波萨、弗雷特斯、莱奥尼、贝坦科乌特等家族，是被香蕉产业开发

---

① 玻利瓦尔 1819 年在波哥大宣布建立包括委内瑞拉的哥伦比亚共和国，当选为首任总统，1829 年却在哥伦比亚内战中失利，委内瑞拉遂与哥伦比亚分离。
② 西蒙·玻利瓦尔生于加拉加斯。

的盛宴吸引到阿拉卡塔卡镇来的。然而，是独裁者胡安·维森特·戈麦斯的夙敌马科斯·弗雷特斯将军的妻子，以喋喋不休的儿童故事，把经过艺术加工的对加拉加斯的怀念传染给了作家。在阿拉卡塔卡镇的傍晚，她给他一遍又一遍地讲那些故事，以期故事中的情节在他记忆中的"不幸的加拉加斯"一次又一次地发生。前文说过，同一个胡安娜·弗雷特斯还曾是上苍给作家的母亲生他时派来的接生婆，从似乎必死无疑的境地救下母子两条性命。这样说来，加西亚·马尔克斯 1957 年圣诞节前夕到达加拉加斯，不仅因为普利尼奥·门多萨给他在《时刻》杂志社找好了工作，或许还因为他响应了冥冥中命运的呼唤——同另外许多次一样，命运现在允许他继续认识世界，继续理清其人生与作品的凌乱头绪。

　　普利尼奥·门多萨那天下午领着加西亚·马尔克斯直接去了杂志编辑部，作家在这间宽敞的没有窗户而用日光灯照明的办公室占据了一个写字台，他将在此度过旅居加拉加斯头五个月的大部分时光。不熟悉他的杂志社社长卡洛斯·拉米雷斯·马克格雷戈尔，一如四年以前的《观察家报》社长，无法将这个刚从欧洲归来的不修边幅的加勒比人的邋遢样子，与普利尼奥·门多萨向他描绘的那位大作家名记者联系起来。普利尼奥后来回忆说，"不明智的"拉米雷斯·马克格雷戈尔连作家对他的第一次招呼都没有搭理。加西亚·马尔克斯从来懂得只有做出样子才能证明一个人的真本事，他没有吭声，从第二天起跟普利尼奥关在屋里，埋头准备杂志的年终专刊，一直忙了一个星期。两人都住圣贝尔纳迪诺居民区，加西亚·马尔克斯栖息于意大利移民的一个弥漫着煮面条气味儿的公寓，普利尼奥寄居在本区高等居民的一个舒适的套间。这里蝉与蟋蟀的鸣叫随时都在勾起人们对乡村的深切怀念。每当天蒙蒙亮，普利尼奥开着敞篷汽车接走朋友，深夜再把他送回来。

圣诞节和新年期间，在加拉加斯人喜气洋洋和没完没了的庆祝活动中，作家有机会重新闻到了番石榴的香味。1月1号星期日他们才第一天休息，普利尼奥决定和几位同仁去海滩游玩，好让巴黎的苦日子造成的这位朋友的苍白的面容改变一下颜色。可是这天早晨，加西亚·马尔克斯醒来以后似乎具备了外祖母特兰基丽娜·伊瓜兰·科斯特未卜先知的能耐，或者，仿佛进入了胡安娜·德·弗雷特斯的童话故事的时代，犹如他制作的电影《预兆》里的人物一样，上午突然对普利尼奥·门多萨说，他觉得今天要出事，要出能叫大家四处逃散的事。果不其然，话刚说完几分钟，他和友人们以及加拉加斯全城居民就站在窗前和平屋顶上，观看几乎擦着房顶掠过的轰炸机，同时听着机关枪清脆杂乱的响声。原来，马拉凯市的空军基地起义了，正用飞机轰炸望花街上的总统府——这是推翻独裁者马科斯·佩雷斯·希门内斯的首次重要行动。起义最终被忠于总统的军队平息了，但是三个星期后，享受了六年专权的独裁者被打倒了。

那是加拉加斯和委内瑞拉全国极其焦虑的三个星期。一连串的镇压、逃亡、阴谋家的聚会相继发生。人们情绪激昂地发表演讲、散发秘密传单、传播内容相左的流言飞语，处处都能感受到人民扫除即将垮台的独裁政权的障碍的气势。比任何时候都不安全的安全部门在全城进行大搜捕，抓走了政治家、神职人员、知识分子和记者。一天下午，加西亚·马尔克斯和普利尼奥·门多萨不在的时候，警察来到《时刻》杂志社，把全体编辑人员带到了国家安全部大楼。杂志社社长此时在纽约，这朋友俩不知如何是好，开着敞篷汽车在城里的街道上转悠，直至宵禁。宵禁前的街上汽笛声大作，行人狂奔，传单从楼房的窗户飘然而下，人们的喧嚷如江河上涨。

他俩这三个星期很少睡觉，至 1 月 22 日的这个夜晚，根本无法合眼了，他们在圣贝尔纳迪诺阔人区的套房里，通宵守在收音机旁，直到凌晨 3 时左右看见一架指示灯闪烁的飞机在加拉加斯的夜空升起，载着独裁者马科斯·佩雷斯·希门内斯逃亡多米尼加首都圣多明各。两个小时后，加西亚·马尔克斯和普利尼奥·门多萨到了杂志社，通过广播召集来杂志社的工人与编辑。大家没有休息，靠浓咖啡提神顺利地编完了次日出版的杂志。这期发表了他俩合写的一篇社论（这在《时刻》尚属首次）和一篇不长的通讯，欢呼民主的失而复得，报道独裁统治的最后几个小时及其垮台的情况。他们不请示社长就吩咐印 10 万册——一个离谱的印数，但短短几个小时便销售一空，致使《时刻》成为加拉加斯传播最广、家喻户晓的杂志。

三天后，当这些年轻的充满热情的报人与另外一些同行等候在望花街总统府的前厅时，发生了一件事。受到难以忘怀的胡安娜·德·弗雷特斯的无形雷达指引的这位阿拉卡塔卡镇的小说家，前来玻利瓦尔的出生地无意识地寻找的，说不定就是这件事。

当时大约是凌晨 4 点。拥护民主的军人与发动政变的军人就执政委员会的组成问题已经讨论了一整夜。突然，进行权力之争的会议室的门开了，出来一个战败的军人，端着冲锋枪倒退而行。走向流亡之前，他的作战靴在总统府的地毯上留下了泥印。这将是加西亚·马尔克斯记忆里的一个富于成果的场景。后来他回忆说，就在这一刻，他第一次产生了撰写《家长的没落》这部揭露拉丁美洲独裁者的小说的明确想法："在这一刻——那位军人离开一间讨论如何最终组成新政府的屋子的一刻，我对权力和权力的神秘有了直觉的了解。"过了几天，他和普利尼奥·门多萨跟总统府的总管进行了一次长谈之后，撰写《家长的没落》的想法愈加坚定。总管从胡安·维森特·戈麦斯入主总统府初期开始，在总统府里干了50年，为武将出身的文官出身的独裁的民主的所有总统效过劳。胡安·维森特·戈麦斯即是《家长的没落》里的独裁者的主要原型，正是此人将其反对者马科斯·弗雷特斯逐出国门使他最后携眷流亡于阿拉卡塔卡镇。马科斯·弗雷特斯的妻子胡安娜·德·弗雷特斯，日后成了加西亚·马尔克斯出生时与开始文学生涯时的助产士。

然而，加西亚·马尔克斯笔下的独裁者形象的酝酿过程，应该从上一年8月（或许从罗哈斯·皮尼利亚独裁统治的最初几年），他在莫斯科红场的陵墓观看防腐处理过的斯大林遗体时就开始了，因为后来有关苏联的通讯里对于斯大林的描绘，显然是未来长篇小说里关于那位"家长"的描绘的一幅草图。对于权力与权力之孤独的不自觉的感知，则需追溯到作家的童年——在外祖父以及尘土飞扬的阿拉卡塔卡镇上居住的参战老兵和昔日尊贵而今落拓的流亡者的爱护下度过的童年。在加西亚·马尔克斯的作品中，权力的象征通常离不开军阀与军靴，这并非无缘无故，这种意识来源于亲身的经历和对外祖父的记忆。尼古拉斯·里卡多·马尔克斯·梅希亚上校、何塞·罗萨里奥·杜兰将军、马科斯·弗雷特斯将军和另外一些人的战斗故事及其在民众中和道义上的威望，使童年的加西亚·马尔克斯对权力首次有了粗略的了解。这些晚年或被遗忘或遭流放的豪杰本身，也构成了作家关于权力的初步认识的另一面，即权力的孤独。同时，这一认识的重要萌芽，可能生发于圣佩德罗·阿莱汉德里诺庄园那个战败的垂死的玻利瓦尔的形象。加比托七八岁时曾由外公领着，参观了这个堪称祖国圣殿的庄园。

因此，1958年1月25日或26日那天清晨，作家之所以将权力与拉丁美洲独裁者作为小说题材予以刻意关注，是由于这一题材从小便在他头脑里酝酿着，就像其作品的所有重大题材的情形一样。普利尼奥·门多萨后来回忆说，那段时间加西亚·马尔克斯研究起了拉丁美洲各国独裁者的生平，跟他每天在《时刻》杂志社附近一家工人光顾的饭铺吃午饭，或者在普利尼奥家吃晚饭的时候，都向他讲述在那些独裁者传记里读到的异乎寻常和稀奇古怪的事情：他们当中许多人幼年丧父，成长过程中过分依赖母亲；怀着对牛的占有欲。阅读（那些日子他第一次读了《3月既望①》）、探索、思考之后他获得了一个初步的形象——一个"独守在到处是牛的总统府的十分衰老、衰老得不可思议的独裁者"的形象。就在这一时期，普利尼奥·门多萨多次听作家谈起写作计划，说有朝一日要写一部描绘神秘的拉丁美洲独裁者的长篇小说。

这些心里话，两个月后度蜜月时在巴兰基亚至加拉加斯的飞机上，他给梅塞德斯·巴尔恰·帕尔多也说了。另外还对新婚妻子谈了两个打算：题为《家》的长篇小说仍要撰写；40岁（当时他刚满30岁）将创作出一生的"杰作"。梅塞德斯信了——对加夫列尔的话她历来都信，因为她不仅了解他的文学渴望和勤奋的程度，而且十分清楚他的坚韧执着与锲而不舍。在少年时代的遥远的苏克雷镇，加夫列尔开始追求年仅13岁的梅塞德斯时，姑娘就曾听他给她父亲说："我已经知道将来要娶谁了。"那阵她小学刚毕业，他上中学五年级。两人在学生舞会上认识的当夜，他便直截了当地要她嫁给自己，就像后来他在《一件事先张扬的凶杀案》里写的那样。作家始终相信这桩婚事十拿九稳，可梅塞德斯起初根本没有对他太瞩目（犹如雷梅迪奥斯·莫斯科特对待奥雷良诺·布恩迪亚），说不定当时觉着他仿佛一只叼小鸡的老鹰，在围着没人相信只有13岁的她盘旋呢。

---

① 这里指古罗马历的"望日"，即3月、5月、7月、10月的15日和其余月份的13日。

梅塞德斯·拉凯尔·巴尔恰·帕尔多 1932 年 11 月 6 日生于马甘格村。这个村子气候炎热，地势平坦，景色秀丽，四周环绕着泥塘和马格达莱纳河的一条支流。在德梅特里奥·巴尔恰和拉凯尔·帕尔多夫妇的这个女儿身上，流动着一股源于《一千零一夜》中描绘的东方的血液。她曾祖父出生于叙利亚，祖父埃利亚斯·帕伦西亚生于埃及亚历山大市，因而在《百年孤独》的末尾作家说妻子具有"尼罗河的蛇一般的娴静之美"。20 世纪初，祖父埃利亚斯随父亲来到哥伦比亚，在梅塞德斯出生的那年获得该国国籍。祖父活了将近 100 岁，除了经商，主要职业是用咖啡杯底的沉淀物给人算命。

梅塞德斯的父亲德梅特里奥·巴尔恰，属于历史性的一代具有进取精神的哥伦比亚籍的阿拉伯人，无论在哪里定居都秉承父辈的传统，经营药店和杂货铺。与加西亚·马尔克斯家一样，巴尔恰·帕尔多家也多次迁徙，先后在马甘格、马哈瓜尔、苏克雷、巴兰基亚住过。与此同时，八个孩子里的老大梅塞德斯进过的学校有马甘格村的十字小学、蒙波克斯县的耶稣圣心学校、恩维加多市的圣母进殿学校、麦德林市的祈祷救助马利亚学校——1952 年在这所中学毕业。虽然她想进大学读细菌学，而且未婚夫对此予以鼓励，赠送了一本关于微生物的厚厚的书，但是，当时显得迫在眉睫的出嫁之事无限期地推迟了她的大学学业。

40 年代末，所谓"暴力活动"甚嚣尘上之际，巴尔恰·帕尔多一家从苏克雷镇迁往巴兰基亚市。他们在那个镇住了五年，跟加西亚·马尔克斯家非常亲近。梅塞德斯的父亲在"7 月 24 日"大街与 65 号路交叉口开了一个一成不变的药店。这个时期在《先驱报》和《国民报》工作的加西亚·马尔克斯常到药店去用六孔萧为她吹奏小夜曲。这对恋人只有这几年离得很近。后来他走远了，她不断往波哥大、罗马、巴黎写去充满平和言辞的书信。两人通信不多，但每封信都是稳固而平静的，因为双方相爱如此之久，对最终缔结美满姻缘如此深信不疑，以至于他俩真的是怀着一对结婚多年而爱情依旧如初恋一般的老夫妻那样的意识行事的。

他俩的恋爱关系承受着他职业的流动性所带来的诸多不便。可是与旁人的估计相反，时间和距离非但从未削弱这种关系，反倒像是加强了它。作家婚前有过的那些女朋友及爱情瓜葛，任何时候都没有代替过远方的未婚妻"神圣鳄鱼"，她们纯粹是架设在时间里的桥梁，他将过桥回到她的身边，和她在一起。所以这些桥越是显得坚固就越不长久，正如他跟塔奇娅·金塔娜那段疯狂的关系一样——作家在巴黎生活最艰难的时候，这位活跃、爽快、"泼辣的巴斯克女人"向他伸出了救助之手。加西亚·马尔克斯感觉离梅塞德斯越远，越是思念她的东方的"娴静美"。她的驾驭感情的理智，她的魅力，她的谨慎，她的无畏，她的圣奥古斯丁教派①修女般的耐心。离开巴黎前往加拉加斯时，他对塔奇娅·金塔娜说去跟生于马甘格村的未婚妻、药店老板德梅特里奥·巴尔恰的女儿成亲。况且，在他还不想返回美洲的时候，结婚便成了借着普利尼奥·门多萨为他在《时刻》杂志社找到工作的机会、移居加拉加斯的惟一自觉的原因。

这样，过了三个月，他请了四天假，坐飞机轻松地来到巴兰基亚。梅塞德斯以其一贯的安稳与耐心在此等候。3 月 21 日星期五上午 11 时，在订婚 4 年、缓慢地不急也不停地恋爱 13 年之后，两个人喜结良缘。

在永助教堂中殿，簇拥着新人及其双亲的自然是作家那些永远的朋友——执迷不悟的拉奎瓦酒吧的舔斗鸡者。分别将近 4 年后，他们和永远的加比托重逢，但觉得此刻他被教堂庄严的气氛和自己极端的清瘦

---

① 16 世纪建立于意大利布雷西亚市的一个基督教教派，以教育女童和照料病人为己任。

弄得有些异样。尽管他面朝大家，可极瘦的体形总给人一种堂·吉诃德似的侧身的印象。友人们从未见他如此庄重过——身着一套深色衣服，领带结系得十分标准，尤其从未见他像等待新娘这样沉默而严肃地等待过。穿着一身机器缝制的蓝色服装、披着婚纱的新娘，牵着父亲的手终于来了。阿尔丰索·富恩马约尔记得最清楚的就是作家的"严肃等待"。这种近似焦急的期待，大概会让新郎的父亲加夫列尔·埃利希奥·加西亚想起32年前自己在圣玛尔塔市大教堂的期待，也会让加西亚·马尔克斯本人想起8年前在巴兰基亚的市场看到的那个不知姓名的当地人的期待。后者的期待将成为《没有人给他写信的上校》里新奇的情节之一。

《时刻》杂志社批准的短暂假期不足以举行亲友们原本计划的长时间的庆祝活动。第二天，这对新人搭乘飞机，在委内瑞拉的马拉开波市短暂停留以后，去了加拉加斯。正是在旅途中，在属于两个国家的天空，加西亚·马尔克斯给新婚妻子谈了自己的宏伟愿望（同阿玛兰塔·乌苏拉"星期天在距离地面荒原500米的高空"① 跟比利时人加斯东说话的情形一模一样）：撰写一部名叫《家》的长篇小说和一部关于独裁者的小说；40岁出杰作。她相信了，不仅因为他肯定能如愿以偿，还因为她需要相信——这是丈夫能够给予她的一切，比一切更加珍贵的一切，因为那将是他坚忍不拔的意志和卓尔不群的才华的成熟的果实。

她之所以相信，还因为她早已知道他们的婚姻将是不单为爱情而且为文学服务的一种结合。梅塞德斯终于成为曾经给予丈夫很多幸福和支持的朋友们组成的，由阿尔瓦罗·塞佩达·萨穆迪奥、阿尔丰索·富恩马约尔、赫尔曼·巴尔加斯、阿尔瓦罗·穆蒂斯、拉斐尔·埃斯卡洛

---

① 指加斯东星期天带着阿玛兰塔到体育俱乐部去玩，他驾着运动用的双翼飞机载着阿玛兰塔在500米的高空相亲相爱。详见《百年孤独》第十九章。

纳、普利尼奥·门多萨、吉列尔莫·安古洛为首的星座的中心和顶点。有了这个中心和顶点，20世纪最伟大的文学事业之一将会大踏步地继续发展和继续成熟。另一方面，梅塞德斯将是加西亚·马尔克斯人生和作品中的一个重要女子。按照古代巴比伦人的说法，"七"是最完整的数字，是圆满的顺序。如今，梅塞德斯继路易莎·圣地亚加·马尔克斯——给了作家生命的母亲；特兰基丽娜·伊瓜兰·科特斯——拿鬼怪故事吓唬他并且给了他一张用以叙述的"木头脸"的外祖母；弗朗西斯卡·西莫多塞阿·梅希亚——实际抚养他和给予他观察民间文化的目光的姑姥姥；胡安娜·德·弗雷特斯——救他一命和给他讲仙女故事的加拉加斯女人；罗莎·埃莱娜·费古松——教他识字和热爱诗歌的里奥阿查市的启蒙老师；弗吉尼亚·伍尔夫——告诉他很多构筑文学天地的重要诀窍的英国女士之后，终于成了第七个。然而七个人里面，只有一个对加西亚·马尔克斯的大部分著作的成功贡献最多，那就是药铺老板的女儿梅塞德斯·巴尔恰·帕尔多。作家把她以真实身份写进三部作品，还将另外两部献给了她。

普利尼奥·门多萨后来回忆道，起初梅塞德斯的烹饪技艺不太令人满意。米饭往往烧焦，左邻右舍都闻得到煳味儿。鸡蛋和肉排做出来多半也不可口。然而没过多久她就能像乌苏拉·伊瓜兰一样熟练而快速地主持中馈了，将租住的圣贝尔纳迪诺区的简陋的套房收拾得井井有条。整理丈夫那堆"系统的乱糟糟的东西"时，她发现里面什么都有——他从报上剪下的自己的文章和通讯及其原稿、刚写完的长篇小说《没有人给他写信的上校》、永远无法脱稿的"大厚本"《家》和新近写的几部短篇小说，还有拿一条蓝底黄道子的领带绑着的一捆纸，那是写在500页左右四开纸上的尚无题目的作品。她问丈夫纸捆是什么，他告诉妻子归置时小心点，这东西是两年前在巴黎开始写的关于苏克雷镇的"匿名帖儿的长篇小说"，叫她妥善保管，因为眼下他在《时刻》杂志社的事情太多，此外还有其他迫切需要解决的文学问题。

其实，迫切需要解决的文学问题即是关于匿名帖儿的长篇小说。在伦敦时他写了从这一长篇小说的主干派生出来的几部短篇小说，一如从前那个无人去信的上校的故事。现在有了梅塞德斯操持家务，晚上和周末的时间就全部用于撰写后来收入《格兰德大妈的葬礼》集子的短篇小说了。这年的圣周，普利尼奥·门多萨劝他以游戏的心态参加《国民报》刚开始举办的短篇小说及新闻作品征文比赛，争取拔得头筹。《国民报》是哥伦比亚第一大报，由小说家米格尔·奥特罗·席尔瓦主管。加西亚·马尔克斯觉得这很有趣，更觉得很容易，便动起手来，再次从《枯枝败叶》和《周末后的一天》所属的那片天地找到了素材，几乎一口气写出了有关马孔多镇的第四部短篇小说《礼拜二午睡时刻》。他讲述的是从阿拉卡塔卡镇的童年时代起就萦绕在他心头的一件事情。有一天，一位妇女领着一个女孩，手捧一束鲜花，头顶烈日，脚踩尘土，来到镇上。流言犹如遍及全镇的热浪四起："那小偷的妈来啦。"这位神情十分端庄的母亲（很有可能这是作家本人记忆中的去卖老宅那回跟母亲走在阿拉卡塔卡街道上的情景的移植）身穿标准的黑衣服，带着女孩，手拿鲜花，走向墓地，给不久前遇害的儿子上坟。此情此景，作家永远不会忘记，便于这年圣周在加拉加斯写出一部优秀的短篇小说。他后来说是"最好的一部"。然而，《国民报》以米格尔·奥特罗·席尔瓦为首的评委会认为加西亚·马尔克斯这篇参赛作品根本不值一提，普利尼奥·门多萨交去的小说体通讯也一样——他写的是委内瑞拉共产党的缔造者和书记古斯塔沃·马查多的生平与非凡事迹。

加西亚·马尔克斯 1958 年全年都利用夜晚和周末，连续撰写《格兰德大妈的葬礼》集子里其他的短篇小说（《有这么一天》早在巴兰基亚时已交给了《大西洋杂志》的内斯托尔·马德里·马洛，翌年元月登载于该刊）：《咱们镇上没有小偷》、《巴尔塔萨的一个奇特的下午》、《蒙铁尔寡妇》和《纸做的玫瑰》。仿佛《百年孤独》前奏的《格兰德大妈的葬礼》，1959 年中期写于波哥大。

　　由于理查德·尼克松五六月间访问加拉加斯，作家有了六周空闲时间继续短篇小说的创作。这位美国副总统的莅临导致了加西亚·马尔克斯和普利尼奥·门多萨提前离开了《时刻》杂志社。

　　佩雷斯·希门内斯垮台将近四个月之后，尼克松于 5 月 13 日抵达加拉加斯。赤贫阶级没有忘记艾森豪威尔将军的政府为独裁者佩雷斯·希门内斯授勋之时那种沸反盈天的场面，于是这位副总统的汽车进入加拉加斯市区的时候遭到石块、棍棒、唾沫的袭击。像其他新闻媒体的负责人一样，《时刻》杂志的社长认为应该向美国政府公开道歉，就破例为刊物的下一期写了篇社论。加西亚·马尔克斯和普利尼奥·门多萨不同意道歉词里那些低三下四的话，发稿时将卡洛斯·拉米雷斯·马克格雷戈尔的名字排在篇首，明确文责自负。社长得知此事暴跳如雷，遂将其幼童般的排外重拳打向两个以自己的努力和才华使《时刻》杂志跃上顶峰的哥伦比亚人。于是，普利尼奥·门多萨这回真让社长完蛋去了，他把门一摔，抬脚走人，永远地走了。下楼时碰见加西亚·马尔克斯——他迟到了，正一步跨两级地上楼呢。"加博，"他说，"刚才我叫那老家伙见鬼去了。"作家回答说这算不了什么，他也走，不干了。

　　在完全自由支配的时间里，加西亚·马尔克斯除了继续写短篇小说，终于能够五个月来第一次悠闲地在城里和海边漫步，能够携梅塞德斯看戏看电影，能够加深同萨尔迪奥小组那些青年作家（萨尔瓦多·加门迪亚、阿德里亚诺·贡萨莱斯·莱昂、路易斯·加西亚·莫拉莱斯、拉蒙·帕洛马雷斯、弗朗西斯科·佩雷斯·佩尔多莫）的友谊——跟他们在市剧院对面的伊鲁尼亚咖啡馆，一边喝啤酒，一边谈论威廉·福克纳和委内瑞拉的两位经典作家何塞·安东尼奥·拉莫斯·苏克雷与胡利奥·加门迪亚，这二人虽然是豪尔赫·路易斯·博尔赫斯之前的文豪，却几乎无人知晓。

一个穷文人，又刚成家，赋闲时间一长就赋不起了。不久，加西亚·马尔克斯不再靠普利尼奥·门多萨的接济生活，而到卡普里莱斯的报刊联合体求职了。以前在巴黎时他曾给属于这个联合体的《精英》杂志投过 15 篇文章和通讯。可这一回，米格尔·安赫尔·卡普里莱斯却把末座给了他，6 月 27 日任命他去一家最不正经的杂志当主编。这份杂志叫做《委内瑞拉画报》，由于大量登载演艺界的穿很少一点儿衣服的妙龄女郎的照片，人们平常更习惯叫它"委内瑞拉色情报"。对于养家糊口来说，加西亚·马尔克斯觉得主编的差事倒也不错，只要自己别亲笔给这个淫秽的刊物写任何稿子就行。作家到底还是破过两回例，写过两篇署名的东西。如他在《时刻》上发表的作品，这两篇富于战斗性的文章表达了他的感受和对政治及社会问题的见解，不过文采比从前逊色多了。

从形式上看，《时刻》杂志刊登的通讯可能是他报人生涯头十年里，除了《一个海上遇难者的故事》以外的最优秀的通讯。新婚燕尔的 31 周岁的加西亚·马尔克斯已经在做人做学问，政治思想、文学修养和办报等方面大大地成熟了（亲友们众口一词，说他天生就成熟），能以常人不可企及的功力，大量、流畅、优美、应付裕如地写作，举重若轻、无拘无束地驾驭十分严肃的题材。《凯利走出昏暗》、《斗争中的宗教界人士》、《受迫害的一代人》、《仅有十二个小时救他》、《无水的加拉加斯》和这一年为祖国而写的《哥伦比亚：选票终于说话了》与《多石之地》等作品，令读者觉得更像是出自《百年孤独》的作者而不像是出自《恶时辰》作者的手笔。既然加西亚·马尔克斯已经几乎全面成熟，为何推迟将近十年才撰写那部杰作呢？这很难回答。原因很多，其中之一是首先应弄明白《百年孤独》究竟是延迟写的，或者仅仅是需要写时才写的？不过，人们的印象（间或人们的见解）是，这部长篇小说推迟那么多年撰写是出于非文学性的缘故。倘若果真如此的话，那么，第一个缘故应该到古巴去找。在那里，从马埃斯特腊山[①]下来的大胡子游击队员们刚刚结束了富尔亨西奥·巴蒂斯塔的独裁统治，拉丁美洲第一场社会主义革命的曙光照耀着整个大陆。

1956 年在巴黎那阵，有一天下午，古巴诗人尼古拉斯·纪廉在圣米歇尔大酒店的房间跟加西亚·马尔克斯和普利尼奥·门多萨喝咖啡的时候说，他认为古巴惟一的希望寄托在一个叫菲德尔·卡斯特罗的小伙子的努力上——这个固执的莽撞的瘦高个儿的青年，正匆忙地在墨西哥四处活动。这次谈话之后，加西亚·马尔克斯和普利尼奥·门多萨由于政治见解和报人职业的缘故一直支持"七·二六运动"[②]。对这两个哥伦比亚人而言，菲德尔·卡斯特罗的名字并非完全陌生。八年前，在 1948 年的"4 月 9 日"事变中，当时的保守派政府企图将他和另外几名古巴大学生作为豪尔赫·埃列塞尔·盖坦谋杀案的嫌疑犯推出来，遂使他在波哥大尽人皆知。如今，1959 年 1 月 1 日，卡斯特罗把当年他未

---

① 古巴境内主要山脉。卡斯特罗为首的起义军在 1959 年攻占哈瓦那和夺取全国政权之前，曾在此山区建立游击根据地。

② 1953 年 7 月 26 日，菲德尔·卡斯特罗带领 160 余名青年攻打圣地亚哥的蒙卡达兵营失败后，被捕入狱。1955 年 5 月卡斯特罗获释后，7 月在哈瓦那成立秘密组织，以起义日命名之。

能在波哥大领导的革命引向了成功。加西亚·马尔克斯和普利尼奥·门多萨在加拉加斯美岭区的一个阳台上，兴高采烈地庆祝他的胜利，就像整个加拉加斯城和拉丁美洲人民所做的那样。

十年的独裁统治和鱼肉人民之后，如今，"家长们"好比熟透的果子落地一样开始纷纷垮台：首先是1955年阿根廷的胡安·多明各·庇隆，接着是1956年秘鲁的马努埃尔·奥德里亚，继而是1957年哥伦比亚的古斯塔沃·罗哈斯·皮尼利亚，随后是1958年委内瑞拉的马科斯·佩雷斯·希门内斯，现在轮到古巴的富尔亨西奥·巴蒂斯塔了。然而，古巴革命却意味着一个与以往迥异的具有质的飞跃的惟一运动。如今，不是资产阶级抑或人们早已熟悉的政治寡头打败一个先前按照顺序该他篡夺权力的独裁者，而是从山上下来的一些大胡子游击队员领导全体人民夺取了政权。这在整个拉丁美洲引起了人们的赞叹、支持和深深的忧虑。

同许多拉丁美洲人一样，加西亚·马尔克斯和普利尼奥·门多萨希望到哈瓦那亲眼看一看那场汹涌澎湃的革命，看一看被一再延误的希冀和憧憬的突然出现。短短几天以后的1月18日，机会来了。那天下午加西亚·马尔克斯正在《委内瑞拉画报》社收拾书桌准备回家，一个属于"七·二六运动"的古巴人走进来说，来了一架古巴专机，接愿意去的记者前往哈瓦那报道"真相行动"——菲德尔·卡斯特罗指挥的对巴蒂斯塔的独裁政府的战犯的公开审判。作家曾在一篇关于菲德尔的妹妹埃玛·卡斯特罗的通讯中讲述了古巴革命的历程，笔端流露出对这次革命的支持与同情。此刻的邀请真是一件大快事。他立即叫上普利尼奥·门多萨，带上简单的行李，当晚登上一架双引擎的古巴飞机——缴获自巴蒂斯塔军队，散发出"难以忍受的尿臊味儿"的一件老古董。飞机在古巴东部的卡马圭市迫降一次之后，第二天早晨到达哈瓦那。一到那里，他们立即淹没在旗帜、橄榄绿军服和睡不着觉的人群的海洋中。人们没有工夫睡觉，对获得自由的庆祝与欢呼不允许睡觉。群众简简单单地以"菲德尔"称呼菲德尔·卡斯特罗——无可争辩的领袖和全体古巴人的希望。即使那些非菲德尔主义者当时也随声附和，从心眼里觉得他伟大，把最美好的希望寄托在他的身上。

加西亚·马尔克斯和普利尼奥·门多萨走遍了哈瓦那，与人交谈，听菲德尔·卡斯特罗面对一百万同胞讲话，从而触摸到了革命的脉搏。之后，目睹了"真相行动"。为了让世界知道古巴仅仅审讯和处决战争罪犯，而不像美国报纸所说的审讯和处决巴蒂斯塔政府的所有官员，卡斯特罗邀请了一些国家的观察员和记者旁听速决审判。那几天正在体育场审讯倒台政府的主要战犯之一索萨·布兰科。他被指控残酷杀害一些他认为是叛乱军帮凶的农民，现正在接受由穿军服的大胡子组成的一个法庭的审讯。体育场内人山人海，正中央的四方框架里是身穿蓝色囚衣、面对法庭的罪犯。加西亚·马尔克斯和普利尼奥·门多萨坐在第一排，几乎挨着索萨·布兰科，因而感觉出了一个人死到临头的冷漠的恐惧。带着手铐的被告惊愕于急切等待将他明正典刑的观众的呼喊、谩骂和笑声，他的眼睛呆滞了，一直盯着脚上的意大利皮鞋的尖端，直至黎明时分听到死刑的判决。

在死囚的妻子和女儿们的央告声中，加西亚·马尔克斯和普利尼奥·门多萨以及另外的记者，在一份要求对案件予以复查的无用的申请书上签了名。被告有罪是毫无疑义的，判决或许是公正的。不过，审理过程中所暴露的一个缺乏经验、仓促组成、匆忙行事的法庭的缺陷也是明显的。于是，第二天在里维拉饭店，记者们在索萨·布兰科的妻子拿来的申请书上签了名。是被告那一对 12 岁的可爱的孪生女儿，终于使记者们动了恻隐之心，呼吁赦免他的死罪。由于索萨·布兰科是个凶残的战犯，他在受到革命法律的制裁之前，就已经成了死神的一个美味可口和令其欣喜若狂的猎物。

审判索萨·布兰科给这两名哥伦比亚记者留下了不可磨灭的印象。加西亚·马尔克斯此后从未直接写过这一审判，也许这能说明他的印象是深刻的，也是让他自己都感到震惊的。他从对战犯的审讯、审讯时出示的证据和大量的证明材料中受到启发，粗略地构思了《家长的没落》最早的结构——起初这部长篇小说是一个独裁者在广场公开受审时的冗长独白。过了十年，这一结构改变了，充实了，跟《枯枝败叶》的结构一样了，成了围绕着一具尸体进行的形形色色的独白。

虽然旁听审判给他俩的记忆里留下了抹不掉的古罗马竞技场般的印象，四天以后返回加拉加斯时两人却是兴致勃勃、满面春风，准备继续尽其绵薄，以实现古巴革命所宣布的公正、民主、和平、平等，以及教育、医疗等方面要达到的目标，这些目标将是赖以塑造拉丁美洲新人的柱石。

加西亚·马尔克斯仍然在《委内瑞拉画报》社工作，夜晚仍然撰写和修改文学作品。普利尼奥·门多萨则于2月底前后回哥伦比亚了。他回国是因为出国年头多了想回去，同时也由于卡普里莱斯联合体内日益严重的排外现象（入侵委内瑞拉的民族瘟疫的反映）的驱赶，尽管新近让他主管《精英》杂志的技术事务。知道身处逆境，加西亚·马尔克斯依然留在加拉加斯，只是时间不会太长。他打算去墨西哥——朋友阿尔瓦罗·穆蒂斯在那里身陷囹圄——以便继续写作并且投身电影事业。

普利尼奥·门多萨在波哥大没有固定的工作，成了自由撰稿的记者，在《万花筒》杂志和《街头》杂志零零散散地登过一些文章。4

月里一个令人愉快的日子，经吉列尔莫·安古洛引见，他认识了一个嗜酒成性和谈吐粗俗的墨西哥人。此人是哈瓦那派驻整个拉丁美洲的特使，受命物色人选，组建革命后古巴的新通讯社拉丁社①。门多萨对他说自己正闲着没事，还有个在加拉加斯的朋友也闲着没事。于是，两人被口头聘用了，门多萨当社长，加西亚·马尔克斯做编辑，工资都一样。门多萨领来第一笔10万美元的经费后，连忙给加拉加斯的朋友打电话，叫他赶紧回哥伦比亚，说当下没法详谈，反正是一家通讯社，他俩进去当头头。加西亚·马尔克斯带着梅塞德斯到了波哥大的金色机场才知道是什么通讯社，觉得真是太好了，办了11年的报纸，干了11年的记者，如今终于有机会第一次从事一种独立于那些国际上的资本主义通讯社、同自己的思想与政治见解一致的工作了。这绰绰有余地抵消了他所做出的牺牲——不得不再度来到寒冷的安第斯山城波哥大当记者。

依仗着丰厚的薪水和雄厚的资金，拉丁社的两位先驱将办事处设在了繁华的第七大道，位于十七街与十八街之间，在坦帕咖啡馆对面。他俩在配备有一台电传机、一架老开着的收音机和几台打字机的办公室忙碌着，任务是接收并向哈瓦那发送消息。与此同时还有专项服务工作，就是给哈瓦那发去有关哥伦比亚历史、政治、文化方面的通讯。加西亚·马尔克斯拿出尘封已久的《观察家报》时期的几篇通讯，压缩之后发了出去。最艰难最值得称道的是通讯社以外的工作。为了让哥伦比亚报界接受拉丁社发的消息，他俩必须克服重重阻力，有时得依靠朋友之间的交情和某些外交计谋才行。随着古巴革命的逐步激进化，这件事情越来越难办。

---

① 即古巴新政权建立的拉丁美洲通讯社之简称，此处指的是组建于哥伦比亚波哥大的拉丁社分社。

在古巴革命如火如荼地向前发展的这一时期，拉丁社很快成为哥伦比亚的麦加①。当那些后来在60和70年代做了部长、大使或游击队首领的人当时赞同古巴革命所追求的目标的时候，拉丁社的意义便超过了麦加。这些人在此聚会、读书、开讲座，讨论会甚至扩展到对面的咖啡馆。单单坐而论道和纸上谈兵不行，于是，青年们在办事处组织了革命自由运动，领导人是阿尔丰索·洛佩斯·米切尔森——自由党专制集团里一个桀骜不驯的浪荡公子。办事处也做了一些更加具体更加危险的工作，如招募志愿人员到多米尼加共和国登陆，去把独裁者特鲁希略·莫利纳赶下台。所有这些相互关联的或间接关联的活动，以及人们对古巴的直接支持，普利尼奥·门多萨和加西亚·马尔克斯都在《自由行动》杂志上进行了报道。这份名称依旧而内容簇新的刊物是他俩共同主持的。

加西亚·马尔克斯还很年轻，各方面却已完全成熟，有固定的薪水丰厚的工作，还是杰出的记者和非凡的作家。此时他是幸福的人，比前一年像许多同胞一样在加拉加斯做"幸运的不起眼的哥伦比亚人"那阵强多了。就连波哥大阴沉的天空、绵绵的细雨、曾经使作家运道不济的冥冥之中的力量、过分讲究穿戴的风气而长期令他感到的厌烦，也未能遮蔽他那显而易见的幸福感。在位于五十九街与第三大道交叉路口的查皮内罗大院紧里头，他第一次有了一套住宅，里面摆着跟身份相称的体面的家具，挂着朋友阿莱汉德罗·奥夫雷贡的一幅画，画面上那条银白色的大鱼和窗外灰蒙蒙的城市形成鲜明的对照。同在巴黎和加拉加斯时一样，加西亚·马尔克斯的衣着是牛仔裤、颜色土气的毛衣和半高跟皮

---

① 麦加，沙特阿拉伯西部城市，伊斯兰教最早的圣城，伊斯兰教创始人先知穆罕默德的诞生地和每个穆斯林渴望朝觐的宗教中心。面积26万平方公里。

鞋。特定场合则穿深色西装，系色调庄重的领带。他依然清瘦，头发拳曲，唇髭乌黑，经常笼罩在无数支廉价香烟生成的氤氲烟雾之中，尼古丁在右手指头上沉积了一层。只差几个月就分娩的梅塞德斯，把与眼睛一样黑的头发剪短了，系着围巾穿着长裤来抵挡波哥大的寒冷。她谦虚、正派、和蔼、持重，却又兼备女性的聪慧与机敏，言谈举止显示出这是一个沉着、明智、口碑甚佳的女子，堪称作家的理想伴侣。

陈设简单的书房没有多少书（大部分书以前让他扔在别处了），最引人注目的是羊皮纸封面的狄更斯、加西亚·洛尔卡、格雷厄姆·格林的著作。他每天夜晚写作的书桌旁边，堆积着几百张颜色发黄的新闻纸——他一直是一个浪费纸的人，打字时出一点小错，也要把整张纸拿掉，另换新纸。从撰写《枯枝败叶》那时起就这样。在遥远的年代写出的第一部长篇小说《枯枝败叶》，出于第一届哥伦比亚图书节的缘故，终于在这年的 8 月中旬从被遗忘的角落里，找了出来。

在各国举办图书节是秘鲁小说家马努埃尔·斯科尔萨的主张。他在拉丁美洲到处奔走，从巴西到秘鲁，从古巴到墨西哥。图书节以严格的标准和出色的组织工作，从每个参展的国家选择十部文学作品，包括古典的和现代的，以每部一万册的印数推向市场。他的主意受到拉丁美洲各国的热烈欢迎，斯科尔萨明显地富了起来。但在第一届古巴图书节上，菲德尔·卡斯特罗下了禁令，抽走了古巴的资金，斯科尔萨为筹备图书节而投入的美元全部付诸东流。据负责哥伦比亚图书节入选书籍出版工作的记者阿尔贝托·萨拉梅亚说，这次赔本是导致马努埃尔·斯科尔萨后来成为小说家的决定性因素。无论如何，《枯枝败叶》是沾了那位秘鲁作家的创意的光，三次重印，一共印了 3 万册。也就是此时，在第一部长篇小说脱稿 9 年出版 4 年之后，加西亚·马尔克斯作为小说家在国内稍微出名了，比较受欢迎了。他也在大庭广众之中，首次签名售书，而且居然是同爱德华多·萨拉梅亚·博尔达（尤利西斯）站在一起签名售书。《观察家报》的这位副社长萨拉梅亚·博尔达早先为他发表了第一部短篇小说，并且预言随着他的出现，哥伦比亚小说界未来的天才诞生了。

那些日子，比起迟到的对他的写作才华的承认更让他幸福的，是8月24日第一个孩子的降生。体格健壮、富于幽默感的罗德里戈很快成了夫妻俩最好的玩具，与已是这个家庭成员之一的教父普利尼奥·门多萨分享的玩具。加西亚·马尔克斯有事最爱找朋友办，罗德里戈不久即由卡米洛·托雷斯施了洗礼。给作家的长子做洗礼的这个卡米洛·托雷斯与其说是灵魂的牧师，倒不如说是个幻想家和诗人更恰当。

卡米洛是加西亚·马尔克斯惟一有深交的神甫，两人相识于读大学的时候，不是法律不是政治，而是对诗的痴迷把他俩，还有贡萨洛·马亚里诺和路易斯·比亚尔·博尔达联系在了一块。当时他们组织了一个大学生四人文学小组，自由派的《理智报》每周还给他们留出一个版面，来发表四个志向远大的青年在文学及人文学科方面的见解。可是，1947年中期，卡米洛·托雷斯突兀地奇怪地迷恋起了宗教，离开大学，离开未婚妻，进了神学院。他母亲追到火车站把他拽回来，硬将他在家里又挽留了一个星期之后，加西亚·马尔克斯和别的同学到家为他送行。卡米洛诚恳地告诉大家，他的意愿是真切的坚定的，不管怎样也要去神学院。作家在《观察家报》的时候，卡米洛从神学院毕业，获得神甫头衔，随后赴比利时留学，在古老的洛瓦依纳大学攻读社会学——跟加西亚·马尔克斯、路易斯·比亚尔·博尔达、普利尼奥·门多萨同在欧洲。返回哥伦比亚后，卡米洛一面在国立大学教授社会学，一面为波哥大市南部那些谁也不管的居民区的穷人做好事。加西亚·马尔克斯1959年再次见到卡米洛时，他已是一位全心全意为穷人为无依无靠的人服务的神甫了。他时常来加西亚·马尔克斯家吃午饭，甚至参加了几次周末的娱乐性聚会。有一天，他领来一个小偷，请求加西亚·马尔克斯和梅塞德斯把他藏在家里。这件事很能说明卡米洛的大慈大悲和滋养加西亚·马尔克斯的作品的现实社会的状况。

这小偷是个入室肱箧的惯贼，然而准确地讲，他属于《一千零一夜》里描写的那类行窃中不损坏物品的盗贼。每次出狱的时候，警察都整治他，夺走他的东西。虽然不再偷了，还是把他再关进去——这类似于持续的讹诈。于是，为了保护他，卡米洛把他送到了加西亚·马尔克斯家，与此同时给他找了工作。此人具有梁上君子的特点和阴郁性格，吃饭时常给主人讲述他们这一行的好处和坏处。最稀奇的是，有时候主人一家外出，小偷留下来看家。后来有一天，卡米洛为他找到了工作，带他走了。过了几个星期，作家的女仆有一次打开报纸，在事故和案件版看见一张死人的照片，不禁叫道："哎，这人脚上的鞋可是先生的啊！"报上有条关于这个小偷死亡的消息，是被一个警察打死的。卡米洛·托雷斯去收了尸，自己出钱埋了。加西亚·马尔克斯认为，这件事和别的事加在一起，开始将这个神甫的慈善思想变为激进的革命思想。激进的革命思想几年以后驱使他走入密林，成了民族解放军的游击队员，最终阵亡于密林之中。之后，卡米洛的母亲伊莎贝尔·蕾丝特雷波流亡到了古巴，当了菲德尔·卡斯特罗——后来也是作家的密友——的干妈。

这种类似于蛇咬住自己尾巴从而只在原地转圈而不能前进的事情，不仅将要充满同亲人与朋友的生活交织在一起的作家的生活，而且也要充满哥伦比亚历史。譬如，"全国阵线"协定就是如此。自由派和保守派的这种勾结，激励作家于这年的五六月前后撰写了《格兰德大妈的葬礼》。

"全国阵线"出现于专制集团需要摆脱独裁者古斯塔沃·罗哈斯·皮尼利亚的时候。被同一个专制集团扶上台的皮尼利亚企图永远占据玻利瓦尔设立的宝座，忘记了人家把他摆在这个位置仅仅为了让他给人家火中取栗，即撤换极端保守的劳雷亚诺·戈麦斯，制止已将国家拖入血泊之中的体制性社会性暴力行动。然而更重要的是，"全国阵线"的出现是一条计策，目的在于防备一场将会把同一个专制集团从哥伦比亚的政治版图上抹掉的可能的革命。但是，这项协定制订得那么愚蠢，带着那么严重的自我中心主义，以致后来给国家造成的灾难多于带来的益处。一开始它就打断了民主的正常进程，将政治变为一种互相提供的保护伞，甚至倒退回了"新生"时代——当时拉斐尔·努涅斯麾下的自由派和米格尔·安东尼奥·卡罗手下的保守派结成了一个类似的阵线，以堵塞主张联邦制的自由派与主张摆脱宗教束缚的自由思想主义者的道路；或者倒退回20世纪初期——那时千日战争已经结束，自由派与保守派再度联合，为一个专制政权奠定了基础，正是这一专制政权如今促成了两派狼狈为奸的"全国阵线"。

在委内瑞拉和其他拉丁美洲国家重新获得民主、古巴革命日益巩固之际，这个"全国阵线"令加西亚·马尔克斯大失所望。可能就在这个时候，一直潜心研究本国政治史军事史以便为《百年孤独》搜集背景资料的作家，终于察觉了哥伦比亚历史上那种只在原地打转而不前进的奇特事件。从这个意义和其他意义上说，写于"全国阵线"炙手可热之时的《格兰德大妈的葬礼》，是引导他走向那部巨著的关键一步。

加西亚·马尔克斯将历史、政治、神话、传说以及一个地区和一个家族的记忆熔于一炉，在构思中再现了姑姥姥弗朗西斯卡·西莫多塞阿·梅希亚（养育了他并且完全像上校似的在外祖父母家发号施令的玛玛婶子）和苏克雷镇母权制族长玛丽娅·阿马利娅·桑帕约·德阿尔瓦雷斯（她为这部小说提供的素材有庄园、两层楼房的府邸、昔日的家具和衣物、她本人的愚蠢无知）的形象。在从本国史料里选取"新生"与"全国阵线"这两个政治联盟的同时，从拉谢尔佩镇的民间传说里采集了关于当地那位女侯爵（殖民时代的西班牙"大妈"）和财大气粗的香蕉开发企业联合果品公司（尤乃大妈）的故事。

加西亚·马尔克斯认为孤独永远跟支持、同情、团结一致等概念相反。他笔下的孤独在《枯枝败叶》里已经从历史、社会、政治、经济等方面初露端倪，如今在《格兰德大妈的葬礼》中，要从历史和经济上对孤独予以深入的描写——现在我们知道，造成孤独的祸首主要是源于殖民时代的一种历史性结构性的弊端。第一位格兰德大妈最初的财产，是一道敕令封赏给她的三块领地。依靠这些领地，凭着错综复杂的不避血亲的追求财富的婚姻，最后一个格兰德大妈聚集了巨额的看得见的物质财产和看不见的精神财产，包括住着352户佃农的五座村庄、国旗上五彩缤纷的颜色、语言的纯洁性、南美洲的雅典、共产主义危险、人权、竞选出来的美女、传统的政党、基督教的伦理道德、国家主权，以及在哥伦比亚曾经出现和将要出现的一切。

比《枯枝败叶》的意义更加深刻的是，这个故事从民间流传的角度进行讲述，经过夸张和加工，变为神话和传说，变为夸大的振聋发聩的现实声音，达到了放声狂笑的响亮程度。然而，这也许是我们在加西亚·马尔克斯的作品里将会看到的最为庄重的笑声。因为他本身就是作者对哥伦比亚的历史和政治表示出的隐含的愤怒和猛烈的抨击。透过故事情节，我们从《格兰德大妈的葬礼》中读到的是，马孔多的历史时间由于格兰德大妈及其家人在经济、政治、精神上的独裁统治而凝固了，只剩下一个不可思议的缺乏历史依据的时间，这个时间进行着破坏和杀戮，以使一切保持现状。

所以，这部小说和《百年孤独》的背景，将不再像《没有人给他写信的上校》、《恶时辰》，以及《格兰德大妈的葬礼》集子里的大部分短篇小说那样，是不久前发生或者即将发生的暴力行为，而像最初在《枯枝败叶》中安排的那样，是广泛的神话传说般的古老的基本的现实。在日常生活中，这一现实表现为每日每时的静止——好像老是星期一，一天一天的时间最终要过去却并未过去。

总之我们感到，那个非常政治化和入世很深的加西亚·马尔克斯，如今为拉丁社工作并毫不掩饰地支持古巴革命的加西亚·马尔克斯，摇身一变，成了精雕细刻的创造者加西亚·马尔克斯。他力图使自己的政治义务与跟投身街头斗争的人一样的思想不"污染"自己的艺术，换言之，就是让这种义务和思想化为作品的血肉，仅仅从内部表达出来。

这样，写完意味着质的大飞跃的《格兰德大妈的葬礼》之后，成熟得几乎尽善尽美的作家来到了他那部鸿篇巨制的门口（这一点，从这一时期他的两篇短评《"暴力"小说二三事》和《哥伦比亚文学：对全国人民的欺骗》的观点中也能看出）。但是，这部巨著的撰写还得再推迟七年，而且大约在 1959 年中期，作家又拿起了一拖再拖的"关于匿名帖儿的长篇小说"，完成了实际上在加拉加斯就已结束的一个创作周期。普利尼奥·门多萨后来回忆说，作家取出尘封已久的连名称还没有的那 500 页草稿，大刀阔斧地砍掉不切题的人物与情节。他一直是夜晚和周末改稿，改了三四个月，出来了第一稿的"大厚本"——这是熟人给这部小说取的绰号，尽管已经有了临时书名《那个星期的十四天》。放了一段时间之后，他又加工润色，直到 1960 年 9 月底。这时，拉丁社的创始人豪尔赫·里卡多·马塞蒂路过波哥大，决定让作家去哈瓦那，再从那里派往别的地方。

他依然非常愿意从事电影业。去哈瓦那之前不久，他曾经考虑是否退出拉丁社，返回巴兰基亚，仿照罗马电影实验中心的样子创办一所学校，甚至草拟了一份建校纲领在波哥大一些知识分子当中进行了传阅。就在9月的这些日子，加西亚·马尔克斯接受朋友阿尔瓦罗·塞佩达·萨穆迪奥领导的巴兰基亚艺术中心的邀请，前往这座城市，跟其他代表讨论未来的哥伦比亚电影俱乐部联合会的章程。他是作为波哥大电影俱乐部代表，与该俱乐部创始人埃尔南多·萨尔塞多·席尔瓦一起赴会的。其余的代表来自麦德林市、卡利市和巴兰基亚市。

经过在艺术中心一天一夜的讨论，代表们就原则协定与章程达成共识，委托加西亚·马尔克斯和麦德林电影俱乐部的代表阿尔贝托·阿吉雷将其形成文字。在最后的会议上，决定联合会设在巴兰基亚，推举阿尔瓦罗·塞佩达·萨穆迪奥为联合会秘书长。然而一切就此而止了，因为阿尔瓦罗后来喝醉了酒在出租汽车上把章程和原则协定弄丢了。

阿尔贝托·阿吉雷后来回忆道，第二天他和加西亚·马尔克斯在草原旅店等候阿尔瓦罗——他说要请这俩人去他家里吃鲷鱼的。可是久等不至，他们索性不等了，午饭就在旅店吃了。在餐桌上，作家对阿尔贝托·阿吉雷说梅塞德斯从波哥大来电话，管他要600比索，因为家里的水、电、煤气等服务设施都快被人家掐断了。阿尔贝托是律师、电影迷、书商和热心的出版商，本着艺术重于生意的信念出版过一些书，而且正给诗人莱昂·德格雷弗出全集。两年前他饶有兴趣地读了波哥大《神话》杂志刊登的《没有人给他写信的上校》。这部作品出版社不愿出，而他的作者又明显地需要钱用，于是阿尔贝托觉得有双倍的理由建议加西亚·马尔克斯让自己出版此书。午饭后，他把这个想法告诉了作家："加博，我想出版《没有人给他写信的上校》。"作家惊异地说："你疯了，什么书在哥伦比亚都卖不动，这你知道。想想当初《枯枝败叶》首次出版的情形吧。"此外还有一个法律障碍：加西亚·马尔克斯跟秘鲁一家出版社订有出版同一部著作的合同。不过由于那家出版社出书的希望渺茫，阿尔贝托坚持自己的主张："我不但要出，还要预付些版税给你。"两人当下便达成了口头协议，阿尔贝托总共付给作家800比索，预付200。

一年后，阿尔贝托通知加西亚·马尔克斯书已出版，作家当面埋怨他，说他是"惟一一个在热带的夏天，躺在竹子摇椅上闻着番石榴的清香，口头订合同的人。"尽管出版人一片好心，尽管国内国际批评界大加称赞，销售情况却不幸被作者预先言中了，第一版印了2000册，只卖出800。

豪尔赫·里卡多·马塞蒂9月底路过波哥大，将要再一次扭曲（或者抻直）作家的命运。

马塞蒂是切·格瓦拉①的朋友和同胞，菲德尔·卡斯特罗在马埃斯特腊山认识他后非常信任他。正是革命胜利几个月之后他在古巴电视上的一次即席讲话，导致了拉丁社的建立，并使他荣幸地成为首任社长。与切·格瓦拉一样，马塞蒂精力充沛，富于想像力，敢说敢干，跟那些亲苏的共产党官僚们格格不入。从一开始他就渴望将拉丁社办成世界一流的通讯社，避免那些亲苏分子控制它。为了古巴革命，马塞蒂不知疲倦地工作，经常在拉丁美洲各国奔走，亲自了解拉丁社驻外代表的情

---

① 埃内斯托·格瓦拉（1928—1967），阿根廷人，早年在祖国以行医为业，后追随卡斯特罗投身古巴革命，革命胜利后担任政府工业部长。1967年秘密潜入玻利维亚山区开展游击战，不久被该国政府军俘获并杀害。拉丁美洲人习惯称他"切·格瓦拉"或者"切"。

况，下达新的指示，所以这次去巴西途中在波哥大逗留了两天。普利尼奥·门多萨后来回忆说，一天晚上他们在加西亚·马尔克斯家谈话的时候，马塞蒂突然说不能让两个人在一个代表处，因为别处需要人，叫他俩决定谁跟他走。他俩决定加西亚·马尔克斯跟他走，普利尼奥·门多萨出国多年之后不想再走了，希望重新融入本国的生活。

按照计划，作家要在哈瓦那工作几个月，熟悉拉丁社的运作情况，然后派往一个地方常驻。于是，加西亚·马尔克斯于9月底从巴兰基亚乘飞机去哈瓦那，途径卡马圭市短暂停留时第一次见到了菲德尔·卡斯特罗。这位司令官在古巴腹地参加了几个养鸡场的开工典礼后，抵达卡马圭市。一到这里的小机场，饿坏了的司令官命人拿鸡给他吃，可是没有鸡。于是，卡斯特罗就以在美国旅客仍然经过的一个机场没有鸡吃这一弊端为题，发表了冗长而激动人心的讲话。通过塞利亚·桑切斯引见，加西亚·马尔克斯跟卡斯特罗会面握手，交谈了几句，简要说明自己是拉丁社的。

凭着严肃认真的态度，出色的工作能力和勿庸置疑的作家才华，加西亚·马尔克斯很快同豪尔赫·里卡多·马塞蒂和负责专项服务的阿根廷作家鲁道夫·沃什建立了深厚的友谊。其实，这个哥伦比亚人最称心的是能够接近一位自从在《先驱报》工作那时起就仰慕的作家。头年年底他们有了第一次接触。当时沃什从阿根廷、乌拉圭、巴西过来，在巴兰基亚短暂停留，加西亚·马尔克斯从波哥大赶去，就专项服务如何操作的问题聆听他的指示。不过他最关心的不是这个，而是能够认识沃什，跟他谈论他《红色变化》集子里那些精彩的短篇侦探小说，谈论小说里那些多年前就令他心驰神往的完美结构。然而，沃什和加西亚·马尔克斯在机场里喝着咖啡说话时，闭口不谈小说的事，只是向自己这个弟子兼下属作了简短的指示。

尽管谈论创作的希望破灭了，加西亚·马尔克斯却发现鲁道夫·沃什还是个优秀的记者，所以一直盼望再次见到他。如今好了，在拉丁社的心脏，他如愿以偿了。这位阿根廷作家对他逐渐开启了原先封闭的门扉，开始将他作为《枯枝败叶》和《没有人给他写信的上校》的作者予以接纳。在热火朝天的革命、奋不顾身的工作和文学麻疹之中，青年作家在哈瓦那的 90 个日日夜夜飞快地过去了。

　　哈瓦那变成了一座巨大的街垒，因为毒瘤般的反革命活动天天发生，而且古巴人还得防备着美国即将发动的入侵。拉丁社所在的斜街不像街道，更像一条准备战斗的战壕：房上堆着沙袋，地下铺着厚厚的木版，枪支时刻处于伸手可及的位置。哈瓦那是个不眠之城，犹如整个古巴是不眠之国和所有的古巴与外国记者都是不眠之人。拉丁社的工作人员在电传打字机、打字机或者照相机旁边困得要命，却几乎没有工夫打个盹。

　　与马塞蒂过从甚密的编辑安赫尔·奥西尔领着加西亚·马尔克斯，将他安顿在拉丁社办公楼疗养大厦的 20 层，跟巴西记者阿罗尔多·瓦尔合住一个套间。这套房子不大，有一个餐厅、两间卧室、一个露天平台。平台朝向迷人的海滨大道马莱孔和穆埃耶海湾，往东则看得见形状像块巨型生日蛋糕的政府大楼为最高点的奇特的哈瓦那旧城。

　　在那些乱纷纷的日子里，加西亚·马尔克斯和同志们吃饭没有固定时间，只能抽空到底层的大地女神餐馆，或者离疗养大厦一个半路口的响葫芦餐馆去吃。这两个饭铺加上拉丁社办公的第五层，就是作家三个月里实际上到过的地方，因为时间全部都用在工作上了。他以加勒比人的幽默对马塞蒂说："倘若这场革命由于什么失败的话，那就是由于电灯的耗费。"记者们可能是早晨五点睡觉，也可能是下午 5 点起床。重要的是工作，直至耐力的极限。

　　加西亚·马尔克斯是不眠的记者，确切地说是巡回记者，需要全面了解拉丁社复杂的功能，从而在将来被派去的地方能够完成建立新的代表处的任务。可是，马塞蒂老想把他留在身边采写新闻，沃什则希望他帮自己搞专项服务。三人成了朋友，彼此十分亲密，以致沃什破译了中央情报局关于入侵猪湾①准备情况的密电时，马塞蒂把这个哥伦比亚人叫去，和他们分享那种对记者而言是最大的幸福。这是一次欢乐至极的聚会，加西亚·马尔克斯后来回忆说那是他一生最为愉快的时刻之一。

破译密电起因于一件幸运而凑巧的事情。这一天，马塞蒂和往常一样在自己乱得像巴别城似的房间注视着世界各大通讯社发布的电讯消息，以便据此评判他们的工作，改善拉丁社的工作。突然，他发现一台电传机打出了一大段莫名其妙的文字，是全美电报公司设在危地马拉的分支机构热带电报公司发出的。马塞蒂力排众议，不同意一些编辑的看法，坚持认为这段混乱的话具有隐秘的条理，便叫鲁道夫·沃什拿去看。沃什依靠一本密电码的帮助，经过许多个不眠之夜，终于完全破译出来了，果然是美国中央情报局从危地马拉发往华盛顿的一份报告，上面讲了第二年4月吉隆滩武装登陆的准备工作。马塞蒂激动得不得了，甚至想出如何派沃什扮做上门推销《圣经》的新教牧师，直接打入反革命分子设在国外的训练营的具体办法。不过他的设想未能实现，因为政府通知他们说政府自有安排。

在那段情况紧急的日子里文学被置于第二位或者第三位是可以理解的。安赫尔·奥西尔后来回忆当时曾听加西亚·马尔克斯说，他失望于文学难以成为这个时代的人的表达方式。他当时偏爱的是电影。然而

---

① 即"猪湾事件"，又称"吉隆滩战役"。1961 年 4 月 17 日凌晨，从危地马拉出发的 1000 多名美国雇佣军在美国飞机和军舰掩护下，在古巴拉斯维利亚斯省南部猪湾附近的吉隆滩登陆，同时还空投了约 1300 名伞兵。入侵军队曾一度占领吉隆滩，并向北推进。古巴军队和民兵经过 72 小时的激战于 4 月 19 日全部歼灭入侵者，共俘敌 1180 人，粉碎了美国武装干涉古巴的企图。

这个阿拉卡塔卡人是天生的作家，不会如此轻而易举地就能摆脱文学麻疹。事实上在那些惊天动地的日子，他最大的消遣之一便是能够谈论文学，尤其是同鲁道夫·沃什及其妻子鲍培·勃兰查德在几乎秘密的谈话中探讨小说结构。所以谁也不记得那三个月里作家在拉丁社谈论过文学。但他不仅谈过，而且利用本来就少得可怜的休息时间，在疗养大厦2002号套房里一如既往地一点一点地读书。还有，那些天里他也同样是几乎秘密地拜访了著名的广播小说作家菲利克斯·凯涅特。加西亚·马尔克斯童年与少年时代多次听过凯涅特的《生的权利》。

凯涅特是加西亚·马尔克斯最隐秘的老师之一，也许是他教导作家说叙事作品必须要像说唱文学那样既能读又能听。所以有一天，他怀着十分景仰这位年事已高的广播小说大师的心情，拿着无法脱稿的《家》的"大厚本"登门拜访。这部内容丰富的草稿宛如树干，虽然本身未能长成，却已衍生出了《枯枝败叶》、《没有人给他写信的上校》、《恶时辰》和《格兰德大妈的葬礼》集子里的大部分短篇小说的全部枝条或者部分枝条。凯涅特听了他的讲述，看了他的稿子，称赞了他，同时又提了两条在加西亚·马尔克斯看来不啻小说艺术两大秘诀的建议。老作家说，为了牢牢抓住读者的心，每一段总得发生点儿什么事情（一只苍蝇在飞，一个杯瓶了），因为人们真正喜欢的是给他讲故事，而不是给他做冗长的啰唆的描绘和令人生厌的评论。赠给他的第二个忠告是，倒装句的使用未必会确保叙述的顺利进行，因为它将使作者与读者在每一段都碰到佶屈聱牙的句子，对此，我们巴不得绕过去不读。如果出现这种情况，那就只能按照西班牙语句法的严格顺序排列句子，状语应该依据其单词的数量从少到多来排列。比如，不能讲"在玛丽娅家，昨天"，而应该说"昨天，在玛丽娅家"。凯涅特最后说，这建议听着像废话，其实不然。照着做了，可以避免读者由于跳过那些拗口的与正常呼吸节奏不合拍的句子而厌烦，使之流畅地自然地通读全段。

加西亚·马尔克斯在此之前的优秀篇章里从来都是这样做的。但是，从《百年孤独》开始，凯涅特的建议确实在他的作品里体现得愈发明显了。

在哈瓦那的火热的几个月里，作家惟一感到失望和扫兴的，是看到那些效法汉尼拔·埃斯卡兰特①的共产党宗派分子，如何逐步地掌握了一场他们先前在其中发挥作用甚微的革命的领导权。然而却毫无办法，因为从古巴在美国侵略的驱使下开始投入苏联母亲的怀抱的那一刻起，这已是公开的篡夺了。

早在本国时，加西亚·马尔克斯就非常了解这类人。他们是沙龙里的革命家，打着领带的共产主义者，莫斯科的代理人。他们宣扬一种僵化的马克思主义，使之成为一张普洛克路斯忒斯②之床，从而把古巴现实硬往这张床上拖，不管它能否放得进去，也不管它是合情合理的还是宗派分子们信奉的彻头彻尾的教条。在哥伦比亚，富于想像力的左派蔑称这类人为"蠢货"，这或许因为他们不会像真正的马克思主义者那样去思考具体的现实，或许因为他们干不出任何革命业绩。加西亚·马尔克斯在这类人有一天居然建议他应该怎么写和不应该怎么写，以及他于1957 年夏季实地了解东欧国家的"现实社会主义"之前，曾经腼腆地接近过这伙人。

---

① 汉尼拔·埃斯卡兰特（1910－?），前古巴人民社会党全国委员会执行书记，1962 年被免职，1968 年被开除出党。
② 希腊神话中的强盗。他开设黑店，拦劫过往旅客。店里有一张铁床（一说两张），旅客投宿时，他把身材高大的截短，把身材矮小的拉长，使他们的身材和铁床的长短相等。

跟许多同代人同行相反，作家从不说任何反对共产党人的话，从不做任何反对共产党人的事。不过他对他们的认同没有太多地超越青年时代所形成的同情的范围。如今之所以毫无保留地支持古巴革命，并且在拉丁社工作两年，是由于他认为菲德尔·卡斯特罗和切·格瓦拉那样的领导人终于为古巴和拉丁美洲找到了一条不同于莫斯科的刻板模式的道路。

然而，"蠢货们"在这里又出现了。由于"七·二六运动"的默认，他们正在紧锣密鼓地准备，要在社会、政治、文化的各个方面毫不留情地悄悄夺权，因为没有一个苏联式的政党便没有苏联的援助。问题很清楚。所以拉丁社成了汉尼拔·埃斯卡兰特式的新型宗派集团的首要目标，开始受到渐进的系统的包围。这一切，对于加西亚·马尔克斯和普利尼奥·门多萨来说，自从马塞蒂亲口告诉他们党通过波哥大分社内部一个间谍在监视他们以后，已是预料之中的事情。"他们这些人"——卡斯特罗分子这样称呼马塞蒂、沃什、加西亚·马尔克斯、普利尼奥·门多萨等人——十分明白，即使自己再革命，也根本入不了人家那个官僚宗派的伙，因为自己的气质甚至自己的身份就决定了这一点。一天夜晚，卡斯特罗分子借口召开政治会议，拥进拉丁社，刚和加西亚·马尔克斯锁上办公室门的马塞蒂对那伙人说，没有其他同志参加，什么会他也不开，并且打发他们去睡觉。据普利尼奥·门多萨后来讲，马塞蒂随即将许多人调出拉丁社，又把其余的人作为记者派往东欧国家。"他们这些人"与数量占绝大多数的革命者之间的裂痕越来越大，越来越不可弥合。在可供卡斯特罗分子为剪除异己而加以利用的历史风波（古巴国内的反革命活动比以往更加猖獗，与此同时山姆大叔准备入侵古巴）中，他们四处安插耳目，将怀疑作为主要的行动方式引入社会生活。任何事情——一个玩笑、一句俏皮话、一个多说的或少说的字、一条美国领带、一双意大利皮鞋，都可作为"蠢货们"怀疑的对象。拉丁社里充满着沉默而意味深长的目光，古巴人的幽默与直率的性格开始受到抑制。神通广大的卡斯特罗分子能够听见一切，看见一切，预知一切。所以，就连加西亚·马尔克斯本人也惊异于那帮人与他同时得知他将前往又一个目的地蒙特利尔。

加西亚·马尔克斯在拉丁社经过三个月全面的业务培训，马塞蒂私下里建议他去加拿大创建一个拉丁社办事处。作家知道自己和马塞蒂在各自的岗位上都干不长，便于12月底返回波哥大接来梅塞德斯和罗德里戈，然后在前往蒙特利尔途中，于1961年初到了纽约。离开哈瓦那之前，他在三天当中急匆匆地去了一趟墨西哥城，看望老朋友阿尔瓦罗·穆蒂斯这位诗人和高瞻远瞩之人。穆蒂斯从莱昆贝里监狱出来了。作家已经五年半没见他了。在巴耶区阿道夫普列托街的家中，两人一如既往地谈论"麻烦事"，谈了一天一夜。此时作家认真考虑了有朝一日定居墨西哥的可能——后来他比预料的要早得多地实现了这一愿望。

加西亚·马尔克斯本来计划只在纽约逗留些日子，一旦和家人得到签证即前往蒙特利尔。可是签证始终未能办下来，加上拉丁社纽约办事处人手不够，结果他便留了下来。1961年3月13日，他作为报界记者有机会来到白宫，聆听约翰·肯尼迪总统的历史性演讲，总统在演讲中宣布了一项引人注目的计划，即建立"进步联盟"——"为了阻止古巴革命的新浪潮而临时拼凑的用以应急的破烂货"。羁留美国将近六个月的时间，他几乎都是在纽约度过的，这是他一生最为紧张和艰难的日子。随着古巴革命的逐步激进化和它的真实的政治面目的显露，美国报界与政府的反卡斯特罗运动日益疯狂。这煽起了逃亡到美国的大量古巴人的复仇情绪，促进了他们的团结。这些人天天威胁拉丁社的记者。加西亚·马尔克斯和同伴们没有武器，上班时便将铁棍铁管放在手头。威胁电话接连不断，其数量之多，频率之高，所讲秽语之全，使得作家及其同事已经习以为常，见怪不怪了。他们总是平心静气地答道："这话跟你妈说去吧，混蛋。"放下电话，又若无其事地接着工作。不过有一天，电话里的威胁有所升级，他们提醒作家说他有妻子孩子，而且他们十分清楚他的妻儿住在哪里，叫他最好离开美国。

但是，加西亚·马尔克斯白天继续在洛克菲勒中心一座老楼里的那间阴暗的办公室工作，夜晚在第五大道附近的曼哈顿一家旅馆的房间修改《恶时辰》的原稿。所以，他的辞职并非像多年以后有人所宣扬的那样是由于反卡斯特罗分子的威胁，而是由于汉尼拔·埃斯卡兰特式的共产党宗派分子的内部威胁。宗派分子一手控制了拉丁社重要的领导岗位，搞得马塞蒂无法立足，逼迫他辞了职。

不久，4月18日，发生了对猪湾的入侵（古巴宣布自己的革命为社会主义革命的两天之后），后来被迫公开取缔老资格的共产党人的宗派主义和绝对优势地位的卡斯特罗，要求马塞蒂留任一段时间，随后又要求他参加电视实况转播的公开会见在吉隆滩被俘的美国雇佣军人员的活动。加西亚·马尔克斯继马塞蒂和门多萨之后的辞职，不光是支持上司和友人，还因为厌恶那个阴谋诡计猖獗的鬼地方。可是当猪湾入侵发生之时，他没把辞呈交上去，以免让人觉得他在轮船要沉没时弃船而去，而决定等一等，等危机过去再说。所以，5月底普利尼奥·门多萨从哈瓦那到了纽约，告诉作家他已向新任社长费尔南多·雷武埃尔塔斯交了辞呈的时候，加西亚·马尔克斯回答说自己的辞呈早就写好了，只等他一来便交上去。随着时光流逝，这份手写的辞呈辗转到了马塞蒂的遗孀孔奇塔·杜莫依丝手里。1988年为了祝贺作家60岁寿辰（其实是

61 岁），杜莫依丝将手稿还给了他。辞职书是他在拉丁社工作保留下来的惟一文献，因为"蠢货们"把马塞蒂时期的痕迹清除得那么彻底，以致连加西亚·马尔克斯和鲁道夫·沃什写的东西都被烧了。他紧张地工作了两年，又是负责从哥伦比亚给专项服务发送报告和通讯，可以想见，烧掉的是加西亚·马尔克斯新闻作品中十分重要的一部分。这一部分数量之大，想必其质量之高，以致多年以后当作家享誉世界之际，他本人都想把它要回来。然而，当时某个人作了一个含糊其辞的解释，声称马塞蒂和沃什时期的档案在拉丁社搬家时丢失了。

拉家带口，又即将去墨西哥，加西亚·马尔克斯希望拉丁社能发一笔离职补贴，并为他及家人提供机票。不料拉丁社的新领导说，他们并未解雇他，是他自己不愿干了；不能提供去墨西哥的机票，当初又不是在那里聘用的他，若是去哥伦比亚的话，也许会给机票；离职费说不定能给一点儿，不过他得找波哥大办事处去要，而这个办事处当时没有负责人。作家懂了，他们不能说不给，但拖着不办。于是6月中旬，他领着梅塞德斯和罗德里戈，兜里揣着200美元，上了开往新奥尔良的灰狗长途公共汽车。几天之后，普利尼奥·门多萨从波哥大往新奥尔良给他寄150美元。

这是沿着一条条似乎没有尽头的"炎热、凄凉的辅路"进行的一次令人厌烦和恼火的旅行。在亚特兰大市和亚拉巴马州，他们看到了最不人道的种族歧视，公共饮水机上按照规定贴有"白人专用"与"黑人专用"的标志。在蒙哥马利市，他们转了几乎一整夜也没找到睡觉的地方，因为人家以为他们是墨西哥人，谁也不敢租房间给他们。在美国南方一些村镇，他们多次看见这样的告示："禁止狗与墨西哥人进入"。到达新奥尔良时，他们已经吃伤了汉堡包、夹肉热面包、添加大麦芽的牛奶等食品。在哥伦比亚领事馆取出普利尼奥·门多萨寄来的及时雨般的 150 美元之后，他们走进一家名叫老方头的法国高级餐馆大快朵颐，以弥补一路上的饥饿。

一家人来到墨西哥电影里时常出现的尘土飞扬的拉雷多市的时候，已经乘坐长途汽车走了整整两个星期，是走在约克纳帕塌法县[①]的虚构的与真实的领地上。通过阅读威廉·福克纳的小说，作家对这片领地及其居民了如指掌。所以这次类似于流浪的犹太人之旅不仅使他到达上帝应允之地墨西哥，还让他证实了老师的小说中有多少凄惨的真实故事，并且教他五年之后在《百年孤独》里得以描写朋友阿尔瓦罗·塞佩达·萨穆迪奥坐火车进行的有去无还的旅行。另外不乏趣味的是，加西亚·马尔克斯为了创作那部巨著，不得不在约克纳帕塌法县的疆域长途跋涉两次，一次在书上，一次在实地。

多年以后他回忆说，他携妻子孩子于 1961 年 7 月 2 号星期日（同一天他另外一位老师欧内斯特·海明威自杀）的霞光灿烂的傍晚，到达墨西哥城火车中心站，这个霞光灿烂的傍晚，一如他随身携带的容纳思念之情的硕大行囊里那帧从阿比拉山脚下那么多次看到的加拉加斯绚丽晚霞的永恒景象。然而墨西哥首都让他更多地想起的是那不勒斯，是巴黎。某种程度上，还有波哥大，恰巧此时在车站迎候他们的，正是一个深受巴黎神韵熏陶的波哥大人——诗人兼小说家阿尔瓦罗·穆蒂斯。伴随着他纯洁的友谊，靠着口袋里剩下的 20 美元，加西亚·马尔克斯将在这里开始新的生活——其实是同往常一样的生活。

---

① 福克纳小说中经常出现的地方。

第十三章

加西亚·马尔克斯一家到达墨西哥城的时候，阿尔瓦罗·穆蒂斯已经在这里住了五年，从炼狱般的莱昆贝里监狱出来也有一年半了。15个月难以忍受的铁窗生活，连同在比利时安特卫普市和哥伦比亚科埃略县度过的美好岁月，在他身上留下了永不磨灭的印记。在内容之恐怖比得上但丁描绘地狱的文字的《莱昆贝里日记》里，诗人用散文酣畅淋漓地描述了自己的狱中生活。

　　穆蒂斯再度成为加西亚·马尔克斯及时雨般的朋友。没有他的帮助、指引以及他那些西班牙与墨西哥朋友，作家在刚来这座阿兹台克人的古都时的那种窘境中也许支撑不了多久。加西亚·马尔克斯不是没有考虑到这一点，所以曾经从纽约打电话跟穆蒂斯商量定居墨西哥的事情。越来越思念哥伦比亚友人的穆蒂斯回答说十分高兴地等待他来，还说以后大家同舟共济，携手前进。

　　于是又像1954年1月一样了，当时，身为埃索公司驻波哥大公共关系部经理的诗人，将这位朋友从巴兰基亚的放荡不羁的生活中拯救出来，两次寄飞机票给他，让他住在自己家，直到设法使得《观察家报》的几位社长聘用他做了正式在册的编辑。如今，从巴尔巴查诺·彭塞公司销售代理人的新岗位上，穆蒂斯尽力发扬豪爽风格，施展全部外交才能，再次安置这位朋友和伙伴。这一回不仅情况与上回类似，而且发生这些情况的这个城市有许多方面也跟上次那座城市一样。当然，若从1956年10月21日早晨展望他们二人的生活前景的话，根本预见不到今天的状况。那天早晨，当加西亚·马尔克斯在巴黎那间阁楼里硬着头皮修改《没有人给他写信的上校》的时候，穆蒂斯带着很少的东西，行色匆匆地——这种旅行方式是他的老师堂安东尼奥·马查多①所倡导的——离开哥伦比亚去墨西哥。此行的缘由，不是别的，仅仅是友情癖作怪——这个波哥大籍的巴黎人的友情癖如同他的文学癖台球癖一样，是人所共知的。

作为埃索哥伦比亚公司公关部经理，三年里穆蒂斯掌握着一大笔经费，其用途五花八门，像赞助各类俱乐部，捐助慈善机构，帮助形形色色的个人等等，不一而足。但是忽然间，热心保护艺术家的穆蒂斯自作主张，将一部分经费用于自己想干的事情，例如救助遭受罗哈斯·皮尼利亚独裁政权迫害的友人，为财力不足的画家办画展，给永远贫困的诗人出第一本书，给加西亚·马尔克斯以外的又一位需要紧急出走的朋友买机票，庆祝作家兼美食家布里亚特·沙巴林200周年诞辰——为此甚至连面包黄油都是叫人从巴黎买来的。公司总裁训斥他时，穆蒂斯的解释荒诞离奇，以致几天工夫事情便闹到了法官面前。多亏朋友们和他哥哥莱奥波尔多求情说项，诗人才得以免吃官司，取道麦德林和巴拿马去了墨西哥。

凭着700美元和两封介绍信——其中一封是写给路易斯·布努埃尔②的——穆蒂斯在墨西哥首都开始了新的生活。这座城市因其饶有

① 全名为安东尼奥·马查多·伊·鲁依斯（1875－1939），西班牙著名诗人。
② 布努埃尔（1900－1983），西班牙电影导演。在马德里大学期间结识本国诗人加西亚·洛尔卡和画家萨尔瓦多·达利。1925年侨居巴黎，开始接触超现实主义运动，1928年与达利合作拍摄了电影《一条安达卢西亚狗》。曾流亡纽约，后旅居墨西哥，在那里，其导演事业获得了巨大成功。1983年7月30日卒于墨西哥。

情趣的文化气息和在拉丁美洲首屈一指的先锋派雕塑及壁画而一向让他着迷。墨西哥城当时有 400 万人口，非常安静，污染也不严重，远处还看得见连接着苍穹的火山，繁星满天的夜晚，蒙特祖马①就曾从这穹隆上看出了克察尔科亚特尔与科尔特斯可怕的回归。一条条如同改革大街那般幽静的林荫大道景色秀丽，风光旖旎，置身其间，恍若徜徉于一座热带的巴黎城。殖民时代的建筑物和石板路面的街道，与那不勒斯的市中心毫无二致。出出进进于文化场所、剧院、电影院、俱乐部和饭馆的顾客当中，哪个国家的人都有。展现在这个逃亡诗人面前的墨西哥城犹如天堂一般，于是他毫不犹豫地住了下来。穆蒂斯不便独自登门造访加西亚·洛尔卡和萨尔瓦多·达利的朋友、神秘的电影人路易斯·布努埃尔，于是就最大限度地发挥了另一封介绍信的作用，在画家费尔南多·博特罗及其妻子克洛丽娅·塞阿的家里暂住了几个星期。与此同时开始工作，跟着奥古斯托·埃利亚斯当广告策划人。过了一年，进入马努埃尔·巴尔巴查诺·彭塞的电影制片厂。

　　最终决定把介绍信给路易斯·布努埃尔的时候，穆蒂斯同他已经有了一些交情，另外还跟整个墨西哥城的优秀人物交上了朋友，如奥克塔维奥·帕斯（给他的诗集《灾难要素》写过评论）、卡洛斯·富恩特斯、胡安·鲁尔弗、胡安·何塞·阿雷奥拉、海梅·加西亚·特雷斯、费尔南多·贝尼特斯、维森特·罗霍、拉蒙·西拉乌、豪米·加西亚·阿斯科特、玛丽娅·路易莎·埃利奥、埃莱娜·波尼亚托夫斯卡、何塞·德拉·科利纳，他们堪称当时墨西哥艺术界知识界的精英。多亏这些朋友鼎立协助，他这个没有身份证件的"黑人"不仅找到了工作，还给

① 即蒙特祖马二世（1466-1520），墨西哥特诺奇蒂特兰国王（1502-1520 年在位），1519 年，科尔特斯率西班牙殖民远征队入侵墨西哥，他误以为其为传说中该年返回的克察尔科亚特尔神的使者，对之不加抵抗。翌年 6 月为此而丧命。

海梅·加西亚·特雷斯和卡洛斯·富恩特斯主持的《墨西哥大学》和《墨西哥文学杂志》这两个刊物撰稿。同时，他在左一个马提尼①右一个马提尼声中，继续跟路易斯·布努埃尔谈论电影、女人、小说。有一天，为了向这位电影大师证实自己能在墨西哥写出一部正经八百的长篇小说，穆蒂斯一连两周足不出户，写完了《阿劳卡依玛的豪宅》第一稿。布努埃尔信服他的文学功底，非常喜爱这部作品，甚至许诺有朝一日将它搬上银幕。

可是，就在他沉浸于友谊与文学的欢乐之中，并且在阿卡普尔科②享受了惬意的日光浴之后，1958 年 9 月 22 日，莱昆贝里监狱穿黑衣的传令官来了，阿尔瓦罗·穆蒂斯被关押起来，下一步即是引渡到哥伦比亚。在漫长的 15 个月里，朋友们在哥伦比亚成功地（或者说极其错误地）阻止了引渡。这期间，诗人在莱昆贝里这座人间地狱见识了惨无人道的刑辱，经历了难以忍受的痛苦。多亏了对生命的热爱，多亏了友情与文学，他不但熬过了"母狮的分娩"（囚犯们对一位新难友的到来的比喻），而且贪婪地阅读了哥伦比亚和墨西哥朋友送来的全部书籍，撰写了《莱昆贝里日记》和《战略家之死》那样的光辉篇章。就在这个经历劫难的时期（1959 年 12 月 21 日获释几个月之前），他给波哥大的加西亚·马尔克斯去信，要求寄些他的作品来读，作家便将这年中期刚完稿的《格兰德大妈的葬礼》复制一份寄了来。穆蒂斯随后把书稿交给由奥古斯托·蒙特罗索陪同前来看望他的女记者埃莱娜·波尼亚托夫斯卡，托她推荐给哈拉帕市③的韦拉克鲁斯大学出版社。不料稿子被

---

① 阿图罗·马提尼（1889-1947），两次世界大战之间意大利第一流雕刻家。其作品形式多样，特别精于表现人体的运动和紧张。
② 墨西哥南部海湾城市，著名旅游胜地。
③ 墨西哥东部城市，濒临墨西哥湾。

女记者遗失。坏事也有好的一面——加西亚·马尔克斯到达墨西哥城几个星期以后，穆蒂斯借口给出版社送书稿，跟作家去了一趟韦拉克鲁斯①。这时，作家拿定了主意，要留在墨西哥。

　　起初，加西亚·马尔克斯一家生活十分困难，梅塞德斯又闹痢疾，更是雪上加霜。全仗着穆蒂斯兄弟般的帮助，他们才没有过于凄惨。诗人先是让他们临时住在他公司附近的梅里达大街博南帕克公寓的一个套间，后来又把这一家三口安顿在安苏雷斯移民区雷南大街21号的固定住处。加西亚·马尔克斯和梅塞德斯的卧榻是摞在一起的两个床垫，没有床架；罗德里戈睡另一个房间的小孩床。一张桌子两把椅子用来吃饭和写作。缔造马孔多镇的小说家从这里出发，投入对上帝许诺的这片土地的征服。他得像摩西一样，哪怕是从石头里榨，也要榨出水和口粮来。

　　尽管由于穆蒂斯的热情介绍，墨西哥知识界相当一部分人知道作家所发表的长篇及短篇小说，尽管加西亚·马尔克斯在这座城市还有另外三位朋友——雕塑家罗德里戈·阿雷纳斯·贝坦科特、书商和电影人路易斯·维森斯和作家胡安·加西亚·彭塞，但开始两个月还是没有找到任何工作，夫妻俩的很多时间用于在内务部门廊排队办居住手续。与累积的债务相比，这段时间的收入微不足道，只能通过零零散散地为《墨西哥大学杂志》写稿以及给西班牙作家马克斯·奥夫主持的大学电台朗诵评论获得些报酬。

　　他在墨西哥写的第一个作品，是一篇纪念海明威的热情洋溢的长文，表明了作者对这位老师是多么崇敬，多么熟悉，从他身上学到了多

---

① 这里指韦拉克鲁斯城，位于哈拉帕市东南部。

少东西。在由费尔南多·贝尼特斯发表于《新闻报》副刊《文化领域的墨西哥》上的题为《一个正常死亡的男子汉》的文章中，加西亚·马尔克斯就这位老师做出了准确的预言："时间也将表明，作为小作家的海明威，由于熟悉关于人的题材和写作诀窍，将要使得许多大作家相形见绌，黯然失色。"文章最后说："海明威的深远意义，恰恰在于表面上支撑那些现实的、结构简单明了的、有时候甚至主题都一目了然的作品的隐秘的智慧。"

斯德哥尔摩的颁奖仪式之后的那些天，加西亚·马尔克斯有一次说，他到达墨西哥城的第二天才算是真正到了墨西哥城，因为那个星期一一大早，胡安·加西亚·彭塞就打电话告诉他，"海明威那老东西"前一天早晨7点30分在美国爱达荷州的一个小镇凯特丘姆"拿猎枪把自己脑袋打开花了"。这件荒唐事"如同一个新时代的开端"留在作家脑海里。而对于阿尔瓦罗·穆蒂斯而言，这位朋友真正来到墨西哥城则是几周以后，当两人去韦拉克鲁斯的时候。

虽然墨西哥城非常美丽，当时的"人口尺寸"也不大，文化活动很多，而且朋友们喜欢他帮助他，加西亚·马尔克斯却忽然变得常常失神发愣。穆蒂斯立刻明白他患了墨西哥城综合症——面对一座复杂的城市和一种复杂的文化时的感冒，这座城市这种文化似乎完全照搬了墨西哥的仙人掌与金字塔的封闭性质。作家是典型的加勒比人，来自一种毫不封闭的跟大海一样开阔的文化氛围，最近三年他的生活范围扩展到了古巴和委内瑞拉。可是他现在感到，除了求助于穆蒂斯那些西班牙朋友和祖先是西班牙人的墨西哥朋友，自己无法进入墨西哥社会的迷宫，这个想法使他踟蹰于孤独的边缘。他的苦闷还由于他失望地证实了墨西哥电影界那个封闭的圈子自己很难很难挤得进去，而他来此定居的一个原因就是想从事电影业。穆蒂斯认为根治墨西哥城综合症的方子只有一个——带他去加勒比海，去韦拉克鲁斯，让他闻一闻番石榴的香味。

穆蒂斯找了个借口，说把《格兰德大妈的葬礼》的稿子送到哈拉帕市的塞尔希奥·加林多那里去，便在一个周六的早晨，跟加西亚·马尔克斯坐上自己的红色福特牌汽车上了路。两人还带了一个随从——23 岁的青年诗人弗朗西斯科·塞万提斯。他没见过大海，是跟着去看海的。作家坐在开车的加林多旁边，愉快地朝窗外喊着："闪开，闪开，混蛋！我们车上有位大海的处女。"

正如穆蒂斯所设想的，奇迹果真在韦拉克鲁斯，在加西亚·马尔克斯童年见过的迷人的大海面前出现了。作家很高兴，与州长共进午餐时品尝了烈性辣椒之后，胸中的郁闷一扫而光，对穆蒂斯说："既然有韦拉克鲁斯，既然这里也能讲加勒比话，那我就留在墨西哥。没有任何问题。"他留下了。他将在这里植树、生儿育女、撰写那本不朽的长篇小说，从而最终一飞冲天，闻名世界，饮誉全球。

不过，使作家永远摆脱艰难岁月的那种飞跃，是一个缓慢、艰辛、充满巨大痛苦、充满跟文学作品表面上的脱离的过程。起初，电影界一时无法进去，作家只好再次来办情调低下的刊物。连这差事还是争取到的，他愿意干，也完全是为稻粱谋。一位名叫古斯塔沃·阿拉特里斯特的事业有成的家具制造商，9 月间刚刚买下两家杂志社，正在物色社长。两家杂志一是关于家庭生活各个方面的《家庭》，一是报道流血事件的《众人关心之事件》。阿尔瓦罗·穆蒂斯叫阿拉特里斯特甭管了，说他已经找到了合适的人选。阿拉特里斯特看了这个谋求社长职位的人写的《一个海上遇难者的故事》和另外几篇东西以后，感到这些作品太优秀了，以致真的怀疑加西亚·马尔克斯会是主持他的杂志社的最佳人选。然而穆蒂斯给他吃了定心丸："他是书生不假，可您别拿他当书生；您要把他当做办报人，非常务实的匠人。"于是这个阿拉卡塔卡人被聘用来同时主持《家庭》和《众人关心之事件》。他只有两项要求——别让其他工作人员知道他的名字；别让他本人签发任何东西。果不其然，不但两种杂志后来与他的名字毫不相干，而且当了两年社长，办公室里连台打字机都没有。他是个尽量不沾染官气的社长，一直同编辑、校对、排字工人、摄影师一起干活。从他撰写的堪称科林·特莉亚多①典范的社评里，看得出作家是怀着十分厌恶的心情从事这种纯粹为糊口的工作的。

同一座楼里运作的还有《赶时髦》杂志，也是古斯塔沃·阿拉特里斯特的，由萨尔瓦多·埃利松多和埃米利奥·加西亚·列拉主编。这是一份追逐新潮、标榜高雅的刊物，该刊时常略微庄重地谈论鸡毛蒜皮之类的琐事，或者略微轻率地议论重大事件。可是《赶时髦》销路不好，几乎卖不出去，其编辑部的运转全靠《家庭》与《众人关心之事件》的收入维持着。所以加西亚·马尔克斯抱怨说："你们这些高雅的人靠我养活；我在这儿劳动，供你们摆阔。"确实如此。短短几个月，他就把两种杂志的印数搞上去了。他以其办报才能和商业眼光，使刊物摆脱了庸俗与淫秽的窠臼，成为生动有趣的某种程度上被普遍接受的杂志。他改进了版面式样及内容，在对家庭主妇的特殊忠告、烹饪与刺绣讲座、街谈巷议以及耸人听闻的犯罪与凶案的报道中，逐步加入著名小说或名人传记的连载，阿加莎·克里斯蒂②的著作，外国文化报道，介

---

① 科林·特莉亚多，西班牙当代女作家，以专门写爱情感伤小说（或称玫瑰小说）著称，自20世纪60年代至今已出版小说3000余部。其读者面甚至超过加西亚·马尔克斯。
② 阿加莎·克里斯蒂（1890-1976），英国女侦探小说家、剧作家。第一部成名作品是《罗杰疑案》（1926），此后有75部长篇小说列入畅销书。其改编成电影的主要作品有《东方快车谋杀案》和《尼罗河惨案》等。

绍释迦牟尼、耶稣基督、儒勒·凡尔纳、阿尔伯特·爱因斯坦的短文等等。《家庭》还另辟有诗歌专栏，刊载洛尔卡、马查多、缪塞①的作品；而《众人关心之事件》的扉页上则选登历史名人的名言及相应的作者生平简介。

　　然而，选登的诗歌再好，实施的改进再多，在古斯塔沃·阿拉特里斯特的杂志社，加西亚·马尔克斯依然形同路人。寻找开门的"芝麻"钥匙以跻身墨西哥电影界的奥林匹斯山的时候，作家幸运地进入了科马拉②这片虚幻的土地。还在雷南大街居住时，阿尔瓦罗·穆蒂斯有一天像往常一样去看他，作家问穆蒂斯墨西哥哪些作家和作品值得一读，穆蒂斯叫他什么都先别读，等他下次来时再说。没过多久，诗人拿着一捆书来了，从其中抽出两本最薄的，对作家说："看看这些吧。别嫌烦，学学人家怎么写的。"抽出的是胡安·鲁尔弗的《佩德罗·帕拉莫》和《烈火中的平原》。当天夜里他看完两遍《佩德罗·帕拉莫》才睡觉，第二天又迫不及待地捧起了《烈火中的平原》。加西亚·马尔克斯喜欢上了胡安·鲁尔弗，喜欢得如痴如狂，能背诵他书上的话，谁想听就背给谁听。他后来回忆，那一年的年底他什么书也读不进去，觉得其他一切书全都等而下之了。自从9岁那年的一天在阿拉卡塔卡看《一千零一夜》、20岁在波哥大看《变形记》、22岁在卡塔赫纳看索福克勒斯著作以来，阅读以其登峰造极的魅力再度迷住了作家。胡安·鲁尔弗将是他主要的老师之一，一如舍雷萨达③、索福克勒斯、梅尔维尔、卡

---

① 阿尔弗雷德·德·缪塞（1810-1857），法国浪漫主义运动最杰出的诗人和剧作家之一，主要作品有剧作《威尼斯之夜》（1830），抒情诗《十月之夜》（1837）及自传体小说《一个世纪儿的忏悔》等。
② 下文所述的《佩德罗·帕拉莫》里的村庄。
③ 生平不详。

夫卡、福克纳、弗吉尼亚·伍尔夫、卡彭铁尔。

20 年后加西亚·马尔克斯在一篇纪念胡安·鲁尔弗的文章中回忆道，当年到墨西哥城之后，"至少过了六个月也没人向我提过《佩德罗·帕拉莫》的作者"。但阿尔瓦罗·穆蒂斯认为这段时间其实只有几天或几周。倘若不是因为加西亚·马尔克斯在没有找到任何工作的 1961 年七八月间写了《虚度年华的海洋》的话，那段时间究竟有多长便是无关紧要的了。这是第一篇看得出受胡安·鲁尔弗的时空改变观念影响的作品，也是踏上荒漠中那条四年以后将他引向《百年孤独》的道路之前，作家的最后一篇作品。

我们知道，加西亚·马尔克斯来墨西哥的一个目的是从事电影业，另外两个目的是寻找一家在拉丁美洲有影响的出版机构和继续写作。他当够了小有名气的作家，觉得创作儿童故事是接近大量读者的一个方法，便写了《虚度年华的海洋》，脱稿后请朋友普利尼奥·门多萨用严格的尺度予以衡量。门多萨坦率地回答说他不喜欢，因为他厌恶虚构之作。素来回避用虚无缥缈的故事来糊弄人的加西亚·马尔克斯，将朋友的意见当做终审裁定予以接受，放弃了儿童故事的创作计划。

假如沿着这条路走下去，作家可能不会使儿童读者满意。然而之所以不满意，并不是由于他写的东西是门多萨所说的虚幻之作，恰恰相反，而是由于《虚度年华的海洋》实际上是加西亚·马尔克斯最符合现实主义规则的短篇小说之一——它符合的是卡夫卡的作品同样采用的那种富于隐喻的虚幻的现实主义。

跟马里奥·巴尔加斯·略萨后来的论断相反的是，《虚度年华的海洋》没有终止加西亚·马尔克斯"作家生涯的一个完整阶段"；相反，由于这部短篇小说不构成《恶时辰》与《百年孤独》之间的链条上的一环，准确地讲它是《百年孤独》的前奏，再进一步讲是《百年孤独》本身的雏形，因而他继续了或者开创了"一个完整的阶段"。

在《枯枝败叶》和《周末后的一天》、《礼拜二午睡时刻》、《格兰德大妈的葬礼》（这篇是连接《恶时辰》与《百年孤独》之间的链条上真正的一环，又是《家长的没落》的先声）这几部短篇小说里，彻底的马孔多式的精神、心理、思想尚未成形。当然未来马孔多镇的萌芽与主要轮廓，以及构成它的气候、地理、城镇规划、社会、历史、政治、文化等方面的基本要素业已出现，但当时它们尚未被一种内在的剧烈变化着的力量充分糅合在一起，典型的马孔多精神就没有完整地形成。从《虚度年华的海洋》起这一精神开始显露，尽管不是在马孔多而在一个海滨村庄。这个村子地太少，人死了不能埋，只好扔到海里。就在这一短篇小说和《伊莎贝尔在马孔多观雨时的独白》里，大量出现具有马孔多特征的事情，比如我们看到一位会腾空而起的神甫，一个领着妻子去见识冰块的男人，一个无名无姓的"埃伦迪拉"，一座似是而非的梦中幻景般的村镇（就像马孔多建立之前何塞·阿卡迪奥·布恩迪亚所梦见的村镇），一件将村子变回从前的模样抑或变得比从前还糟的非常事件。此外还有一座淹没在海里的鬼怪村庄，村里的男男女女都骑在马上——活脱脱一个水下科马拉。

所以，受到胡安·鲁尔弗影响（构思与格调上的影响）的《虚度年华的海洋》，标志着自给自足的马孔多镇塑造过程中的第一或第二个成就。问题再次出来了：加西亚·马尔克斯究竟为什么还要耽搁四年才坐下来写《百年孤独》呢？答案或者答案之一也许是，不光因为电影方面的"分心"，还由于在墨西哥城头两年经济上的困难。就在那个时期的 1961 年八九月，他决定以《恶时辰》参加波哥大埃索石油公司主办的长篇小说竞赛。

这部小说跟《枯枝败叶》一样，最近六年走过了漫长而崎岖的道路。它初写于1956年巴黎的冬天，续写于翌年的冬天；用一条蓝底黄道的领带捆着放在箱子里，去过巴黎、加拉加斯、波哥大；《格兰德大妈的葬礼》脱稿后，1959年岁末与1960年年初，作家在波哥大将《恶时辰》改过一遍；在纽约继续润色；如今在墨西哥城，他一边三番五次地阅读鲁尔弗和撰写《虚度年华的海洋》，一边锉平它最后的几根毛刺。对《恶时辰》与《没有人给他写信的上校》，加西亚·马尔克斯寄予了全部的希望，打算把前者交给一家在拉丁美洲有影响的出版社，可能的话同时出多种文字的译本——这是他当初下定决心定居墨西哥城的一个缘由。可是吉列尔莫·安古洛和阿尔瓦罗·穆蒂斯建议他将《恶时辰》拿去参加埃索石油公司哥伦比亚分公司赞助的竞赛，而且穆蒂斯亲自负责邮寄稿件。

　　埃索公司的人收到这个注明"无题"（作者舍弃了《一周的十四天》的标题，后来惟一想得出的题目《这个狗屎不如的镇子》又太不像话）的"大厚本"，吃惊不小，以为"这玩意儿"多半是穆蒂斯的，因为正好是从墨西哥城寄出的。他们面临不好应付的两难局面，因为一旦穆蒂斯获胜，他们怎么来奖励一位被自己无情地整治过的作者呢？等到从负责颁奖的哥伦比亚语言科学院那里得知大奖得主不是穆蒂斯而是其友加西亚·马尔克斯的时候，埃索公司的人才松了一口气。站在院士们面前领奖的是赫尔曼·巴尔加斯，他把3000美元奖金寄给墨西哥的朋友，把羊皮纸证书留在了拉奎瓦酒吧——巴兰基亚市的舔斗鸡主义者们偏爱的去处。

　　1961年埃索长篇小说奖不仅没有满足作家传播这部小说的期望，反倒搁置了他的出版设想。《恶时辰》（最后这个题目出自他的短篇小说《咱们镇上没有小偷》里的一句话）1962年12月由马德里路易斯·佩雷斯印书馆出版时，在风格上按照马德里人的喜好做了粉饰，"以语言纯洁性的名义"删除了俚语方言和粗俗污秽之辞。加西亚·马尔克斯通过波哥大的《观察家报》发表了一封公开信，宣布这一版本没有得到他的许可。后来，他只承认1966年4月墨西哥时代出版社出版的《恶时辰》为第一版。墨西哥版本"以他至高无上、独立自主、随心所欲的意愿为名义，恢复了其语言上的谬误和文体上的荒唐"。

虽然哥伦比亚语言科学院院长费利克斯·雷斯特雷波神甫横加指责（书中"避孕套"和"手淫"这两个词使他如芒刺背），《恶时辰》却是加西亚·马尔克斯写得最好的小说之一，几乎达到了《没有人给他写信的上校》所具有的文字的精练简洁和风格的清澈明净。之所以从未由于作品本身而出名，盖缘于情节的简单和不完整。实际上，它的情节仅限于同政治性暴力和社会及心理恐惧交织在一起的"村镇"上的几个典型人物所处的各种时势。小说中位于河边无名村镇的原型，即是苏克雷小镇。《恶时辰》也是加西亚·马尔克斯最像电影和最少连贯性的小说，另外还给人以故事未完之感。因此作家很不赏识它和《蓝宝石般的眼睛》，甚至轻视它，认为它包含的理性和局限性太多。但作家错误地将《恶时辰》与《没有人给他写信的上校》归为一类，说二者和《格兰德大妈的葬礼》集子的许多短篇"属于一种预设主题的文字，呈现出些许静止的单纯写实的观点"，"无论乍看上去是好是坏，均为平淡无奇一览无余之作"。描写那位老上校的小说确切地讲跟上述作品截然相反，很少有小说能像这篇东西那样，读到最后一页，具体地说读到最后一页的最后一个字——诚哉斯言——才能领略它的韵味。

加西亚·马尔克斯自我批评的这些著作中的"预设主题"和"静止的单纯写实的观点"产生的原因，是50年代中期在朋友和左翼文艺批评家的鼓励下，作家深入人们称之为"暴力现实"的哥伦比亚的社会实际与政治实际的决心——"暴力现实"的最不确凿的证据便是所谓"暴力小说"的扩散。然而"预设主题"和"静止的单纯写实的观点"的产生还有别的原因，那就是意大利新现实主义电影和海明威与加缪一类作家的强大影响，以及加西亚·马尔克斯本人所感到的对于 1950 年以《六点钟到来的女人》和《石鸻鸟的夜晚》这两个短篇为开端的这条小说创作道路进行深入探索的必要。尽管作家对小说创作方法的第二种选择深表遗憾，然而这一选择不仅在他的创作发展中是必不可少和几乎不可避免的，而且是卓有成效的——《没有人给他写信的上校》的尽善尽美充分证明了这一点。还有，假如加西亚·马尔克斯没有迈上这条用最直率的语言表现最直接的现实的写实主义道路，绝不会获得那个有益的角度来发现通向大作杰作的最佳途径——即第一部长篇小说《枯枝败叶》所走的神话与传奇之路。悟觉出这一点大约是 1959 年中期。当时，在写短篇小说《格兰德大妈的葬礼》的过程中，在必不可少的循环往复的螺旋式的思考中，他找到了通往马孔多镇的道路——最为宽阔和正确的归根之路。

《恶时辰》虽然最后两年重写了一遍，但它仍属于加拉加斯与波哥大之间的一个实际上已经完结时期的产物，是一部过时的作品，因而作者不太上心地结束了对它的加工和修改。

话又说回来，这部长篇小说对加西亚·马尔克斯的全部作品的贡献却相当大，一来是由于它华丽的精雕细刻的风格，二来因为它是作家描述权力的奥秘与孤独的第一次尝试，尽管是在镇长这样一个很低的层次上的描述。作家在罗哈斯·皮尼利亚和佩雷斯·希门内斯独裁统治时期的生活经历，以及对于《俄狄浦斯王》和《3 月既望》缓慢的注释般的阅读，在《恶时辰》中结出了第一批果实。

无论怎样，这本著名的"关于匿名帖儿的小说"带给作者的喜事之一，就是埃索奖的 3000 美元。这笔钱让他在作家生涯当中头一回领略了富足的感觉，他首先办了三件事：为阿尔瓦罗·穆蒂斯买了衬衫和睡衣，他来这个阿兹台克古国六年了，还没有安顿好自己；买了一辆奥培尔牌汽车，以适应墨西哥城越来越不宜步行的状况；结医院的账——第二个孩子贡萨洛于 1962 年 4 月 16 日不愁吃不愁住地诞生了。

罗德里戈将满三岁之时贡萨洛的出生，使家庭和加西亚·马尔克斯及妻子的幸福愈加完美。这促使他们离开雷南大街 21 号的小套间，搬进佛罗里达区伊斯塔克西瓦尔特大街 88 号的宽敞舒适的大房子。1962 年也是四胞胎之年，因为加西亚·马尔克斯还迎来了三个文学之子——《没有人给他写信的上校》、《格兰德大妈的葬礼》和《恶时辰》——的首次出版。《没有人给他写信的上校》虽然上一年 9 月出版，书到他手里几乎是这年 3 月了；《格兰德大妈的葬礼》在贡萨洛出生的同一个月问世，给家里带来 1000 墨西哥比索的进项；《恶时辰》意外地由马德里路易斯·佩雷斯印书馆出了那个面目全非的版本。除了《恶时辰》的印数为 4000 册以外，没有一部超过 2000 册，而且卖了好几年才卖完。

或许当够了小有名气的作家，或许家庭负担沉重，加西亚·马尔克斯这个时期开始下功夫，以求自己的著作译成外文、大量印行并且到达拉丁美洲各大报馆和著名评论家手里。他在给普利尼奥·门多萨及巴兰基亚朋友的信中，开始讲他的宏伟计划，讲著作的翻译，讲跟出版商与电影导演可能签订的合同。1961 年 8 月，出版商阿尔贝托·阿吉雷从麦德林市通知作家，说《没有人给他写信的上校》即将出版。作家想把这个作品同快要付梓的《格兰德大妈的葬礼》一起推出，便请求阿尔贝托予以配合，以便"发动起报纸这种宣传机器，看我是不是能获得比你在巴兰基亚预付给我的 200 比索稍微多些的报酬"。1962 年 3 月收到由路易斯·维森斯转交的第一批六本书以后，作家致信阿吉雷，抱怨道他拿这点儿书实在无济于事，说他希望"至少有50本，以便开始对各报馆进行大肆轰炸"。得知乌拉圭首都蒙得维的亚的《前进》周刊发表了赞扬《格兰德大妈的葬礼》的评论，他以为该书在南边大概销售得很好。然而并非如此，《前进》的刊登书评，只是因为布宜诺斯艾利斯的出版商托雷斯·阿奎罗自己负责向阿根廷、智利、乌拉圭一些评论家寄了几本书之故。

这样，通过作者、出版者和友人（赫尔曼·巴尔加斯还是分管哥伦比亚的分销商）的推销，《没有人给他写信的上校》立刻受到拉丁美洲主要国家评论界的热情欢迎，巴黎的朱利阿尔出版社①甚至很快出了法文本。然而可悲的是，阿尔贝托·阿吉雷印的那2000册才卖出了800本。刨去加西亚·马尔克斯拿走的100本和出版商在国内评论界和报界散发的150本，尚存900本。最后，阿尔贝托只好将它们连同剩余的莱昂·德格雷弗的全集和费尔南多·贡萨莱斯的一种书减价处理。

如果说，由于阿尔瓦罗·穆蒂斯的帮助和《没有人给他写信的上校》及其他著作受到欢迎，加西亚·马尔克斯进入墨西哥新闻界较快的话，那么，进入墨西哥电影界则是缓慢而艰难的。与以往一样，最终为他开启电影大门的"芝麻"钥匙，是友情和他的锲而不舍的精神。除了奥古斯托·蒙特罗索、胡安·加西亚·彭塞、费尔南多·贝尼特斯，作家最初的朋友都是电影人或者十分接近电影的人，如豪米·加西亚·阿斯科特、玛丽娅·路易莎·埃利奥、埃米利奥·加西亚·列拉、维森特·罗霍、何塞·路易斯·贡萨莱斯·莱昂、何塞·德拉·科利纳、阿尔贝

---

① 该出版社成立于1941年，起初以出版葡萄牙作品为主。

托·伊萨克、路易斯·阿尔科里萨和阿图罗·里普斯特因。他们全是阿尔瓦罗·穆蒂斯的朋友。

后来成为《百年孤独》的受献人的豪米·加西亚·阿斯科特和玛丽娅·路易莎·埃利奥，是 1960 年年底作家三天里从哈瓦那匆匆赶去看望穆蒂斯时认识的。这一面之交使他得以从抵达墨西哥城的那一刻起，便在每个周末参加《在空荡荡的阳台上》的拍摄。这部影片标志着墨西哥新电影历史上的一个里程碑。

加西亚和埃利奥夫妇是在大多数流落异邦的西班牙儿童经历过的那种悲惨境况中长大的。原有的根失去了，又没有生出替代它的根，于是他们漂泊到一个陌生的国家，度过了备受乡愁折磨的童年。这些流亡者大多数仍然住在西班牙人聚居区，他们总是怀着明年或许后年弗朗西斯科·佛朗哥可能会倒台的希望。40、50 和 60 年代，他们一边渴望返回祖国，一边在墨西哥办企业、拍电影、教大学、开报馆、搞出版、修文学、习艺术，丰富并改造着墨西哥的文化。

像他们当中许多人一样，玛丽娅·路易莎·埃利奥悄悄地写了一些短篇小说，以减轻流亡中的痛苦，冲淡童年时代深受创伤的思乡愁绪。她丈夫，一个在巴黎上过学的四海为家的马德里人豪米·加西亚·阿斯科特，和一个也到过法国的伊维萨人①埃米利奥·加西亚·列拉打算将她的小说拍成电影，经费由家里出 4000 美元，演员由朋友们担任，每周拍一次。为了这部名为《在空荡荡的阳台上》的影片的成功，1961 年那一年，一到周末，卡洛斯·富恩特斯、阿尔瓦罗·穆蒂斯、胡安·加西亚·彭塞、萨尔瓦多·埃利松多、托马斯·塞戈维亚、约翰·斯坦顿及其他友人就来充当志愿演员，以效绵薄之力。影片触及了"孤独"和

---

① 西班牙在地中海的巴利阿里群岛中的一个大岛。

"思乡"这两个敏感点，顺便表现了这些墨西哥作家和流亡的西班牙作家对电影事业的共同责任感。这里所说的电影事业是指新型的电影事业，因为已经得过两次国际大奖的加西亚·阿斯科特的电影堪称墨西哥电影发展的里程碑，它受到"新浪潮"[①]的启示，采用新的表现手法，探索新的电影语言。

加西亚·马尔克斯参加《在空荡荡的阳台上》的摄制，是他第一次走近墨西哥电影业，尽管是怀着些许腼腆走近的。玛丽娅·路易莎·埃利奥后来回忆说，每拍完一场戏，作家便躲到柱子或者别的什么东西后面，免得被人看见。这是因为他那时仍是一个腼腆、有点儿忧郁、性格内向的人，在某些场合感觉自己是多余的人——这是他的顽固情结之一。然而，他的决心十分明确：要证实自己能够在墨西哥电影业做一个不多余的人。于是，经阿尔瓦罗·穆蒂斯和路易斯·维森斯指点，他开始定期拜访许多作家、报人、艺术家、电影人。对于电影事业的共同爱好使他们结合在一起，他们都想改变墨西哥电影所走的平庸道路。这些拜访，阿尔瓦罗·穆蒂斯并非每次在场，因为电影从来都不是他的最大喜好，而且他不大愿意参加文化人的社交活动，却给这位朋友提供一切条件。这样，加西亚·马尔克斯一个星期轮流和阿图罗·里普斯特因、维森特·罗霍、埃米利奥·加西亚·列拉、何塞·路易斯·贡萨莱斯·莱昂和女演员阿德里亚娜·罗埃尔等人当中的一个共进一次午餐，边吃边谈电影。后来每逢周五与路易斯·阿尔科里萨、阿尔贝托·伊萨克、阿图罗·里普斯特因、埃米利奥·加西亚·列拉聚会一次，并且不定期地与阿尔瓦罗·穆蒂斯碰头。不过真正的电影恳谈会每个周六在路易斯·维森斯的办公室举行，参加者有豪米·加西亚·阿斯科特、何塞·路易

[①] 亦称"前卫的新一代"，系当时法国电影界一流派。

斯·贡萨莱斯·莱昂、埃米利奥·加西亚·列拉、何塞·德拉·科利纳、萨尔瓦多·埃利松多。

热心奖掖电影人、画家、作家的路易斯·维森斯，是1959年9月从哥伦比亚来墨西哥定居的。他在哥伦比亚生活多年，在巩固民族电影业方面留下了开拓性的足迹，譬如建立了哥伦比亚电影俱乐部和哥伦比亚电影资料馆；还为阿尔瓦罗·塞佩达·萨穆迪奥及其朋友们1954年自筹资金自己负责拍摄的影片《蓝色龙虾》进行剪辑。加西亚·马尔克斯当时饶有兴趣地参加了这一剪辑，从此懂得了熟悉剪辑技术对电影编剧的重要性，一如后来在罗马电影实验中心短暂学习期间罗莎多博士教导他的那样。维森斯到了墨西哥城，头一件事就是寻找那些正在开辟墨西哥电影业新道路的年轻电影人。他找到了，发现他们在"新浪潮"与《电影手册》①的影响下已经联合起来了。在这种有利环境中，《新电影》杂志诞生了，虽然它存在的时间不长，却在国内影响很大，在国际上也起到了一定的作用。维森斯筹办和主管的这个杂志赞助了《在空荡荡的阳台上》、《秘方》和依据加西亚·马尔克斯的短篇小说改编的《咱们镇上没有小偷》等电影的摄制，推动了墨西哥新型电影事业的起飞。

每个星期六围着维森斯这位加泰罗尼亚书商兼电影人聚会的时候，他们什么话都说什么建议都提。阿尔瓦罗·穆蒂斯便是在这种气氛中提议取一个人人可以使用的笔名，以后大家给《新电影》杂志撰稿就署这个笔名。大家都赞成这个主意，并且同意了穆蒂斯本人提出的名字"萨查里·安赫洛"。这是好莱坞一个犹太人的真名。此人在电影界小有名气，一是由于他重视影评并且评得颇有见地，二是由于人们传说

---

① 系"新浪潮"创办的刊物。

他跟一些十分漂亮的女演员有暧昧关系。有一次他甚至说自己因为路易斯·布努埃尔的一部电影与一个愚蠢的家伙打了起来。路易斯·布努埃尔这个阿拉贡①人、电影大师得知此事，为不曾与萨查里·安赫洛谋面而真切地感到遗憾。

如此说来，他们工作和学习之余也有工夫舔斗鸡。这表明了这些具有对电影事业热爱的墨西哥人、西班牙人、哥伦比亚人之间的友谊与亲情。加西亚·马尔克斯1961年7月找到的便是这种氛围，其间他的心情如此舒畅，觉得前途如此广阔，以致两年后终于找到豁口进入电影界的时候，曾经多次考虑关掉文学的龙头，一心一意地投身第七艺术。

展现在他面前的第一个机会委实是黄金机会——为制片人马努埃尔·巴尔巴查诺·彭塞改编《金鸡》。这是加西亚·马尔克斯当时最为熟悉和敬仰的作家胡安·鲁尔弗的作品。他高兴之极，便辞掉了沃尔科·汤普森广告公司的工作。他是1963年9月来这家公司的，那时是为了摆脱在《家庭》和《众人关心之事件》杂志社不得已而从事了两年的那种为谋生计却又收入微薄的办报差事。杂志社的工作他实实在在是干够了。只有起初的经济困难能够解释作家何以把两年时间浪费在一种纯粹为了糊口的营生上。更可气的是老板古斯塔沃·阿拉特里斯特常常拖欠工资，弄得本来心情就不好的加西亚·马尔克斯更加凄惨。为讨工钱，他时常要穿过卡夫卡描述的一整座迷宫去找老板。埃米利奥·加西亚·列拉后来回忆道，有一回古斯塔沃竟然拖延三个月不发薪，作家四处追着催要，末了老板说叫他放心，钱是会有的。老板让作家上了汽车，将他带到一家土耳其浴室，在氤氲的蒸汽中递给他一张支票。他出来一看，支票上的字迹已经一片模糊，于是接着又去找老

---

① 西班牙东北部的一个地区。

板——堪称西绪福斯备受折磨的现代翻版。

所以，当作家经穆蒂斯介绍进入广告公司之时，感觉得到了双倍的解脱。当数月后离开广告公司以便整天跟着马努埃尔·巴尔巴查诺·彭塞拍电影之际，更是心花怒放，因为这正是罗马时期以来他孜孜以求的，他一直希望以笔为电影事业服务，写出用形象说话的完美的小说来。因为那时候作家深信，电影因其无与伦比的视觉效果，能够成为最恰当的表现手段来讲述当代人类的问题。他这种后来于 1965 年慢慢消失的观念，此时不仅在早期的著作上留下了明显的痕迹，而且正以某种方式妨碍着（尽管也以某种方式丰富着）通往《百年孤独》这部杰作、这部"完美的电影"的成熟过程。可是，他必须经过幻想与失望的两年之后，才会意识到这一点。

马努埃尔·巴尔巴查诺·彭塞堪称墨西哥一位德高望重之人和电影界的权威。他侠肝义胆，阿尔瓦罗·穆蒂斯关在莱昆贝里监狱那 15 个月，巴尔巴查诺·彭塞毫无顾忌地继续发给他薪水。他把一大批电影人、画家、作家团结在自己周围。他是路易斯·布努埃尔几部优秀电影的制片人，是墨西哥独立的电影事业的缔造者之一。面对有特色的电影剧本的缺乏，巴尔巴查诺·彭塞认为电影应该从文学里汲取养料。他常常求助于贝尼托·佩雷斯·加尔多斯①、拉蒙·马里亚·德尔·巴列-因克兰②或胡安·鲁尔弗这样的作家，对胡安·鲁尔弗他格外敬佩。巴尔巴查诺·彭塞对新型电影和文学新人新作的支持，促使他以卡洛斯·富

---

① 佩雷斯·加尔多斯（1843-1920），西班牙小说家、戏剧家。一生著有 78 部小说、24 部剧本、15 部其他作品。评论界把他与塞万提斯并称为西班牙文学史上"一对并峙的高山"。

② 巴列-因克兰（1869-1936），西班牙小说家、戏剧家、诗人。主要作品有充满浪漫主义情调的四部曲《四季奏鸣曲》（1902-1905）和《暴君班德拉斯》（1926），后者开拉丁美洲反独裁小说之先河。

恩特斯、胡安·加西亚·彭塞、胡安·德拉·卡瓦达的小说为基础，摄制了五部小型故事片，作为惟一的独立制片人，参加了 1964 年的首届实验电影比赛。将鲁尔弗的小说搬上银幕是巴尔巴查诺·彭塞的崇高愿望，但没找到优秀的编剧。他找的编剧要像他那样喜爱鲁尔弗的作品，并且至少是像鲁尔弗那样出色的作家。阿尔瓦罗·穆蒂斯想到朋友加西亚·马尔克斯跟巴尔巴查诺·彭塞一样迷恋科马拉镇的缔造者，便给二人穿针引线。文学和电影两个行当皆通，所有的时间又都由自己支配（广告工作他刚辞掉），于是，加西亚·马尔克斯仅用几个月就把《金鸡》改编为电影脚本。这个本子巴尔巴查诺·彭塞只挑出一个毛病：对白说的是哥伦比亚话而不是墨西哥话。这时，卡洛斯·富恩特斯的协助与友谊发挥了作用。他去欧洲去了很长时间，最近刚回来。阿尔瓦罗·穆蒂斯就在巴尔巴查诺·彭塞制片厂的放映厅介绍他和加西亚·马尔克斯见面。他俩通过书信和共同的朋友早已互相认识，互相读过作品而且互相钦佩。然而见了面，卡洛斯·富恩特斯并未马上答应帮忙修改剧本。

35 岁的卡洛斯·富恩特斯已是墨西哥具有革新精神的大作家之一，两部优秀长篇小说《最明净的地区》和《阿特米奥·克鲁斯之死》将他置于拉丁美洲小说新潮流的前列，与阿莱霍·卡彭铁尔、胡利奥·科塔萨尔、胡安·鲁尔弗、马里奥·巴尔加斯·略萨并驾齐驱。巴列霍后来回忆说，卡洛斯·富恩特斯是一位扎根于墨西哥美妙神话的世界性小说家、笔锋犀利风格清新的杂文家、乐于帮助同代人的学者，是一个和蔼可亲的人。满腹经纶、学识渊博、品德高尚的他，说着三种语言，昂首阔步地充满自信地遨游于半个世界。口才令人陶醉，笑容自然亲切，举止日益潇洒。一贯那么热情、那么慷慨、那么爽快，结果却让指望他帮助的加西亚·马尔克斯几乎目瞪口呆。与卡洛斯·富恩特斯相反，加夫列尔·加西亚·马尔克斯虽然已是拉丁美洲的优秀作家之一，却仍然处于不幸的幸福之中——早期的四五部作品差不多等于抛在暗处的珍珠，只有朋友和熟悉他的读者知道。他一事无成——当然，文学技艺、与梅塞德斯的爱情、与铁哥儿们的交情除外。口才不吸引人，性格比较忧郁、怯懦、内向，在一些场合觉得自己多余，这些是他的劣势。50年代中期，由于阿尔瓦罗·穆蒂斯的推荐，卡洛斯·富恩特斯读过加西亚·马尔克斯的第一部长篇小说，还在与恩马努埃尔·卡瓦略共同主持的《墨西哥文学杂志》刊登过波哥大《神话》杂志提供的《伊莎贝尔在马孔多观雨时的独白》等短篇小说。因此两人曾经通过信。富恩特斯大概以为这个哥伦比亚人与其文章的风格一样无拘无束、落落大方、坦然自若。其实，他确实是这样的人，但跟富恩特斯见面时不一定表现的是这个样子。所以，这个墨西哥人的爽快、自信、洒脱与这个哥伦比亚人的扭捏、迟疑、拘束之间出现某种僵局形成某种误区，便不足为奇了。在误区里，一个有所保留地驻足一边，一个心虚胆怯地伫立一旁。然而，这一令人失望的会面只是一时的现象，它很快转变为两位作家生活中的深情厚谊。

据维森特·罗霍说，他们之间关系改善的一个因素是，1963年9月《没有人给他写信的上校》由时代出版社再版1000册，翌年元月卡洛斯·富恩特斯在《永久》杂志增刊《墨西哥文化》上发表了一篇热情的书评。不过，最终连接两人的是电影事业和胡安·鲁尔弗。通过携手改编《金鸡》，加西亚·马尔克斯和卡洛斯·富恩特斯作为作家，作为电影人，作为朋友，加深了互相了解，驱散了最后的阴影。最终出来的剧本是恰如其分的和忠实于鲁尔弗原作的，尽管由里卡多·加瓦尔东执导的于1964年12月首映的电影是失败的。加瓦尔东是位年老的商业性导演，坏毛病有余而想像力不足。据加西亚·马尔克斯后来回忆，几个月当中，加瓦尔东把他们两个编剧可折腾苦了，一会儿这样改，一会儿那样改。刚划掉的又加上，才加上的再划掉，犹如珀涅罗珀①的恶性循环（就像后来奥雷良诺·布恩迪亚上校孤独之中制作金质小鱼那样做了又毁毁了又做），直到有一天他俩实在受不了了，告诉巴尔巴查诺·彭塞说，剧本他们给加瓦尔东撂在那儿了，让他自己干吧，爱怎么干就怎么干。

过了几个月，出于对电影事业和胡安·鲁尔弗的共同喜爱，他俩再度合作改编《佩德罗·帕拉莫》。这是巴尔巴查诺·彭塞的宏伟计划，却差点儿告吹。剧本起先已由富恩特斯写就，可导演卡洛斯·维洛吃不准，而且他要的几乎是一个内容极端量化的本子，于是到处征求意见，问过的电影人和作家不知有多少，从豪米·加西亚·阿斯科特、胡安·加西亚·彭塞、阿尔瓦罗·穆蒂斯，到费尔南多·贝尼特斯、何塞·德拉·科利纳、加斯东·加西亚·坎图都找遍了。脚本传到加西亚·马尔克斯手里的时候，富恩特斯这部稿子已经面目全非了，先前看过的人个个都在上面这里增添几段那里删除几段。于是，这位哥伦比亚人仿佛鲁尔弗的义务律师似的干了起来。然而即便如此，卡洛斯·维洛执导的这部电影依然"是墨西哥电影业的惨败之一"。与此相反，加西亚·马尔克斯却从几个月的改编中获益匪浅，深入了解了胡安·鲁尔弗独具匠心的构思的奥秘，掌握了不久以后撰写《百年孤独》的秘诀之一。在电影界初见成效的同时，加西亚·马尔克斯出售了《没有人给他写信的上校》的电影改编权（终因缺乏懂得生意经的人而未能拍摄），又把短篇小说《咱们镇上没有小偷》的电影改编权转让给阿尔

---

① 希腊神话中奥德修斯的妻子。奥德修斯远征特洛伊时，为摆脱络绎不绝的求婚者，她坚持要他们等到她给公公织完一块寿布再允婚，三年间，她白天织布夜间拆掉，最终在奥德修斯归来，才得以解脱。

贝托·伊萨克和埃米利奥·加西亚·列拉，让他俩将其搬上银幕。由这两人改编伊萨克导演的这部影片在第一届实验电影竞赛中进入了决赛，获得了改编奖和摄影奖。得一等奖的是鲁文·加梅斯的《秘方》，它的脚本很出色，是胡安·鲁尔弗写的。《咱们镇上没有小偷》和《秘方》两部影片都从《空荡荡的阳台上》获得了启示，前者还像它那样由一些作家和电影人作为志愿演员参加摄制。加西亚·马尔克斯本人既积极参加剪辑，又在影片里扮演电影院售票员。路易斯·布努埃尔扮演讲经布道的神甫，路易斯·维森斯扮演堂乌巴尔多，胡安·鲁尔弗和卡洛斯·蒙西瓦依斯扮演两个玩多米诺牌的人，何塞·路易斯·奎瓦斯和埃米利奥·加西亚·列拉扮演两个打台球的人。胡安·鲁尔弗在戏中腼腆的出现，增进了他与加西亚·马尔克斯刚刚建立的友谊。这一友谊，是上一年11月的一天（恰巧这天，鲁比杀死了暗害肯尼迪的凶手奥斯瓦尔德），阿尔瓦罗·穆蒂斯在一位友人的婚礼上介绍他俩认识以后，顺其自然地发展起来的。虽然此前鲁尔弗看过加西亚·马尔克斯的小说，可这个墨西哥人过分谨慎、腼腆、拘束，加之正在戒酒过程中，所以未能立即和这个哥伦比亚人交上朋友。然而友情一旦巩固，鲁尔弗便经常参加加西亚·马尔克斯与其他作家和朋友举行的文学恳谈会。文学恳谈会跟电影恳谈会并行不悖，参加者有路易斯·卡多萨·伊阿拉贡、埃内斯托·梅希亚·桑切斯、奥古斯托·蒙特罗索、海梅·加西亚·特雷斯、胡安·加西亚·彭塞、何塞·埃米利奥·帕切科，阿尔瓦罗·穆蒂斯偶尔也参加。

受到初期成就的鼓舞，加西亚·马尔克斯1964年（他电影事业的黄金年）突兀地撰写了完全属于自己的电影剧本《死亡时刻》。这个题材是以前构思的，曾经打算以《粗野之徒》为题写篇东西。故事来源于一个囚禁多年之后学了编织的年老刺客的形象，同时也来自作家

433

亲身经历的一件事——一天回家，他看见从前曾是打架斗殴之徒的门房在织毛衣。这个对话部分经过卡洛斯·富恩特斯修改的剧本，是专门给 21 岁的年轻人阿图罗·里普斯特因写的，以使他能在身为制片人的父亲的关照下担任该片的导演。制片人要求这部电影装扮成美国西部片的样子，以便在西德找到稳定的市场。《死亡时刻》于 1965 年 6 月 7 日至 7 月 10 日在墨西哥帕查瓜罗市摄制完成，加西亚·马尔克斯参加了拍摄，同年首映。

《死亡时刻》不仅是加西亚·马尔克斯自己创作的第一部电影剧本，也是受胡安·鲁尔弗影响而创作的第二部著作，又是一部表明作家在电影领域之所求——表达和传播与其文学作品所表达和传播的同样的顽固欲望——的作品。除了技术部分以外，作家撰写这个电影剧本时实际上跟撰写《恶时辰》和《没有人给他写信的上校》完全一样，同时又给了剧本注入了未来作品的重要成分，因此剧本的题目也可以是《恶时辰》，或《没有人帮助他的胡安·萨亚戈》，或《二十年孤独》，或《一件事先张扬的凶杀案》。在剧本里，时间与结构不但是循环的可重复的，而且，作者即使在情节描写中也要固执地玩儿一把文学——他的文学，而"忘记了"话语在电影剧本里不过是服务于摄影机的工具，不是独立的文学单元。

尽管加西亚·马尔克斯 1964 年继续在电影界和广告圈子（有时在沃尔特·汤普森公司，有时在斯坦顿·普里查德和伍德公司）交替工作，可是这一年却更加多产：除了参与马努埃尔·巴尔巴查诺·彭塞执导的短故事片《我生活中的洛拉》的剧本的撰写，还独自完成了两个剧本——《我的爱人帕齐》，由马努埃尔·米切尔导演拍摄；《危险的游戏》，分上下两集拍摄，上集《H. O.》由阿图罗·里普斯特因导演，下集《消遣》由路易斯·阿尔科里萨导演。

当制片人安东尼奥·马图克要求他和路易斯·布努埃尔拿着固定工资，一门心思写剧本的时候，电影人加西亚·马尔克斯的真正的福天洞地似乎出现在眼前。然而写了三个剧本和许多故事梗概之后，他俩甩手不干了。作家这才懂得，原来电影编剧的福天洞地不过是一块小小的绿洲，四周是辽阔的荒漠——复杂的矛盾重重的商业活动的荒漠。电影剧本作家在这种商业活动中不过是小小的棋子，一枚被遮掩住的最终几乎总是丧失自己身份的棋子。作家明白了，要表现和宣扬自童年时代——外祖父领他去看马戏或者汤姆·米克斯的电影、外祖母傍晚拿常年游荡于阿拉卡塔卡镇老宅的鬼魂吓得他不敢吱声的童年时代——起就蕴藏在心里的那个世界，电影并不是"尽善尽美的形式"。

30年后，卡洛斯·富恩特斯将回忆起和加西亚·马尔克斯一起因电影方面的挫折而叹惋的情景。在位于墨西哥城近郊圣安赫尔因小区塞拉达德加莱亚纳大街的富恩特斯家的庭院，两人躺在草坪上。突然，这个墨西哥人发疯似的叫喊起来，说他受不了啦，不干啦；要么就是那个哥伦比亚人又老调重弹，抱怨说："我要回哥伦比亚去，这编剧不能再当了，太下贱了。咱们这简直是在跟文盲一块儿干。"闻听此言，刚才还被加西亚·马尔克斯安慰的富恩特斯反过来倒安慰起了他："加博，你别忘了，咱们在电影圈里做这些事，目的是资助咱们要写小说。要记住你得写你的大部头小说。"然而问题不在这里。问题在于加西亚·马尔克斯一直以为电影是叙述他想叙述的故事的最佳形式，而如今，在电影界苦苦奋斗了两年之后，他不得不低声下气地承认，较之于小说，电影不但是一种颇受制约的表现形式，而且在顾及了制片人和导演的兴趣喜好、随心所欲、反复无常和个人利益之后，他本人在其中的作用十分有限。

在一个理想平庸的作家来看，截止 1965 年中期加西亚·马尔克斯的成就不仅已经十分圆满，而且似乎已经达到巅峰。作为记者和小说家，他享誉哥伦比亚且声望稳固。在墨西哥，已被人作为电影编剧提及，被公认为作家——尽管是在朋友之间和文学批评界，其著作在一些拉丁美洲国家开始引人瞩目。他是收入丰厚的编剧和广告人，开始游弋于小康之海——这反映在住宅的品位上（迁出佛罗里达区以后，在普拉多埃米塔区住了没多久，又搬进圣安赫尔因小区的明亮舒适的宅院），服装的品种与质地上，如今能够给予家人的乐趣上，与制片人、导演、报人、作家、画家、歌手、著名男演员和漂亮女演员的交往上。他已成为礼貌地入乡随俗地穿着整齐的衣服系着标准的领带的人，人们常常见他有时独自有时携妻跟不同类别的朋友们高谈阔论于玫瑰区（墨西哥城一块传统的市场）、主干林荫道、墨西哥城旧区、布卡雷利大街以及幽静的改革大街和起义者大街一带许许多多去处的酒吧、咖啡馆、饭馆、俱乐部。然而他最喜欢参加的活动，是每个星期日下午卡洛斯·富恩特斯和妻子丽塔·马塞多在家里举行的开放式茶会。茶会上与许多客人的交际应酬，实际上成了令他们夜不成眠的文学工作、电影工作、新闻工作的快活的延伸。在墨西哥城的文人骚客的三件一套的西服与裘皮服装之间，经常能看到那件黑白方格图案的带有静电的毛线外套，这位哥伦比亚作家自从在罗马学习电影的那段想入非非的时期以来，一直都把这件外衣当做护身符。

从罗马到现在，十年过去了，如今却对第七艺术感到失望，作为作家则感觉文思枯竭。这一时期，阿尔瓦罗·穆蒂斯等朋友不断地听到他说自己不再写作了，没啥可写了。他经常给普利尼奥·门多萨去信，有一回信中写道他"把镇静剂夹在面包里当黄油吃"。乌拉圭文学批评家爱米尔·罗德里格斯·莫内加尔和美籍的智利作家路易斯·哈斯这两位拉丁美洲观察家证实，加西亚·马尔克斯好像处于委靡不振的状态。只有阿尔瓦罗·穆蒂斯这位最亲密的朋友和最了解他的人，根本不信他那些貌似真实的叹息是真实的，更不信所谓的文思枯竭。这位科埃略县走出来的诗人认为，朋友的喟叹只是一种缓慢而深刻的消化过程中外在的错误的体现："没有，我从不相信那种流传甚广的说加博写不出东西来的论调，因为加博是天生的作家。《百年孤独》之前那几年，他在消化和对付好几样东西。第一，墨西哥综合症——这是一种很难治愈和需要很长时间治愈的疾病；第二，鲁尔弗的作品以及与之相连的墨西哥的事物，因为鲁尔弗就是墨西哥的精髓；第三，他在领会电影知识，他认为在此发现了电影的全部能力。"

所以，阿尔瓦罗·穆蒂斯对一种认为加西亚·马尔克斯那几年在写《家长的没落》第一稿的说法表示怀疑："加博坐下来写《百年孤独》之前，从未给我说过他在写《家长的没落》。尽管问加博从来都问不出什么名堂——因为他满脑子装的尽是童年留给他的基本上原封未动的形象和题材。此前他也许构思《家长的没落》，但没对我讲过。假如他写了却没跟我提过，那就很奇怪了，因为当时我们经常见面，见了面就互相说你在干什么我在干什么。不会的，说在《百年孤独》之前那部描述独裁者的小说已经写了300页，我不信，不信。当时为了谋生，他首先得写电影剧本，得主办杂志。此外，那阵子他常说不再写小说了，说以后就光写电影剧本了。讲这话时他对此深信不疑，尽管他是搞错了，并且还不知道自己搞错了。"

穆蒂斯这番话，得到了加西亚·马尔克斯本人说得更早的一些话的印证。1965年11月作家致信路易斯·哈斯，为他撰写《我们的作家》提供有关《百年孤独》创作过程的补充材料时说："我满意至极。在五年没有写出任何作品以后，这本书仿佛泉水喷涌而出，没有斟酌词句的问题。"接下来，透露了那部关于独裁者的小说将冠以《家长的没落》的标题之后，他指出："它不会像您估计的那么长，而只比《上校》稍长些。它应该是独裁者受到人民的法庭审讯时的独白——我不知道自己以前为何未能想到这一点。现在我正做笔记。"

是的，他在做笔记。从 1958 年初到 1965 年中期，加西亚·马尔克斯只有为这部描绘独裁者的小说搜集素材和做笔记这样一种可能，因为这七年里没有时间，没有安定的环境，没有足够的基础来创作如此规模的作品。另外，当时他硬吞强咽的那个年代很久直径很大的文学之球《家》，依然卡在灵感泉眼的正中央。为它已经做了 17 年的笔记，其间几次努力均告失败，遂从它粗壮的主干上劈下一些枝条，以不同的方法，依次扦插在主干旁边。

从电影"歧途"返回了，把鲁尔弗研究个透彻并将其精髓学到手了，墨西哥城综合症治愈了。于是，拥有众多益友和稳定经济收入的加西亚·马尔克斯，在驾驶他那辆白色奥培尔汽车，同家人从墨西哥城前往阿卡普尔科的时候，蓦然间明白了应当如何将那部迟迟未能完稿的《家》变为一座适合居住的豪华府邸来写。1965 年中期的一天晚上，阿尔瓦罗·穆蒂斯和当时尚为其未婚妻的卡门·米拉克莱到圣安赫尔因小区的家中看望加西亚·马尔克斯全家时，作家就像刚刚想起来一样，对这位朋友说："仁兄，我要写一部小说。明天就开始，您记得那个大厚本吗？我从未给您看过它。1954 年在特乔机场我把它递给您，让您替我塞进汽车后备箱。就写它，不过用另一种方式。"第二天，他果然开始狂热地疯癫地写起了《百年孤独》。但是最初几个月里困难重重，写作时断时续。

关于这部小说开始写作的确切时间，人们普遍不很清楚。6 年以后，巴尔加斯·略萨在《一个弑神者的故事》里说是"1965 年 1 月"。17 年之后加西亚·马尔克斯写道，那是"1965 年 10 月的一天早晨，我像每天一样地坐到打字机前。然而这一回坐下去，18 个月以后才起来"。可是一些事实和趣闻逸事表明，塑造马孔多镇的作家这一彪炳史册的艰巨工程的开端，不可能像巴尔加斯·略萨所讲的那么早，也不可能如加西亚·马尔克斯本人所写的那么晚。

第一件有说服力的事情，是 1965 年中期他与美籍智利杂文家和小说家路易斯·哈斯的会晤。为了撰写那部新颖的著作《我们的作家》，一段时间以来，哈斯从美国到阿根廷走遍了美洲大陆，会见他认为在拉丁美洲新小说界堪称典范的九位作家：豪尔赫·路易斯·博尔赫斯、米格尔·安赫尔·阿斯图里亚斯、阿莱霍·卡彭铁尔、胡安·吉马朗埃斯·罗萨①、胡安·卡洛斯·奥内蒂、胡利奥·科塔萨尔、胡安·鲁尔弗、卡洛斯·富恩特斯、马里奥·巴尔加斯·略萨。当他抵达墨西哥城会见富恩特斯的时候，富恩特斯让他认真考虑一下加夫列尔·加西亚·马尔克斯，说这位哥伦比亚年轻作家虽然名气不大，但作品很有特色，备受推崇。这个墨西哥人认为他的那位同行和朋友已是一位拉丁美洲级的大作家和"我们的作家"之一了。哈斯读了加西亚·马尔克斯四篇小说后喜出望外，便前往墨西哥城以西大约 300 公里的帕查瓜罗市去找他，作家当时正跟导演阿图罗·里普斯特因在那里拍摄电影《死亡时刻》——这是那年 6 月 7 日至 7 月 10 日的事情。

大概是 6 月，在帕查瓜罗湖畔一家殖民时代的老旅店里进行的会见中，加西亚·马尔克斯第一次面向公众详细讲述了自己的生平与作品，

---

① 罗萨（1908—1967），巴西小说家，代表作《广阔的腹地：条条小路》（1956），被视为巴西 20 世纪当代小说的一座高峰。

不过那部煌煌大作的撰写计划却提都没提，因为他虽然对自己以前的著作很满意，此时却深感进了死胡同，常常无情地做自我批评。正如他本人后来所承认的，"当时尚未想到要写《百年孤独》"，所以，"只是在很久以后我在一封信中才向哈斯谈及这部小说，告诉他1967年三四月可以脱稿"。这封给哈斯详细介绍小说内容及其创作经过的信，是1965年11月写的。

　　还有一件事能让我们大致弄清他开始撰写《百年孤独》的时间，那就是卡门·巴尔塞依丝与丈夫路易斯·帕洛马雷斯1965年7月初对作家的造访。巴尔塞依丝自1962年11月起就是这位哥伦比亚作家的正式出版代理人，这次刚在美国为他以前的四部作品签订了1000美元的合同，以胜利者的姿态来到墨西哥城，觉得此刻是亲自认识加西亚·马尔克斯的最好时机。不料一见面对他讲了哈珀与罗出版社达成的协议后，她那胜利者的神气便海市蜃楼般的消失了，因为作家坦率地直截了当地说出了他的看法："那是狗屁协议"。当然他不是在贬低她的工作，而是在说明一个作家的权利得不到保护的状况。这个作家尽管得到国际评论界的赞扬，可在图书市场上尚无名气。含辛茹苦，孜孜不倦，耗费15年光阴换来的四本书，包括一本西班牙语作品中最精美绝伦的书在内，就值1000美元。这只能是一个低得可怜的价格。

　　三天三夜里，加西亚·马尔克斯和梅塞德斯用盛宴、欢乐聚会和墨西哥城区夜游来款待巴尔塞依丝和路易斯·帕洛马雷斯。由于作家同加泰罗尼亚人具有传统友谊，所以对客人十分热情，尽管他们起初被他高傲的神态和生分的样子弄得有点儿不知所措——作家经常这样让头一回跟他打交道的人茫然失措。然而透过表面现象，出版代理人很快发现了一个不拘礼节的人，一个不严肃的严肃之人，一个十分认真的"舔斗鸡主义者"，一个体贴入微和殷勤周到的东道主。最后，他给客人签署

了第二份授权证书，也是一份开玩笑的证书，上面写的日期是 1965 年 7
月 7 日。当着路易斯·维森斯的面，"授权他们"作为出版代理人，在
其作品的一切文本的出版事务中代表他行事，代理期为"150 年"。正
如卡门·巴尔塞依丝后来回忆的那样，即将把这句戏言变成一种辉煌现
实的那部长篇小说当时尚未动笔。动笔是在随后的日子里。

上述事实和日期可以使我们得出结论，《百年孤独》开始撰写的时
间，不可能是巴尔加斯·略萨所断言的 1965 年 1 月，而大概是这年 7
月中旬路易斯·帕洛马雷斯和卡门·巴尔塞依丝拜访作家，以及《死
亡时刻》拍摄完毕之后。

这一时间不会是作家本人所讲的 10 月，10 月太晚了。能够证明这
一点的，似乎还有 1965 年 9 月初，加西亚·马尔克斯说要把这部小说
献给玛丽娅·路易莎·埃利奥的那天夜晚发生的事情。

一切开始于那天下午的美术馆。卡洛斯·富恩特斯在美术馆做了一
个报告，讲他新近问世的小说《换皮》。报告最后，他当众向挚友们
表示敬意，诚恳地说他推崇包括加西亚·马尔克斯在内的挚友们，说
"联系着我和他的，既有我们星期日的例行活动，又有我对这位阿拉
卡塔卡人身上的那种古代游吟诗人般的智慧的钦佩"。讲座结束后，
阿尔瓦罗·穆蒂斯邀请一些朋友去他家。被邀请的有卡洛斯·富恩特
斯和里塔·马塞多、加西亚·马尔克斯和梅塞德斯、豪米·加西亚·阿
斯科特和玛丽娅·路易莎·埃利奥、埃莱娜·加罗、费尔南多·贝尼特
斯、费尔南多·德尔·帕索，加上主人约十一二个人。在这种气氛的鼓
舞下，走出美术馆之后，加西亚·马尔克斯开始给大家讲述布恩迪亚家
族的故事。街上讲，车上讲，楼梯上讲，一直讲到他们走进穆蒂斯在里
奥阿莫伊大街的家中。一到家，跟往常谈论这类话题一样，人声吵闹，

一片混乱。阿拉卡塔卡的游吟诗人的听众里有一个人总也听不够，那就是西班牙人玛丽娅·路易莎·埃利奥，她叫作家讲了三四个小时，讲完了全书。讲到那个会离地腾空的神甫的故事时，她从陶醉中醒悟过来，第一次疑惑地问道："哎，加夫列尔，他真能腾空？"而他则给了一个更加玄虚的解答："你想想，他当时喝的不是茶，而是西班牙式的巧克力饮料。"见她已被俘虏，阿拉卡塔卡的游吟诗人又问喜不喜欢这小说，玛丽娅·路易莎傻乎乎地答道："既然这是你写的，那肯定是好极了，好得不得了哇。""那这书就献给你了。"他说。讲述这则趣闻并非无缘无故，它表明 1965 年 9 月初加西亚·马尔克斯把《百年孤独》大概已经写得相当多了，这就排除了一个月之后的 10 月才动笔的可能。

如此说来，最可信的是，作家开始撰写这部小说大约在 1965 年 7 月中旬。等到克服了起初的困难，摆脱了缠身的电影与广告事务，一门心思继续写下去的时候，已是 10 月了——或许这能解释记不清事情的时间顺序的作家，何以一口咬定 10 月为开端。

毫无疑问，跟路易斯·哈斯和卡门·巴尔塞依丝的会晤，连同卡洛斯·富恩特斯对他的耳濡目染和鼓励，连同对电影业广告业的厌倦，及时地极大地激励他下决心坐下来，撰写这部酝酿了 17 年的长篇小说。显而易见，他的被录入《我们的作家》从而跻身于拉丁美洲最杰出的作家之列，意味着他在拉丁美洲第一次得到承认，意味着他的作品有了一个极好的展示台（1965 年 11 月他急急忙忙将这部酝酿之中的小说的有关情况详细告知了路易斯·哈斯，这功夫没有白费）。加西亚·马尔克斯早先发表的四本书同《我们的作家》里其他人的作品一样优秀，而且他的写作历史比富恩特斯和巴尔加斯·略萨都长，然而一直不走运，依然是他们当中出书最少、作品被翻译得最少、名气最小的作家。墨西哥那些大出版商有些是他的朋友，可也不敢贸然出他的书——没法子，谁让他是个"小有名气"的作家呢。所以，凭着寻找决定性的机遇以便迈大步的本能，他肯定会好好利用跻身《我们的作家》行列这件事对自己的鼓舞，坐下来撰写《百年孤独》。

与路易斯·哈斯的会面实属侥幸，这不仅因为它是一种外部激励，而且因为哈斯还做了使者，后来将加西亚·马尔克斯的著作带给了布宜诺斯艾利斯南美洲出版社的文学部主任弗朗西斯科·波鲁阿。此人后来成为出版《百年孤独》，以及和卡门·巴尔塞依丝一起重印作家早期小说的关键人物。

那位加泰罗尼亚出版代理人的来访，也应算是促使作家迈开大步的一种鞭策，这不但是由于他亲自证实了她的人品与才干（此前在巴塞罗那，路易斯·维森斯和维森特·罗霍已经替他证实过了），还由于她以那份1000美元的出版合同最终完全证实了他是处于充满希望的无望境地——尽管评论界大加赞扬，先前的小说尤其是《没有人给他写信的上校》却未能名声大振；为了成为梦寐以求的其著作能够大量印行的作家，只当出色的、朋友十分喜欢的写书人是不够的；很明显，还差点儿什么东西，而这点儿东西从现在起，永远都得靠关于马孔多镇的煌煌大作来弥补。

正如阿尔丰索·富恩马约尔后来所回忆的，可能就在这些日子，作家去了一趟巴兰基亚，为的是搜集补充材料，闻一闻番石榴的香味并且看望一下亲友。可他违背了住一个月的初衷，待了一个星期就变了主意，回墨西哥城去了。富恩马约尔曾经提醒他答应的逗留时间不是一周，加西亚·马尔克斯对他说，前一天晚上那部长篇小说（当时仍叫《家》）的脉络那么清晰地浮现于脑海，以致可以逐字逐句地口授给打字员了。在卡塔赫纳到韦拉克鲁斯的轮船上，小说的条理越来越清楚。然而直至抵达墨西哥城，仍然存在着一个没有解决的重要问题——语气。十有八九是在此时，已经有些入迷的作家和家人踏上了前往阿卡普尔科短期度假的旅途，正在开着白色奥培尔汽车的时候，蓦然间领悟到了那部遥远的——1948 年中期于卡塔赫纳德印第亚斯市，他就在长条新闻纸上开始写了——鸿篇巨制的撰写方法。由于需要一种绝对令人信服的语气以使纷乱的马孔多镇逼真可信，他忽然明白了，出路在出生地——《百年孤独》应该以"木头脸"来讲述，一如小时候外祖母特兰基丽娜·伊瓜兰·科特斯给他讲鬼怪故事，以及他记得见过的、姑姥姥弗朗西斯卡·西莫多塞阿·梅希亚发号施令，叫一伙孩子在阿拉卡塔卡镇老宅的院子燃起篝火，烧掉一枚"蛇妖蛋"时的表情。自然也是胡安·鲁尔弗给科马拉镇布满一群来来往往的幽魂之时的那张"木头脸"。语气问题解决的同时，作家也弄清了自从撰写第一部长篇小说以来，自己力图到哪里去——不仅要去他出生于斯的宅院，而且要去外祖父拉着手领他去看马戏、看电影、望弥撒、散步之际的那些业已流逝的时光。其实，他曾经力图到达更加遥远的地方。在早期的小说里，语气问题自然而然地随着叙述的展开便解决了。

由于电影和广告事务缠身，加西亚·马尔克斯严严实实地自我封闭起来以便开始十分漫长的决定性旅行的计划仅仅几天即告失败。这些事务成了极大的干扰，抑制了作家的创作激情，弄得他一连好几周严重头疼，因为他的身心已经完全让这部小说占据了。于是作家脱离了社会生活及文学和电影团体，跟上司谈妥，辞了赖以养家糊口的工作。电影《咱们镇上没有小偷》的编剧埃米利奥·加西亚·列拉后来回忆说，他替补作家在沃尔特·汤普森广告公司做广告词撰写人。作家向他们告别时说日后他们将很少看见他，他要关起门来写小说，全力以赴地写。他跟阿尔瓦罗·穆蒂斯讲了这事，指望他能帮一把。自己的积蓄加上穆蒂斯给的，总共 5000 美元，他全交给梅塞德斯，让她料理一切，在他闭门著书的至少六个月里不管出现什么事情也别打搅他。实际上他将要写 14 个月。

几个月之前他在圣安赫尔因区租了一所房子，很适于他要过的那种修道院式的隐居生活。圣安赫尔因是位于郊区的一个宁静的居民区，来此寻觅僻静的住所和清新的空气的企业家、商人、艺术家、电影人、作家、报人将这里分成一片片的小块。鹅卵石地面的小街连接的式样各异的房屋掩映于一丛丛青松、白杨、白蜡、番杏、藤忍冬之中。人们还能惬意地眺望远处神秘的火山和紫红色的山峰——这是市区没有的额外享受，因为这座人口已达 700 万的大都会就空气质量而言远非"最明净的地区"[①]。对加西亚·马尔克斯一家来说，住在圣安赫尔因还有一个好处，就是可以成为塞拉达加莱阿纳街 16 号的卡洛斯·富恩特斯和里塔·马塞多以及卡帕托斯街 14 号的豪米·加西亚·阿斯科特和玛丽娅·路易莎·埃利奥的近邻。作家住在大约十个街区以外的田野边缘的洛马街 19 号。

加西亚·马尔克斯家的房子是一座立砖砌成的二层小楼，屋顶两面排水，窗户很大，几乎透得进半个天空的光线。这座洋房对于他们一家的人口和经济状况而言确实大了些，可是对于患有先天性幽闭症的作家本人及其追寻的修道院式的隐居生活来讲，则非常适宜。客厅尽里头一间木板隔成的屋子是他的书房"黑窝"。书房面积很小，大约三米长两米半宽，但很亮堂，里边有一个小卫生间、一扇门、一个朝向庭院的窗子、一个长沙发、一个书架、一张木桌，桌上摆着一台奥利维蒂牌打字机。书架上挂着一幅时常令朋友们发笑打趣的俗气的画，画面上一位格

[①] 此处借用了墨西哥作家卡洛斯·富恩特斯的长篇小说名《最明净的地区》(1958)。

兰德大妈似的胖水神在大枕头上昏昏欲睡，水神本身的肉体和鬈发形成的几个矮胖的风流男人在她周围编织玫瑰花环。长沙发上方挂着一幅不太俗气却同样让人忍俊不禁的油画风格的版画，上边画着被守护神看得很紧的两个儿童在悬崖边采花，旁边是身穿卡车司机的蓝色背带式工作服的作家正跟毁灭马孔多镇的天神奋力搏斗。

家里其余的地方为梅塞德斯的天下。一个两层的陈设简单的大房子，一个有两棵白蜡树的浓荫遮蔽的小院，一个花园，花园的草坪在车库前边，下午放学后罗德里戈和贡萨洛在草坪上跑来跑去。正是孩子上学的时间表帮助修改了作家的作息时间。此前不久他还沿袭办报时期的习惯，夜间写作（其实，在为谋生计而工作那阵，业余时间并不写东西，而是练体操健身），直至生活提示他，上午无人搅扰，是理想的写作时间。这样，每天送孩子到拉斯阿吉拉斯区附近的威廉姆斯学校以后，上午 8 点走进"黑窝"，一直写到孩子们回来吃午饭的下午两点半。

当时七岁的罗德里戈和四岁的贡萨洛后来回忆说，父亲总是待在客厅尽里头的小屋里，午饭后小憩片刻，在居民区溜达一会儿，就又关到那里头，晚上 8 点或者 8 点半朋友来了才出屋。来的朋友几乎总是阿尔瓦罗·穆蒂斯和卡门·米拉克莱与豪米·加西亚·阿斯科特和玛丽娅·路易莎·埃利奥。这两对夫妇在 14 个月当中，是布恩迪亚家族许许多多故事和马孔多镇的可怕命运的构思与演变的得天独厚的目击者。

与孩子眼里的他相反，加西亚·马尔克斯在闭门著书的 14 个月里，觉得自己是世界上最为通权达变和交际最广的人，同时又是最幸福的人，因为，尽管末尾几个月出现了被梅塞德斯像乌苏拉那样干练地克服了的经济困难，他不但天天见到布恩迪亚家族的成员和马孔多镇的许多人，而且词句与情节水柱般地从他的想像之泉喷薄而出，以致他感觉自己正在发明文学。然而并非整个写作过程始终那么文思泉涌，例如开头那部分他记得写得十分艰难，第一句话"多年以后站在行刑队面前的时候，奥雷良诺·布恩迪亚上校想必会记起父亲领他去看冰块的那个遥远的下午"终于完整地写出来之后，他恐慌地自问"接下来写他妈的什么呢"。进展到森林里发现一艘帆船这一情节（第一章结尾）之时，作家"还真的认为这本书写不出什么名堂了。可是从这个情节起，就完全进入了类似疯狂的状态，而且还十分开心"。显然，对他而言，能以随心所欲的笔触用西班牙语流畅自如地写作，是开心的；看着梅尔加德斯拖着磁铁行进，宣称器物本身皆有生命，关键在于唤起它们的灵性，是开心的；看着何塞·阿卡迪奥·布恩迪亚面对吉卜赛人变幻无穷的魔法苦思冥想，绞尽脑汁，是开心的；看着尼卡诺尔·雷依纳神甫喝下一杯巧克力饮料之后离地腾空，是开心的；看着何塞·阿卡迪奥·布恩迪亚试图制造记忆机，先是用来记录那些令人惊叹的发明，而后用它对付健忘症，是开心的；看着俏姑娘蕾梅迪奥丝坐上费尔南达·德尔·卡皮奥的亚麻布床单，就从外祖父母家他很喜欢玩的那个五颜六色的花园完完全全飞升上天，是开心的。

然而，这位能呼风唤雨的作家并非时时处处全都开心，关在"黑窝"的 14 个月期间，他重温或者提前体验了一生中十分痛苦的几个时刻。比如写到奥雷良诺·布恩迪亚上校死亡的时候，就几乎可以跟 1943 年 1 月"那个凄惨的下午"相比，当时年仅 16 岁、刚到波哥大的加西亚·马尔克斯，在希门内斯德克萨达大街的内务部门前悲痛地哭泣。也可以跟 1972 年 10 月的一天相比，那天在巴塞罗那，他为拉奎瓦酒吧的舔斗鸡者中最活跃最有朝气的朋友阿尔瓦罗·塞佩达·萨穆迪奥的逝世放声大哭。在故事的自然进展中，发动并且输掉 32 场战争之后，与 17 个女人生育了 17 个儿子之后，躲过了行刑队的枪决、一次自杀念头、一剂足以毒死一匹马的马钱子碱的药力之后，奥雷良诺·布恩迪亚上校老了。写到孤独之中的上校熔化黄金浇铸小鱼，小鱼铸成再熔化为黄金，黄金再浇铸小鱼的时候，作家知道实际上他是在推迟自己一生中一个痛苦的时刻——让上校去死的时刻——的到来。以前他一直打算写个短篇小说，描述一个人临死前的一天的活动，仔仔细细地描述，一小时一小时地一分钟一分钟地描述（这或许受了尤利西斯和达洛维太太的影响），所以此刻他想以这种文学方式来安排上校这个人物的死亡。然而这个念头刚一闪现，他立即觉察到那么一来这本书就会走样，便"选择了"最省事的写法，让他在栗子树下撒尿时死去。上校这种死法其实早就在脑子里储存着，因为许多年以前作家就听说一位参加过内战的年老的军人在树下撒尿时死了。于是，10 月（他小说里的 10 月总是"最残酷的月份"）的一个雨天的下午，奥雷良诺·布恩迪亚上校"一面朝着栗子树跟前走一面想着马戏，撒尿的同时仍然努力地去想马戏，却想不起来了。他脑袋像小鸡脑袋似的在肩膀之间缩回去一节，额头靠在了栗子树身上"。加西亚·马尔克斯这天下午上到二层的卧室，梅塞德斯正睡午觉，他躺在妻子身旁"哭了两个小时"。稍后去豪米·加西亚·阿斯科特和玛丽娅·路易莎·埃利奥家的时候，还没缓过劲儿来，脸色煞白。这两口子问他怎么回事，他说："我刚才杀死了奥雷良诺·布恩迪亚上校。"在他看来，同样严重的事件还有乌苏拉·伊瓜兰的逝世；还有圣索菲娅·德拉·皮埃达德的失踪——他毫无怨言地在布恩迪亚家当了半个世纪的用人之后，不知逃往何方；还有加泰罗尼亚智者的离开马孔多——镇上满目疮痍的景象促使他告别友人，返回故乡西班牙的莱里达市。在马孔多思念故乡，如今回到故乡又思念马孔多，"被这种两面镜子对映似的双重乡思弄得精神恍惚"的加泰罗尼亚智者从西班牙写来许多信，向朋友们揭示了那些现象反映出的本质，要他们"离开马孔多，忘掉他传授的那些关于世界与人类感情的知识，抛弃贺拉斯①。告诫他们无论走到什么地方都要牢记往昔是虚幻，回忆无法让人走回头路，一切逝去的春光都无可挽回，最炽热最坚贞的爱情到头来只是过眼云烟"。

然而，最茫然的时刻是这部小说的写作将近尾声之际。与笔下的人物朝夕相处这么多月之后，1966 年中期的一天，加西亚·马尔克斯觉得马孔多镇与布恩迪亚家族的历史自然地走到了尽头，这天便是写作的最后一天了。可是收尾收得过分仓促，上午 11 点左右已经完稿了。他要告诉梅塞德斯这件事，梅塞德斯不在家，打电话问遍了所有的好朋友也没找到。他六神无主了，不知如何打发剩余的时间，便"努力编些故事加上去，以便能够熬到下午 3 点钟"。一年以后作家承认，写完《百年孤独》的当天，他心里空荡荡的，"仿佛我的朋友都死了"。

马孔多镇及其人物对加西亚·马尔克斯身心的占据，竟至于如此完全。假若没有最后几个月的贫困，作家的痴迷也许还要持续到 1967 年三四月（恰如他本人 1965 年 11 月在给路易斯·哈斯信中所做的预测）。他不得不割舍了布恩迪亚家族两代人，放弃了另外一个人物，省略了一些情节，留下了几个零散的头绪，因为拖欠房东六个月的房租和肉店老板至少也是这么多月的肉钱，家当几乎全进了当铺。

梅塞德斯就像富裕岁月管理家政那么坦然地管理了 1966 年那几个月（只有作家 1956 年在巴黎的那些日子能跟这几个月相比，而且极其巧合的是当时也在写一部杰作《没有人给他写信的上校》）的家政。上一年年中丈夫给 5000 美元的时候，她筹划了一下，确保钱能够花到六个月的末尾——丈夫告诉她写这部小说得六个月。不料时间到了，

---

① 公元前 1 世纪古罗马诗人。

她见那小说才写了大约一半，便对丈夫说自己无计可施了。于是，加西亚·马尔克斯开上那辆《恶时辰》的奖金买的白色奥培尔汽车去了当铺，拿着抵押汽车的钱步行回了家。实际上这些钱也只够三四个月的花销。梅塞德斯知道，即使出于天经地义的理由，也不能再打搅丈夫，提醒他履行对家庭的责任了。所以每当没钱用了，她就当首饰当电视机当收音机，直至当的仅剩下"最后三块阵地"——她做头发用的吹风机、给孩子做饭用的搅拌器、丈夫在清冷的早晨和夜晚写作时用的电暖气，因为墨西哥城"是一台里边装着冷却器的电冰箱"。当这当那堵窟窿（给作家丈夫的 500 张四开新闻纸从未短缺过）的同时，梅塞德斯以其出众的人品感动了菲利普先生和路易斯·科乌杜列尔。前者是居民区的肉店老板，答应她买肉可以赊账；后者为房东，同意她房租可以缓交。恩惠不是随随便便施与的，老板和房东都是好心好意地愿为一部彪炳史册的巨著的撰写做一份贡献。将近 30 年以后，路易斯·科乌杜列尔依然非常满意当初的做法，同时又强调说，加西亚·马尔克斯一家在一般情况下总是十分及时地给他交房钱。

尽管后来朋友们要么否认要么淡化，然而在作家这一喜忧参半的时期，他们的确表现出了休戚与共的精神。卡门·米拉克莱和阿尔瓦罗·穆蒂斯与玛丽娅·路易莎·埃利奥和豪米·加西亚·阿斯科特把加西亚·马尔克斯一家的事情当成自己的事情，认为自己有"为了朋友为了文学"这样双倍的理由把接济他们当做应尽的义务。最为可敬的不光是他们兄弟般的支援，还有他们的守口如瓶和羞涩态度，因为他们从来不提这事，从来不张扬不炫耀《百年孤独》写作最艰难的几个月里他们定时给予的帮助。之所以后来人们知道了，则是由于加西亚·马尔克斯只言片语地说了出来，或者其他嘴巴不牢的亲友泄露的。他们后来讲的，是作为这部小说撰写历程的直接目击者而看到听到的一些趣闻逸事，而且也没有怀着局内人的神秘激情去讲。

　　那两对夫妇经常在晚上大约8点钟来洛马街19号。有时到了以后加西亚·马尔克斯尚未做完第二天的作业（下午他一般是熟悉背景材料，做笔记，列第二天写作的提纲），他们就等着，直到"黑窝"开门。并非夸大其词之人的穆蒂斯记得他这位作家朋友走出书房的时候，就像打完一场跟12人对抗的拳击比赛似的说："真是紧张。"罗德里戈和贡萨洛睡觉以后，朋友六人啜着一瓶上好的威士忌，一直聊到十一二点。谈话中心几乎总是这部宛若众人期待和宠爱的孩子似的小说，间或自然而然地扩大到别的方面，如音乐、电影、朋友、"麻烦事"——即"一天又一天的日子就是生活"的命题。闲谈当中，作家逐步地一点一点地提问，问题都跟小说的许许多多素材有关，从虾的性别和一些昆虫的习性，到中世纪消灭蟑螂的各种方法和某些历史人物的习惯。这很正常，朋友们知道他有考证癖，曾经看见他的书桌上一星期又一星期地堆放着关于炼金术的文章、介绍航海家的故事、菜谱、民间土方手册、中世纪瘟疫史、毒药与解药手册、西印度①编年史、关于坏血病脚气病糙皮病的论文、关于哥伦比亚内战和古代火器的专著，另外还有一套25卷的大英百科全书及各种辞典。

　　每天夜晚这种亲密无间的推心置腹的交谈，到了星期日就变成了晚间在玛丽娅·路易莎·埃利奥和豪米·加西亚·阿斯科特家里举行的开放型聚会，参加者有卡门和阿尔瓦罗·穆蒂斯、加西亚·马尔克斯全家人以及其他朋友，如卡洛斯·富恩特斯和里塔·马塞多（移居巴黎之前）、阿尔巴和维森特·罗霍、埃米利奥·加西亚·列拉、何塞·德

---

① 西班牙人早期对美洲的称呼，因为哥伦布误认为那里就是印度。

拉·科利纳、阿图罗·里普斯特因、路易斯·阿尔科里萨。实际上，这是"黑窝"里的居民一周中与他的孩子和其他朋友惟一的一次聚会，因为即使在最后几个月里的每天下午，罗德里戈和贡萨洛放学以后也总是待在埃利奥和阿斯科特家，跟他们的孩子迭戈一块儿玩耍。

与几乎天天读《百年孤独》的那几位友人和评论家恩马努埃尔·卡瓦略相反，穆蒂斯从一开始就不愿零散地读这部小说，他要等写完印成整本书再看。可是到头来小说的内容还是通过其他朋友和加西亚·马尔克斯本人的叙述与评论一天天地透露给了他。据作家讲，穆蒂斯听人家讲述和议论写好的那些章节"听得饶有兴趣，以致听完再四处讲给他的朋友，讲的时候加进了自己的修改与补充，他的朋友们过后把他讲的又照原样给我讲一遍，很多时候我接受了他的修改与补充"。桅楼瞭望者马克罗尔①的塑造者则认为这些话不过是"加博的谦虚"。相识那么多年以后，穆蒂斯已经清楚地知道加西亚·马尔克斯在做什么事情，因而不过多地谈论作家撰写《百年孤独》期间对他所讲的话，可是后来承认他同玛丽娅·路易莎·埃利奥一样也让神甫喝了巧克力饮料离地腾空的故事给弄糊涂了："一天晚上，我和卡门来到圣安赫尔因，他走出来对我讲：'我刚写完一个场面——一位神甫喝了一杯巧克力饮料便离地腾空。'我说：'太离奇了！这个人物搅乱了小说。神甫喝了巧克力腾空是不可能的！'问题在于加博口头叙述他写的故事时表述的不太清楚，太笼统，不知不觉地便讲得有点儿粗俗，结果使自己的故事显得有些滑稽。然而小说完稿给我一看，我吃了一惊，认为这部作品显而易见地是关于拉丁美洲的一本书，一本伟大的书。"

豪米和玛丽娅这两口子读的《百年孤独》，则是那台奥利维蒂牌

---

① 马克罗尔系阿尔瓦罗·穆蒂斯作品中的一个人物，最初产生于他早期的一首诗，后来成为他所有中长篇小说中的主人公。这个人物是作者的知己，其性格类似于堂·吉诃德。

打字机每天现打出来的部分。尤其是玛丽娅·路易莎,自从 1965 年 9 月初的一天夜晚加西亚·马尔克斯在穆蒂斯家里给她把全书整个讲了以后,就成了一个无法满足的崇拜者。马孔多镇的缔造者因而把她当做第一知音与合作者,有时就在电话里给她朗读刚写的段落,有时问她些什么事情,比如阿马兰塔·乌苏拉在这个或那个场合该穿什么衣服。写完一章复印一份给她,让她在家和丈夫豪米一块儿看。于是夫妇俩进入了极度兴奋与日益急切的状态,老想知道下一章写什么。正像何塞·德拉·科利纳后来回忆的那样,豪米和玛丽娅是这部逐渐增厚的小说的精彩章节的主要宣传者和赞扬者。他们的确未能完整地对友人们讲出作品的主题,却强调"这书非常好,他能叫人空中飘浮",并且三番五次地说:"加博在写拉丁美洲的《白鲸》。"

撰写这部小说的 12 或者 14 个月当中,评论家恩马努埃尔·卡瓦略是又一个从第一章到最后一章通阅全书的着迷的读者。曾与卡洛斯·富恩特斯共同主办过《墨西哥文学杂志》的卡瓦略,已是墨西哥最杰出的文学批评家之一,也是 60 年代的墨西哥文学的主要助产士之一。

他的妻子诺斯·埃斯普雷萨特与人合伙创建了规模较小的时代出版社,这家出版社如今等米下锅似的等着出加西亚·马尔克斯的《百年孤独》。所以,恩马努埃尔·卡瓦略与作家的关系超出了纯洁的友情。他十分熟悉作家《枯枝败叶》之前的作品,因而他对这部日渐增厚的小说的赞赏是作家非常看重的支持。不过,卡瓦略阅读每天现打出来的书稿的主要缘由,是"墨西哥国家自治大学决定在它即将推出的那套唱片《拉丁美洲的强音》中,增加一张加西亚·马尔克斯朗读《百年孤独》片断的唱片,卡瓦略负责撰写朗读之前的导言"。实际上这个导言成为关于《百年孤独》的第一篇评论,它准确地预测了小说出版后的盛况。

两人一般是星期六下午见面。加西亚·马尔克斯将写完的一章给卡瓦略，卡瓦略下个周六把稿子和他的评论再交给作家。卡瓦略本人后来回忆道，那些评语提出的有待改进之处一直极少，因为书稿如此完美，以致这位批评家从一开始面对的"即是一部杰作"，一部他"痴迷地非常愉快地"逐渐阅读的作品。从那时起卡瓦略便认为"这是他的巨著，也是20世纪下半叶西班牙语世界最优秀的小说之一。于是，我们的谈话以我循序渐进的阅读为中心，涉及了故事的环境和人物，还有故事与故事之间的衔接。然而我的评论丝毫不会影响这部小说"。

　　随着一章又一章地阅读，卡瓦略的热情渐渐感染了妻子诺斯·埃斯普雷萨特和维森特·罗霍这两位时代出版社的主人。这么一来，加西亚·马尔克斯就得采取一种讨人嫌的补救措施——告诉这些兴致勃勃的满怀希望的墨西哥友人兼出版商说，这本书不给他们而给布宜诺斯艾利斯的南美洲出版社。刚一脱稿，作家就向他们解释道，在南美洲出版社出书是他多年的夙愿，况且这家出版社早已要求出他以前的小说，并且慷慨地寄来了出版《百年孤独》的合同和500美元的预付金，而时代是一家小出版社。他希望进入大市场，以使作品译成外文出版——这正是五年以前驱使他来墨西哥的两大憧憬之一。尽管不无痛苦，画家兼装帧设计师维森特·罗霍还是充分理解了他的理由（也许因为非常清楚作家的经济困难），后来阿根廷那家出版社出《百年孤独》时他给设计了封面。但是诺斯·埃斯普雷萨特很生气。

　　《百年孤独》脱稿数月之前，加西亚·马尔克斯接到南美洲出版社的第一封来信。他将此信作为命运的旨意，作为宣告其夙愿得以实现的不期而至的使者接收了下来。此信堪称他人生道路上的里程碑和分水岭。当然如此。40年代初，在豪尔赫·路易斯·博尔赫斯及其南方集团的朋友们的推动下，"南美洲"成为拉丁美洲尽人皆知的出版社，同"南方"、"洛萨达"、"经济文化基金会"等著名出版社一起，使得优秀图书遍布拉丁美洲，其中许多书为加西亚·马尔克斯的文学成长奠定了基础。脱离南方集团独立以后，南美洲出版社由加泰罗尼亚人安东尼奥·洛佩斯·亚乌萨斯主持。1958 年，弥诺陶洛斯出版社的创建者弗朗西斯科·波鲁阿作为编审进入该社，后来做了文学部主任。这在南美洲出版社的发展道路上是一件值得大书特书的事情，因为在出版社里人所称的帕科或"陌生编审"是一位具有医师般的非凡眼光的永不满足的审稿人，是阿根廷及拉丁美洲文学新人的热心的提携者，从一开始就信任、扶持、奖掖胡安·卡洛斯·奥内蒂、胡利奥·科塔萨尔和莱奥波尔多·马雷查尔等作家。因此年轻的美籍智利作家路易斯·哈斯带着《我们的作家》的手稿，于 1965 年底出现在波鲁阿的面前就不是偶然的了。《我们的作家》是一部兼有散文和新闻性质的著作，其作者以特有的笔触，评论了他所认为的拉丁美洲新时期文坛上的十位堪称典范的小说家的作品。十人当中，只有加西亚·马尔克斯的名字波鲁阿是头一回听说。路易斯·哈斯便介绍此人是谁和现住何处，并借给他那四本早已出版的书。四本书刚一看完，这位出版商就致函作者说，他非常喜欢这些作品，想由南美洲出版社再版这些书。这就是让这位哥伦比亚作家如愿以偿的那封信。

加西亚·马尔克斯复信答道，他十分乐意在南美洲出版社出书，却不能，因为那四部小说已经答应给了别的出版商，而且这些出版商同时又是他的友人（《没有人给他写信的上校》和《恶时辰》许诺叫时代出版社出；《格兰德大妈的葬礼》给了韦拉克鲁斯大学出版社；《枯枝败叶》新近由乌拉圭蒙得维的亚方舟出版社再版）。于是他提出把行将脱稿的长篇小说给南美洲出版社，称这是一部"我寄予很大希望的小说"。波鲁阿问他要些书稿先看一看，作者便寄去了前四章。波鲁阿已见过他先前的作品，现在只看了《百年孤独》第一章的几页，就像富恩特斯、穆蒂斯、卡瓦略、豪米和玛丽娅一样感觉自己面对的"是一部杰作"，不久寄来了出版合同及500美元的预付金。与此同时，具有十年出版代理经验，并且非常清楚应当如何在尚处于半荒芜状态的作家权利的土地上展开活动的卡门·巴尔塞伊丝，在跟同乡、南美洲出版社社长兼控股人安东尼奥·洛佩斯·亚乌萨斯的直接交谈中，力图获得更多的预付金和一份更加稳妥的合同。然而加西亚·马尔克斯神经过敏起来，也许是担心由梦寐以求的这家出版社出书的机会可能丧失，他通知代理人说："你们别在那儿议论这500美元，因为我要的是他们给我出书，只要他们给我出书。"这样，他很快于1966年9月10日签署了帕科·波鲁阿寄来的合同。合同规定码洋的百分之十属于作者所有，并且确认了500美元的预付款。

这份合同和这个日期是两种有力的证据，他驳倒了有关卡洛斯·巴拉尔拒绝出版《百年孤独》的说法。据这位加泰罗尼亚出版商讲，作家曾在什么时候给他发了电报，建议他阅读这部小说："电报来的时候正是我外出旅行的前夕——记不清是去度假还是出差，反正是即将出远门了，我在作准备。这样出于一个绝对说不过去的缘由，我没有及时回复那份电报，惹得加博非常生气，随后不让我阅读，转而跟南美洲出版社直接签约了。不过，我从未见过《百年孤独》的原稿。那种认为我见过原稿但不识货的说法是没有根据的。"加西亚·马尔克斯后来证实，一切都是"一种自行流传的谎言，而巴拉尔本人未能揭穿它"。

有一位读者，即诗人加夫列尔·费拉特尔倒是真的全部抑或局部读过书稿，但他是偶然读到的，而且阅读得不是时候。与南美洲出版社签约一个月之后，卡门·巴尔塞依丝在她从前那个位于巴塞罗那乌尔赫依大街的办公室，收到一份《百年孤独》书稿的复印件，是让她联系出外文版用的。这位代理人的喜悦传到了费拉特尔耳朵里——原来诗人的美国未婚妻在巴尔塞依丝的代理公司工作，把书稿借来给他看了，费拉特尔立刻做出反应，对巴尔塞依丝说道，这部小说如果参加塞依斯－巴拉尔出版社举办的简明丛书奖的评奖竞争，肯定能夺魁。代理人跟加西亚·马尔克斯商量，作家拒绝这个建议，因为已经与那家阿根廷出版社定了合同，而且他不愿意让这部小说打着任何文学奖的招牌问世，也不想书还未出便参与评奖去捞油水，尽管简明丛书奖是整个西班牙语世界名望最高的文学奖。

　　不过，若从先知先觉和更加深刻的角度解释作家对参加评奖的建议的拒绝的话，那就是他确信自己刚刚写完了一部杰作，一部像《堂·吉诃德》那样在西班牙语小说史上开辟了新纪元的作品。然而，当作家和妻子去邮局往布宜诺斯艾利斯的出版社寄稿子的时候，梅塞德斯·巴尔恰似乎不像丈夫那么自信，尽管她完全相信丈夫的才华。经过变卖、典当、借贷几乎一切的几个月之后，他们两人终于结束了犹如劫难幸存者的日常生活。加西亚·马尔克斯忘不了邮局职员说书稿的邮资为82墨西哥比索后，梅塞德斯在夹子里寻找不大可能再有的比索的情景。只有50比索，他俩遂将490张四开稿纸一分为二，先寄了前十章。接着回到家，拿起她的吹风机、他的电暖气、搅拌器这"最后三块阵地"走进当铺，当了大约50比索。当夫妇俩充满希望和无望、怀着信心和疑虑走出邮局的旧楼，为终于使他们含辛茹苦创造出来的一大件东西开始独自运行而欣喜而如释重负的时候，没有读过这部小说的梅塞德斯（因为她不习惯读草稿）对丈夫说："喂，加博，现在就怕这小说写得不好了。"

　　虽然两个月前加西亚·马尔克斯说过"写书是自杀的职业"，其实，这位阿拉卡塔卡镇来的作家对自己的作品从未像这回这么自信过。他内心十分清楚，自己刚刚拿出了蜜月旅行途中在巴兰基亚到加拉加斯的飞机上对妻子所说的那部40岁必定撰写的"杰作"。他之所以这样认为，不光自己心里有数和朋友阅读后大加颂扬，还由于在拉丁美洲围绕这本书的议论正在增长。议论最早是随着报界的评论和预先寄出的小说片段开始的。最具权威和最热情的是卡洛斯·富恩特斯的声音，1966年6月他在巴黎收到《百年孤独》稿子的前三章，马上于当月底为《永久》杂志增刊《文化在墨西哥》撰写了一篇评论，盛赞朋友的这部小说——从他俩躺在圣安赫尔因小区家里的草坪上，他勉励作家利用在电影界谋生的工作提供的条件来写作的时候起，他期待的便是这部小说。富恩特斯接着将书稿的这前80页给了胡利奥·科塔萨尔，科塔萨尔怀着同样的热情予以阅读，然后把第二章交给了乌拉圭的批评家埃米尔·罗德里格斯·莫内加尔，想在他主持的杂志《新世界》的8月第一期上发表。然而，《百年孤独》的片断已于5月1日首次由波哥大的《观察家报》的朋友们，作为曾在这里供职的一位老记者的特约专稿刊登出来了。首次见报的这第一章，是作家前往波哥大出席他的电影《死亡时刻》首映式时亲自带去的。后来，利马的《阿马鲁》杂志于1967年1月，波哥大的《回声》杂志于同年2月也发表了小说的部分章节。

这样，自巴兰基亚的友人那里开始，加西亚·马尔克斯从各地得到了足够的信息，从而对《百年孤独》充满了信心。有一件事情也许他不太放心，那就是稿子到底寄到了没有。因为当时马孔多镇的邮局虽然办理航空邮寄业务，但不管怎样给人的印象还是用骡子运输邮件。所以作家想让朋友阿尔瓦罗·穆蒂斯当一回邮差，将书稿稳稳当当地送达目的地。科埃略县来的这位诗人担任美国20世纪福克斯电影公司在拉丁美洲的发行部经理已有一年了，常常来往于拉美大陆的这一端到那一端。大概在 1966 年 10 月中旬穆蒂斯要去布宜诺斯艾利斯，加西亚·马尔克斯恐怕邮寄的那包稿子万一遗失在飞机上，便托诗人帮忙再捎一份稿子去。到了阿根廷首都，穆蒂斯给帕科·波鲁阿打电话说："我给你带来了《百年孤独》的原稿。""而对方回答说：'奇怪，我已经收到了。写得太好了。不知你意下如何？'我不认识帕科，便叫他来普拉萨饭店找我。他到了饭店跟我说：'喂，这是一部杰作，你发现没有？人是优秀作家，书是完美作品。'他在小说的一些故事情节里挑出了两三处所谓的瑕疵，用电影术语讲就是'接续性方面的缺陷'。我不同意他的见解，也不认为他讲得在理。不过，我们就这本书谈了好长时间，一致认为这部作品包含的力量将不可抗拒，将席卷一切，将所向披靡。"

对于波鲁阿而言，与阿尔瓦罗·穆蒂斯的晤谈是一份决定性的旁证材料——一个完全熟悉加西亚·马尔克斯生平和作品的人使这位出版商证实了自己原先的看法。于是，帕科·波鲁阿的热情终于感染了出版社的全体同仁，还感染了社外的评论界及布宜诺斯艾利斯报界的朋友。这是《百年孤独》出版者的又一大功劳——如同胡利奥·科塔萨尔的《跳房子》和另外许多彪炳史册的著作出版时一样，他营造了适当的环境和舆论，吊起了人们的胃口，从而使得这部长篇小说于 1967 年 5 月 30 日，在社会气氛热烈得达到顶点之时，并且几乎在人群的涌动之中问世。

的确是几乎。人群开始涌来是在两个半月之后，当作家抵达布宜诺斯艾利斯参加自己作品的促销活动，并且顺便担任长篇小说南美洲头版新闻报奖评委的时候。

帕科·波鲁阿热切希望《百年孤独》销售得非常火爆起来，便鼓动起了一些人的热忱，请他们献计献策。这些人中的一个是他的朋友，《头版新闻报》周刊编辑部主任托马斯·埃洛依·马丁内斯。此人建议在《头版新闻报》发一篇作家专访，封面登一幅作家的彩照——对于一位杰然而到那时为止仍鲜为人知的作家而言，阿根廷首屈一指的周刊这样安排实属破格的礼遇。杂志社于是派编辑部秘书埃内斯托·斯乔前往墨西哥，6月初带回一篇翔实的报道，讲述《百年孤独》的作者如何生活和写作，家有何人，在哪里和怎样长大的。他走过了怎样的办报道路，有哪些朋友，最近计划写什么等等。记者见到的加西亚·马尔克斯喜气洋洋，几乎满嘴粗话，怀着直率的幽默在墨西哥城到处微笑，到处拥抱蛰居两年之后再次遇见的许许多多朋友和熟人。上一年9月大作告成以来，他恢复了逛街的生活与惯常的作风。他知道很快就能看见自己黄金时代的神奇故事的开始，却未料到布宜诺斯艾利斯会如此热火朝天。

刊载专访而封面又为作家照片的《头版新闻报》杂志原本计划6月中旬，当《百年孤独》在书店销售一星期的时候摆上街头，谁知此时爆发了以色列与埃及之间的"六日战争"，加西亚·马尔克斯的形象在最后一刻被一幅"以色列军队的士兵在约旦领土上前进"的照片所取代。于是关于作家的文章和照片推迟一周刊登，同《百年孤独》的再版发行赶在了一块儿。

令人惊异的是，作家专访和彩色照片本来是作为《百年孤独》促销活动的重头戏安排的，可是等刊载它们的这期杂志摆上街头时，第一次印刷的8000册小说已经在15天里销售一空。虽然，从一开始就有很多人等待购书，因为南美洲出版社动员起布宜诺斯艾利斯几乎所有的新闻媒体，扎扎实实地进行宣传。还有作家本人的因素——前文已经讲过，一年来他在拉丁美洲一些重要刊物上发表过小说的某些章节。

该书的出版成效如此显著，引起的反响如此迅猛，的确令世人惊叹不已。南美洲出版社本来计划第一版印 5000 册，但经过重新估算并且看到社内社外高涨起来的热情，决定将印数增加为 8000 册。加西亚·马尔克斯知道后忧心忡忡地写信来说，第一版印这么多会有积压的风险。出版社答复不会积压，因为小说很出色，他们相信 8000 册书从 6 月卖到 12 月肯定能卖完。结果呢，过了 15 天，他们便着手再印 1 万册。印完 1 万册，出版社纸张也没了，油墨也没了，无法继续满足整整一个大洲不断增长的阅读欲所导致的市场需求了。于是两个月当中，出现了在拉丁美洲人们到处谈论《百年孤独》而书店里买不到《百年孤独》的怪事。9 月初第三次重印完成之时，南美洲出版社里的景象繁荣得乱了套了——墨西哥要 2 万册，哥伦比亚要 1 万册，其他国家要 1 万的、5000 的、3000 的都有。从此，市场的需求量如同亚马孙河①的水量一般，仅在西班牙语国家 3 年销售了 60 万册，8 年销售了 200 万册，阿根廷一个国家 25 年间售出了 200 万册。这些当然是约数。谁都知道并非所有的出版公司每回都如实申报印数。另一方面，盗版者巨大的印刷量是无法弄清的。

　　不光第三次重印如同那一期以作者照片为封面的《头版新闻报》杂志一样推迟了，直到 9 月才完成，而且第一版出书也比预定日期要晚，因为正像从《百年孤独》的构思与撰写过程中已经看到的那样，延迟是这部小说的命运所固有的特点。因此，尽管本来计划的第一版出书的时间比 5 月 30 日早得多，但是原本确定的封面从墨西哥没有按时寄来，南美洲出版社只好临时搞了个封皮，以免小说的出版继续延误。

　　画家维森特·罗霍是加西亚·马尔克斯的合作出版者之一和朋友，

---

① 亚马孙河发源于秘鲁安第斯山脉，流经巴西亚马孙平原入大西洋，其河流之长、流量之大、流域面积之广均为世界第一。

应作家的请求设计了封面。当埋头在《百年孤独》中寻找设计灵感的时候，他大失所望：无法挑选人物，因为人物太多；无法抓住主题，因为主题看着看着就消失了。维森特·罗霍后来回忆说，于是，"我选择了通俗的事物，民间的宗教绘画上的东西。这些东西小说里不一定必须有，因为本来也没有描画小说中的固定的事情"。出自罗霍手笔的封面是，白底上画了许多相连成网的蓝色蜂窝状小格，格子里有各种离奇的黑色或橘红色图案：滴血的心脏、活泼的风流男子、跳舞的小精灵、下弦月、作惊呆状的天真烂漫的孩子、光芒趋于黯淡的小星星、微笑的太阳、小飞鱼、弗里吉亚①式小帽、小钟、阿拉伯式花纹、象征死亡的骷髅。画家不但抓住了《百年孤独》的实质，体现了小说的通俗意义，而且跟马孔多庄园一种古老赌局上面的早期图案不谋而合。20世纪初的几十年间，这种赌博盛行于香蕉产区。

为使封面设计的构图臻于完美，维森特·罗霍采用商品包装箱和乡村小店招牌一般使用的字体，以大字书写了作者姓名与小说标题。最后一刻他忽然灵机一动，把单词SOLEDAD（孤独）中的字母E反转过来写，给人一种下层人写白字的感觉。这位墨西哥画家怎么也想不到，他这独创的俏皮的神来之笔招致了国际批评界各种截然不同的议论，甚至引出了一些着实有趣的事情。厄瓜多尔的瓜亚基尔市有个书商通知南美洲出版社说，拜托拜托，不要再给他发运那些印错了的书，因为他不得不擦掉书名上那个反写的字母，再手工操作予以改正，以免顾客不悦。

罗霍绘制的封面遍布拉丁美洲，数量超过一百万册，自然而然像小说一样普及了。它超越了书籍装帧技艺的界线，成为一种文化本体的象征。然而初版的荣耀却被假冒的封面抢了去——南美洲出版社当时见

---

① 古代小亚细亚的一个国家。

真正的封面尚未寄来，不得已而为之，临时弄了这么个东西。一位没有留下姓名的设计者为《百年孤独》第一版做的封面是，在蓝灰色底子上画着一艘搁浅于密林深处的大帆船，旁边有三朵橙色的奇花绽放着。30 年后古籍贩子炒买炒卖残存下来的属于第一批 8000 册的这个版本的小说，价格哄抬到数百美元一本。

伟大的光荣的文学所带来的这些收益，连偕夫人梅塞德斯于 1967 年 8 月 16 日在埃泽萨机场走下飞机时的加西亚·马尔克斯自己都未能料到，作家同样也没想到会有如潮的人群欢呼《百年孤独》的问世和他的莅临布宜诺斯艾利斯。据帕科·波鲁阿讲，作家抵达后，阿根廷首都如过节一般，"全城人顷刻间为这部小说所吸引，并且阅读起来"。托马斯·埃洛依·马丁内斯却说，作家刚来的那几天平平常常，后来才热火起来，闹得不可开交，作家不得不换个宾馆住下，还雇了个秘书给他传电话。

推出《百年孤独》的这两位功臣帕科·波鲁阿和托马斯·埃洛依那天凌晨 3 点钟去机场接加西亚·马尔克斯的时候，以为经过长途旅行，加之又是这个钟点，作家肯定是睡眼惺忪，疲惫不堪。不料他们看见走下飞机的是一个疾步如飞的人，而且当下就风风火火地要到大草原上去，一边品尝鲜美的烤肉，一边欣赏绚丽的朝霞。经东道主劝阻，他放弃了这孟浪念头，被领进了蒙得维的亚大街一家关门最晚的饭馆。看见梅塞德斯身旁的作家的颜色土气的上衣、像皮埃特罗·克雷斯皮①那样紧绷在腿上的裤子、补过的牙齿、毫不做作的无拘无束的行为方式，听见他精辟的谈吐，帕科和托马斯这才感觉到只有这个周游世界的阿拉卡塔卡人，才写得出那部仅仅两个星期就攫住了 8000 名阿根廷读者的

①《百年孤独》中的人物。

心的小说。

然而头三天似乎没人注意到加西亚·马尔克斯光临布宜诺斯艾利斯,尽管倏然间他徜徉于街头那些《头版新闻报》杂志的封面的旁边——此情此景,仿佛作家进了博尔赫斯描述的那种镜子的迷宫,映照出了报刊亭和书店的杂志封面上那许许多多他的形象。一天早晨,作家和妻子在圣塔菲大街和绥恰帕大街交叉口的一家咖啡店吃早饭的时候,看到了巨著普及的第一个迹象。一个妇女提着满满一袋蔬菜从市场归来,莴笋和西红柿当中露出一本《百年孤独》。对作者而言,这是一个鼓舞人心的征兆,因为这本出自平民百姓生活积淀的深层的小说,从一开始即作为平民社会自身的东西为人所接受,这部作品真的"不是作为小说而是作为生活被人接纳"。

当天晚上,加西亚·马尔克斯和梅塞德斯前往迪特利亚研究院的剧场出席一部作品的首发式。据托马斯·埃洛依·马丁内斯讲,"梅塞德斯和他朝座位走去,对于早已入座的那么多穿裘皮大衣并配以闪亮羽饰的嘉宾略感茫然。剧场昏暗,可不知为什么,有一个聚光灯随着他俩移动。他们正要落座,一个陌生的男子高喊'好极了!'并且突然鼓掌,一位女子附和道:'是指他的小说'。于是全场起立。就在此时,我看见名誉犹如俏姑娘蕾梅迪奥丝一样裹着床单,令人目眩地摆动着自天而降,将一缕能够抵御岁月的灾难的光线照在加西亚·马尔克斯身上"。

作家本人则认为人群的包围始于布宜诺斯艾利斯像过节一般的那些日子里许多次公众集会中的一次。在与奥古斯托·罗亚·巴斯托斯和莱奥波尔多·马雷查尔一同担任南美洲头版新闻报奖长篇小说竞赛评委期间,加西亚·马尔克斯利用下午和晚上的空闲时间参加群众集会和联欢会。其中有一次集会由作家的朋友、记者奥拉西奥·维比茨基主办,主要目的是让《百年孤独》的作者同作家鲁道夫·沃什再度见面。1960年末的艰苦的几个月里，他俩肩并肩地在哈瓦那工作期间，鲁道夫·沃什不仅是加西亚·马尔克斯的朋友，而且自从后者熟悉了前者的侦探小说的完美结构之后，还暗中成了他的老师。然而这次见面两人很少交谈，重逢仅限于长时间的默默对视。这或许由于他俩都很腼腆，而且离别了那么久；或许由于这位哥伦比亚作家的倏忽从天而降的名望的威慑作用——那天夜晚，人群围着作家，向他表白尽管小说面世不久，他们已经读过了，知道乌苏拉和他外婆非常相似，阿玛兰塔与其姑姥姥一模一样。加西亚·马尔克斯认为这天集会意味着他的"告别孤独"，从此再也不会孤独了。然而仔细观察便会发现，准确地说这天的集会意味着他的进入孤独，进入名誉带来的孤独构成的高雅俱乐部。

这种在一夜之间改变了他的人生并使其在拉丁美洲小说界独领风骚的巨变，完全是他非凡的才华和日夜不辍辛勤笔耕的结果。可是，若没有布宜诺斯艾利斯城的出版者、报人、评论家和读者，结果也许是另外一个样子，或者说至少不会来得这么快。西班牙语世界中，当时只有这座文化都城具备足够程度足够规模的完善的条件，能在未被纽约、巴黎、罗马事先认可的情况下，接纳并迅速普及《百年孤独》这样的长篇小说。正因为如此，30年过后，阿根廷的友人要么独自思忖要么相互之间悄悄探询加西亚·马尔克斯何以不再来布宜诺斯艾利斯；又有哪个弗拉乌·罗维塔，哪个圆梦的巫婆能像那回在维也纳一样劝他别再来阿根廷首都。毕竟第一次给作家穿上他完全受之无愧的荣誉的盛装的城市，不是封闭的多疑的墨西哥城，不是尊贵的冷漠的波哥大，不是既多愁善感又麻木不仁的加拉加斯，当然更不是佛朗哥主义的土气的中世纪的马德里，而是文明的热烈的布宜诺斯艾利斯。这里是他的老师博尔赫斯的诞生地和许多著名的出版社的发祥地，它们出的优秀书籍帮助他成长为作家。

《百年孤独》的出版喧嚣与文学名声从阿根廷首都扩散开来的时候，卡门·巴尔塞依丝像来回奔走的蚂蚁似的默默无闻地继续推销，以使小说能够译成世界各主要语种。其实，她根本没有期待什么狂热认可的开始，一来是知道作家急着出外文版，二来是跟所有的人一样，一看书稿她马上就知道品位如此之高的小说不需要任何炒作任何公论即可翻译出版。她的推销工作开始于上一年10月中旬在巴塞罗那市乌尔赫伊大街的办公室收到书稿复印件之时，或许更早。因为这位出版代理人对《百年孤独》充满信心（她十分熟悉作家早期的小说，是作家一位非常虔诚的读者），没见稿子的时候就向一些外国出版公司吹过风。比如，据卡门·巴尔塞依丝后来回忆，意大利费尔特里内依出版社的文学部主任巴莱里奥·里瓦曾经给她来信，确认对于加西亚·马尔克斯早期小说的兴趣，有一次他写道："你是向我说过的，说作家正在写的一本重要的书。怎么回事，他正写着的那本重要的书里又出现了马孔多镇？大概又是同一个故事，又是老一套。"话虽这么讲，费尔特里内依实际上后来成为继法国塞依出版公司1967年4月签约之后，于同年10月购买《百年孤独》版权的第二家外国出版社。11月，哈珀与罗公司（即曾以1000美元买下作家早期四部小说的那个出版公司）为美国市场购买版权。惟一一次碰钉子是在德国，起先罗沃尔特、西格赫尔、豪塞尔、建设出版社等四家出版社都拒绝出德文版，当《百年孤独》热在法国和意大利爆发之后，基彭霍伊尔出版公司才于1967年11月购买了版权。

　　这部小说译为西方主要语言并于1969年在法国和意大利分别获得最佳外国小说奖和奇安查诺奖以后，短短几个月卡门·巴尔塞依丝又得到了16份合同，在英国、丹麦、芬兰、瑞士、挪威、荷兰、俄国、匈牙利、波兰、罗马尼亚、捷克斯洛伐克、南斯拉夫（塞尔维亚语和斯洛文尼亚语两种版本）、日本、葡萄牙、巴西翻译出版《百年孤独》。

这样，仅仅三年，这本小说便在获得全球承认方面迈出了一大步，这位加泰罗尼亚出版代理人从而看到自己手中的授权证书上的戏言变为辉煌的现实。当初在墨西哥城，在同样也是当着加泰罗尼亚人路易斯·维森斯的面，加西亚·马尔克斯给她及丈夫路易斯·帕洛马雷斯签署了一份有效期为150年的出版代理授权证书。这实际上成了故事中的故事——用马里奥·巴尔加斯·略萨一半打趣一半认真的话来说，就是"掌握着这本属于拉丁美洲的小说的格兰德大妈"的故事。

去布宜诺斯艾利斯的一个月之前，加西亚·马尔克斯和梅塞德斯退了圣安赫尔因小区的房子，一家人临时住进了路易斯·维森斯在华盛顿城堡大楼内的一个套间，并且着手整理破旧的行装，以便移居巴塞罗那（之前到过哥伦比亚、委内瑞拉、阿根廷和秘鲁）。作家希望在那里隐姓埋名，找个非常僻静的地方，坐下来撰写下一部长篇小说《家长的没落》，可是后来却适得其反。布宜诺斯艾利斯已经用名誉的孤独的灰浆在他身上打下了永久性的十字标记，即使走到天涯海角也摆脱不掉它，就像奥雷良诺·布恩迪亚上校那些私生子一样。作家当然很清楚自己刚得的这种荣誉病的后果凶多吉少，所以加上其他因素，他选择了地中海岸边充满活力的不引人注目的城市巴塞罗那。然而无论如何墨西哥评论家恩马努埃尔·卡瓦略甚至不避多管闲事瞎操心之嫌，还是提醒他注意名人地位引起的那些最有害的变化。

这位评论家和妻子诺斯·埃斯普雷萨特在商业与管理大街的家中设宴，为加西亚·马尔克斯和梅塞德斯饯行。他们知道自己与之辞别的这个人，由于写了一本被卡瓦略从一开始就毫不犹豫地评判为"杰作"的小说，很快将会变为一部神话。饯别宴会上，这位墨西哥评论家像当初预言《百年孤独》的命运时那般清醒地对作家说，这部长篇小说将给予他如此高的名望、如此大的荣誉、如此多的金钱，以致能把他变成另外一个人。撰写它的那个淳朴、平凡、直率、腼腆的年轻人，将要违心地演变为一个全然不同的人，一个现在的朋友当中许多人将很难接近的人。加西亚·马尔克斯自然反驳说卡瓦略搞错了，绝不会发生那种事情，他用各种理由为自己辩解，声称自己恰恰希望过一种淡泊、有朋友、诚实正派和笔耕不辍的生活。为了表明那种担心不会发生，于是，加西亚·马尔克斯、梅塞德斯、卡瓦略、埃斯普雷萨特等四人在一个白马牌威士忌酒瓶的商标上签了各自的名字。如同海上遇险的人将装着纸条的瓶子投向大海一样，他们把这个瓶子投向时间。与投向大海的瓶子不同的是，投向时间的瓶子无须开启，只要永远躺着，睡美人似的在时间的森林里躺着，便传递了信息。

这位墨西哥评论家在 7 月底的家宴上表达的预言和担心，400 年前当米切尔·蒙田①写下"荣耀与安静这两样东西无法居住同一室"这句话之时，就已经由他的思想所包含的诗意提出和概括过了。过了 40 年，加西亚·马尔克斯经过亲身体验，终于同意了卡瓦略的预言，说"名气对于现实感的搅扰之严重，也许丝毫不亚于权力"。然而，无论未来的岁月里发生什么事情，加西亚·马尔克斯的生活中总有一个朋友圈子来让他躲避风浪和廓清被扰乱的现实感。这样的忠实友人在墨西哥还不多，却也足够了。他们是卡洛斯·富恩特斯、胡安·加西亚·彭塞、阿尔瓦罗和维森特·罗霍、埃米利奥·加西亚·列拉、豪米·加西亚·阿斯科特、玛丽娅·路易莎·埃利奥、南希和路易斯·维森斯。加西亚·马尔克斯一家与卡门和阿尔瓦罗·穆蒂斯一家的关系非同一般，

---

① 蒙田（1533—1592），法国思想家、作家、怀疑论研究者，不仅怀疑自己，而且怀疑人类。代表作《随笔集》。20 世纪以来，他被公认为最伟大的作家，其读者遍及全世界，大多视他为良师益友和写随笔的巨匠。

超过了朋友和兄弟，所以离别对这两对夫妇来说委实是一个沉重的时刻。六年以来，他们同享、共担和分摊了一切，完全的一切：孩子和朋友、短缺和富足、希望和无望、悲伤和欢乐。特别是 14 个月里，他们同豪米和玛丽娅一起度过了那一创造的节日（也是痛苦的节日），即《百年孤独》的写作过程。因而当加西亚·马尔克斯和梅塞德斯启程，在拉丁美洲四个国家作短暂停留之后前往西班牙时，卡门和穆蒂斯对朋友的离去如此忧伤，以致妻子向丈夫突兀地说出令人咋舌的话来："哎呀，这可不行！当初因为有加博一家人我才嫁给你的。没有加博一家的日子可没有想到过！"

7 月底，梅塞德斯带着罗德里戈和贡萨洛去了巴兰基亚和卡塔赫纳，加西亚·马尔克斯在华盛顿城堡的那个套间度过了第一次旅居墨西哥时期的最后几天，8 月 1 日前往加拉加斯，出席第 13 届国际拉丁美洲文学大会和罗慕洛·加列戈斯小说奖颁奖仪式。在他而言，比这两件文坛盛事更加重要的，是跟委内瑞拉那些老朋友的聚会以及见到了刚刚获得罗慕洛·加列戈斯小说奖一等奖的长篇小说《绿房子》的作者、秘鲁作家马里奥·巴尔加斯·略萨。巴尔加斯·略萨后来回忆，他乘坐的从伦敦来的飞机和加西亚·马尔克斯坐的从墨西哥城来的飞机几乎同时降落在迈凯蒂亚市①机场，两人于下飞机的那天晚上在机场不期而遇。接着，8 月的上半月他们一同去了加拉加斯（刚刚经历了一次悲惨的地震）、梅里达②和波哥大，9 月初又重逢于利马。

虽然这是他俩头一回见面，但此前长期通信，培养了深厚的友谊，甚至打算有朝一日合写一部长篇小说，来描述 30 年代初秘鲁和哥伦比

① 位于委内瑞拉北部，濒临加勒比海，为重要的国际航空港，有铁路通往首都加拉加斯。
② 在委内瑞拉西部，为旅游胜地。

亚之间那场悲喜剧式的战争。两位作家当然仔细研读了对方的著作，互相钦仰是他俩长期保持的巴黎和伦敦同墨西哥城之间的通信内容的主旋律。作为骑士小说的两名虔诚的老资格的读者，这个哥伦比亚作家认为巴尔加斯·略萨是"文学界最后一位游侠骑士[①]"；而这位秘鲁作家则说加西亚·马尔克斯为"美洲的阿马迪斯[②]"。加西亚·马尔克斯把《绿房子》中一个人物的性格移植给了《百年孤独》的一个人物（他还移植过富恩特斯、科塔萨尔和卡彭铁尔作品里的人物）；而巴尔加斯·略萨前不久撰文对出色的《百年孤独》表示赞扬和折服——后来他诚心诚意地说这是"一本值得称赞的书"，还说当初若有可能的话他也要写这样的书，因为作者用这部小说"让 400 年间拉丁美洲由于缺少优秀小说而产生的难为情的感觉见鬼去了"，"惟妙惟肖地表现了现实生活"，"将小说变为如实反映缤纷和广阔世界的一种可以口头讲述的东西"。

互相钦佩的缘由不仅在于他俩都是拉丁美洲小说界的巨匠这一明显的事实，也许还在于他俩的生平相似这一隐秘的神奇事实。他俩人生经历的相似就像出自卓越的普卢塔克[③]的著作。他俩都由外祖父母满心欢喜地抚养长大，都是受宠爱的任性的孩子，都在十岁失去了童年的欢乐；他俩都是很晚才认识父母的，与父母关系不融洽，不融洽的原因之一是父母对他们的爱好持保留或反对的态度；他俩都在教会学校念过

---

① 指堂·吉诃德。

② 西班牙早期游侠骑士的典型。

③ 普卢塔克（50-125），古希腊历史学家。一生写了大量作品，据称多达 227 种，其中最有名的是他给希腊罗马的军人、立法者、演说家和政治家撰写的《比较列传》（通译《希腊罗马名人比较列传》），此书择希腊人与罗马人品行或事业相似者配对记述加以比较。传下来的作品可以对照的有 22 对，还有 4 篇单篇传记。他是对 16 至 19 世纪初的欧洲影响最大的古典作家之一。

书，中学时代都是管理得如同修道院或者兵营一样严格的学校的寄宿生，都是在一个自己敌视或憎恶的环境中把文学书籍当做精神支柱和维护自己特点的盾牌予以接受；他俩都把戏剧与诗歌当做自身文学成长的最初基石，少年时代都写过诗，发表第一部短篇小说时的年龄几乎一样大；他俩都曾贪婪地阅读大仲马小仲马、托尔斯泰、鲁文·达里奥、福克纳、博尔赫斯、聂鲁达；他俩的谋生都开始于边缘地区条件艰苦的报馆，年轻时都为巴黎的文学神话所吸引而前往欧洲，在欧洲继续靠为报纸撰稿为生，在号称阳光之城的巴黎熬过了也许是平生最黑暗的日子；由于同一对夫妇——拉克鲁瓦先生和拉克鲁瓦太太在拉丁区两家旅店赊账让他们各自住了几个月的阁楼，他俩才得以继续写书；他俩的第一部长篇小说都被同一座布宜诺斯艾利斯城的出版社退了稿；他俩都倾向于信仰马克思主义，都一直闭口不谈在左派政党内的政治活动，都公开捍卫古巴革命；他俩后来都是整个美洲的伟大诗人巴勃罗·聂鲁达的朋友和接班人，结果又都成了同一位“格兰德大妈”卡门·巴尔塞依丝“偏爱”的孩子；作为交会点，他俩终于成为拉丁美洲新小说的天空上，成为不确切地俗套地称之为“爆炸”的文学繁荣局面中最璀璨的明星。

可是，除了对朋友讲义气、工作尽心竭力、始终如一地专心致志地喜爱文学以外，在其余许多事情上，从个人性格到作品特点等等，他俩是截然不同甚至相反的两个人和两位作家。然而，在生活、友情、政治等方面的意外事件将他俩分开，使其走上不同甚至相反的道路之前，他俩没有愧对自己人生经历的隐秘的相似，彼此之间培养起深厚的友谊，这友谊在拉丁美洲文学史上是罕见的。所以，当时西班牙语文坛最有威望的罗慕洛·加列戈斯小说奖的两个一等奖，落到这两位作家的优秀小说《绿房子》和《百年孤独》名下似乎并不是纯属偶然。颁奖仪式上他俩的讲话和表现出的政治态度成为拉丁美洲60和70年代轰动一时的两条政治新闻，也似乎并非纯属偶然。

在 8 月 4 日的讲话中，巴尔加斯·略萨就驱使作家写作的真正原因与小说的艺术属性及道德使命给听众上了一堂课。他提醒人们"文学是火"，因为它"意味着不顺从和反抗"，"成为作家本身就是一种抱怨、抗议、反驳和批评"。但是，当他从文学之火讲到真正的火，讲到定将烧毁拉丁美洲的耻辱、暴政及不公正现象的革命之火，讲到据他认为八年前古巴已经发生了这种事情的时候，牴牾出现了，在加拉加斯，在"不幸的加拉加斯"的大庭广众之中出现了。可能就连他的这位刚刚谋面的哥伦比亚朋友兼同行在座位上听讲的时候，也产生了抵触情绪。并不是两人的政治观点不同。加西亚·马尔克斯当然跟巴尔加斯·略萨是一个观点，巴尔加斯·略萨背弃了社会主义阵营后加西亚·马尔克斯依然坚持这个观点。之所以有抵触心理，是由于 1961 年他和几个朋友被拉丁社踢出去（或者说他们自己把自己踢出去了）以来，在公共场合对古巴革命他谨慎地缄口不语。尽管一想起遭遇拉丁社解雇就有嗓子眼卡一根粗刺似的感觉，加西亚·马尔克斯沉默的主要原因却不是这个，而是他当时难过地看到苏联越来越多地干预古巴革命。前文讲过，他曾经在苏联及其东欧卫星国参观了几个月，实地考察了这些国家出现的马孔多式的灾难，撰写了一系列极有价值和颇有见地的通讯，其中一些论断 30 年后终于为历史所证实。他也曾在波哥大、哈瓦那、纽约为拉丁社工作了两年，从内部亲身感受了古巴革命的脉搏并且认识了古巴革命领导人。所以他的缄默不仅是一位走下火线的战士的缄默，还是一个亲眼看见一场革命偏离正确方向的人的缄默，而这场革命他又是同马塞蒂、鲁道夫·沃什以及许许多多拉丁美洲知识分子一样，曾经毫无保留地投身其中的。巴尔加斯·略萨同样参与过古巴革命，他更加年轻，更加热情，但对"现实的社会主义"的完美性亲身体验甚少。可是现

472

在，与加西亚·马尔克斯的沉默相反，他却在加拉加斯美术馆大会堂口若悬河，滔滔不绝，进行煽惑性演说，鼓吹革命，把会场上那些当着罗慕洛·加列戈斯本人的面，正在奉承和褒奖巴尔加斯·略萨的资产阶级与专制政府的代表吓得毛骨悚然。如此看来，这个哥伦比亚人与这个秘鲁人是两个不同的作家和两个不同的文人。他俩如此不同，就连在原本相似的事情上也不相似了（众所周知，巴尔加斯·略萨后来视菲德尔·卡斯特罗为必须口诛笔伐的十足的害群之马，而加西亚·马尔克斯则成为无限忠于这位古巴领导人的一位大发少年之狂的革命者）。这种对立的统一连同他两人生经历的巧合般的类似，再加上别的因素，出乎意料地加深了他们的友谊。

亲切、热情、笑容可掬的巴尔加斯·略萨以其仪表、好莱坞式的衣着和放射出博识之光的精彩讲演，使加拉加斯人迷惘和沉醉。孤僻、胆怯、头发粗硬、因刚刚鹊起的名声而烦恼的加西亚·马尔克斯，穿着加勒比人的颜色土气的衬衣，拒绝摆出人们所期待的马孔多镇的缔造者的那副"老成持重"的学者样子。他是一颗冉冉升起的明星，十分满意自己的文学命运，可也开始觉得名望的光焰令人生厌。加拉加斯的老朋友为他举行联欢会，他叫人在会场摆出一块牌子，上面写着"免谈《百年孤独》"。这样，一提《百年孤独》，他几乎总是故意跑题，随心所欲地舔斗鸡。巴尔加斯·略萨本人后来回忆道："他板起弗朗西斯卡姑姥姥的木头脸，向记者们说他的小说是妻子写而由他署名的，因为写得太糟所以梅塞德斯不愿承担责任。在电视上被问及是否认为罗慕洛·加列戈斯是伟大小说家的时候，他想了想，答道：'《卡纳伊马》①里描写了一只斗鸡，那斗鸡非常……'"不过，加西亚·马尔克斯

---

① 罗慕洛·加列戈斯的一部长篇小说，发表于 1935 年，描写印第安人的生活和思想。

至少得一本正经地讲一回话，这一回便是 8 月 11 日在题为"小说家及其批评家们"的第 13 届国际拉丁美洲文学大会闭幕式上的发言。发言之前他吓坏了，就跟在绞刑架下等待套脖子似的，紧挨着巴尔加斯·略萨坐着，双手冰凉，手心沁着冷汗，"蝙蝠似的抽着烟"，将"极度的恐惧"传染给了巴尔加斯·略萨。他没有作让批评家和教师们听起来十分顺耳的学术报告，而是讲了一个故事，仅仅一个故事，这或许是想打破会场当时庄严的学究式的气氛。他开头讲得很吃力，结结巴巴，常常停住现编词，停顿之长令座位上的听众愕然。可是讲着讲着流利起来了，慢慢组织起一个完整的故事，这故事多年以后成为电影《预兆》的情节。他最后赢得了热烈的掌声，听众鼓掌是因为他讲了故事——加西亚·马尔克斯内心深处的愿望仅仅是做个会讲故事的人。

安第斯高原的名城波哥大未能改善马孔多镇的缔造者当时所到之处给人们心目中留下的印象。他对情深意长的挚友们亲切、和蔼、热情，然而他所称的这座"世界上最丑陋昏暗的城市"，到头来确实把他变得眉峰颦蹙，性情孤僻，疏远公众。没有办法，因为他与这座噩梦般的城市的矛盾是多年的痼疾和深入骨髓的沉疴。巴尔加斯·略萨后来回忆说，8 月 12 日他俩同去波哥大之前，加西亚·马尔克斯很神秘地往那里打电话。巴尔加斯·略萨随后发现他在波哥大的朋友暗中策划一个阴谋：到波哥大以后，他和评论家何塞·米格尔·奥维多除了坐在疾驰的汽车里就是出出进进于旅店和人家，这样便看不见这城市了，只能老远地望一望。

然而加西亚·马尔克斯的阴谋没有得逞。他和巴尔加斯·略萨与日俱增的荣耀和名声，实际上把他俩变成了三天当中从南到北由东至西走遍了这座衣冠楚楚者的城市的人物。出席了《时代报》社热烈的圆桌会议（阿尔瓦罗·塞佩达·萨穆迪奥、安赫尔·拉马、何塞·米格尔·奥维多也参加了）、《民族文学》杂志社的群众欢迎会、现代书店人头攒动的签名售书活动、信仰共产主义的青年人的半秘密会议之后，8月15日巴尔加斯·略萨返回利马，加西亚·马尔克斯前往布宜诺斯艾利斯的时候，他俩由于大大使用了自己的名气而愉快地感到疲惫，同时彻底明白了蒙田的话，知道了想要同时享有荣耀和恬静的确是徒劳的。

　　不可思议的是，正继续着波哥大的喧嚣的"可怕的利马"在这位哥伦比亚作家从布宜诺斯艾利斯返回之后，使他俩得以稍事休息，或者至少得以更多的听任熠熠闪光的明星命运的摆布。答案也许是，在加西亚·马尔克斯应秘鲁国立工程大学之邀访问秘鲁首都的将近一个星期当中，他和巴尔加斯·略萨将友情、亲情、文学这三者连接为一个美妙的整体。一切开始于巴尔加斯·略萨次子的洗礼——加西亚·马尔克斯给他做教父，父母为他取名加夫列尔·罗德里戈·贡萨洛，这充分表达了对这位同行和刚见面的挚友的钟爱与情谊。一切结束于两位作家的一次公开对话——对话于9月5日和7日在国立工程大学建筑系礼堂，面向许多大学生举行。他俩宽泛地谈了拉丁美洲的长篇小说创作的整体状况，着重谈了加西亚·马尔克斯的作品。对话是平心静气和流畅的，几乎是家庭式的。加西亚·马尔克斯不仅显得甘愿忍受新的明星命运的摆布，甚至好像也克服了怯场心理，比以往任何时候都亲切、和蔼、心情好，还过分慷慨地详细地披露了他的小说艺术及联系现实等方面的秘诀。巴尔加斯·略萨以其对于小说的广泛了解及小说分析癖，在对话中成功地引导和提问对方，尽管他俩间或彼此交换角色。这个秘鲁人新近又添了一个癖好，即全面地领悟和讲解那一引导加西亚·马尔克斯走向《百年孤独》的复杂进程，两年以后在其不朽著作《一个弑神者的故事》中，他尝试做了这件事情。这本书尽管失之简略，史料不甚确凿，然而时至今日，在把握和分析难以捉摸的文学奥秘方面，它依然是不可超越的。

　　拉丁美洲小说界两位巨匠的值得纪念的对话表明了一些问题，这里说一说其中的两个问题。一是31岁的巴尔加斯·略萨所具有的小说发展历史方面的广博知识，以及他在小说理论上的建树和对于这位同行兼朋友的作品的浓厚兴趣；二是20年来依据对哥伦比亚和拉丁美洲的现实的广泛和细致的分析，加西亚·马尔克斯在酝酿及撰写作品的过程中所具有的缜密与清醒的意识。秘鲁人和哥伦比亚人就豪尔赫·路易斯·博尔赫斯作品中的非现实的一番问答，使后一个问题显得格外清楚。巴尔加斯·略萨问道："博尔赫斯在某种程度上描写和表现了阿根廷及拉丁美洲的非现实，这种非现实也是文学本应支配的那种十足的现实的一个方面、一种程度、一种状态。你不是这样认为的吗？"加西亚·马尔克斯首先对这位阿根廷大师表示景仰与感激（因为"我们需要他进行语言上的探索，这是又一个十分重大的问题"），然后回答："我认为博尔赫斯的非现实同样不符合实际，他不是拉丁美洲的非现实，我们在此看到了矛盾——拉丁美洲的非现实这种东西如此真实如此寻常，以致与人们所认为的真实事物完全混为一体而难以分辨。"当然，对此他知道得非常清楚而且从小就知道，因为早在1950年就被他称之为"非现实事物的现实主义"或者"十分合情合理的非现实"的那种"拉丁美洲的非现实"，是他的外祖母特兰基丽娜·伊瓜兰·科特斯、许多婶子和姑姥姥以及童年时代的阿拉卡塔卡镇上为数众多的杰出人士曾经生活过的变幻不定的领地和景色优美的净界①。领地与净界是加西亚·马尔克斯作品的重要的灵魂、核心、精髓，自从1947年8月

_____

① 依据基督教义，净界位于天堂与地狱之间，为圣人和未受洗礼的幼儿死后的居住地。

中旬，受卡夫卡《变形记》的启示在波哥大撰写《第三次无奈》以来，他一直试图理解、领会和传播的，正是这领地和净界。《百年孤独》即是这一旷日持久的异乎寻常的努力的实现及最高成就。

这种努力曾以作家的一个固执念头作为托词。据加西亚·马尔克斯本人在那些利马大学生面前对巴尔加斯·略萨说，他脑子里的执着念头就是乡思设下的许多危险的陷阱之一，即"返回"阿拉卡塔镇的老宅，返回流逝的时光——外祖父尼古拉斯·里卡多·马尔克斯·梅希亚拉着手领他去看马戏，去望弥撒，去看电影，去镇上的街道"遛弯儿"，或者穿过香蕉种植园去圣玛尔塔雪山脚下那条水又凉又清的河里洗澡时的时光。然而，上校的外孙机警地怀着创作意图地绕过了乡情的陷阱，营造了一个强大、迷人、独立自主的王国，这个王国挽回了并且原封不动地在时间里保存着许许多多的时刻，其中就有他童年在外公身边的那些真正幸福的时刻。但不止这些，他还找回了最痛苦和惶恐的时刻——外婆特兰基丽娜·伊瓜兰·科特斯讲述鬼怪故事的晚间。再进一步说，只有在他依据和仿照现实世界建造的世界里，他才做了小时候也许非常想做的事情，即进入那些长年累月游荡于老宅的幽魂的国度，并与他们和解。这个鬼魂的国度，是他出发和一直试图"抵达"（而不是"返回"，因为"回忆确实没有回头路"）的真实的"地方"，抵达这个地方为的是"第一次认识它"，即怀着创作意图占据它。

译后记

译毕本书，心有余悸；凭我辈的学识和能力，要译好这样一部鸿篇巨制，确有力不从心之虞；然我们尝试了，努力了，至于那些"在所难免"的问题，如能换来直言批评和不吝指教，实乃吾人之厚望焉！

加西亚·马尔克斯成名于 20 世纪中期，走红于我国文坛则是在 70 年代以后，80 年代达到顶峰，至 90 年代初，他的大部分作品已被译成中文出版；90 年代末，国内出版有关他的资料汇编、论著、评传以及翻译和节译他的传记，有近 10 个版本；至于 20 多年来发表在国内报章杂志上的有关他生平及创作的介绍和评论文章，可谓不计其数。20 世纪末，正值人们回顾和总结世界百年文学之际，西班牙旺泉出版社推出了哥伦比亚作家达索·萨尔迪瓦尔穷其 20 年之调研创作的《马尔克斯传》。尽管加西亚·马尔克斯在中国的热潮如今已经消退，尽管国内已有不少加西亚·马尔克斯传记的版本，我们仍觉得有必要把这个最新版本介绍给中国读者，因为对于创作高峰已逝且已年逾七旬的传主来说，此传记无疑是他前半生的定评，何况他本人也认为此书是迄今为止写他的所有传记中最好的一部。

翻译当是苦差事，但我们在翻译本书时，也还体会到了些许乐趣。这首先得益于对传主的了解和熟悉。我们除平时一直关注加西亚·马尔克斯的创作活动外，在阅读和论证这部传记原文时，也同时阅读了有关他的其他几种版本的传记，以资比较和鉴别；在后来的翻译过程中，又同步阅读或重读了传记中所提到的传主的几乎全部作品，这对理解和把握原作精神的确大有裨益。其次，书中关于传主生平的一些正本清源的阐释，一些鲜为人知的史实的披露，以及对 20 世纪许多著名大作家的提及和论述，无不使人感到既熟悉又新鲜，既凿凿有据，又趣味盎然，这也是促使我们译好本书的动力之一。

传记作品是以真人真事为内容的，翻译中，我们对书中的重要人名、地名、作品名及历史事件逐一核对查实，并一概使用约定俗成的译名，估计一般读者感到陌生的专名均作了注释。凡涉及加西亚·马尔克斯的作品或作品中人物的，一般遵从已有的或使用率最高的名称，无前例可循的，则以规范的形式译出，以免造成混乱。在地名翻译上，凡新译地名，一律采用通行的不以中圆点顿开的译法。

在本书的翻译过程中，自然遇到了不少疑难句法和无从查找的人物等专名，为此，我们请教了在华工作的西班牙语外教、该书版权代理人以至传记作者本人，均得到了热情耐心的解答，在此深表谢忱。还有一点需要说明：本书虽然堪称加西亚·马尔克斯传记的集大成者，但作者在写作方法与技巧上还不够老练和成熟，谋篇布局尚欠缜密，如有些事例反复提及，情节叙述过于琐细，有的句子太长且句型复杂，而有的句子又失之单调，过多使用关联词，这些句法上的问题，我们已作了适当断句和调顺处理，效果如何，读者明鉴。

最后，我们要特别感谢作家格非先生，他在万忙之中欣然命笔为本书写了一篇很有学术价值的前言。

译者

加西亚·马尔克斯生平和创作年表

1927 年　3 月 6 日，加夫列尔·何塞·加西亚·马尔克斯出生于哥伦比亚马格达莱纳省加勒比海边的阿拉卡塔卡小镇外祖父母家中。父亲加夫列尔·埃利希奥·加西亚是邮电局报务员，业余的顺势疗法医生；母亲路易莎·圣地亚加·马尔克斯·伊瓜兰是尼古拉斯·里卡多·马尔克斯·梅希亚上校和特兰基丽娜·伊瓜兰·科特斯的女儿。

1927－1934 年　在外祖父家的老宅子里长大，外祖父给他讲真实的世界，迷信的外祖母板着木头脸给他讲充满死人的鬼怪故事。

1935 年　在阿拉卡塔卡镇罗莎·埃莱娜·费古松创办的蒙台梭利学校读一年级，学习认字。罗莎老师在课堂上朗读的"黄金世纪"的诗歌给了加西亚·马尔克斯最初的诗歌启蒙。

1936 年　进公立学校读二年级，师从恩里克·安东尼奥·阿隆。在外公的箱子里找到一本残缺不全的《一千零一夜》，开始阅读。12 月，随父迁往其父故乡苏克雷市丰塞县。

1937 年　3 月 4 日，外祖父病逝，享年 73 岁。年底或 1938 年初，其父母举家迁往巴兰基亚市，以后曾多次搬迁。

1939 年　11 月，举家迁往苏克雷省苏克雷镇。

1940 年　1 月，返回巴兰基亚市，在耶稣会的圣约瑟学校上中学。贪婪阅读儒勒·凡尔纳、埃米利奥·萨尔戈里的作品，尤其喜爱诗歌。为校刊《青年》撰写报道和诗歌。

1943 年　1 月，离家前往首都波哥大参加教育部主办的争取奖学金的全国考试。获

481

得奖学金，就读于锡帕基腊市的国立男子中学（读中学三年级）。在文学教师卡洛斯·胡利奥·埃米达的指导和帮助下，广泛阅读文学书籍。"黄金世纪"诗歌及"石头与天空"派诗歌运动对他影响尤其大。是该校十三人文学小组的成员。

1944年　3月，"石头与天空"派诗歌运动成员卡洛斯·马丁被任命为锡帕基腊市国立男子中学校长。与十三人小组的组长、该小组机关刊物《文学报》主编马里奥·孔维尔斯一起，在马丁校长寓所，拜会了"石头与天空"派诗人爱德华多·卡兰萨和豪尔赫·加塞斯。12月31日，诗《颂歌》刊登于波哥大《时代报》由爱德华多·卡兰萨主持的文学副刊上，是他第一篇正式发表的作品。其间写出第一个短篇小说《无法摆脱的精神变态》。

1947年　2月25日，上波哥大哥伦比亚国立大学法学系。阅读了大量优秀诗人的诗歌。4月15日，外祖母病故。8月，第一次阅读《变形记》，很受启发，此后开始大量阅读小说。创作短篇小说《第三次无奈》，寄给《观察家报》"城市与世界"栏目的爱德华多·萨拉梅亚·博尔达，15天后登于9月13日周六的《观察家报》副刊上。小说反响很好，备受鼓舞。这是第一篇正式发表的小说。10月25日，《夏娃钻进猫肚里》发表于《观察家报》副刊。爱德华多·萨拉梅亚·博尔达评论说："优秀的新作家诞生了。"

1948年　4月9日，"波哥大事件"发生，自由党左翼领袖、总统候选人豪尔赫·埃列塞尔·盖坦被刺杀，引起全国性的暴力冲突。加西亚·马尔克斯放在公寓里的一些小说手稿被烧毁。哥伦比亚国立大学被关闭。返回巴兰基亚市。6月17日注册卡塔赫纳大学法学系。为卡塔赫纳《宇宙报》当记者，是卡塔赫纳四人文学小组成员。试图撰写第一部长篇小说《家》，却总感力不从心，脱不了稿；开始写作《枯枝败叶》，二稿完成。

1949年　12月，移居巴兰基亚。

1950年　1月5日，在巴兰基亚市《先驱报》工作，加入巴兰基亚文学小组。写《枯枝败叶》第三稿。4月，巴兰基亚文学小组创办《报道》周刊。创作短篇小说《六点钟到达的女人》、《石鸻鸟的夜晚》。

1951年　1月，迁往卡塔赫纳，与家人住在一起。7月，自行创办仅存在几天

（1951 年 9 月 18 日–23 日）的《微缩报》。

1952 年　3 月，和母亲回阿拉卡塔卡镇变卖外祖父的老宅。为书店兜售分期付款的图书。前往故乡加勒比地区巴耶杜帕尔、拉巴斯、马纳乌雷及周边村镇广泛收集资料，有意识地发掘自己和未来作品的根。阅读《老人与海》。

1954 年　重返波哥大，在《观察家报》任职，为《日复一日》专栏撰稿，同时写每周一次的影评。对电影极感兴趣。7 月，小说《周末后的一天》获全国短篇小说奖。长篇通讯《安蒂奥基亚省灾难的始末及其总结》、《我的历险纪实》等使他成为明星记者。

1955 年　5 月，四易其稿的《枯枝败叶》在波哥大出版。7 月，被《观察家报》派驻欧洲。以记者身份途经奥地利前往捷克斯洛伐克、波兰，参加华沙电影节。

1956 年　《观察家报》被封，在巴黎的穷困中创作《没有人给他写信的上校》，至次年初成，九易其稿。

1957 年　和普利尼奥·门多萨随哥伦比亚民间艺术团访问苏联和东欧。

1958 年　在门多萨的帮助下，到委内瑞拉加拉加斯市的《时刻》杂志社工作。1 月 23 日，目睹委内瑞拉独裁者马克斯·佩雷斯·希门内斯出逃国外。3 月 21 日，与未婚妻梅塞德斯·巴尔恰·帕尔多完婚。

1959 年　为古巴新政府创办的拉丁美洲通讯社哥伦比亚波哥大分社工作。五六月前后创作《格兰德大妈的葬礼》。8 月 24 日，长子罗德里戈在波哥大降生。

1960 年　9 月，被拉丁美洲通讯社派往哈瓦那。

1961 年　3 月 13 日，在美国纽约听肯尼迪总统的演讲。6 月（或 5 月），辞职，携家人从纽约前往墨西哥定居。写作纪念海明威的长文《一个正常死亡的男子汉》，发表于《新闻报》副刊《文化领域的墨西哥》。受聘主持《家庭》、《众人关心之事件》杂志。阅读胡安·鲁尔弗的《佩德罗·帕拉莫》和《烈火中的平原》，受鲁尔弗时空改变观念的影响，创作《虚度年华的海洋》、《恶时辰》，后者获 1961 年埃索长篇小说奖。《没人给他写信的上校》出版。

1962 年　4 月 16 日，次子贡萨洛诞生。《格兰德大妈的葬礼》出版。为马努埃尔·巴尔巴查诺·彭塞把胡安·鲁尔弗的作品《金鸡》改编为电影剧本。12 月，

《恶时辰》由马德里路易斯·佩雷斯印书馆出版，但被删除了"俚语方言和粗俗污秽之词"，作家不承认这一版本。

1963年　9月，时代出版社再版《没有人给他写信的上校》。与卡洛斯·富恩特斯合作改编《佩德罗·帕拉莫》。

1964年　撰写电影剧本《死亡时刻》、《我的爱人帕齐》、《危险的游戏》。

1965年　开始创作《百年孤独》。

1967年　5月30日，《百年孤独》在布宜诺斯艾利斯的南美洲出版社出版，引起极大轰动，当年被法国、意大利、美国、德国出版机构购买版权。8月1日，前往加拉加斯出席第13届国际拉丁美洲文学大会。在罗慕洛·加列戈斯小说奖颁奖仪式上认识巴尔加斯·略萨。9月5日，在利马国立工程大学建筑系礼堂同巴尔加斯·略萨进行了一场对话，称"拉丁美洲小说两人谈"。10月，举家迁往巴塞罗那。

1969年　《百年孤独》在法国获最佳外国小说奖。在意大利获奇安查诺奖。与16国出版社签订翻译出版合同。

1972年　发表短篇小说《纯真的埃伦迪拉与残忍的祖母——一个令人难以置信的悲惨故事》，获该年度委内瑞拉加列戈斯文学奖。

1975年　第二部长篇小说《家长的没落》出版。当年返回墨西哥城，自此开始在墨西哥城、巴塞罗那、巴黎、哈瓦那、波哥大、卡塔赫纳德印第亚斯等地轮流居住的生活。

1973-1979年　重操记者旧业，对当时世界许多重大事件和热点难点问题进行采访报道并居间斡旋，如智利的皮诺切特政变、越南难民问题、安哥拉革命、古巴入侵非洲、桑地诺游击队；采访一些反抗南美洲独裁统治的领导人。

1981年　发表中篇小说《一件事先张扬的凶杀案》，小说通过一个由于谣传和猜测而使无辜者惨遭杀害的故事，揭露陈规陋习对人们心灵的毒害。这是继《百年孤独》之后又一部传播最广影响最大的小说，为来年获诺贝尔文学奖进一步奠定了基础。

1982年　获诺贝尔文学奖，领奖时发表演讲《拉丁美洲的孤独》。获哥伦比亚语言科学院名誉院士称号及墨西哥阿兹台克之鹰文学奖。与哥伦比亚作家兼记者门多萨合作，推出文学谈话录《番石榴飘香》。

1980-1984 年　每周写一篇文章，分别发表在西班牙或拉丁美洲的报刊上。这些文
　　　　　　　章后来结集为《新闻纪事》于 1991 年出版。

1985 年　第三部长篇小说《霍乱时期的爱情》出版。

1986 年　出版报告文学集《米格尔·里廷历险记》。

1989 年　出版第四部长篇小说《迷宫中的将军》，描写南美洲民族英雄玻利瓦尔将
　　　　　　军的人生最后几个月的生活状况。

1990 年　于访问日本的途中，在中国北京和上海作短暂停留。

1992 年　出版短篇小说集《十二篇异国旅行的故事》。

1994 年　出版中篇小说《爱情及其他魔鬼》。

1995 年　惟一一部剧作《爱情诅咒一个老成持重的男人》在布宜诺斯艾利斯预演。

1996 年　出版报告文学《绑架逸闻》，再次表现出对重大事件的关注。

2002 年　出版回忆录第一卷《活着为了讲述》，内容包括外祖父母的故事、自己的
　　　　　　出生和 1955 年第一篇小说《枯枝败叶》发表前后的情况。收集整理回忆录
　　　　　　第二和第三卷的素材。撰写《我们八月相会》、《月食之夜》等中篇小说。

2004 年　出版中篇小说《追忆我可怜的妓女们》。

2005-2007 年　为自己放长假，生平第一次感觉到摆脱写作劳累之后的轻松和愉
　　　　　　悦。阅读或重读一生最喜欢的名篇大作，做了几次旅行，拜会一些老朋
　　　　　　友，和妻子儿孙在一起尽享天伦之乐。恢复回忆的撰写，同时打算将搁
　　　　　　置已久的一部长篇小说脱稿。

图书在版编目（CIP）数据

马尔克斯传／（哥伦）萨尔迪瓦尔（Saldivar，D.）著；
卞双成，胡真才译.—上海：上海人民出版社，2008
（文景人文·人物）
ISBN 978 - 7 - 208 - 07708 - 9

Ⅰ.马… Ⅱ.①萨…②卞…③胡… Ⅲ.马尔克斯，G.G.
（1928~）—传记 Ⅳ.K837.755.6

中国版本图书馆 CIP 数据核字（2008）第 013555 号

责任编辑　王　澜
特约编辑　张叶青
装帧设计　陆智昌
策划统筹

楚尘文化

世纪文景

马尔克斯传
[哥伦比亚] 达索·萨尔迪瓦尔 著
卞双成　胡真才 译

出　　版　世纪出版集团　上海人民出版社
　　　　　（200001 上海福建中路193号 www.ewen.cc）
出　　品　世纪出版股份有限公司　北京世纪文景文化传播有限责任公司
　　　　　（100013 北京朝阳区东土城路8号林达大厦A座4A）
发　　行　世纪出版股份有限公司发行中心
印　　刷　北京中科印刷有限公司
开　　本　635×965毫米　1/16
印　　张　33.75
插　　页　2
字　　数　365,000
版　　次　2008年10月第1版
印　　次　2014年6月第2次印刷
Ｉ Ｓ Ｂ Ｎ　978-7-208-07708-9/I·514
定　　价　58.00元

文景人文·人物

《雨果传》[法]让－贝特朗·巴雷尔著　程曾厚译

《缪塞传》[法]弗朗克·莱斯特兰冈著　陈筱卿译

《奈瓦尔传》[法]克洛德·皮舒瓦　米歇尔·布里著　余中先译

《艾吕雅传》[法]让－夏尔·加托著　顾微微译

《魏尔伦传》[法]阿兰·比于齐纳著　由权　邵宝庆译

《布勒东传》[法]亨利·贝阿尔著　袁俊生译

《波德莱尔传》[法]克洛德·皮舒瓦　让·齐格勒著　董强译

《母亲，我的千思百虑——16 位大诗人和他们的母亲》

　　　　　[法]娜塔莉·考夫曼著　郑克鲁译

《霍布斯传》[美]A.P.马蒂尼奇著　陈玉明译

《阿拉贡传》[法]皮埃尔·戴克斯著　袁俊生译

《阿波利奈尔传》[法]皮埃尔－马塞尔·阿德玛著　李玉民译

《尼科洛的微笑：马基雅维里传》[意]毛里齐奥·维罗利著　段保良译

《康德传》[美]曼弗雷德·库恩著　黄添盛译

《马尔克斯传》[哥伦比亚]达索·萨尔迪瓦尔著　卞双成　胡真才译

《兰波传》[法]斯坦梅茨著　袁俊生译

《来日方长：阿尔都塞自传》[法]阿尔都塞著　蔡鸿宾译